史说世界

大讲堂
双色
图文版

刘凤珍◎主编　滕森◎编著

中国华侨出版社
北京

图书在版编目（CIP）数据

史说世界大讲堂 / 滕森编著 . —北京：中国华侨出版社，2016.12
（中侨大讲堂 / 刘凤珍主编）
ISBN 978-7-5113-6531-6

Ⅰ.①史… Ⅱ.①滕… Ⅲ.①世界史—通俗读物
Ⅳ.①K109

中国版本图书馆 CIP 数据核字（2016）第 292780 号

史说世界大讲堂

编　　著 / 滕　森

出 版 人 / 刘凤珍

责任编辑 / 冰　馨

责任校对 / 王京燕

经　　销 / 新华书店

开　　本 / 787 毫米 ×1092 毫米　1/16　印张 /24　字数 /470 千字

印　　刷 / 三河市华润印刷有限公司

版　　次 / 2018 年 3 月第 1 版　2018 年 3 月第 1 次印刷

书　　号 / ISBN 978-7-5113-6531-6

定　　价 / 48.00 元

中国华侨出版社　北京市朝阳区静安里 26 号通成达大厦 3 层　邮编：100028
法律顾问：陈鹰律师事务所
编辑部：（010）64443056　　64443979
发行部：（010）64443051　　传真：（010）64439708
网　　址：www.oveaschin.com
E-mail：oveaschin@sina.com

前　言

Preface

　　英国著名历史学家汤因比说："一个人如果能身处历史感悟之中，他就一定是获得真知的人，因为历史的经验是最为丰富的一座智慧之库。"历史作为一面镜子，记录着人类社会的成功与失败、兴盛与衰退、辉煌与悲怆、交替与更新，也预示着人类的未来。想要了解人类社会的发展历程，就不能不了解历史，就不能不掌握必要的历史常识。

　　所谓历史常识，指的是重要的人物、事件、文史常识，以及典章制度等，它是历史时代的大框架。我们大多数人都忽略了历史常识的重要性。要知道，在越来越注重"复合型人才"的今天，不仅要求我们有扎实的专业知识，还要求我们对历史常识有一定程度的涉猎和积累。如果我们不懂得历史常识，平日生活中难免会错误百出，被视为无知；如若不懂装懂，难免会贻笑大方；更可怕的是，如果为人师者不懂得历史常识，难免要误人子弟，还会导致谬种流传。缺乏正确的历史常识，就是对历史的无知。只有掌握了历史常识背后所蕴含的深厚底蕴，才能增进对历史乃至现实的解读与把握，才能在新的挑战面前，与时俱进，适应社会的潮流。

　　人类历史是如此漫长悠远，其间发生的历史事件、出现的历史人物错综复杂、头绪繁多，普通读者很难找到入门的捷径。虽然历史文献众多，但是真要学点历史，有点历史常识，却又不知从何处下手。本书所选内容丰富，且极具代表性、典型性和影响力，旨在帮助读者快速掌握必知的历史常识，丰富知识储备，开阔视野。

　　这是一本有关历史知识的普及性读物，而非"通史""简史"之类的史学专著。本书以数千年的人类历史为主干，以古国文明、社会变迁、战争风云、科学进步、民族复兴、工业发展等事件为多姿多彩的枝叶，资料翔实，集知识性、趣味性、科学性于一体。在选编的过程中，我们查阅了大量的相关资料，对各个国家、各个历史时期的事件介绍详尽，选材兼顾到政治、地理、军事、经济、文化、教育、宗教、典故、风俗、科技、生活等多个方面，内容涉及人们在学习、工作、生活中最常用的历史知识。

全书分为史前时期、古代文明、中世纪历史、文艺复兴及新航路的开辟、近代历史、现代历史等6个部分，涵盖了人类发展历程中的点点滴滴。我们力图以丰富的史料、精彩的故事、珍贵的图片为读者献上一幅幅文明传承、朝代更替、英雄辈出的历史画卷。

尽管本书是一部具有指导意义的图书，但我们仍没有忽略它的审美要求。在编辑过程中，我们精心选配了200余幅内容涵盖面广、表现形式丰富的图片，文图对应，互为解释和补充，力求精确、经典。"精确"是指对历史人物、遗迹、文物等图片的选用和说明准确无误；"经典"是指力求为每一个历史常识选取最有代表性和说服力的图片。简洁精要的历史常识，配以多元化的图片，打造出一个立体直观的阅读空间，使读者获得图与文赋予的双重享受。

历史蕴含着经验与真知。学习必要的历史常识，不仅可以掌握一门关于过去的学问，而且可以了解昨天、把握今天、创造明天，可以充实自己的头脑，汲取宝贵的人生经验。在这里，我们尝试为读者提供一种更便捷的读史方式去考察历史、感受历史、思考历史。希望读者能在紧张的学习和工作之余，轻松地徜徉于历史长廊之中，既了解历史，又开阔胸襟。

目 录
Contents

古代文明

非 洲

欧 洲

◈ 中世纪历史 ◈

欧 洲

◆ 文艺复兴时期 ◆

文艺复兴运动

宗教改革

新航路的开辟

西方的崛起

◈ 近代历史 ◈

17—19世纪的欧洲

17—19 世纪的美洲

17—19 世纪的亚洲

◆ 现代历史 ◆

20 世纪初的世界

资本主义国家体制的完善

第一次世界大战的爆发

第一次世界大战后的资本主义世界

第二次世界大战后的时局

和平的隐忧

史前时期

早期人类的进化

人类起源

1859 年，英国生物学家达尔文发表《物种起源》，说明人类是自然界长期进化的产物。第二年，英国生物学家赫胥黎明确提出人猿共祖论。此后，进化理论不断被完善，古人类化石相继被发现，人类起源于动物界的观点逐渐得到大家普遍认同。

理论上将人类起源过程分为三大阶段：古猿阶段，即尚未向人转化的纯粹动物的祖先阶段；正在形成中的人阶段，即亦猿亦人阶段（直立行走，能使用简单工具是具有人的特质的基本表现）；完全形成的人阶段，即能制造工具的人阶段，该阶段包括猿人和智人两大时期，它们又分别分为早期和晚期两个阶段。人类起源经历了漫长的由猿到人的转变过程，这一转变的决定因素是劳动。

南方古猿

南方古猿是已知人类进化系统的最早代表，根据在南非发现的化石而定名。南方古猿生活在距今约 420 万—140 万年的南非和东非，大体可分为纤细型和粗壮型两类，其中纤细型后来进化成更进步的人类。南方古猿已能直立行走，身体各方面也都不同于猿，具备了一系列人的特征。

早期猿人

约 240 万—160 万年前，早期猿人出现，这是最早的完全形成的人。早期猿人也称能人，与南方古猿相比，他们的脑容量明显增大。男性 700 ～ 800 毫升，女性 500 ～ 600 毫升。早期猿人已学会了制造工具。

晚期猿人

约 180 万—20 万年前，晚期猿人出现。晚期猿人又叫"直立人"。其头骨扁平，骨壁厚，上脊粗壮，脑容量明显增大，大约为 800—1200 毫升。直立人平均身高为 160 厘米，其下肢结构与人类十分相似，这说明原始人类发展到这一阶段时，直立行走的姿势已很成熟。印度尼西亚的爪哇猿人、德国的海德堡猿人、中国的北京猿人，都是古人类进化过程中比较典型的晚期猿人。尤其是北京猿人的发现，比较明显地揭示了从猿到现代人转化的中间状态。

爪哇猿人

印度尼西亚的爪哇猿人是世界上发现最早的直立人。直立人头骨扁平，而且向后缩，脑容量的增大是直立人体质进步的最大特征。

尼安德特人

尼安德特人属于早期智人，最先发现于德国的尼安德特河谷，因此得名。尼安德特人生活在大约10万—3万年前。根据现有的资料来判断，尼安德特人骨骼粗大，肌肉发达，但个子不高，脊椎的弯曲也不明显。这种人以后在欧洲、非洲等地均有发现。

克罗马农人

克罗马农人是欧洲晚期智人阶段的人类，体质形态方面与现代欧洲人已无多少差别。此阶段的人，体质进化过程基本完成。

语言的产生

语言是伴随着人类的发展而形成的，是在劳动和生活中产生的。语言自从形成之初，不同部落、不同人群之间就存在着差别。在现代人种形成的同时，不同的语系也渐渐形成了。在生活和劳动中，同一或相邻地区的人群中，对各种各样事物、感情的表达方式日趋接近，其发音的声带震动方式也逐渐趋向一致，并被一代代流传下来，从而形成了不同的语系。如分布于亚洲东部的汉藏语系，包括了汉语、日语、朝鲜语等；分布于西亚和北非的闪含语系，包括阿拉伯语、古埃及语族、库希特语族等；分布于东南欧至印度的印欧语系，包括印度语、斯拉夫语、日耳曼语、希腊语等，该语系是当前世界上使用国家最多的一个语系，欧、亚、非、美、澳各洲将近30个国家使用这一语系的语言。其他的语系还有突厥—蒙古语系、芬兰—乌戈尔语系等。

弓箭的发明与使用

从旧石器时代向新石器时代的过渡时期称为中石器时代。在中石器时代，由于生产技术的发展和狩猎的需要，人类发明了弓箭。在距今2.8万年的中国山西峙峪遗址中，发现了箭头状石器。在德国的什列斯维希·霍尔斯坦，发现了属于8.8万～8.3万年前的弓，是迄今为止发现的最早的弓。弓箭是当时的远射程武器，借助于投矛器仅可将矛投出70～

西班牙的穴画首次提供了弓箭被使用的例证，弓箭的使用促进了原始狩猎业的发展。

80米，而弓箭的射程至少达80～100米。北美印第安人使用的重弓，射程竟达400～500米。弓箭的发明，促进了狩猎的发展，使狩猎成为普通的生产形式之一，也使人类可以经常获得肉类食物、皮毛、骨器等生活和生产资料。

旧石器时代与血缘家族

血缘家族

血缘家族是人类社会最早的组织形式。家族内部实行群婚，只按辈分设限，同辈之间皆可通婚，而长辈与子辈之间不可通婚，从而排除了父母与子女之间的通婚。一个血缘家族就是一个生产单位，单位成员人人平等，共同生产，共同消费。

普那路亚群婚

"普那路亚"是夏威夷语，意思是"亲密的伙伴"。普那路亚群婚是借用来形容原始社会原始人的一种婚姻状态。

在远古时代，人类还没有婚姻的明确概念，原始人只是为了繁衍生存而出现婚姻形式的。原始人第一种婚姻家庭形式是族内婚，就是亲族内同辈的男女既是兄弟和姐妹的关系，又是丈夫和妻子的关系。

随着文明的进一步发展，生活和劳动领域的开阔，同时也为了寻求人类自身的健康发展，族外婚出现了。族外婚也称"普那路亚"群婚。这种婚姻形式禁止了同亲族内人员之间的婚姻关系，实行族外通婚制，这样出现了父方和母方的概念，形成了夫方与妻方的新的称谓制度。普那路亚婚姻逐渐产生出了原始社会的氏族组织，即以血缘为联系的婚姻集团。在最初的母系社会，"普那路亚"仍属于群婚。随着生产力的不断发展，人类的婚姻形式也不断演变，普那路亚群婚逐渐向对偶婚转变，对偶婚又不断向个体婚变化，最后才演化为今天被广泛采用的一夫一妻制婚姻形式。

旧石器时代

旧石器时代（距今约300万—1万年）的早期和中期，可以视为从猿人到早期智人的时期，当时的石器多是打制成的砍砸器、刮削器和尖状器，制作比较粗糙。旧石器时代晚期，也就是进入晚期智人时期，石器加工日渐精致，还出现了不同材料的复合工具。

欧洲旧石器时代

欧洲旧石器时代的考古工作开展得早，发现遗址多，研究也深入，19世纪以来已建立起旧石器文化分期的序列。欧洲旧石器时代早期文化可分为两大系统，一是手斧文化系统，包括阿布维利文化和阿舍利文化；一是没有手

早期欧洲人的工具

早期欧洲人能加工比较精细的有刃工具，其中一些像现代的钢刀一样又薄又锋利。

斧的石片石器文化系统，如克拉克当文化。两者大体是平行发展的。旧石器时代中期以莫斯特文化为代表，其主要特征是修理石核技术（勒瓦娄哇技术和盘状石核技术）有了很大的发展，典型器物是比较精致的刮削器和尖状器。旧石器时代晚期有奥瑞纳文化、梭鲁特文化和马格德林文化。这一时期的特点是石器主要用石叶制作，有雕刻器和钝背刀等；当时的骨角器很发达，出现了渔叉、骨针、标枪、投矛器等新工具；还出现了装饰品和绘画、雕塑等艺术品。

西亚旧石器时代

西亚是欧、亚、非三洲的接触地带，地理位置十分重要，早期人类可能正是通过西亚跨洲迁徙的。西亚与欧洲、非洲在文化上的关系很密切，石器的分类和命名多采用欧洲的标准。这一地区的旧石器时代早期文化以砾石制成的砍砸器和手斧为主，有奥杜韦文化和阿舍利文化。中期以石片石器文化为主要特征，广泛使用勒瓦娄哇技术，称为勒瓦娄哇—莫斯特文化，与欧洲莫斯特文化接近。晚期遗存主要是石叶文化，与欧洲的奥瑞纳文化和格拉韦特文化比较相似，最后出现了细石器。

非洲旧石器时代

非洲旧石器时代考古在世界上占有重要地位。这里不仅发现了迄今为止年代最早的人类化石和石器文化，而且是世界上已知的人类各发展阶段没有缺失、年代前后相继的地区。迄今所知最早的石器发现于东非肯尼亚的科比福拉，以及埃塞俄比亚的奥莫和哈达尔地区，年代距今约250万—200万年。旧石器时代早期在非洲存在两大石器文化传统：奥杜韦文化和阿舍利文化。旧石器时代中期，在北非有莫斯特文化和阿替林文化；在撒哈拉以南地区，有中非的石核斧类型文化，如山果文化和卢本巴文化，南非的彼得斯堡文化、奥兰治文化、斯蒂尔贝文化和班巴塔文化。旧石器时代晚期，非洲气候极为干旱，发现的遗存数少，在北非有与欧洲石叶文化相似的代拜文化，在撒哈拉以南地区则有奇托利文化等。

东南亚旧石器时代

考古学家一般把这一地区的旧石器文化称为"砾石和石片石器传统"或"砍砸器传统"。在这个传统之下，又可分出若干地方类型，如分布于缅甸伊洛瓦底江流域的安雅辛文化；分布于泰国西部芬诺河流域的芬诺伊文化；发现于马来西亚西北部霹雳河流域哥打淡地方的淡边文化；分布于印度尼西亚中爪哇南部海岸巴索卡河河谷的巴芝丹文化；分布于菲律宾巴拉望岛西南海岸的塔邦文化等。目前，这一地区的旧石器材料，虽然从早期到晚期都有，但很不完备，存在许多地区和时间上的空白，不少遗址缺乏可靠的年代学证据。人类化石的发现也不平衡，除印度尼西亚的爪哇岛外，其他地区十分稀少。

复合工具的出现

旧石器时代晚期，随着生产力的发展，石器的加工方法有了进一步的发展，出现了压削的方法，石器的形状更加精细美观，出现了骨针、鱼钩等器具，同时出现了复合工具和复合武器，也就是用两种不同质地的材料制成的工具或武器。这是人类发展中的重要进步。

母系氏族公社

氏族公社

原始社会至旧石器时代晚期，由于生产力的发展，要求人们比较持久地结合，并且要求各集团之间保持一定的联系。人们的逐渐定居，又为维持这种联系提供了条件。同时，人类在实践中已意识到兄弟姐妹之间的婚姻对人类体质的危害，于是排斥集团内部的通婚。这时不但禁止了不

在母系氏族村落中最普遍的圆形尖顶房屋模型

同辈之间的性交关系，并且兄弟姐妹之间的婚姻也被禁止。到一切兄弟与姐妹间，甚至母方最远的旁系亲族间婚姻关系被禁止的时候，就组成了一个坚固确定的母系血族集团，氏族便产生了。在氏族制度下，其成员已不可能在氏族内部找到通婚的对象，必须和另一个氏族的成员通婚，这就是族外婚制，两个互通的婚姻的氏族构成早期的部落。在这种婚姻形态下，人们只知其母，不知其父，氏族只能按母系来计算，所以称为母系氏族或母权制氏族。这是最早的氏族公社。在这样的氏族公社里，男女地位平等，妇女居于受到高度尊敬的地位。

母系社会

母系社会是原始社会人类发展的一种社会形态，它存在于旧石器时代晚期到新石器时代之间。母系社会实行族外群婚，在这种情况下，人们只知其母，不知其父，因而家族世系也以母系计。这一情况也与当时低下的生产力发展相适应。当时，妇女在社会经济活动中占有重要的地位。妇女一般负责食物采集和照管家务，并且还负有养育子女的重担。而男子的主要经济活动是打猎，由于工具的落后，打猎常常得不到保障，相反，妇女的采集却能较为稳定地保障食物来源。种种因素促成妇女在当时的氏族社会中占有主导地位，因而出现了母系社会，也出现了普遍的女性崇拜。在母系社会中，人们共同劳动、共同消费、共同拥有财产，各氏族内实行民主管理，氏族首领经民主选举，由德高望重的女长老担任。这种社会是建立在生产力水平极为低下的基础上的，一旦生产力进一步发展，这种社会就难以维持下去了，低水平的公有制便被私有制所替代，母系社会也就宣告结束。

新石器时代

进入新石器时代后，磨光石器的广泛流传和陶器的制造，为原始农业和畜牧业的产生提供了条件。人们开始用自己生产的食品来代替自然提供的野生食物，从而结束了狩猎和采集生活。随着定居生活的开始，房屋的建造和原始手工业也逐渐发展起来。

近亲结婚的禁止

旧石器时代晚期，人们在长期的生活实践中意识到近亲通婚对人类体质的危害，于是不但排斥了同族长辈和晚辈之间的通婚，而且禁止兄弟姊妹之间的通婚。当时，婚姻只能在两个集团之间的男女中进行。

对偶婚的产生

到新石器时代，婚姻制度逐渐由群婚变为对偶婚。对偶婚的家庭由一对比较确定的夫妻组成，但他们的结合并不牢固，婚姻关系很容易解除。对偶婚组成的家庭也不是独立的经济单位，当时社会的经济细胞是母系氏族公社。

原始畜牧业和农业的产生

原始的畜牧业是由狩猎发展而来的。在旧石器时代，人们已经开始驯养绵羊和狗。到新石器时代，一方面，山羊、牛等动物也先后成为家畜；另一方面，在长期的采集生活中，人们还识别和选择了许多可供食用的植物，如大麦、小麦、稻等。这就是原始农业的生产。

第一次社会大分工

在金石并用时代开始后，随着生产工具的改进，原始农业与原始畜牧业得到迅速发展，因而使劳动分工出现新的变化。随着较大规模畜群的形成，有些部落主要从事畜牧业，使自己从农业中分离出来，成为游牧部落。游牧部落生产的生活用品不同于其他部落，而且数量较多，从而促进了交换。交换相应地促进了私有制的发展，家庭也随之发生了变化，男子从事的畜牧业成为谋生的主要手段，男子在家庭中获得了统治地位。后来，农业和手工业也有所发展。一切部门生产的增加，需要大量的劳动力，于是战俘成为奴隶。这样，就零散地出现了奴隶制。第一次社会大分工的结果产生了第一次社会大分裂，社会分裂为两个阶级：主人和奴隶、剥削者和被剥削者。

社会文化

母系社会繁荣时期的文化遗存遍布南北各地，主要代表有裴李岗文化、磁山文化、仰韶文化、河姆渡文化、马家窑文化、屈家岭文化及细石器文化等。此时，生产力水平有明显进步，磨制、穿孔石器取代打制石器；原始农业产生；家畜饲养、原始手工业及副业出现。人们开始了定居的生活。原始审美和宗教观念继续发展，并产生了最早的文字符号。

战争的起源

战争是各政治集团之间、国家之间、民族之间矛盾的最高斗争表现形式，是解决纠纷的最暴力的手段。

战争并不是从人类社会一开始就有的。如人类从形成到母系氏族公社形成这二三百万年的历史阶段，人们过着原始共产主义的生活，没有战争。但到了旧石器时代的晚期，人类开始进入母系氏族，部落开始出现。各个部落都有自己的名称、语言和生存地区。后来，随着人口的增多，生存压力的增大，部落与部落之间为了争夺土地、河流、森林、草原等而发生了冲突，从而演变成原始状态的战争。这一时期部落联盟的形成，就是战争的产物。这一时期的战争，没有政治目的，没有阶级对抗，没有奴役性质（战俘都被杀死），与后世阶级社会的战争有着本质的区别。战争的结果通常是一方部落被消灭或被驱走。

考古学家在西班牙勒文特地区发现了石器时代的原始人作战的岩画，证明至今约一万年就有战争。原始社会末期的战争，加速了原始公社制的解体，促进了奴隶社会和国家的形成。

弓和弩

弓是古代一种远距离杀伤性武器。它出现于原始社会后期，开始主要用于狩猎，后来才用于战争。

最早的弓箭发现于非洲，距今已有 5 万年。弓在战争中发挥了重要作用。在古希腊古罗马军队中，弓只是辅助性的兵器，射程近，威力小。到了后来，弓的种类越来越多，做工越来越精。最著名的当属英格兰长弓，长 6 英尺（1 英尺合 0.3048 米），由一整块紫杉木制造，射程远，威力大。在英法百年战争期间，英国长弓手大败数倍于己的法国重骑兵。

弩，又称"窝弓""十字弓"，也是古代用来射箭的一种兵器，可分为臂张弩、踏张弩、腰张弩、连弩和床弩等。它主要由弩臂、弩弓、弓弦和弩机等部分组成，其实是一种装有臂的弓。欧洲在 12 世纪出现弩，它的弓弦在木架上绑成十字形，所以又称"十字弓"。弩虽然要比弓的装填时间长，但它比弓射箭更多，射程更远，杀伤力更大，命中率更高。强弩的射程可达 600 米，特大型床弩的射程可达千米。

矛和盾

矛是古代一种用于直刺和扎挑的长柄格斗兵器。它是古代军队中装备最多和使用时间最长的冷兵器之一。

最早的矛是原始人使用的前端削尖的木棒。后来人们用石头、兽骨制成矛头，缚在木柄前端，增强杀伤力。

古代西亚、北非，许多民族都将矛作为军队尤其是步兵的主要武器。在西方，希腊方阵和马其顿方阵中的步兵使用的长矛长达 4～6 米，向前冲锋，势不可当。罗马士兵使用的标枪，也是矛的一种。欧洲中世纪的骑士的主要武器是 4 米以上的重矛。

盾是古代一种手持防护身体的器具，常与刀剑等兵器配合，用来抵御敌人兵器的攻击。最早的盾牌出现在公元前3000年的西亚。在《荷马史诗》里有多处对盾牌的记载。希腊重装步兵的盾为圆形木盾，盾同时也是战士荣誉的象征。罗马人把希腊人的盾加以改进，加宽加大，被称为罗马大盾。攻城时，罗马士兵将盾牌举过头顶，连成一片，抵挡箭矢的射击。中世纪的骑士喜欢使用上宽下窄的盾牌，并绘上族徽。

火器出现后，盾就在战场上消失了。

父系氏族公社

金石并用时代

人们寻找和选择石料的过程中，发现了一种敲不碎的"石头"——自然铜。人们将含铜成分较高的孔雀石和木炭一起放进窑里，用1000℃的高温烧制，就炼出了纯铜。距今6000—5000年前，人们开始制造和使用金属工具，人类社会进入金石并用的时期。

埃及出土的青铜镜

父系社会

随着生产力的发展，社会出现了农业与畜牧业的第一次社会大分工，社会生产的专业化，使母系社会迅速为父系社会所取代。男子在生产劳动中的地位急剧上升，而妇女的劳动则渐渐仅限于附属性的家务劳动了。男子在农业、畜牧业和手工业中成为谋取生活资料的主力军。相伴而生的是婚姻制度逐渐成为一夫一妻的婚姻形态。子女的出身与世系开始按照男子的系统来计算，其财产继承也按照父系家族划分。男子取代了女子而成了家族的核心。

在父系社会里，父系氏族由若干家长制大家族构成。家长制大家族是父系氏族社会的基本社会经济细胞，一个家长制大家族常包括好几代男系亲属。氏族公社内部还保留着民主选举的传统。氏族大会由全体成年男子组成，它拥有最高的权力。氏族议事会由各个大家族的族长组成，而族长则经民主选举，由声望高的男子担任。尽管如此，在父系社会里，已经出现了某些社会的不平等，如妇女丧失了与男子平等的地位，各大家族间也出现了贫富的差距。

父系社会的进一步发展，导致了阶级的产生和国家的出现，一切共有的原始社会随之解体。

私有制的产生

在父系氏族社会，金属工具的使用使氏族内部的小家庭也可以承担农活，以家庭为单位的个体劳动盛行起来。农具、耕地等生产资料逐渐从氏族所有变成个体家庭所有，相应的，劳动产品也逐步转为私有财产，私有制就这样产生了。

军事民主制

随着私有制的进一步发展，以掠夺别人财富为目的的战争愈加频繁，氏族公社时期也因此逐渐过渡为军事民主制时期。这一时期，氏族组织还有活力，但已开始瓦解。军事民主制的民主机构是人民大会、议事会。而经常性的掠夺战争，使军事首长成为一种不可缺少的社会公职。民主与个人权利二者同时存在，相互矛盾。随着掠夺战争的持续进行，军事首长的财富和权力与日俱增，他们由原来的选举产生逐渐变为世代相传。

国家的产生

原始社会末期，随着社会分工和生产力的发展，人们能够生产出略多于维持生存的劳动产品，氏族成员的劳动量增加了，需要吸收新的劳动力，于是战俘转变为奴隶。私有制的发展，导致了氏族之间掠夺战争的产生，这使得氏族出现了军事首长。军事首长的财富权力与日俱增，而且由选举产生逐渐变为世袭制。阶级和阶级斗争的出现，掠夺战争的发生，氏族的解体，世袭王权的萌发，这些条件导致了对内压迫、对外掠夺的国家机关的出现。

第二次社会大分工

原始社会后期农业与手工业的分离，发生于青铜器与铁器时代。铁制工具的使用和生产技术的进步，促进了农业的发展和劳动生产率的提高，也使手工业生产日趋复杂，技术不断改进呈多样化发展。于是产生了第二次社会大分工，手工业从农业中分离出来，成为某些人承担的专门行业。随着第二次社会大分工，出现了直接以交换为目的的商品生产，出现金银货币，贸易范围扩大，各部落联系加强。随着劳动生产力的提高，剩余产品逐渐增多，使用奴隶劳动更加有力，因而奴隶制得到发展。第二次社会大分工促使财富增多，私有制进一步发展，富人们经常发动掠夺战争，于是拥有财富的有产者成为氏族贵族，他们灭绝人性地剥削奴隶与穷人，从而加速了原始社会的解体和奴隶社会的产生。

第三次社会大分工

原始社会末期，由于商品交换的发展，出现了一个不从事生产只从事交换的商人阶级，这便是第三次社会大分工。商人作为生产者之间的中间人，通过剥削生产者与消费者获得财富，并取得了生产的领导权。第三次社会大分工促进了商品生产与商品交换的进一步发展。与此同时，货币借贷、利息和高利贷也相继出现。土地私有权被牢固地确立起来，土地完全成为私人财产，它可以世袭、抵押乃至买卖。这时除了自由人和奴隶的差别以外，又出现了富人和穷人间的差别，这是随着新分工产生的新的阶级划分。

原始社会的文化

蒙昧时代

蒙昧时代是人类的幼稚时期，以顺应自然条件为特征。它又分为低级、中级、高级三个阶段。低级阶段指从猿到人的过渡阶段；中级阶段指整个旧石器时代，相当于猿人与智人时期，距今约 300 万—1.5 万年；高级阶段相当于中石器时代，属于晚期智人时期，距今约 1.5 万—1 万年。

蒙昧阶段这个时期，人类以采集现成的天然产物为主，如以采集果实、挖掘根茎和块根、拾取鱼贝和猎取动物等为食物。人类的制造品主要是从未加磨制的石器、棍棒、标枪，逐渐到磨制石器和制造弓箭，并掌握了摩擦取火的本领，从而学会了用火和石斧及做独木舟等。相应地人类也从居住的森林走出，开始有了萌芽状态的相对稳定的村落。

野蛮时代

野蛮时代基本上是原始氏族社会成长、发展，直到它鼎盛的时期。它又分为低级、中级、高级三个阶段。低级阶段指新石器时代，中级阶段属青铜器时代，高级阶段属于铁器时代。野蛮时代是学会经营畜牧业和农业的时期，是学会靠人类的活动来增加天然产物生产的时期。人们能够磨制比较精细的石器，有了制陶术，学会了金属的冶炼。人类开始游牧生活和大规模的田间耕作。此时私有制进一步发展，并向阶级社会过渡。

原始社会的音乐和舞蹈

原始人在集体劳动时为了协调动作、减轻疲劳，往往会发出有节奏的呼声，并逐渐演变为原始的歌声。原始人的歌声非常简单，常常仅是同一呼声或同一词句的重复。音乐是原始人的艺术语言，在高兴时候唱欢乐的歌；在灾祸时唱悲哀的歌。在唱歌或跳舞时，原始人渐渐学会用打击木板、石块的方法伴奏。最原始的打击乐器是鼓，很多原始部落都有这种乐器。

原始人在生产劳动、社会生活中会产生各种感受，采集的丰获、狩猎的成功都会使人手舞足蹈，以抒发兴奋的心情，原始的舞蹈就这样产生了。在旧石器时代晚期的绘画中，已有穿着舞衣跳舞的人。在澳大利亚东南部新英格兰的姆恩比发现的一幅红赭石画的壁画，描绘了人们跳舞的场面，气氛十分热烈。

原始宗教的萌芽与图腾崇拜

原始人无法解释自然现象，于是自然界的一切都成了他们崇拜的对象。而原始人又相信灵魂的存在，所以灵魂崇拜也普遍存在。随着氏族的形成，原始人开始崇拜祖先，而且往往将自然界的某种动植物或自然现象当作祖先，相信祖先的灵魂是氏族的保护者，这就是图腾崇拜。

原始绘画与雕刻

在欧洲旧石器时代晚期的遗址中，发现了最早的原始绘画。这些画一般都画在岩洞深处阳光照不到的地方，作画人往往要采取仰卧姿势或站在同伴的肩上，在石灯的照明下工作。这些画面比较简单，可能先用泥在岩壁上画出轮廓，再用红色或黄色的矿石颜料涂抹。在法国的尼奥山洞内，有一幅几万年前的野牛中箭图。旧石器时代的晚期，随着原始人生产技术的提高和生活需求的日趋复杂，原始的雕刻也产生了。在欧洲奥瑞纳文化遗址发现了刻

撒哈拉沙漠的岩石水彩画

岩画表现的是正在放牛的早期牧人。在新石器时代晚期，从狩猎经济中产生了原始畜牧业。

在骨、角、石上的图案，原始人把短刀的刀柄刻成山羊的样子，或在鹿角短刀的刀柄上刻一只跳跃的驯鹿。从比利牛斯山到顿河的广大地区，发现了一些用石灰石、泥灰岩等软质石料雕刻而成的妇女圆雕像，一般仅有几寸长，躯体较长，女性特征特别突出，反映了母系氏族公社对女性祖先的崇拜。在美洲的北极地带，发现了公元初年用海象牙雕成的海兽、鱼类等形象。

远古人是如何计数的

早在人类社会的最初阶段，由摘野果和捕获野禽、野兽，逐渐形成有无、大小等概念。后来，又发展到利用结绳、刻痕、手指来计数。

1937年，考古专家在维斯托尼斯(墨拉维亚)发现一根40万年前的幼狼前肢骨，7英寸长，上面有55道很深的刻痕。这是已发现的用刻痕方法计数的最早资料。直到今天，在欧、亚、非大陆的某些地方，仍然有一些牧人用在棒上刻痕的方法来计算他们的牲畜。秘鲁的印加族人（印第安人中的一部分）古时（公元前1500年前）每收进一捆庄稼，就在绳上打个结，用来记录收获的多少。据《易经》记载，上古时期中国人民"结绳而治"，就是用在绳上打结的办法来记事表数的。

罗马人在文化发展初期，用手指作为计数的工具。他们要表示1、2、3、4个物体时就分别伸出1、2、3、4个手指；表示5个物体就伸出一只手；表示10个物体就伸出两只手。从罗马数字中，我们可以看出这些痕迹，如Ⅰ、Ⅱ、Ⅲ等来代表手指数；要表示一只手时，就写成"V"字形，表示大拇指与食指张开的形状等。这已是数码的雏形。

数码符号的引进，是人类对数学认识的一大进步，它标志着"数"已从各种具体的事物中抽象了出来，具有"独立"的地位。

古代文明

非　洲

文明时代

　　人类社会发展的一个阶段，即阶级社会阶段。由于文字的发明和应用于文献记录而过渡到文明时代。这是学会对天然产物进一步加工的时期，是真正的工业和艺术产生的时期。文明时代包括奴隶社会、封建主义社会和资本主义社会。文明时代的共同特点是：都建立在人剥削人、人奴役人的基础上，并以私有制为其共同的基础。存在和发展着不同程度的商品货币经济，商品货币经济的存在和发展，有其内在的、不以人们的意志为转移的客观规律，人们在客观规律的面前是不自由的。国家的统治，文明时代的国家是统治阶级的国家，是阶级压迫和阶级统治的工具。文明时代在生产技能的进步与生产力的发展上超过以前的一切时代，但它是建立在压迫与剥削的基础上的，必将为更高级的社会所代替。

四大文明古国

　　"四大文明古国"这一说法，最早是由梁启超先生提出。梁启超于1900年的《二十世纪太平洋歌》中首次使用这个定义，并自注说，地球上文明古国有四：中国、古印度、古埃及和古巴比伦。梁启超的说法来源于当时世界学术界公认的"四大文明发源地"。但遗憾的是，除中国之外，其他三个文明古国的文化已在地球上消失了，只留下一些历史痕迹。

　　目前国际学术界公认的文明古发源地有五个。《世界文明史》（美国威廉·麦克高希）称，"古巴比伦（公元前4000—公元前2250年之间）、古埃及（公元前3500—公元前600年）、古希腊（公元前3000—1100年之间）、古印度（公元前2000年）、古中国（公元前1600年商朝建立——西方人只认实物证据而不认学术，所以不承认五帝及夏时期）是世界上的五大文明发源地"。这是学术界认同最多的说法，其他说法还有：古埃及、古印度、古巴比伦、古希腊、古玛雅，或古埃及、古印度、古巴比伦、古印加、中国。

　　目前中国学术界公认的说法是：中国是世界文明的发源地之一，有着4078年的文明史，与古埃及、古巴比伦、古印度并称为"四大文明古国"。

古代埃及

　　古埃及位于非洲东北部尼罗河下游。大约在公元前3500年，原始公社解体，奴隶制小国纷纷涌现。上埃及国王美尼斯征服了下埃及，逐步建立起统一的奴隶制国家。约公元前1710年，由亚洲侵入埃及的一支游牧部落在尼罗河三角洲建立"牧人王朝"，并统治埃及100多年。公元前16世纪中期，埃及进入空前强盛的时期。公元前15世纪，埃及成为奴隶制军事国家。公元前13世纪开始衰落，遭外族入侵，国家陷于分裂。公元前525年，埃及被波斯帝国所灭。公元前332年，又被马其顿王亚历山大大帝占领，至此埃及已经历了31个王朝。公元前30年归入罗马。古埃及是世界文明的发祥地之一，其创建的文化对世界造成了深远影响。

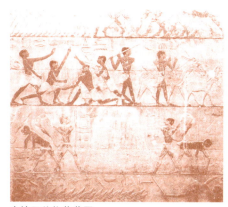

古埃及谷物收获图

尼罗河流域文明的开端

远在旧石器时代，非洲北部已有居民。那时北非的气候温和湿润，雨水充沛，满布着草丛和森林，各种动物隐没其间。当时的居民以渔猎和采集为生。

大约在1万年前，最后一次冰河退去，北非的气候逐渐转为干旱，雨量减少，茂盛的植物由稀疏而消失，出现了浩瀚无垠的沙漠，于是许多居民便陆续迁徙到尼罗河两岸。后来他们在这里过渡到新石器时代的农耕生活，进而创造了金石并用的文化，尼罗河流域的文明从此开端。

提尼斯王朝的建立

大约在公元前3100年左右，为争夺土地、水源、奴隶和财富，各个州或城邦之间经常发生战争。上埃及提尼斯州在美尼斯的统治下逐渐强大起来，美尼斯由此建立起古代埃及史上的第一个王朝。因其以阿卑多斯附近的提尼斯为首都，故称提尼斯王朝。

埃及古王国

埃及古王国（约公元前2686—公元前2181年），古代埃及重要的奴隶制王国，包括第三至第六王朝。此时中央集权的君主专制制度日益完备。法老独揽国家大权，他的意志就是法律。王权的支柱是军队，法老依仗军队对内统治人民，对外发动侵略战争。社会得到全面发展，法老对全国的土地享有最高的支配权，他们自己占有很多土地，还将大片土地赏赐给其亲属、官吏和神庙。法老自称为神的后裔，其统治被神化。第三王朝，尤其是第四王朝时期，法老大规模地修建陵墓——金字塔，给人民带来深重的灾难。

法　老

法老是古埃及时期对国王的尊称，是埃及语的希伯来文音译，意为"大房屋"。在古王国时代仅指王宫，并不涉及国王本身。从新王国第十八王朝图特摩斯三世起，逐渐演变成对国王的一种尊称。第二十二王朝（公元前945年—公元前730年）以后，成为国王的正式头衔。但习惯上把古埃及的所有国王通称为法老。法老作为古埃及的最高统治者，掌握全国的军政、司法、宗教大权，并被无限神化。法老自称是太阳神阿蒙—赖神之子，是神在地上的代理人和化身。

法老死后，其尸体被制成干尸，即"木乃伊"，放在金字塔内部的墓室中。金字塔即埃及法老的陵墓。古埃及新王国第十九王朝的法老拉美西斯二世统治埃及 67 年，是古埃及史上统治时间最长、影响最大的法老，其在位时期是古埃及帝国臻于鼎盛的时期。

金字塔

埃及人相信灵魂不灭，所以制干尸、修陵墓之风盛行。大约从第三王朝起，法老（国王）开始为自己修建金字塔形的陵墓，到第四王朝时就出现了胡夫、哈夫拉和孟考拉三大金字塔。

金字塔不仅外观巍峨雄伟，而且内部结构复杂，并饰以雕刻、绘画等艺术品，宛如巨大的"永久宫殿"。金字塔所用的全部石块没有使用任何灰浆粘连，完全是靠石块本身的结构堆砌在一起，这是世界古代建筑史上的奇迹。

狮身人面像

埃及的狮身人面像离胡夫金字塔约 372 米远，坐落在哈夫拉金字塔（胡夫之子哈夫拉的陵墓）的东侧，似乎是陵墓的守护者，但更可能是死后与太阳神结为一体的哈夫拉王的象征。它高约 20 米，长为 57 米，如果把匍匐在地的两只前爪计算在内，共有 74 米长。它的耳、鼻长度超过一个普通人的身长。其胡须据说全长 4 米，重约 30 吨。千百年来，这座半人半兽的怪物不断引起人们的遐想，

金字塔及狮身人面像

认为它的形象很可能象征着人的智慧和狮子的勇敢的结合，象征着国王凛然不可侵犯和凌驾一切的权威。它表现了古代埃及人的伟大智慧和创造力。

底比斯

在公元前 14 世纪中叶的古埃及新王国时期，尼罗河中游，曾经雄踞着一座当时世界上无与伦比的都城。这就是被古希腊大诗人荷马称为"百门之都"的底比斯。

底比斯横跨尼罗河两岸，位于现今埃及首都开罗南面 700 多公里处，底比斯的右岸（东岸），是当时古埃及的宗教、政治中心。底比斯的左岸（西岸），是法老们死后的安息之地。

古埃及中王国（约公元前 2000—公元前 1780 年）和新王国（公元前 1567—公元前 1085 年）时期的都城，城跨尼罗河中游两岸，规模宏大，称为"一百城

门的底比斯"。建筑壮丽，壁画尤为精致。其遗址即今埃及卢克索和卡纳克一带，存有大量古代文化遗迹。

埃及太阳历

早在公元前 3000 年，生活在尼罗河畔的古埃及人在农业生产的长期实践过程中，注意到尼罗河水泛滥与天象有关，并发现两次泛滥之间大约相隔 365 天。于是，古埃及人就把一年定为 365 日，以此为根据，把一年分成泛滥期（7—10 月）、播种期（11—2 月）、收获期（3—6 月）。把天狼星与太阳同时升起的那一天作为每年的第一天，一年又划分为 12 个月，每月 30 日，余 5 日作为年终节日。这就是古埃及的太阳历。

这种历法的一年比回归年短近 6 个小时，4 年相差近一天，虽然每隔 4 年就误差一天，但它使用起来简单方便，后来埃及的太阳历传入欧洲，经过罗马恺撒和教皇格列高利十三世的不断改进，成为今天通用的公历。

埃及中王国

约公元前 2133 年，南部埃及的统治者孟图赫特普一世重新统一了埃及，建立了第十一王朝，定都底比斯，开始了中王国时期。第十二王朝是中王国的鼎盛时期，国力强盛，手工业繁荣，社会经济得到了迅速发展。

卡纳克神庙

卡纳克神庙其遗址在今埃及中部尼罗河岸的卡纳克村。神庙始建于中王国（约公元前 21—公元前 17 世纪），完成于新王国时期（约公元前 16—公元前 11 世纪）。其废墟已被考古学家全部发掘出来。这是一个巨大的建筑群，神庙主殿总面积达 5000 平方米，由排成 16 列的 134 根巨石圆柱支撑。中堂两排的 12 根圆柱每根高达 21 米，据说其柱头顶部可立百人。柱身满布着象形文字和各种浮雕画面，气势雄伟，技艺精湛，是古代建筑史上的杰作。

古埃及新王国

古埃及新王国（约公元前 1567—公元前 1085 年），古代埃及最强盛的奴隶制王国。其版图南到尼罗河第四瀑布，北达叙利亚，形成一个庞大的军事帝国。对外战争使奴隶制较早发展，奴隶劳动广泛用于农业、手工业、公共建筑和家庭劳动。社会经济呈现出繁荣景象，青铜器普遍使用。农业出现了梯形把手的新式犁，手工业中开始使用脚踏风箱。商业活动遍及四邻，远至爱琴海地区。

由于阿蒙神庙的僧侣贵族长期受到法老的恩宠，经济地位膨胀，政治上威胁到法老的统治，在第十八王朝时期，出现了法老阿蒙霍特普四世的宗教改革，即埃赫那吞宗教改革。改革确立起对唯一太阳神阿吞的崇拜，但最后归于失败。新王国在与赫梯帝国争夺西亚的霸权中趋于衰弱。

拉美西斯二世与赫梯争霸

赫梯人的战车模型

这种战车广泛地被其他远东国家仿制，数个世纪里它在交战中起到决定性作用。

第十九王朝法老拉美西斯二世（约公元前1304—公元前1237年）即位时，占据着小亚细亚广大地区的赫梯严重威胁着埃及的利益。拉美西斯二世调集约3万军队攻打赫梯，结果溃败。若干年后，拉美西斯二世又出兵叙利亚，终于取得对赫梯的胜利。约公元前1259年，拉美西斯二世与赫梯国王哈吐西里三世缔结和约。和约的全文在埃及神庙的墙壁上和赫梯的档案库里均有发现，这是历史上保留下来的最早的条约文书。双方确立和平，互不侵犯，并结成军事同盟来对付共同的敌人。

阿蒙霍特普四世的宗教改革

新王国时期，埃及最高的神是太阳神阿蒙，阿蒙神庙的祭司地位很高，甚至可以对抗中央政权。法老阿蒙霍特普四世即位后，开始进行宗教改革，宣布只容许崇信唯一的太阳神阿吞，封闭阿蒙神庙，兴建阿吞神庙。不过阿蒙霍特普四世死后，阿蒙祭司又恢复了原有的地位，宗教改革归于失败。

埃赫那吞改革

埃及新王国第十八王朝国王阿蒙霍特普四世（约公元前1379—公元前1362在位）所进行的一次社会改革。图特摩斯三世和阿蒙霍特普三世统治时期，阿蒙神庙的僧侣集团势力逐渐增长。僧侣贵族不仅拥有雄厚的物质财富，而且常常左右政事。阿蒙霍特普四世即位后，为了打击僧侣集团势力和世袭权贵，加强中央集权的统治，依靠中小奴隶主和新兴的军事贵族，进行全面的社会改革。他禁止崇拜传统的阿蒙神和其他地方神，下令封闭阿蒙神庙，没收其庙产，树立阿吞神为全国崇拜的唯一的太阳神，在底比斯和全国各地以及叙利亚、努比亚大建阿吞神庙。为了消除阿蒙在人们思想上的影响，下令从一切纪念物上抹掉阿蒙的名字，并在其统治的第五年，把自己带有"阿蒙"字根的名字阿蒙霍特普（意为阿蒙满意者）改为埃赫那吞（意为有益于阿吞者），并赐予王后以涅菲尔涅菲拉吞之名（意为美中之美是阿吞）。埃赫那吞统治的第六年，废弃旧都底比斯，迁至尼罗河东岸的新都阿马纳，取名为埃赫太吞（意为阿吞光辉照耀之地）。他提拔新人，改革政府官吏的成分，并在新都大力兴建阿吞神庙宇，雕塑阿吞神像及他与王后的像。

木乃伊

古埃及人有着发达的解剖学和宗教观念。他们认为人的灵魂是不灭的，为了更好地在另一个世界生存，他们在处理死者身体方面表现出了非凡的创造力。

"木乃伊"是"干尸"的音译。最早使用这种殡葬方法的就是埃及人。在古埃及木乃伊的制作方法随时代而变化，但总不外乎切除尸体的内脏，然后用松脂涂抹，并用细麻布包裹，最后才进行埋葬。做好的木乃伊一般都置于封闭的墓室中，有的保存达千年而不腐烂，可谓古代埃及人创造的一大奇迹。

图特摩斯三世

图特摩斯三世（公元前 1514—公元前 1450 年），埃及第十八王朝法老（公元前 1504—公元前 1450 年在位）。他系图特摩斯二世王妃伊西斯所生，约在 10 岁时，受阿蒙神庙僧侣的支持继承王位。他青年时代在军中接受了军事技术的训练，特别是箭术和马术，为日后的军事成功奠定了基础。十几年后他不仅侵略努比亚和利比亚，更主要的是向巴勒斯坦和叙利亚用兵。

他先后出兵亚洲达 17 次之多，使埃及版图南到尼罗河第四瀑布，北到叙利亚的埃勒拉城。从而建立起一个庞大的奴隶制帝国。他将掠夺的大量土地财富充实埃及国库，同时也赏赐给阿蒙神庙，助长了僧侣贵族的权势。

"埃及艳后"克娄巴特拉

克娄巴特拉（公元前 69—公元前 30 年），这个以姿色令罗马将军们丧魂失魄的埃及女王，一生在政治与权力阴影的笼罩下，充满了传奇与浪漫。

恺撒大军追杀庞培到了埃及，克娄巴特拉决定利用这一机会。她主动投怀送抱，赢得了恺撒的支持，使她获得了与其兄弟托勒密联合执政的地位。公元前 46 年，恺撒回到了罗马，克娄巴特拉追随而至，还与恺撒育有一子。恺撒的被刺结束了她的梦想，克娄巴特拉回到埃及。此时，罗马的另一位大将军安东尼与屋大维和雷必达结成了"后三巨头"同盟，为了巩固自己在埃及的统治，克娄巴特拉又投靠这位新贵安东尼。公元前 40 年，为了政治利益，安东尼与屋大维的妹妹结婚。安东尼还是经不住克娄巴特拉的诱惑，终于在公元前 36 年与她结婚。屋大维以安东尼抛弃罗马妻子而和"蛮王"结婚为借口发起进攻。公元前 31 年，屋大维与安东尼在亚兴角的海面上决战，克娄巴特拉眼见安东尼大势已去，她打算投靠屋大维，于是躲进陵墓且谎称已经死亡，安东尼伤心自杀。克娄巴特拉故技再施，然而屋大维无动于衷。克娄巴特拉无奈写下一份愿与安东尼合葬的遗书，便服毒自杀了。屋大维满足了她的遗愿，将她与安东尼合葬一墓。

埃及的奴隶制

埃及新王国时期，奴隶制度有了更大的发展，这与法老的大规模对外战争密切相关。第十八王朝诸法老从叙利亚等地掳获的战俘动辄以几十万计，不仅王室、显贵等拥有大量奴隶，在中下级官吏、商人、普通祭司等人中也有一些人占有了不少奴隶。战争使奴隶市场繁荣起来。奴隶遭受着沉重的压迫和剥削，逃亡便成为了常见的现象。

后期埃及

后期埃及的历史可以分为两个阶段。第一阶段是从第二十一王朝到第二十六王朝（约公元前1085—公元前525年），此时埃及国势更加衰微，先后被亚述、塞易斯征服。但是这一日期埃及的经济发展仍然比较迅速，手工业和商业都得到了较大的发展。公元前525年，埃及被波斯征服，埃及便进入后期的第二阶段，这一阶段从第二十七王朝到第三十一王朝（约公元前525—公元前332年），此时的埃及已沦为波斯帝国的一个行省。

塞易斯王朝

塞易斯王朝（第二十六王朝）属于古埃及后期王朝时期，其统治时期在公元前664年至公元前525年之间。

早在古王国时期的文献中就已经有塞易斯的记录了，考古发掘证明这里约在公元前4000年左右就已经有人定居了。这里是供奉奈斯的地方，有一座奈斯的大神庙。来自塞易斯的法老普萨美提克一世将埃及的首都迁到这里，建立了塞易斯王朝。当时塞易斯是埃及与希腊之间贸易的中心。希罗多德描写了当地的神庙和第二十六王朝的墓。

埃及陆军

在喜克索斯人占领了下埃及之前，古埃及军队主要是由贵族属地的农民和工匠组成的轻装步兵。他们的装备非常简陋，不穿戴任何盔甲，武器主要有弓箭、标枪、匕首、棍棒、投掷棒和盾牌等。

喜克索斯人占领了下埃及之后，为了战胜入侵者，退守上埃及的埃及军队开始进行军事改革。这时的埃及军队开始正规化，军队将领由贵族担任，各个兵种也相继出现，如使用厚盾和攻城槌的攻城部队、成鱼鳞状分布排列的梯队、挖地道的先锋队等。另外还有雇佣军——努比亚弓箭手。兵器也变为标枪、战斧、半月刀（这是第一次出现）和匕首，装备了由皮套和金属甲组成的盔甲。这一时期，古埃及军队出现了战车部队。战车上有驭手一名，士兵两名，装备有弓、标枪和长矛。

埃及军队的指挥系统是：法老、将军、营长、传令官、参谋、尉官和军士。军队最大单位是军团，每个军团有4000个步兵和1000辆战车；一个军团有10个营，一个营分为两个连，一个连分为5个排，一个排分为5个小队。

波斯征服埃及

公元前525年，西亚强国波斯征服埃及，开创了埃及历史上第二十七王朝（或称为波斯王朝）。波斯国王冈比西斯对埃及施行高压政策，引起埃及人民的强烈反抗。冈比西斯在归国途中暴病死亡。大流士一世即位为波斯帝国皇帝后，大力发展埃及经济。为了扩大对外贸易，他下令完成法老尼科时代未开凿完的运河。这条运河经埃及的尼罗河支流布巴斯提斯通达红海，对沟通地中海与红海地区的联系起了巨大的作用。

纸草书

纸草是下埃及沼泽地区的一种植物，其茎部的纤维质很坚韧，将其剖成薄片长条，再用树胶粘连起来，就能制成很好的书写材料。纸草后来成为地中海东部地区通用的纸张，许多古代文献都是作为纸草书保留下来的。

埃及书吏使用的纸草残片及木质笔盒

古埃及的科学成就

古埃及人在生产生活中，积累了天文、数学、医学、物理和化学等方面的宝贵知识。出于修建金字塔、测量土地、兴修水利的需要，埃及人的几何学知识比较发达，而在制作木乃伊的过程中，他们也积累了不少解剖学知识，并初步认识到了心脏和血液循环的关系。

古埃及雕塑

埃及的雕塑艺术大约始于公元前4000年，建筑业的诞生，孕育了艺术装饰的萌芽。埃及的神话与宗教信仰支配了雕塑的形成和发展过程。

埃及雕刻是为法老政权和少数奴隶主贵族服务的。由于受宗教思想意识支配，严格服从上层社会的审美观点和需要，美术家墨守成规，在圆雕中严格地遵守"正面规"，不论人物站着还是坐着，人体都处在静止中，而且面部表情总是庄严平静地对着观众。立像多数僵直呆立，从头顶经胸腰直到脚跟都在一条垂直线上。直立的男人体，左脚向前，重心落在脚掌上。坐像总是促膝并足地坐着的。

在很长的时间里，古埃及雕像几乎没有什么显著的变化。这一切因素也就形成了古埃及雕像艺术的独特风格：庄严稳重，雄伟大方。

古埃及雕像显现出的平衡和沉静，往往会产生一种奇怪的、令人着魔的魅力，而那庄重威严的造型更具有一种震撼人心的感染力。

古埃及绘画

在人类艺术发展史中，古代埃及最早创造了一流的绘画艺术。古埃及绘画艺术家们创造了大量的绘画作品，主要表现形式是壁画。

古埃及绘画具有鲜明的民族特色。它们是用线条造型，填色；构图有的是平面展开，有的是在一条横线上安排人物、景物，不受透视局限。在一条横线上构图时，人物近者、地位高者画得大，远者、没有地位的人画得小；画面饱满，疏密均匀，空白处配以象形文字，具有强烈的装饰艺术效果。

壁画是埃及陵墓装饰中不可缺少的组成部分。其风格为：横带状的排列结构，用水平线来划分画面；画面构图在一条直线上安排人与物，人物依尊卑和远近不同来规定形象大小，井然有序，追求平面的排列效果；注重画面的叙述性，内容详尽，描绘精微；人物造型程式化，写实和变形装饰相结合；象形文字和图像并用。

东非撒哈拉农耕社会

公元前 4000—公元前 2000 年，非洲东部撒哈拉的大部分地区气候湿润，并有大片草原可以放牧牛羊等牧畜。当时的农业也很发达。在公元前 2000 年之前的某个时期，这里的气候发生了变化。原来每年按时出现的雨季越来越短，使得土地难以耕种，农民也无法继续原来的生活方式。许多农民搬走，有些去了埃及，还有一些迁徙到亚洲等更远的地方。

撒哈拉壁画群之谜

1850 年的一天，德国探险家海因里希·巴思在撒哈拉的塔西亚高原惊奇地发现当地砂岩的表面满是野牛、鸵鸟和人的画像。画面色彩雅致和谐，栩栩如生，不过上面没有骆驼。后来人们又陆续发现了公元前 6000—公元前 1000 年的更多的岩画。这些画面表现了人们当时的生活情景，如朴素的家庭生活、狩猎队伍、吹号角赶着牛群等。画面上还有大象、犀牛、长颈鹿、鸵鸟等现在只能在向南 1500 多公里的草原上才能找到的动物，但是另外还有一些显然已经绝迹的飞禽走兽。

在撒哈拉壁画群中，人物形象众多，其中描绘最多的当数雄壮的武士形象。壁画中的武士表现出凛然不可侵犯的威武神态，他们手持长矛、圆盾，乘坐在战车上呈飞驰状，表现了战士出征的场面。

在撒哈拉壁画群中，动物形象也千姿百态。有的站立、有的行走、有的狂奔、有的跳跃，还有怀孕的和受伤的，有些动物身上还画有长矛、箭头或者棍子打伤的痕迹。在画群所描绘的动物中，最多的要数聚集在水边的牛群，画面色彩丰富，其中尤以牧牛彩色画和雕刻画最为精美。

在撒哈拉壁画群中，还有许多令人迷惑不解的手印、足印和稀奇古怪的图印，这就给撒哈拉壁画群蒙上了一层神秘的色彩。其中，手印画最多。

在撒哈拉壁画群中，人们还发现一种特殊的文字。这种文字的特点是没有表示母音的符号，虽然可以读出，但其含义是极难理解的。

撒哈拉壁画如此丰富多彩、气势磅礴，那么，究竟是谁在什么年代刻制的？为什么会出现在极端干燥的撒哈拉沙漠之中？这些问题，迄今还无法解释。

北非迦太基文明

迦太基由腓尼基的水手们于公元前 814 年建立，位于北非地中海沿岸中央，与西西里岛隔海相望。它是地中海商路的汇合点，长期经营中介贸易。各种矿产、纺织物、象牙制品等常以迦太基为转运集散地，使迦太基工商业得以迅速发展。到公元前 6 世纪，迦太基已经是囊括北非、南部西班牙、科西嘉和西西里西海岸的奴隶制大帝国，长期称霸于西部地中海地区。

迦太基在北非的扩张

公元前 5 世纪左右，迦太基开始在北非扩张，它征服了邦角半岛，并获得了迦太基以南可观的一片土地，其中包括突尼斯的某些最肥沃的土地。迦太基在昔兰尼加以及利比亚沿海的雷普西斯、塞卜拉泰等地都建有殖民地。雷普西斯后来成为沿加贝斯湾各殖民地的行政管理中心。在加贝斯湾，迦太基还建有祖希斯吉格西斯和塔卡帕等殖民地。再往北，还有泰奈，该城的陆地领土的南端到达海边。

中非努比亚文化和凯尔迈文化

从公元前 2300 年起，居住在努比亚的氏族人民已会制造陶器，畜牧业在当时占有重要地位。公元前 12 世纪末，努比亚形成了独立国家——库施王国。公元前 8—公元前 6 世纪，库施王国强大起来，曾北上入主尼罗河流域，建立起古埃及历史上的第二十五王朝，但不久势衰，退回努比亚。这一时期努比亚出现了凯尔迈文化，其主要特点是：使用表面十分光洁的薄陶器，用活人殉葬等。

努比亚神庙的遗迹

在纳盖，一座神庙的正面墙上刻画着努比亚国王与王后的形象，从中可以想见它昔日的辉煌与荣耀。这座供奉的是长有狮头的战争与丰产之神阿佩德马克。

阿克苏姆国统治东非

阿克苏姆帝国建于 2 世纪，它位于非洲东北部红海岸边。到 4 世纪时，阿克苏姆王埃扎纳统一了埃塞俄比亚北部，征服了苏丹的麦罗埃王国，成为东非和红海地区的统治者。

阿克苏姆国盛行基督教，在埃扎纳统治时期，兴建了许多高大的独石柱尖顶塔。570 年，萨珊波斯侵占了阿克苏姆部分海岸属地和通商城市。7 世纪以后，阿拉伯国家兴起，东西方贸易商路北移，红海贸易趋于衰落。再加上北方游牧民族贝扎人的侵扰，阿克苏姆国势日衰。到 1000 年左右，阿克苏姆国灭亡。

欧　洲

爱琴文明

爱琴文明是指公元前 20 世纪—公元前 12 世纪存在于地中海东部的爱琴海岛、希腊半岛及小亚细亚西部的欧洲青铜时代的文明，因围绕爱琴海域而得名。在希腊文明之前，是最早的欧洲文明，是西方文明的源泉。主要包括米诺斯文明和迈锡尼文明两大阶段，前后相继。有兴旺的农业和海上贸易，宫室建筑及绘画艺术均很发达，是世界古代文明的一个重要代表。

欧洲的名称

传说腓尼基公主欧罗巴在长满鲜花的草地上与姑娘们玩耍，离姑娘们不远的地方有一群牛在安静地吃草。一头白色的大公牛，朝公主欧罗巴走来，温驯地让欧罗巴骑在背上。突然，大白公牛如飞一样奔跑，越过大海。第二天傍晚，来到一个岛上，在一棵大树下停住，欧罗巴跳下牛背，忽见一个伟健的男子站在面前，向她求婚。原来这头大白公牛是不可征服的神——宙斯的化身。欧罗巴做了宙斯的妻子，生了几个儿子。这块大地也以欧罗巴的名字命名，它就是欧洲。先民们以石灰石浮雕记录下了这美丽的传说。

克里特—迈锡尼文明

欧洲文明源于希腊文化，而希腊文化则来自于克里特岛和迈锡尼。克里特岛位于爱琴海南部，是希腊最大的岛屿；迈锡尼位于希腊半岛南部，即伯罗奔尼撒半岛。约公元前3000年左右，克里特岛和迈锡尼就已经有人居住。大约在公元前2600—公元前2000年，克里特岛进入青铜文化阶段，出现了大量的铜制品，还有壮丽的穹形墓室和精美的石雕。迈锡尼是在大约公元前16世纪前后开始进入青铜文化阶段的。约在公元前2000—公元前1600年，克里特岛上开始出现了奴隶制国家。在克诺索斯、费斯托斯和马利亚等地均发现有气势宏伟的宫殿。城市中心出现了较为宽广的大道。这时还出现了欧洲最早的四轮车，并且发明了文字。

约公元前1600—公元前1125年，克里特文明进入繁荣阶段。岛上的米诺斯王朝统一了全岛，经济、政治、社会组织得到较大发展，尤其是与东地中海沿岸的商业贸易日益频繁，这时出现了用帆和桨的航船，贸易品有青铜制品、金银工艺品和各种陶器。最为著名的是修筑了米诺斯王宫。这期间克里特文明与迈锡尼文化发生了密切的联系，这一点从王宫中出土的2000块泥板文书可以得到证实。这种文书的文字是由迈锡尼人创造的，称为线状文字。此时的迈锡尼城邦有了进一步发展，国王、祭司和各级官吏占有大量土地，奴隶们则从事农业和手工业劳动。手工艺制品出现了金银饮器、金环、金冠，还有铁制的竖琴。公元前12世纪前后，多利亚人侵入了克里特岛和迈锡尼，灿烂的欧洲古代文明"克里特—迈锡尼文化"被打断。

米诺斯王宫

公元前17—公元前16世纪，在克里特岛诺萨斯建立的米诺斯王朝处于鼎盛时期，成为爱琴海地区的霸主。米诺斯王朝建立了规模宏伟的王宫。王宫占地两公顷，大

米诺斯王朝的王宫遗址壁画

湿壁画是一种绘于泥灰墙上的绘画艺术，这种创作手段是米诺斯文明的主要艺术形式。

都是三层建筑，设有供水和排水设备。宫中结构复杂，千门万户，阶梯走廊曲折相通，在古代神话中有"迷宫"之称，到公元前 1450 年左右，米诺斯王宫遭到毁灭性破坏，克里特文明也由此衰落。

特洛伊战争

公元前 1500 年左右，希腊人的一支阿卡厉人在南希腊建立一些城邦，其中以迈锡尼最强。公元前 12 世纪初，迈锡尼联合其他城邦出征特洛伊城，特洛伊人顽强抵抗。该战争持续了 10 年，最后在"木马计"中结束。希腊人获胜后，毁灭了特洛伊城并大肆掳掠。希腊人虽胜，但也消耗了自己的力量，从此，迈锡尼诸城邦走向衰落。不久，另一支希腊人——多利亚人南下，征服了迈锡尼诸城邦。

木马计

公元前 1183 年，希腊军队围攻特洛伊城，久攻不下。于是希腊人制造了一个巨大的木马，并将一支突击队隐藏其中，并将其丢弃在城外，而其余的希腊军队佯装撤离海岸。特洛伊人以为希腊人已逃之夭夭，便将木马作为战利品拖进了城里。藏身木马里的希腊人在夜里离开藏身之所，打开了城门，将返回的战友放进城内，特洛伊城于是失陷。"木马计"是古代战争史上使用突袭和诈败战术最著名的一个战例。

线形文字

迈锡尼文明有特别珍贵的几千块泥板文书流传到今天，这种泥板上的文字和线形文字是用古希腊语写的，因此是迈锡尼人自己的文字，在考古学上称为"线形文字乙种"。同样的线形文字在克里特和希腊大陆都有发现。1862 年，英国人文特里斯和柴德威克经过多年钻研，成功地释读了线形文字，对爱琴文明的研究做出了重大贡献。

迈锡尼社会

迈锡尼社会分成两类自由人：国王的拥胄（负责王室行政）和普通人民（生活在乡镇里）。普通人民为王室委派人员所掌管，他们需要完成徭役和对王室赋佃租。

而生活在王宫范围内的人，有一部分为富裕的高级公务员，可能居住在各个宫殿周边宽敞的住房里；此外还有一些职业与王室相关的人员：手工匠、农民，可能还有商人，他们未必比一般人民富裕。处在社会的最底层的是奴隶。

登德拉盔甲

登德拉盔甲是在迈锡尼国库中发现的最大的军事装备。它是一整套武士盔甲，护胸甲是由皮衣上缝青铜片所制成。这副盔甲的重量能制约武士的行动力，所以一般认为这是给战车上的战士所备。防御性的武器装备包括数种头盔，特别是一种野猪头的样式，不过它在青铜时代后期的最后几个阶段中销声匿迹。迈锡尼武士使用两种盾：一种呈 8 字形；另一种为方形，上缘为圆角木制或皮制。

进攻性武器大多是青铜制，已发现的有长枪和标枪，以及一大批不同尺寸或劈或砍之用的剑。最后，一些手柄和箭头见证了这时期弓箭的使用。

迈锡尼陶器

考古学家在迈锡尼时代发现了大量的陶器，风格、大小十分多样：带环把的瓮、壶、双耳爵，像香槟酒杯一样的罐子等。在向希腊大量出口的阿戈斯地区发现的所有样品风格却相当统一，同时生产数量也有了显著的提高。出口的产品一般都更为奢华，并绘有精美的装饰，比如神话、战争、动物等主题。另一种餐具是金属的（主要是青铜），发现的数量也相当可观，外形主要有三脚、盆状或灯状。此外还发现过釉陶或是象牙质的器皿。

雕塑和绘画

迈锡尼时期没有留下大的雕塑，基本上都是一些精致的小雕塑。大多数雕塑表现为人形，但也有动物造型。其中人形雕塑有不同的姿势，如双手向天空展开、双手合抱于腹部，或是坐着等。它们经过上色，黑白或彩色都有。制造它们的目的不明，不过很有可能是为祭祀之用，因为发现它们的地点通常具有宗教意味。

迈锡尼时期的绘画受到米诺斯文明的很大影响，所发现的一些宫殿壁画表现的主题多样：捕猎（包括斗牛）、战斗、队列、神话传说等应有尽有。其他壁画表现为几何图案。

迈锡尼文明的灭亡

迈锡尼文明从公元前 1200 年以后渐呈衰败之势。古希腊的神话传说曾模糊提及此时王朝更迭频繁，战乱相继；考古材料也反映陶器质量下降，生产萎缩，而"海上诸族"的骚扰更使国际贸易大受打击。经济衰落可能迫使统治者依靠武力掠夺，于是各国各城之间的战争也愈演愈烈，其中最著名的一次大战便是希腊同盟与小亚细亚富裕城市特洛伊的战争。此战打了 10 年之久，最后希腊联军虽攻下特洛伊城，实际上却是两败俱伤。得胜的希腊各国（以迈锡尼为首）无不疲惫不堪，元气大伤，终于摆脱不了"黄雀在后"的厄运：希腊各国一直难以恢复，为北方的多利亚人提供可乘之机。他们纷纷南下，攻城略地，逐步征服了除雅典以外的中希腊和伯罗奔尼撒各国，宣告了迈锡尼文明的灭亡。

迈锡尼文明的中心

迈锡尼城是迈锡尼文明的中心，位于伯罗奔尼撒半岛东北部。迈锡尼城附近还有梯林斯城，是直属于迈锡尼的一个军事要塞。它们构成在希腊诸国中最为强大的迈锡尼王国。其他王国著名的还有伯罗奔尼撒中部的斯巴达和西部的派罗斯，以及中希腊的雅典、底比斯等，它们有时组成一个军事同盟以联合作战，奉迈锡尼为盟主。

迈锡尼建筑中的狮子门，以宏伟坚固著称。

考古发现的迈锡尼遗址主要是国王居住的城堡，它的城墙用巨石环山建成，厚达5米，高8米，和克里特王宫建筑全无防御设施迥然不同。城堡有宏伟壮观的"狮门"（以刻有双狮拱卫一柱的浮雕得名），城内建豪华王宫。城堡下面平川地带有广阔的市区，富商大贾和百业工匠居住其间，其繁荣富庶不下于克里特的克诺索斯。在海外贸易方面，迈锡尼较克里特也是有过之而无不及。埃及、叙利亚、腓尼基、塞浦路斯，以及意大利南部、利巴拉群岛等地都有迈锡尼陶器出土，数量皆超过各地曾发现的克里特陶器。在爱琴地区和希腊本土，迈锡尼文明的分布也较克里特文明为广泛、众多，现已发现的当地大大小小的迈锡尼文明遗址在1000处以上。

迈锡尼人的神谱

迈锡尼人的神谱内已经有不少希腊神话中的神祇。波塞冬似乎占有很高的地位，特别是克诺索斯的文本中。这个阶段似乎也出现了一个崇尼克神，掌管地震。我们还能找到一系列女神，对应于不同的宗教地点，比如克里特岛上的"迷宫女神"，让我们联想到迈锡尼迷宫的神话，另一些经典时代的神被鉴别出来，如宙斯与赫拉夫妻、阿瑞斯、赫耳墨斯、雅典娜、阿耳忒弥斯、狄俄尼索斯、厄里倪厄斯等。缺席的神有阿波罗、阿佛洛狄忒、得墨忒耳（这些是来自东方的神）以及赫菲斯托斯。

在迈锡尼时代没有什么大的神庙，考古人员在一些城堡里发现的大型建筑，多由一个长方形的中央室加上周围的小房间组成，在当时可能被用作宗教场所。

迈锡尼墓园

迈锡尼城堡内外有两座墓园。园内有众多王族墓葬，内藏丰富的金银陪葬品，其数量之多为世所罕见（仅其中一墓穴即有870件之多）。工艺水平也很高，其中大多数为克里特产品，也有来自埃及和小亚细亚、叙利亚等地的。这说明迈锡尼王族和贵族可能曾以雇佣兵头领的身份服务于克里特和埃及等地。随着与海外先进文明地区交往的密切，迈锡尼的经济与文化迅速发展起来，国力日强。到圆顶墓王朝时期，它便从尾随于克里特之后而转为可与之抗衡的强国了。

圆顶墓不像竖井墓那样只在地下构筑简单的竖穴墓室，而是在地面凿岩和砌石筑成圆形墓室，前有墓道，上覆高冢，室内以叠涩法砌成圆锥状屋顶，形如蜂巢，故又称蜂巢墓。构筑这类陵墓需要较高的石砌工程技术，它的形制虽源自克里特，在迈锡尼却规模益趋宏大。现存最大的一座圆顶墓内高 13.2 米，墓门高 10 米，门内过道以一块重达 120 吨的巨石为盖，可见其工程的艰巨。

荷马时代

公元前 11 世纪到公元前 9 世纪的希腊历史称作荷马时代，因这一时期唯一的文字作品——《荷马史诗》而得名。荷马时代又称英雄时代，是一个氏族部落盛行的时期，与迈锡尼文明相比，在社会制度方面有所倒退，但社会经济水平却取得了重要的进步。

荷马吟咏史诗图

《荷马史诗》

荷马是一位伟大的希腊诗人，生卒年代不详，生前双目失明，四处漂泊吟唱。他的诗情节精彩、词句华美，而且记录了许多有关希腊的历史、神话和传说。他的伟大诗篇就是《荷马史诗》，这部诗分为两部分：《伊利亚特》和《奥德赛》。史诗《伊利亚特》主要叙述特洛伊战争最后一年的故事。《奥德赛》叙述的则是希腊军中足智多谋的英雄奥德赛在战争胜利后渡海回国，历尽艰险的故事。

这两部诗既是古希腊史的一颗明珠，也是全人类的艺术瑰宝。

奥林匹克宙斯神像

奥林匹亚是奥林匹克运动会的发源地，古希腊的圣地，古世界七大奇迹之一宙斯神像的所在地。它位于伯罗奔尼撒半岛西部，离雅典几百公里的路程。

大约公元前 450 年，在第一届奥林匹克运动会（公元前 776 年）的举办地——希腊奥林匹亚城，一座巨大的雕像完工了，这就是宙斯神像。

这是一座装饰华丽的 40 英尺高的雕像：宙斯是希腊雕刻家斐迪亚斯用象牙雕刻而成的，坐落在台阶之上，其袍饰用黄金做成。宙斯头顶花冠，右手持胜利女神，左手持笏。

后来，希腊人出于安全的考虑，决定把它移到君士坦丁堡（今土耳其伊斯坦布尔）。但那里也没能最终保全这尊伟大的雕像，462 年的一场大火彻底毁坏了雕像，而奥林匹亚城也只剩下残垣断壁了。

天神宙斯

宙斯是希腊神话中的主神，克洛诺斯和瑞亚之子，第三任神王，掌管天界，是奥林匹斯山的统治者。宙斯以贪花好色著称，奥林匹斯的许多神祇和希腊英雄都是他和不同女人生下的子女。他以雷电为武器，维持着天地间的秩序，公牛和鹰是他的标志。他的兄弟波塞冬和哈得斯分别掌管海洋和冥界；女神赫拉是宙斯的最后一位妻子。

宙斯的象征物是雄鹰、橡树和山峰；他最爱的祭品是母山羊和牛角涂成金色的白色公牛。宙斯作为天空之神，掌握风雨等各种天象，霹雳、闪电等是他用来向人类表达自己意志的手段。他掌握人间一切事务，与命运之神混同，但有时他自己也不得不听从命运支配。

天后赫拉

赫拉是古希腊神话中奥林匹斯主神之一，是主神宙斯的妻子，主管婚姻和家庭，被尊称为"神后"。她是战神阿瑞斯、火神赫菲斯托斯、青春女神赫柏和生产女神狄斯科尔狄娅的母亲。传说她也是魔怪提丰之母。她在奥林匹斯山的地位仅次于她的丈夫宙斯，高傲的智慧女神雅典娜也要服从赫拉的旨意。

战神阿瑞斯

古希腊神话中的战神，奥林匹斯十二主神之一，被视为尚武精神的化身，其形象源于色雷斯人。据奥林匹斯神话，阿瑞斯是宙斯和赫拉的儿子。荷马在《伊利亚特》中把他说成是英雄时代的一名百战不厌的武士。他肝火旺盛，尚武好斗，一听到战鼓声就手舞足蹈，一闻到血腥气就心醉神迷，戕戮厮杀是他的家常便饭。

罗马时期，阿瑞斯与罗马的马尔斯混同。马尔斯在罗马是位非常受崇敬的神，与主神朱庇特并列，并且作为罗马奠基者罗慕卢斯和瑞穆斯的父亲而成为罗马人的始祖。马尔斯起初可能与农业有关，与阿瑞斯混同后便单纯作为战神继续受到崇拜。

火神赫菲斯托斯

赫菲斯托斯是宙斯和赫拉的儿子，当天后赫拉发现刚出生的赫菲斯托斯居然是个丑陋的跛脚孩子后，就厌恶他，狠心的天后一怒之下把这个孩子扔进了大海。海洋女神忒提斯和欧律诺默拯救并抚育了他。

在海洋中长大的赫菲斯托斯理应成为海洋神，但他却成为了相反物质的神——火神。他对火的钟爱是在火山密布的莱姆诺斯岛上形成的。赫菲斯托斯在岛上建造了一个锻造坊。经过日复一日的工作，他不但拥有了发达的双臂，而且让火焰服从了他的意志。

太阳神阿波罗

太阳神阿波罗是希腊奥林匹斯十二主神之一，是宙斯与黑暗女神勒托的儿子，阿耳忒弥斯的孪生兄弟。阿波罗又名福波斯，意思是"光明"或"光辉灿烂"。阿波罗是光明之神，在阿波罗身上找不到黑暗，他从不说谎，光明磊落，所以他也称真理之神。阿波罗很擅长弹奏七弦琴，美妙的旋律有如天籁；阿波罗又精通箭术，他的箭百发百中，从未射失；阿波罗也是医药之神，把医术传给人们；由于他聪明，通晓世事，所以他也是寓言之神。阿波罗掌管音乐、医药、艺术、寓言，是希腊神话中最多才多艺，也是最美最英俊的神，阿波罗同时是男性美的典型。

爱神阿佛洛狄忒

阿佛洛狄忒是希腊奥林匹斯十二主神之一，罗马名字维纳斯，九大行星中的金星。阿佛洛狄忒是宙斯与狄俄涅所生的女神，但有另一说法说她是由天神乌拉诺斯的遗体所生，在海中的泡沫诞生。阿佛洛狄忒象征爱情与女性的美丽，她有古希腊最完美的身段和相貌，一直被认为是女性体格美的最高象征。阿佛洛狄忒的美丽，使众女神羡慕，也使众天神都追求她，甚至她的父亲宙斯也追求过她。在求爱遭到拒绝之后，宙斯把她嫁给既丑陋又瘸腿的火神赫菲斯托斯。但是阿佛洛狄忒却爱上战神阿瑞斯，并和阿瑞斯结合生下几个儿女，其中包括小爱神厄洛斯。

智慧神雅典娜

雅典娜是希腊奥林匹斯十二主神之一，罗马名字为弥涅耳瓦。传说是宙斯与聪慧女神墨提斯所生，因有预言说墨提斯所生的儿女会推翻宙斯，宙斯遂将她整个吞入腹中，谁知头痛不已，在忍无可忍下召来赫菲斯托斯，令其劈开自己的头颅。于是，从宙斯的脑里跳出来的是一个全身甲胄、挺举金矛的女神，她就是雅典娜。雅典娜是处女神，具有威力与聪慧，为宙斯最宠爱的女儿。雅典娜是希腊人，特别是雅典人，最崇拜的女神，雅典城的名字就是用女神的名字命名的。雅典娜传授希腊人纺纱、织布、造船、冶金和炼铁等各种技能，还发明犁耙，驯服牛羊，因此她也是农业与园艺的保护神。她还是法律和秩序的保护神。

智慧女神雅典娜

海神波塞冬

波塞冬是希腊奥林匹斯十二主神之一，他是宙斯的哥哥，地位仅次于宙斯。他的罗马名字是涅普顿，九大行星中的海王星。他与宙斯一同战胜了父亲克洛诺斯之后，一同分割世界，他负责掌管海洋，以三叉戟主宰水域，在水上拥有无上的权威，是大地的动摇者。他能呼唤或平息暴风雨，轻易地令任何船只粉碎。波塞冬曾经与雅典娜争夺雅典，可惜最后还是败给雅典娜。一怒之下，他曾经用洪水淹没雅典。在争夺雅典时，他变出第一匹马，所以他也是马匹的保护神。

农神得墨忒耳

得墨忒耳是希腊奥林匹斯十二主神之一，罗马名字刻瑞斯。她是宙斯的姐姐，掌管农业的女神，给予大地生机，教授人类耕种，她也是正义女神。她与宙斯生下珀耳塞福涅，珀耳塞福涅后来被得墨忒耳的哥哥哈得斯抢去做了冥后。因为失去女儿，她无心过问耕耘，令大地失去生机，直至宙斯出面，令她们母女重逢，大地才得以重生。每年的冬天是她与女儿团聚的日子，她放下工作陪伴女儿，令这段时间不宜耕作。

神使赫耳墨斯

赫耳墨斯是希腊奥林匹斯十二主神之一，罗马名字墨丘利，九大行星中的水星。他是宙斯与女神玛亚所生的儿子，是司畜牧、商业、交通旅游和体育运动的神。他是宙斯最忠实的信使，为宙斯传送消息，并完成宙斯交给他的各种任务。他行走敏捷，精力充沛，多才多艺。

月神阿耳忒弥斯

阿耳忒弥斯是希腊奥林匹斯十二主神之一，罗马名字狄安娜，她是宙斯与黑暗女神勒托所生，是阿波罗的孪生姐姐。阿耳忒弥斯与阿波罗一样，司掌光明，不同的是她所掌管的是月亮。她还很喜欢狩猎，射箭的技艺很高，经常在山林中追逐野兽。因此除了是月亮女神外，她还是狩猎女神。

达摩克利斯之剑

公元前4世纪西西里东部的叙拉古王迪奥尼修斯(公元前430—公元前367年)打击了贵族势力，建立了雅典式的民主政权。这遭到了贵族的不满和反对，使他感到虽然权力很大，但地位却不牢靠。有一次他向宠臣达摩克利斯谈了这个问题，并且向他表明自己的看法。为了满足宠臣达摩克利斯的贪欲，迪奥尼修斯把宫殿交托给他，并赋予他有完全的权力来实现自己的任何欲望。追求虚荣、热衷势力的达摩克利斯在大庆宴会时，抬头看到在自己的座位上方天花板下，沉甸甸地倒悬着一把锋利的长剑，剑柄只用一根马鬃系着，眼看就要掉在头上，吓得他离席而逃。这时狄奥尼修斯王便走出来说道："(达摩克利斯头上)这把利剑就是每分钟都在威胁国王的危险象征，至于国王的幸福和安乐，只不过是外表的现象而已。"因此，人们用"达摩克利斯之剑"借比安逸祥和背后所存在的杀机和危险。

潘多拉的盒子

天神普罗米修斯从天上盗火种送给人类，人类学会了使用火，主神宙斯十分恼火，宙斯决定要让灾难也降临人间。

他命令他的儿子火神赫菲斯托斯用泥土制作一个女人，名叫潘多拉，意为"被授予一切优点的人"。每个神都对她有所赋予以使她完美。阿佛洛狄忒送给她美貌、赫耳墨斯送给她好的口才、阿波罗送给她音乐的天赋。宙斯给潘多拉一个密封的盒子，里面装满了祸害、灾难和瘟疫，并让她将这个盒子送给娶她的男人。

宙斯将这位丽人遣送到人间，众神和凡人正在大地上休闲游荡，其乐融融。大家见了这无与伦比的漂亮女子，都十分惊奇，称羡不已，因为人类从未有过这样的女人。

潘多拉立即去找"后觉者"厄庇墨透斯，他是普罗米修斯的弟弟，为人老实厚道。普罗米修斯深信宙斯对人类不怀好意，告诫他的弟弟厄庇墨透斯不要接受宙斯的赠礼。可他不听劝告，娶了美丽的潘多拉。潘多拉双手捧着她的礼物——那只密封的大礼盒。她刚走到厄庇墨透斯近前时，突然打开了盒盖（一说是由于潘多拉好奇而打开了盒子）。厄庇墨透斯还未来得及看清盒内装的是什么礼物，一股祸害人间的黑色烟雾从盒中迅疾飞出，犹如乌云一般弥漫了天空。黑色烟雾中尽是疾病、疯癫、灾难、罪恶、忌妒、奸淫、偷窃、贪婪等各种各样的祸害，这些祸害飞速地散落到大地上。而智慧女神雅典娜为了挽救人类命运而悄悄放在盒子底层的美好东西"希望"还没来得及飞出盒子，奸猾的潘多拉就把盒子关上了。后来，人们就常用"潘多拉的盒子"比喻灾祸的根源。

城邦形成

希腊城邦约二三百个，形成的途径和背景各不相同，但有如下几个基本的共同特点：小国寡民；多数以一个设防城市为中心，结合周围农区组成；均有一个小范围的、极端封闭的公民集体；希腊城邦在政体中均包含民主制成分，共和政体居多；城邦军事制度的主体是公民兵制；城邦无独立的祭司阶层，公职人员兼祭司职能。除古希腊外，意大利、腓尼基等地中海沿岸地区也曾出现过与古希腊城邦相同的早期国家形态，比如早期罗马的公民公社。这类国家有时也被称为城邦。

陶片放逐法

陶片放逐法是古希腊雅典等城邦实施的一项政治制度，由雅典政治家克里斯提尼于公元前510年创立。约公元前487年左右，陶片放逐法才首次付诸实施。通过这项制度，雅典人民可以把企图威胁雅典民主制度的政治人物逐出雅典。

斯巴达国家的形成

斯巴达城邦位于伯罗奔尼撒半岛南部的拉哥尼亚。约公元前1100年，一批多利亚人组成的希腊部落侵入了拉哥尼亚，并于公元前10—公元前9世纪以5个村落为基础，建立了一个新的政治中心，这就是多利亚人的斯巴达城。随后，斯巴达人向外殖民，逐渐征服了拉哥尼亚地区，又占领了整个美塞尼亚，到公元前7世纪，斯巴达国家逐渐形成。斯巴达是奴隶主贵族专政的国家。为了维持强大的军事力量，斯巴达国家实行严格的军事训练制度。

斯巴达重装步兵

古希腊军事力量最强的城邦是斯巴达。在斯巴达，每一个男子从小就接受严格近似野蛮的训练，这使得他们长大后成为一个合格的战士。斯巴达重装步兵是全希腊公认的素质最高的士兵。他们头戴铁制的头盔，身穿金属胸甲和皮革护胫，手持带铁头的长矛和镶铜圆盾，腰悬双刃短剑。在战斗时，斯巴达人和着笛声的节奏稳步前进，斗志高昂，毫无惧色。在出征前，母亲会送给儿子一面大盾，说："要么拿着它凯旋而归，要么躺在上面让人抬着你的尸体回来。"

严阵以待的斯巴达士兵

为了镇压希洛人的暴动起义，斯巴达人全民皆兵，婴儿从出生就要接受严格的训练，直到将其训练成有强健体魄的武士。如上图所示，他们紧握手中的盾牌，时刻准备为保卫国家英勇献身。

在希波战争中，斯巴达人显示出了顽强的战斗力。温泉关之战，300 名斯巴达士兵凭借地利，抗击了 10 万波斯军队，最后全部阵亡，为希腊军队的部署赢得了宝贵的时间。在普拉蒂亚会战中，以斯巴达重装步兵为主力的希腊联军击败了约 2 倍于己的波斯陆军，将波斯军队彻底赶出了希腊。

在长达几十年的伯罗奔尼撒战争中，斯巴达凭借强大的重装步兵，最终战胜雅典，成为希腊的霸主。

梭伦改革

梭伦（约公元前 638—公元前 559 年），古希腊著名的政治改革家和诗人。他出身于贵族家庭，年轻时一面经商、一面游历，到过许多地方，漫游名胜古迹，考察社会风情，后被誉为古希腊"七贤"之一。

公元前 5 世纪，雅典与邻邦墨加拉为争夺萨拉米斯岛而发生战争，结果雅典战败。随后，雅典当局竟颁布了一条屈辱的法令：任何人都不得提议去争夺萨拉米斯岛，违者必处死刑。萨拉米斯岛地处雅典的出海口，对海外贸易的发展起着至关重要的作用。公元前 600 年左右，年约 30 岁的梭伦被任命为指挥官，统率部队，一举夺回了萨拉米斯岛。

赫赫军功使梭伦声望大增，他由此成为雅典最具名气和影响的人物，城市居民都把他看成是自己的领袖和庇护者。公元前 594 年，梭伦被选为雅典的首席执行官，得到了修改或保留现有法律及制定新法律的权力。他立即实施了一系列的改革，颁布了多项法令，向氏族贵族发动了猛烈的进攻。

他按财产的多少将全体公民划分为四个等级，不同等级的公民享有不同的政治权利。这一制度虽然并未实现公民之间的真正平等，但它却打破了贵族依据世袭特权垄断官职的局面，为非贵族出身的奴隶主开辟了取得政治权利的途径。

梭伦改革不仅调整了自由民内部平民与贵族之间的关系，扩大了奴隶主阶级统治的社会基础，还打击了旧的氏族制度，提高了平民在国家政治生活中的地位，促进了雅典奴隶制国家从贵族政治向民主政治的转变。

克里斯提尼改革

梭伦改革后，公元前 508 年左右，雅典执政官克里斯提尼再次进行改革，他将雅典民主政治又向前推进了一大步。克里斯提尼创立 10 个地区部落，各选 50 人组成五百人会议，所有公民不分等级皆可参加选举；以前按血缘部落征兵的办法被改为按地区部落征兵，每部落提供一队重装步兵、若干骑兵及水手，并且选举一名将军统领，十名将军组成将军委员会；实行陶片放逐法，压制那些不受群众欢迎的头面人物。克里斯提尼改革完成了雅典由氏族过渡到国家的历史过程，确立了奴隶主民主政治。

这幅瓶画表现了一个希腊人被击倒后反戈一击，举剑砍向波斯人的情景。

希波战争

希波战争是古代波斯帝国为了扩张版图而入侵希腊的战争，战争以希腊获胜、波斯战败而告结束。

公元前 492 年，大流士一世率陆海大军远征希腊，但是海军在阿索斯海角遇到大风暴，陆军也遭到色雷斯人的袭击，出师不利，只好退回小亚细亚。公元前 490 年，大流士一世第二次入侵希腊，在马拉松会战中被击败。之后，双方积极扩军备战。公元前 480 年，大流士一世之子薛西斯一世率军第三次出征希腊，虽然人数之多、规模之大与前两次相比有过之而无不及，但是仍然惨遭挫败。波斯军第三次远征失败后，以雅典为首的希腊联军乘胜展开反攻。公元前 478 年，雅典联合爱琴海沿岸各城邦成立提洛同盟，之后连连挫败波斯军队。公元前 449 年，希波双方媾和，签订《卡利亚斯和约》，长达 40 余年的波希战争至此结束，雅典成为爱琴海地区的霸主。战争结束后，希腊进入奴隶社会繁荣时期，提洛同盟盟主更是进入了强盛时期。

希腊在波希战争里取胜，使得西方世界的历史中心由两河流域向地中海地区推移，希腊文明得以保存并发扬光大，成为日后西方文明的基础。而且希腊战胜亦确保了希腊诸城邦的独立及安全，使得希腊继续称霸东地中海数百年。波斯在这场战争里战败，其对外扩张的气焰受挫，并逐渐走向衰落，最后被马其顿的亚历山大大帝所灭。

提洛同盟

即希波战争期间以雅典为首组成的希腊城邦反波斯的军事同盟，又称雅典海上同盟，因同盟会址和金库最初设在提洛岛而得名。雅典为同波斯争霸，于公元前 478 年，把小亚细亚西海岸以及爱琴海各岛近 200 个城邦组成提洛同盟，到公元前 425 年入盟者达 300 多个。雅典人当选为盟军统帅和会议召集人。但同盟事务由同盟会议决定，每个加盟国有相等的投票权，以雅典为首的具有海军力量的一些盟国提供军舰、士兵，其他邦则提供一定数额的金钱。同盟的成立对打败波斯帝国起了决定性作用。公元前454年，同盟金库被迁到雅典，盟捐转化为贡金。提洛同盟逐渐成为雅典控制和剥削盟邦以及对抗斯巴达和推行海上霸权的工具。公元前404年，雅典在伯罗奔尼撒战争中被斯巴达击败，同盟被迫解散。

伯利克里时代

伯里克利（约公元前495年—公元前429年），古希腊卓越的政治家，雅典奴隶主民主政治的杰出代表。

伯里克利于公元前463年控告贵族派代表而崭露头角，而后成为平民领袖之一。自公元前443年至公元前429年，他一直当选为首席将军。公元前5世纪，伯里克利统治时期是雅典奴隶制民主政治的"黄金时期"。担任首席将军的他进行了一场著名改革，这场改革的主要内容包括：各等级男性公民可以担任除十将军以外的所有官职；改革最高权力机关——公民大会，20岁以上的男性公民均可参加并有发言权和表决权；改革五百人会议的成员构成和权限；提高国家最高司法和监察机关陪审法庭的权力和地位；扩大十将军委员会的权力，规定首席将军执掌国家军政大权；制定"公职津贴"制度，为参政公民发放工资和津贴；鼓励公民接受政治教育和文化熏陶，向公民发放"戏剧津贴"，等等。

伯里克利的改革进一步发展了雅典奴隶主民主制，把古代希腊奴隶制民主政治推向顶峰。这是古希腊辉煌的重要体现。

马拉松之战

公元前490年，波斯帝国国王大流士一世派陆军数万、战舰400艘第二次远征希腊。侵略军横渡爱琴海，波军于9月在雅典东北沿海马拉松登陆,该地有道路直通雅典。雅典急遣约1万重装步兵迎战,盟邦普拉提亚也派出约1000人助战。波斯军人数远比雅典军人多，且有一支约800人的骑兵。雅典统帅米尔提太巧妙布阵，加强两翼，主动出击。雅典以牺牲192人的代价取得反波斯二次入侵的决定性胜利，极大地鼓舞了其他城邦的抗战决心，为整个希腊联合抗战局面的形成奠定了基础。据说雅典信使奔跑了40千米回到雅典,在宣布胜利之后,力竭而亡。

雅典海军

在古希腊城邦国家的海军中，雅典的海军最为强大。

雅典海军的强盛主要归功于地米斯托克利。他曾多次当选为雅典执政官，主张发展海军。在他的呼吁下，雅典人建造了一支拥有200艘战船的舰队，成为海上强国。

雅典的战船分为三层，每层都有划桨手，所以被称为三层桨战船。船上共有划桨手170人，上层62人，中下两层各54人。桨手们按鼓点有节奏地划桨，动作一致，船速很快。在作战时，桨手们就会奋力划桨，3层桨战船飞速航行，勇猛地利用船头吃水线处突出的黄铜撞角撞击敌船。一旦敌船被黄铜撞角插进舷侧，很快就会进水沉没。有时，雅典人将船划到敌船附近，然后搭上跳板，冲到敌船上去进攻敌人。船的桅杆上有风帆，是浆的辅助动力。

公元前 480 年，以雅典海军为主力的希腊海军在萨拉米海战大胜波斯舰队，一举扭转了希波战争的进程。希波战争后，雅典组成了以自己为首的提洛联盟，一跃成为爱琴海地区的霸主。

希腊方阵

希腊方阵产生于公元前 7 世纪左右，由重装步兵组成。这些重装步兵戴头盔，穿铠甲，左手持直径约 1 米的圆盾，右手持长约 2 米的长矛，腰上佩带短剑，排成横队，纵深 8 至 12 排不等。方阵中士兵们手中的盾牌在保护自己身体左侧的同时也保护了相邻战友身体的右侧。

他们头戴头盔，身披铠甲，左手持盾，右手持矛，腰间挂剑。交战时，前几排的士兵把长矛对准敌人，后面的士兵把长矛架在前排士兵的肩上，形成一道屏障。在战斗时，士兵们迈着整齐的步伐前进，势不可当。一旦前排士兵倒下，后排士兵立即跟上，补充空隙。古希腊名将伊巴密浓达对希腊方阵进行了改革，增加了纵深，将精锐放在了左翼，形成了一个左翼突出、右翼拖后的斜型阵型。凭借这种新阵型，他击败了希腊最强大的斯巴达军队。

整个希腊方阵战术的精髓就在于全体士兵团结一致，同心协力，所以临阵脱逃者会受到最严厉的惩罚。

希腊方阵在与正前方的敌人作战时能够发挥强大的战斗力，但它的侧后方的防守却十分薄弱，非常容易受到攻击，这是其致命的弱点。而且它机动性很差，速度缓慢，对战斗地点的要求苛刻，需要在大片广阔平坦的平原才能进行。一旦遇到崎岖不平的山地、丘陵就不能保持完整的阵型了，容易被敌人冲乱。

列奥尼达斯在温泉关战役中

在温泉关战役中被敌人重重包围时，列奥尼达斯解散了他的部队，只留下 300 名近卫队员战斗到全军覆没。关于斯巴达人永不投降的传说就来源于他的事迹。

温泉关之战

温泉关之战是第三次希波战争时（公元前 480 年）的一场战斗，因为发生于希腊北部的温泉关而得名。

公元前 480 年，波斯王薛西斯一世率 50 万大军，1000 艘战舰，分海陆两路进攻希腊。波斯陆军从希腊北部南下，进攻希腊的门户温泉关。当时驻守温泉关的希腊军队只有 7200 人（其中斯巴达人有 300），由斯巴达国王列奥尼达斯指挥。希腊军队凭借险要地形，多次打败波斯军队的进攻，甚至击败了波斯王牌军队"不死军"的进攻。波斯军队损失达 2 万人，波斯人一筹莫展，无计可施。后来由于叛徒的告密，波斯军队从山间小路迂回到温泉关的后方，使希腊军队处于腹背受敌的境地。

面对严峻的形势，为了避免全军覆没，列奥尼达斯下令希腊军队的主力撤走，只留下300名斯巴达勇士。波斯军队向温泉关发起了总攻，斯巴达人进行了殊死抵抗，最终因寡不敌众而全军覆没。

温泉关之战为希腊全军树立了榜样，鼓舞了整个民族的士气。

萨拉米海战

马拉松之战后，希波双方都积极准备再战。公元前480年9月，双方在阿提卡的萨拉米湾决战。波斯的大型战舰在狭窄的海湾移动十分困难，而希腊小型战舰却运转自如。希腊士兵士气旺盛，英勇战斗，给敌舰以猛烈打击。波斯海军大败，损失战舰300余艘，而希腊仅损耗40艘战舰。萨拉米海战使希腊基本上取得了反对波斯战争的胜利。

普拉塔亚战役

普拉塔亚战役是希波战争期间，以雅典和斯巴达为首的24个希腊城邦联军与入侵的波斯军队在普拉塔亚（希腊维奥蒂亚南部古城邦）附近进行的一次大规模交战。

公元前479年，波斯侵略军侵入古希腊阿提卡。由希腊将领帕夫萨尼亚斯统率的24个希腊城邦联军集结在普拉塔亚附近阿索波斯河南岸进行防御。波斯将领马多尼乌斯统率的波斯军在河对岸设防。

9月25日夜，希腊联军为了加强与后方的联络，撤离防御阵地。马多尼乌斯以为希腊人害怕逃跑，下令渡河发起进攻。希腊联军后卫（斯巴达人）奋起抵抗，虽然损失很大，但仍然抵挡住了波斯人的进攻。随后希腊联军进行了反攻，击溃了波斯军队。波斯人退到筑垒兵营，希腊人乘胜追击，在那里将波斯人彻底击溃。

普拉塔亚战役是希波战争的转折点之一，从此以后希腊人夺回了陆上的战争主动权。在战争中，训练有素的希腊步兵方阵在波斯非正规骑兵和步兵的战斗队形面前显示出了强大的战斗力。

米卡莱角战役

米卡莱角战役是希波战争期间，公元前479年希腊联军在米卡莱角（伊奥尼亚一海角，位于小亚细亚，与萨摩斯岛相望）大败波斯军的一次战斗。

波斯舰队在萨拉米斯战败后，撤到米卡莱角以求6万波斯大军保护。波斯军把船拖上岸，四周筑起石墙。公元前479年9月，雅典将军克桑西普斯和斯巴达王勒俄提希德斯率领希腊舰队驶抵米卡莱角，2万希腊大军在波斯营地以东登陆。斯巴达军占领了营地右翼，雅典军、科林斯军和希腊其他城邦部队占领了营地。波斯军队主动出击，进攻希腊军队。克桑西普斯率军将其击退，并乘势攻入波斯人的营地。在临阵倒戈的波斯小亚细亚希腊军队的帮助下，希腊联军击溃了波斯军。波斯残余部队从营地逃向山谷，结果又遭到了其他希腊部队的阻击，全部崩溃。

米卡莱角战役使伊奥尼亚从波斯统治下解放出来，是希波战争的转折点之一。此次交战后，波斯将萨摩斯岛、希俄斯岛和莱斯沃斯岛划归希腊城邦。

伯罗奔尼撒同盟

伯罗奔尼撒同盟建于公元前 6 世纪后期，主要用于巩固斯巴达在伯罗奔尼撒半岛的霸主地位。在斯巴达的武力威胁下，除亚各斯、阿卡地亚北部少数城邦外，其余各邦都加入同盟。同盟条约规定：斯巴达有权召开同盟会议；如遇对外战争，盟员必须提供一定的兵力和军费，由斯巴达负责指挥作战。同盟具有明显的政治、军事性质，斯巴达一开始就握有对盟国的控制权。斯巴达借助同盟干涉别国内政，扫除贵族寡头势力，与雅典展开争夺希腊霸权的斗争。后因斯巴达国势衰落，伯罗奔尼撒同盟于公元前 370 年瓦解。

伯罗奔尼撒战争

希波战争后，希腊形成雅典与斯巴达相对峙的局面。双方争相干预他邦内政，冲突不断发生，战争遂起。在战争第一阶段（公元前431—公元前 421 年），斯巴达陆军大举攻入阿提卡半岛，围困雅典城。雅典用海军封锁伯罗奔尼撒半岛沿海及港口，鼓励斯巴达国内的希洛人起义。公元前 422 年，双方会战于安菲波里城，互有胜负，以

伯罗奔尼撒战争绘画

几乎所有希腊的城邦都参加了这场战争，其战场涉及了当时整个希腊语世界。这场战争结束了雅典的黄金时代，结束了希腊的民主时代，强烈地改变了希腊国家的命运。

签订《尼西亚斯和约》停战。在战争第二阶段（公元前 415—公元前 404 年），雅典首先发动攻势，矛头直指斯巴达盟国西西里，结果 4 万海军全军覆没。斯巴达随之出兵进攻雅典，将阿提卡许多农村夷为废墟。同时，雅典又发生 2 万多名奴隶逃亡事件。在雅典民穷财尽的时候，斯巴达在波斯海军帮助下，在赫勒斯滂海峡附近的羊河决战中，将雅典彻底击败。战后双方签订和约，和约规定：雅典交出舰船，解散"提洛同盟"。战争使希腊经济遭到严重破坏，霸权转入斯巴达之手。

《伯罗奔尼撒战争史》

《伯罗奔尼撒战争史》是古希腊雅典著名的历史学家和政治家修昔底德（约公元前 460—公元前 400）结合自己的亲身经历、耗费 30 多年心血写成的一部军事历史名著。

公元前 431 年，伯罗奔尼撒战争爆发，修昔底德应征入伍，并参加了一些陆军和海军的战役，曾被推选为雅典十将军之一。

在书中，修昔底德不仅严格按照时间顺序描述了战争的进程，而且以理性主义精神对一些重要的军事问题做出了合理的解释。其主要内容包括：

1. 战争的发生有着深刻的社会原因。修昔底德是第一个尝试揭示历史事件的真正因果关系的历史学家。他没有简单地将战争发生的原因归于某个偶然事件，而是寻找更为深刻的原因。如他认为"伯罗奔尼撒战争不可避免的真正原因是雅典势力的增长和因而引起斯巴达的恐惧"。2. 强调经济对战争的决定性作用。3. 政治因素对战争的进程与结局有着重大影响。此外，修昔底德还提到了其他许多因素，如联盟战略、民心士气、军队纪律等对战争的影响。

十年战争

十年战争（公元前 431 年—公元前 421 年），又称阿希达穆斯战争（以斯巴达王阿希达穆斯二世的名字命名）。

公元前 431 年 3 月，伯罗奔尼撒同盟的成员之一的科林斯袭击提洛同盟的布拉底，引发战端。5 月，斯巴达国王阿希达穆斯率军进攻提洛同盟的成员阿提卡，战争全面爆发。斯巴达充分发挥陆军优势，企图包围雅典，最终孤立雅典。而雅典则利用海军优势，在陆上固守，派海军袭击伯罗奔尼撒同盟。

斯巴达攻占阿提卡，煽动提洛同盟的成员背叛雅典。公元前 427 年，米底利尼等城邦先后发生了反雅典起义，形势对雅典越来越不利。公元前 425 年，雅典海军占领了许多伯罗奔尼撒同盟的沿海地区，并煽动斯巴达国内的希洛人起义，斯巴达陷入了困境。公元前 422 年，双方在安非波利斯展开决战，双方的主要将领雅典的克里昂和斯巴达的伯拉希达双双战死。

公元前 421 年，雅典和斯巴达签订《尼西亚斯和约》。合约规定交战双方各自退回自己的领地，并且保证 50 年之内不发动战争。

西西里战争

十年战争结束后，雅典和斯巴达处于休战状态，都在为下一场战争做准备。

公元前 415 年 5 月，雅典将军阿尔基比阿德斯、尼基阿斯和拉马科斯率军（战船 136 艘、轻装步兵 1300 人、重装步兵 5100 人、桨手 2.6 万人）远征西西里岛上的斯巴达盟邦叙拉古。出发前夕，雅典城内发生赫耳墨斯（商旅之神）神雕像被毁事件，但为了大局，远征军还是按时出发了。远征军在行军途中，雅典派一艘战舰，要涉嫌毁坏赫耳墨斯神雕像的阿尔基比阿德斯回国受审。在归国途中，阿尔基比阿德斯投奔了斯巴达，并为其献计献策

雅典远征军在拉马科斯和尼基阿斯指挥下包围了叙拉古，但不久拉马科斯阵亡，尼基阿斯成为雅典远征军的唯一统帅。这时斯巴达的援军赶到，形势急转直下。雅典虽然也派来援军，但由于尼基阿斯指挥不力，雅典军队全军覆没，共损失了

战船 200 艘，被俘 7000 多人。

西西里之战是伯罗奔尼撒战争的转折点，从此以后，雅典丧失了海上优势。

雅典的衰落

公元前 4 世纪中叶，底比斯与斯巴达的衰落给雅典恢复其海上霸权以可乘之机。雅典开始向爱琴海北岸扩张，很快在卡尔克狄克半岛上获得了胜利。但是，雅典恢复强权政治的企图和对同盟国的苛征繁敛激起同盟国的不满，原本不够团结的海上同盟裂痕日益增大。公元前 358 年，盟邦同雅典爆发了战争，史称同盟战争。战争以雅典为一方，以开俄斯、罗德斯、爱勒特里亚等盟邦为一方。公元前 355 年，同盟国获胜，第二次海上同盟瓦解，雅典从此彻底衰落。各邦混战与同盟的分解，使城邦体制的生命已濒枯竭，从而为马其顿的兴起提供了方便。

残存的雅典卫城

雅典奴隶制城邦在一系列扩张战争中取胜后，于公元前 5 世纪初确立了霸主地位，此后，其经济飞速发展，社会财富迅速增加。在一片繁盛的社会景象中，奴隶主集团制订了雄心勃勃的城邦发展规划，雅典卫城在这样的背景下应运而生。

卫城的建筑开始于公元前 448 年。它坐落于雅典城中心的一个山冈上，东西长约 280 米，南北宽约 130 米。卫城中的建筑物有 4 种：山门、胜利女神尼可神庙、伊瑞克提翁神庙和帕特农神庙。

在卫城广场上，矗立着一尊高大的雅典娜像，这是一个全副武装的女战神形象。雕像高 9 米，女神手持长矛，头戴钢盔，沉着而威严地注视着她脚下的城市。

雅典卫城是希腊古典建筑艺术的顶峰之作。遗憾的是，雅典卫城后来毁于战火之中，现在留下的是杂草丛生的废墟，凭吊怀古，让游人叹息不已。

城邦贫民起义

公元前 401 年，希腊在北非的殖民城邦西林尼的贫民爆发起义。他们杀死 500 多个富人后遭到逃亡富人的反攻，贫民暴动被镇压。公元前 398 年，斯巴达的破产公民暴动，后来被镇压。公元前 392 年，科林斯发生贫民起义，一些富人躲进神庙，贫民不顾宗教戒律，冲进神庙杀掉富人。公元前 370 年，亚哥斯贫民起义，起义群众用棍棒击杀富人 1000 多人，瓜分了他们的财产。这段时间，希腊各个城邦贫富之间的斗争都很激烈。

修昔底德

修昔底德（约公元前 460—公元前 400 年），古希腊历史学家。公元前 424 年，他当选为雅典十将军之一，因在伯罗奔尼撒战争中援助不力，被撤职放逐。在放逐期间，他构思写作历史，搜集资料，结合亲身经历，经 30 年的努力，终于写成编年记事体裁的《伯罗奔尼撒战争史》。该书共 9 卷，是研究古希腊的重要史料。

毕达哥拉斯

毕达哥拉斯（约公元前580—公元前500年），古希腊数学家，唯心主义哲学家，以证明毕达哥拉斯定理（勾股定理）而闻名于世。生于伊奥尼亚海域的萨摩斯岛，40岁时移居意大利南部的城邦，在那里建立一个兼有宗教、政治和学术特征的秘密团体。他认为万物的始基是数，由数而有形，由形而有物，他把抽象的数的概念看作第一性的。他的哲学思想带有浓厚的宗教色彩，认为一切生物都有共同的、不朽的灵魂，为了不失去灵魂，人需要净化自己的灵魂，从而陷入唯心主义。以他为首的毕达哥拉斯学派的一大贡献是首次用"宇宙"这个词表示世界整体，并将宇宙秩序的思想融于数学思想之中。

希罗多德

希罗多德（约公元前484—公元前425年），诞生在希腊，家境的殷富使他幼年熟读了众多名人雅士的著作。青年时期，他抛开优越的家庭生活，只身一人漫游世界各地。每到一地，他都寻访探究历史古迹，搜罗记录逸闻趣事，考察体验民情风俗，这一切为他以后取得史学成就打下了良好的基础。后来，他随雅典移民到了图里邑，他在那里专心著述，直至终老。使希罗多德的"西方史学之父"美名流芳百世的巨著，是他倾其毕生精力写作的《历史》，也称为《希波战争史》。《历史》既有重大的史料价值，也有着较高的文学欣赏性。这部巨著约在公元前430年问世，成为西方历史上第一部较为完备的历史著作。

亚里士多德

亚里士多德像

亚里士多德（公元前384—公元前322年），古希腊思想家，百科全书式的学者。出生于色雷斯的斯塔吉拉城，其父为马其顿国王的宫廷医生。亚里士多德17岁时去雅典学习，师从柏拉图20年。公元前343年被聘为马其顿王子亚历山大的教师，之后又回到雅典求学，从事教学和科研活动。其学派被称为逍遥派。他对哲学、逻辑学、历史学、政治学、数学、物理学、生物学、医学等都有精深研究。在政治上提出调和贵族派与民主派的方案，主张由中等奴隶主来治理国家。在哲学上摇摆于唯物主义和唯心主义之间，但最终仍陷入唯心主义。在自然科学上成就显著，尤以在生物学方面的研究最有价值，许多关于生物学的结论都是通过他亲自解剖动物、长期观察动物习性得来的。他的主要著作有：《工具论》《形而上学》《物理学》《伦理学》《动物志》等。

柏拉图的"理想国"

柏拉图（公元前427—公元前347年）不仅是古希腊哲学，也是全部西方哲学乃至整个西方文化最伟大的哲学家和思想家之一。他出身雅典贵族，青年时师从苏格拉底。后来在阿加德米体育馆附近设立了一所学园，此后执教40年，直至逝世。他一生著述颇丰，其教学思想主要集中在《理想国》和《法律篇》中。

柏拉图的《理想国》向我们描绘了一幅理想的乌托邦画面。柏拉图的理想国中的公民划分为卫国者、士兵和普通人民三个阶级。卫国者是少部分管理国家的精英。他们可以被继承，但是其他阶级的优秀儿童也可以被培养成卫国者，而卫国者中的后代也有可能被降到普通人民的阶级。卫国者的任务是监督法典的制定和执行情况。为达到该目的，柏拉图有一整套完整的理论。他的理想国要求每一个人在社会上都有其特殊功能，以满足社会的整体需要。在这个国家中，女人和男人有着同样的权利，存在着完全的性平等。政府可以在为了公众利益时撒谎，每一个人应该去做自己分内的事而不应该打扰到别人。在今天看来，柏拉图描绘的理想国是一个可怕的极权主义国家，但是，"理想国其实是用正确的方式管理国家的科学家的观点"，柏拉图本人并没有试图实现理想国中的国家机器。

地心说

古代人缺乏足够的宇宙观测数据，而且怀着以人为本的观念，所以他们误认为地球就是宇宙的中心，而其他的星体都是绕着地球而运行的。古希腊的托勒密将地心说的模型发展完善，且为了解释某些行星的逆行现象（即在某些时候，从地球上看那些星体的运动轨迹，有时这些星体会往反方向行走），因此他提出了本轮的理论，即这些星体除了绕地轨道外，还会沿着一些小轨道运转。后来，天主教教会接纳此为世界观的"正统理论"。

托勒密的理论能初步地解释从地球上所看到的现象，但是在文艺复兴时代，随着科学技术的进步，一些支持日心说的证据逐渐出现，且有些证据无法以地心说解释，以至地心说逐渐处于下风。在现代，支持地心说的人已经寥寥无几了。

伊壁鸠鲁

伊壁鸠鲁（约公元前342—公元前270年），古希腊哲学家。生于萨摩斯，早年学习柏拉图和德谟克利特的学说。公元前306年来到雅典，在雅典兴办学校，即"伊壁鸠鲁学园"。他生前享有极高威望，在学术上继承、论证和发展了德谟克利特的原子论。他认为原子不仅有大小、形状上的差别，而且有重量上的差异；认为原子不仅有直线运动，而且由于原子内部的原因还产生偶然的偏斜运动。这种斜线运动使原子之间产生冲突，互相结合，产生万物。在认识论上，他肯定感觉是认识的来源。在伦理观念上，主张人生的目的是追求幸福。他是一个多产的作家，传说其一生有300余卷著述，但传下来的只有3封信和40余条格言。

苏格拉底

苏格拉底于公元前469年生于雅典。他是古希腊著名的哲学家。

苏格拉底有一个特点，他从不著书立说，而是专靠口头说教。他的讲演极富逻辑性，几句话就能把人吸引住。他往往先提出一个问题，让学生们提问，然后加以解答，加以论辩。这就是欧洲哲学史上最早使用的"辩证法"。然而，苏格拉底的讲演活动却触犯了雅典的当政者们。他因"宣扬神学""煽动反民主情绪""败坏青年"等种种"罪行"被送到法庭，并被判死刑。

苏格拉底像

米利都学派

　　米利都位于爱琴海东岸，是希腊人在亚细亚殖民地的一个城市。这个城市孕育的一批哲学家以及他们的哲学思想，被称为米利都学派。

　　米利都学派的主要代表人物有泰勒斯、阿那克西曼德和阿那克西米尼。他们把自然作为研究对象，探索宇宙万物的本原。

　　他们把某种有形体的东西，如水、空气作为万物的始点、宇宙之本原。自然中的一切东西，软的、硬的、冷的、热的，都是通过转化从同一个本原中派生出来的。他们第一个提出宇宙本原问题，所以他们不仅是古希腊哲学中的第一个学派，而且也被公认为西方第一代哲学家。

毕达哥拉斯学派

　　毕达哥拉斯（约公元前560—公元前500年）是古希腊著名哲学家，古代作家常把他描绘成一个半人半神的形象。他在南意大利学派招收门徒，成立了一个集哲学、宗教和政治于一体的团体，被称为毕达哥拉斯学派，亦称"南意大利学派"。

　　毕达哥拉斯学派的主要哲学思想是数本原说和灵魂不死论。他们认为一切皆源于"数"，一切可以认识的事物都包含着数，没有数，任何事物都不可能被思考或被认识。

　　他们还认为，灵魂是一种永恒运动的自动的实体，所以它是不朽的，并类似于神，而且灵魂能够转移到其他生物体中。当人的肉体死亡后，他的灵魂则进入正在此时降生的另一人体内。另外，毕达哥拉斯学派还是西方美学史上最早探讨美的本质的学派。

　　毕达哥拉斯学派的影响广泛而久远。毕达哥拉斯之后，该学派分为数理派和信条派。

麦加拉学派

　　创立者为麦加拉人欧几里得。该派深受苏格拉底和爱利亚学派的影响，认为善是唯一的存在，是永恒不变的"一"，除此之外都是非存在。"善"就是美德。该派长于辩论，提出了"说谎者"（一个说谎的人说"我在说谎"，他是在说谎还是说真话？）、"秃头"（拔去一两根头发不能为秃头，拔多少根可以是秃头？）、"谷堆"（一两粒谷不能成为堆，多少粒可以？）3个悖论，从中揭示了事物内在的矛盾性。

学园派

以古希腊柏拉图所创办的学园为中心而形成的唯心主义哲学学派。该学派的发展大体可以分为3个时期。

1．老学园派（约公元前347—公元前247年），主要代表是斯彪西波，其特点是重视柏拉图学说中的毕达哥拉斯主义因素。

2．中期学园派（约公元前247—公元前81年），主要代表是阿尔克西劳，其特点是引入皮浪派的怀疑论。

3．新学园派（约公元前81—529年），主要代表是普鲁塔克，其特点是提倡新柏拉图主义。

斯多阿学派

约于公元前300年，由基底恩的芝诺创立于雅典城内的斯多阿画廊，故称斯多阿学派。主要是宣扬服从命运并带有浓厚宗教色彩的泛神论思想。

该学派早期在哲学认识论等方面带有唯物主义倾向；中期注重道德等方面的实际问题和宗教问题；晚期则只重视伦理学，宣扬服从命运，完全成了道德说教的学派。

理念论

理念，即各种具体事物的一般形式。柏拉图把这种存在于人们主观世界的一般的东西称为理念。理念论是柏拉图哲学的核心，是他研究一切哲学问题的出发点。

他认为只有理念才是真实的存在，因为它独立于人们的认识和事物之外，构成了一个客观独立存在的理念世界，任何个别事物只是理念的"分有"。它们之所以存在，是因为它们分享了理念，是理念的"影子"，是"分有"理念的结果。其主要特征有：第一，绝对实在。只有理念是真实存在且不变的。第二，多中之一。理念是许多个别事物之共同本质。第三，事物的目的。理念是绝对完满的、纯粹的，是具体事物追求的目标。第四，知识的对象。具体事物是感官的对象，从中只能获得意象，只有从理念中才能获得知识。第五，真理的标准。事物真实性的评判视距离理念的远近而定。越近者越真实，越远者越虚幻。

柏拉图主义

柏拉图主义是古希腊哲学家柏拉图建立的以其"理念论"为基础的哲学思想。

其基本理论是：

1．理念是独立于个别事物和人类意识之外的实体。

2．各种理念构成客观上独立存在的理念世界。

3．具体事物构成的现实世界是理念世界的"影子"或"摹本"。

4．人性由各有其德行的三个部分组成，即情欲、意志和理性。

5．为了不使这三个部分互相冲突，需要有正义的美德在意志的作用下控制情欲，这也是受教育者应该具有的基本禀性。

犬儒主义

"犬儒主义"一般认为是苏格拉底的弟子安提斯泰尼创立的，另一人物第欧根尼则因为住在木桶里的怪异行为而成为更有名的犬儒主义者。当时奉行这一主义的哲学家或思想家，他们的举止言谈、行为方式甚至生活态度与狗的某些特征很相似，他们旁若无人、放浪形骸、不知廉耻，却忠诚可靠、感觉灵敏、敌我分明、敢咬敢斗。于是人们就称这些人为"犬儒"，意思是"像狗一样的人"。至于这个称谓是不是肯定来源于此，学界的观点并不一致。

犬儒学派的主要教条是，人要摆脱世俗的利益而追求唯一值得拥有的善。犬儒学者相信，真正的幸福并不是建立在稍纵即逝的外部环境的优势。每人都可以获得幸福，而且一旦拥有，就绝对不会再失去。人无须担心自己的健康，也不必担心别人的痛苦。犬儒学派对之后的斯多葛学派产生了深远的影响。

怀疑论

希腊哲学的一个流派，大约创立在公元前 3 世纪初。

怀疑论对人能否发现真理既不加以肯定，也不加以否定，持一种怀疑的态度。所以怀疑论是对客观世界和客观真理是否存在、能否认识表示怀疑的学说。18 世纪英国哲学家休谟怀疑知觉是由外物引起的，德国哲学家康德怀疑人能够认识物自体。现代西方的怀疑论者承袭休谟和康德的思想，拒绝研究感觉之外的实在。

原子论

原子论是古希腊早期自然哲学的最高成就。它认为万物的本原是原子和虚空，通过具有不同形体的不可分割的原子和虚空的组合，解释自然现象的五光十色和千变万化，是西方哲学史中唯物主义观点的最早代表。原子论的奠基人分别是留基伯和德谟克利特。

原子论者认为充实和虚空是本原。充实是存在，虚空是不存在的。这二者一起构成了万物的质料因。原子间的区别是生成不同事物的原因。这种区别共有三种，即形状、次序和位置。原子非常小，以至于它们不能为感官所感知。它们在数量上无限，不可分割。

无神论

在古希腊无神论哲学家伊壁鸠鲁证明神的不存在之前，整个世界早期人类的思想几乎都被有神论支配着。

伊壁鸠鲁认为：神或是愿意但没有能力除掉世间的丑恶；或是有能力而不愿意除掉世间的丑恶；或是既有能力又愿意除掉世间的丑恶。

如果神愿意而没有能力除掉世间的丑恶，那就不算是万能的，而这种无能力是和神的本性相矛盾的。

如果神有能力而不愿意除掉世间的丑恶，那么这就证明神的恶意，而这种恶意同样是和神的本性相矛盾的。

如果神愿意又有能力除掉世间的丑恶（这是唯一能够适合于神的本性的一种假定），那么为什么在这种情况下世间还有丑恶呢？

因此，神根本不存在。

逍遥学派

公元前335年，亚里士多德在雅典创办了一所学校，从事教学十多年。他常和学生一起在林荫道上边散步边讲学，因此被称为"逍遥学派"。因该学派为亚里士多德创立，因此又称亚里士多德学派。

亚里士多德死后，其学生继承了他的思想，其中许多人能够独立思考，"逍遥学派"兴盛一时。公元前269年，吕科接替斯特拉图作为领导人以后，"逍遥学派"失去了重要地位，亚里士多德的著作被人忽视。到公元前1世纪，该派继承者安德罗尼科重新开始了对亚里士多德学说的研究，对亚里士多德著作进行校勘、整理、编纂和注释。6世纪初，拜占廷皇帝尤斯底年下令禁止亚里士多德学说的传播，该派因而瓦解。

科学归纳法

科学归纳法是培根在亚里士多德"三段论"基础上提出的认识自然的新工具，是近代归纳逻辑的主要代表。其主要内容为：

第一步，尽可能充分地搜集事实材料。

第二步，对材料进行整理，用"立表法"对它们进行排列，即具有表用以罗列具有被研究性质的实例；缺乏表用以罗列不出现被研究性质的实例；程度表用以罗列被研究性质出现变化的实例。

第三步，排斥法，排除掉表上罗列的实例中的不相干因素，剩下的唯一因素被断定为是被研究性质的形式即原因。

第四步，归纳，发现罗列实例中本质的、共同的、必然的东西。

唯理论

唯理论又称理性主义。一种认为唯有理性才可靠、片面强调理性认识作用的哲学学说。它强调理性作用，这主要表现在认识的起源和可靠性问题上。

唯理论不承认经验论者所主张的一切知识都起源于感觉经验的原则，他们认为具有普遍必然性的可靠知识，不是也不可能来自经验，而是从先天的、无可否认的"自明之理"出发，经过严密的逻辑推理得到的。他们往往把这种"自明之理"，如欧几里得几何学的公理，以及传统的形式逻辑的同一律、矛盾律、排中律等，说成是人心中与生俱来的"天赋观念"。

唯理论认为，只有依靠理性直接把握事物本质的那种"理性直观知识"，或依据理性进行逻辑推理得来的知识即理性认识，才是可靠的，依靠感觉经验得来的感性认识是不可靠的，往往是错误认识的来源。

唯理论强调理性认识的重要性，认为认识不能停留在感性阶段，必须上升到掌握事物本质、规律的理性认识，才具有真理性，这种否认认识源于经验的倾向导向了唯心主义。法国哲学家笛卡尔是西方近代唯理论的开创者。

我思故我在

"我思故我在"是笛卡尔形而上学的理论基础。

笛卡尔

笛卡尔认为，只要不违反逻辑，一切都是可怀疑的。但是怀疑本身已表明了一条无可怀疑的真理，即"我在怀疑"这个事实本身是不可怀疑的。我在怀疑即是我在思考，因此"我在思想"是一个毋庸置疑的事实。"我在思想"必须有一个有思想的"我"存在，因为有思想而无思想者的说法在逻辑上是矛盾的，怀疑必定是怀疑者的怀疑，思想必定是思想者的思想，这不说自明的道理说明，即便把一切都想象为假的，而这个想象着的"我"却不可能是假的。因此，"我思故我在"乃是一条确实可靠、不可怀疑的真理。

笛卡尔这一命题中的"我"指的是一个不依赖任何物质，甚至也不依某人的身体的独立精神实体，他称之为"心灵"，而并非指人的身体。

自　因

"自因"是西方哲学史中表明自身是自身存在原因的哲学概念。最先由笛卡尔提出，后来荷兰哲学家斯宾诺莎批判地继承和发展了他的思想，把自因作为他的哲学体系中的一个重要范畴。

斯宾诺莎指出：一个实体不能是另一个实体的原因，或者一个实体不能为另一个实体所产生，所以实体是自因，即它的本质便包含着存在。它是它自身的原因，不依赖任何其他的东西，当然也不是上帝创造的；因此，自然界作为一个无限的实体，是不生不灭的独立存在，它就是自己存在的原因，自然界中的一切事物互为因果，相互作用，处于无尽的因果联系链条中。

"自因"学说对后世哲学，特别对黑格尔的辩证法思想影响极大。

埃斯库罗斯

古希腊悲剧的创始人之一，与索福克勒斯、欧里庇得斯合称为古希腊三大悲剧诗人。他出身贵族，共写了 70 部悲剧（一说是 90 部），生前得过 13 次奖，死后还得过 4 次。完整保存下来的只有《波斯人》《普罗米修斯》三部曲、《阿伽门农》《奠酒人》等 7 部。其中《普罗米修斯》三部曲的第一部《被缚的普罗米修斯》是诗人最负盛名的代表作，情节取材于希腊神话中普罗米修斯盗天火赐予人类的故事，却被赋予了丰富的现实意义。剧中的普罗米修斯受尽折磨也决不向宙斯屈服，象征着当时雅典民主派对寡头派的斗争，普罗米修斯被马克思誉为"哲学日历中最高尚的圣者和殉道者"。埃斯库罗斯对悲剧艺术做出了很大贡献，他增加了第二名演员，使对话成为戏剧的主要部分；简缩了合唱队，使戏剧结构程式基本形成；还创造了舞台背景，并使演员面具基本定型。但他的作品人物形象单纯高大，是理想化的性格，并且一般是静止的，缺少发展。抒情气氛浓郁，诗句庄严。由于他在悲剧发展阶段对内容和形式等方面都做出了很多贡献，故被称为"悲剧之父"。

索福克勒斯

古希腊三大悲剧诗人之一。生在雅典西北郊科罗诺斯乡。他父亲是一个兵器制造厂厂主，他受过很好的教育，在音乐和诗歌方面造诣很深。公元前468年在戏剧比赛中击败了埃斯库罗斯，得了头奖，是希腊悲剧作家中得奖最多的一位。据说他一共写了120多个剧本，现存的只有《安提戈涅》《俄狄浦斯王》《埃勒克特拉》等7部悲剧。他的作品反映的是雅典民主制度繁荣时期的思想意识，鼓吹英雄主义，强调人对命运的反抗，他的剧作中很少出现神或神力，而是依靠人物性格的发展来推动戏剧情节的发展。他在悲剧中加入了第三个演员，使对话成为戏剧中刻画人物的重要手段，还使歌队成为戏剧整体中的有机组成部分，并打破了"三部曲"的形式而变为三部独立的悲剧。索福克勒斯的创作标志着希腊悲剧进入成熟阶段。

《俄狄浦斯王》

索福克勒斯最著名的悲剧。"俄狄浦斯"在希腊文中是双脚肿胀的人的意思。忒拜王预知自己的儿子长大后会弑父娶母，就在他刚出生时，用铁丝穿其脚踵，让牧羊人将他抛弃在山上。科任托斯的一个牧人将他救起，并成了国王的养子。俄狄浦斯长大后，从神谕中知道了自己可怕的命运，就逃离了科任托斯的"父母"。到忒拜时，因为解开了狮身人面女妖斯芬克司的谜语，并使女妖羞愤之下跳崖自杀而被拥戴为王，并娶了前王的妻子。悲剧开始时，忒拜发生瘟疫，神示必须找出杀害前王的凶手。俄狄浦斯千方百计追查，却发现凶手竟然是自己——他曾在三岔路口误杀一个老人。这时，科任托斯的牧人赶到，说出了俄狄浦斯的身世。真相大白，王后自尽，俄狄浦斯则将自己刺瞎并逃离忒拜。悲剧表现的是个人意志与残酷的命运之间的冲突，是对与命运抗争的英雄精神的肯定和对命运合理性的怀疑。当代心理学家弗洛伊德把俄狄浦斯的行为视为人类依恋母亲仇视父亲的潜意识的反映，并将这种恋母情结命名为"俄狄浦斯情结"。

欧里庇得斯

古希腊三大悲剧作家之一。出生在雅典领土阿提卡东海岸佛吕亚乡，贵族出身。

他学习过绘画，热衷于研究哲学，被称为"舞台上的哲学家"。晚年，反对当局的暴政和侵略政策，流落到马其顿王宫并死在那里。他的作品大多是在内战时期写成的，反映了雅典奴隶民主制危机中的社会现实和思想意识，以沉重的笔触描绘了社会的黑暗以及人们在反抗不合理的现实时所付出的巨大代价。在他的剧作中，神和英雄的描写削弱了，代之以对人的激情和意志的刻画，被压迫的妇女和受奴役的奴隶受到了前所未有的重视。如《特洛伊妇女》《美狄亚》《阿尔克提斯》对妇女命运的关注。除了在题材上有所开创，他的写实手法和心理描写对后人影响深刻，有"心理戏剧鼻祖"之称。欧里庇得斯采用的是神话题材，反映的却是日常生活的画面，塑造的人物也更接近现实，他的创作标志着"英雄悲剧"的终结。

阿里斯托芬

古希腊旧喜剧诗人。生于雅典，同苏格拉底和柏拉图都是朋友。据说他共写过44部喜剧，得过7次奖，现存11部。阿里斯托芬认为喜剧应该有严肃的政治目的，他的创作题材广泛，几乎涉及当时所有重大的政治和社会问题，反映了自耕农的思想和立场。如《阿哈奈人》通过农民狄凯奥波利斯单独与敌人讲和，从而一家人过着幸福生活的荒诞故事，谴责不义战争，主张重建和平；《鸟》中两个年老的雅典人厌弃城市生活和诉讼风气，建立了一个"云中鹧鸪国"，这里没有压迫与贫穷，所有人都平等地参加劳动。这也是现存的唯一一部以神话为题材的旧喜剧，同时也可以说是西方文学中乌托邦理想的最早表现。阿里斯托芬的创作风格多样，想象丰富，吸取了民间语言的自然诙谐，在当时深受欢迎，对后世的喜剧和小说创作也产生了广泛影响，被称作"喜剧之父"。

希腊神话

希腊神话包括神的故事和英雄传说两大部分。神的故事包括开天辟地、诸神诞生和神的生活等。根据希腊神话，宇宙最初为混沌状态，后来从中产生地母神盖娅，盖娅生乌拉诺斯，他们结合生了12个提坦神（六男六女）。提坦诸神彼此结合，生日月星辰、宙斯等神。宙斯、赫拉夫妇率男女众神（共12个，称十二神）住在奥林匹斯山。英雄传说主要歌颂那些为民除害的英雄、发明工具的能工巧匠。这些人都是神和人结合而生的，因而他们具有"神人同形同性"的特点，但神比人更聪明、更有力量且长生不老。希腊神话成为古

希腊神话中的人物——拉奥孔

希腊文学和艺术作品取之不尽的题材。后世很多画家以希腊神话为题材，创造了不少优美的绘画作品，使许多希腊故事流传至今。

马其顿征服希腊

马其顿位于希腊的最北部。公元前5世纪后期至公元前4世纪初期，马其顿国家逐渐形成。公元前4世纪中期，马其顿国王腓力二世实行一系列改革，加强了国家的经济和军事力量，开始向希腊扩张。公元前338年，马其顿军与希腊联军进行决战，结果希腊联军战败。

次年，腓力二世召开希腊会议，决定由马其顿领导希腊对波斯作战，此后各城邦名存实亡了。

腓力二世改革

公元前359—公元前336年，马其顿国王腓力二世在他的统治期间，推行了政治、经济和军事改革。在政治上，打击和削弱了贵族势力，加强了国王的权力。在经济上，施行双金币制，即银本位和金本位并用。当时希腊各国使用银币而波斯帝国则采用金币，为了在经济实力上与波斯相抗衡，马其顿自铸金币，降低了金价，并规定了金银币兑换率，从而削弱了波斯帝国的经济优势。在军事上，他创立了由步兵和骑兵混合组成的马其顿方阵，使种类不同的军队和优良的战术装备结合起来。腓力二世的改革大大加强了马其顿的经济实力和军事力量。

亚历山大远征

公元前338年，腓力二世征服希腊而成为爱琴海上的霸主，并在科林斯大会上向波斯宣战。公元前336年，腓力二世遇刺身亡，他的儿子亚历山大三世继位，他在巩固盟主地位后，迅即东侵。公元前335年，亚历山大三世亲率军队从都城派拉出发，开始远征。公元前334年年初，马其顿大军渡过赫勒斯滂海峡后，在格拉尼库斯河附近与波斯交锋，占领了小亚细亚希腊各城邦，继而又占领了叙利亚、埃及。公元前331年，亚历山大的军队在布摩多斯河高加米拉村以西与波斯军主力对阵，波斯军溃败。公元前330年夏，亚历山大三世引兵北上追击大流士三世，波斯帝国遂亡。公元前327年，亚历山大远征到达印度河上游。鉴于官兵

这是一幅表现不戴头盔的亚历山大大帝追击大流士战马的图画。

厌战，加上当地气候炎热，疾病流行，亚历山大三世被迫决定撤退。公元前325年，亚历山大返抵巴比伦，十年远征即告结束。亚历山大东侵给被征服地区带来深重的灾难，但客观上也促进了东西方经济、文化的交流。

马其顿方阵

马其顿方阵是马其顿国王腓力二世在希腊方阵的基础上创立的阵型，亚历山大大帝常将它与骑兵配合，称钻锤战术。

马其顿方阵中共有256名士兵，分为16排，每排16人。士兵们全身披挂青铜头盔、胸铠和胫甲，手持盾牌、利剑和长矛。矛长达6米，后排的矛更长，前5排的枪尖都搭到第一排士兵的肩膀上。这样后几排长矛与前几排长矛就能保持同等长度，能一起刺击敌人。作战时，整个方阵常常密集队形跑步向前推进，正面攻击力非常强，势不可当。亚历山大大帝就曾靠马其顿方阵击败了希腊、波斯。

为了保护方阵侧翼和后方，方阵后面由轻装长矛兵排成纵深8人的横队，两翼配置骑兵和轻装长矛兵。

但这种方阵也有很大缺点。一旦敌人突破侧翼和后方，方阵中的长矛兵就无法抵挡手持短武器的敌人的近身厮杀，而且只要驱散两翼骑兵，长矛手就会遭到敌人弓箭手的射杀。另外，马其顿方阵对地形的要求很高，在山地和丘陵地带难以保持阵型。公元前168年，古罗马军团大破马其顿方阵，马其顿方阵随之退出了历史舞台。

伊苏斯战役

亚历山大在占领小亚细亚之后，于公元前333年夏挥师向叙利亚北部挺进。波斯王大流士三世为阻击亚历山大的进攻，亲率大军占据了马其顿军队后方的伊苏斯城，切断了马其顿军与小亚细亚根据地的陆上交通线。亚历山大闻讯回师，与波斯交战于伊苏斯。大流士三世集结了10万兵力并亲自督战，企图一举歼灭马其顿军。面对强敌，亚历山大以重装方阵和重装骑兵猛烈攻击波斯军的中锋。大流士三世首先动摇，扔下战弓，脱掉战袍，夺路而逃。波斯大军随即全线溃退。亚历山大突入大流士三世的军营，缴获了大批武器、财宝，并俘虏了大流士三世的母亲、妻子和三个女儿。大流士三世致书亚历山大要求议和，遭到亚历山大的拒绝。伊苏斯战役大大削弱了波斯的军事力量。

高加米拉之战

公元前331年9月，为了阻止马其顿军继续东进，波斯国王大流士三世集结24个部族的步骑兵约10万人、200辆刀轮战车、15头战象，在高加米拉布成两道防线：一线为骑兵，二线为步兵；战象配置最前方，刀轮战车分置于两翼。亚历山大率4.7万马其顿军人在波斯军对面展开，一线中央为步兵，两翼为骑兵，二线骑兵配置在两翼后方，是机动兵力。

第二天早晨，决战开始。亚历山大首先命令马其顿军右翼进攻波斯军，大流士随即命令波斯军左翼骑兵迎战，但被击退。随后大流士三世派刀轮战车攻击也没有取胜。亚历山大利用波斯军左翼暴露的缺口，率骑兵迅猛楔入，直扑波斯军大营。大流士三世再次临阵脱逃，波斯军左翼溃散。马其顿军追杀一阵后返回，配合左翼骑兵和步兵夹击波斯军右翼，波斯军惨败。马其顿军死伤仅数百人。

高加米拉大捷后，曾盛极一时的波斯帝国土崩瓦解，亚历山大大帝乘着战车，抬着从波斯缴获的战利品，回到了巴比伦城。

高加米拉之战后不久，大流士三世被部将所杀，波斯帝国灭亡。

亚历山大里亚文化的繁荣

亚历山大里亚是亚历山大在尼罗河三角洲所建的都城，经过托勒密王朝的经营，成为当时各国贸易和文化交流的中心。城内图书馆藏书 70 万卷，几乎包括了所有古希腊著作。而博物馆召集则吸引了许多科学家和艺术家，一些学者取得了重要的学术成就，对后来的罗马文化以及通过罗马文化对近代欧洲文化都产生了深刻的影响。

亚历山大灯塔

世界公认的古代七大奇观有两个在埃及，一个是名列七大奇迹之首的吉萨金字塔，另一个就是名列第七位的亚历山大灯塔。亚历山大灯塔不带有任何宗教色彩，纯粹为人民实际生活而建，它的烛光在晚上照耀着整个亚历山大港，保护着海上的船只，另外，它亦是当时世上最高的建筑物。亚历山大灯塔的遗址在埃及亚历山大城边的法洛斯岛上。公元前 330 年，不可一世的马其顿国王亚历山大大帝攻占了埃及，并在尼罗河三角洲西北端即地中海南岸，建立了一座以他名字命名的城市。这是一座战略地位十分重要的城市，在以后的 100 年间，它成了埃及的首都，是世界上最繁华的城市之一，而且也是整个地中海世界和中东地区最大最重要的一个国际转运港。

亚历山大地下陵墓

亚历山大地下墓穴坐落在埃及亚历山大城西南的马里尤特沙漠中，1980 年列入《世界遗产名录》。

3 世纪，埃及的殉教者美纳斯葬在这里，其墓地成为埃及最初的基督教徒朝拜圣地之一。在亚历山大主教和拜占廷王室的支持下，崇拜美纳斯的浪潮不仅席卷拜占廷帝国，而且波及罗马、高卢和日耳曼等地。为满足日益增多的信徒的需要，阿卡丢（395—408 年）和耿奥多斯二世（408—450 年）在位期间，敕令修建了一座规模巨大的新教堂阿布米那。阿拉伯人夺取埃及后，朝拜阿布米那之风随之中断。到了法特米时代，圣地已无人问津，今日所见仅是一些残垣断壁。亚历山大地下陵墓的挖掘工作始于 1905 年，现在圣城轮廓已为世人所知，其建筑布局为：大教堂居中，其前部为覆盖陵墓和前祭台遗址的中庭；与大教堂相互对应的是一座八角形圣洗堂；在南面即主体建筑的后部，建有修道院、信徒居室、浴室和工场；在北面和东面，各有一座教堂，其中称为"东方"的教堂恰好位于修道院的中央。

圣城占地辽阔，建筑用料豪华，建筑物主体用小石块砌垒，大理石石柱、柱头和柱头下楣雕凿考究精细，大理石可能取自著名的亚历山大采石场。祭台间内壁装饰有大理石雕刻和镏金镶嵌图案。

《亚历山大远征记》

《亚历山大远征记》是古希腊历史学家阿里安（约 96—180 年）所著的关于亚历山大一世的传记。

阿里安出生于尼考米地亚，年轻时曾赴罗马学习哲学。131—137 年，他被罗马皇帝哈德良委任为驻卡帕多西亚总督。

阿里安写作本书，主要是为了表彰亚历山大的不朽功业。全书一共分 8 卷，叙述了马其顿国王亚历山大从公元前 334 年至公元前 323 年，率军东征，先沿地中海东岸南下直抵埃及，然后北上小亚细亚，东征波斯，直至印度，建立马其顿帝国的过程。

书中对亚历山大军事思想、指挥艺术、摆兵布阵等都做了详细的描述，并大篇幅记述了亚历山大针对不同情况灵活运用各种战术，以己之长攻敌之短，步兵、骑兵协同作战，发挥马其顿方阵的优势，在受挫后及时变换战斗队形和战法最终夺取胜利等情况。比较详细的有避免与强大的波斯海军直接交战，而是占领其港口，最终"从陆地上征服舰队"；陆、海军协同作战，运用各种机械和技术，最终攻克海岛城市提尔；对被征服地区实行怀柔政策等。

亚历山大东侵印度

公元前 327 年春，亚历山大率领军队向印度进军。在印度河上游的支流——希达斯佩斯河——与波鲁斯王的军队相遇。亚历山大率军绕道渡河决战，击败了波鲁斯王的军队，俘获 7 万俘虏和许多战象。他利用印度诸小国的矛盾，各个击破，占领了印度河流域上游的广大地区。此后，亚历山大继续率军东进，直达希发西斯河，并企图向恒河流域扩张。但是，亚历山大的士兵由于连年苦战，厌战情绪滋长，拒不前进，甚至发生兵变。而恒河流域的难陀王朝此时已很强大，因此亚历山大不得不停止东侵，率军西归，公元前 325 年回到巴比伦。至此，亚历山大的十年东侵终告结束。

安提柯王朝的建立

亚历山大死后，马其顿和希腊的统治权几经易主，最后被其部将德米特里所取得。公元前285年，多瑙河流域的克勒特人入侵希腊，公元前277年，德米特里的儿子安提柯·贡那特联合希腊各城邦击退了克勒特人，次年，他被宣布为马其顿国王，建立起安提柯王朝。

阿基米德

阿基米德是古希腊著名的数学家和物理学家。他出生于西西里岛的叙拉古。在数学方面，他测定了圆周率，确定了圆的面积的计算方法；在物理学方面，他发现了"杠杆定律"。阿基米德曾经说过："给我一个支点，我可以撬起整个地球。"他在洗澡的时候发现了"阿基米德定律"：物体在液体中所受浮力等于它所排出的液体的重量。据说，阿基

阿基米德

米德利用抛物镜面的聚光作用，将阳光聚集到入侵叙拉古的罗马战船上，引燃了战船。公元前212年，罗马军队占领叙拉古城时，阿基米德还在思考着他的几何图形。当士兵用剑指着他时，他还要求把原理证明完再走。无知的士兵刺死了这位75岁的老科学家。他被后世的数学家尊称为"数学之神"。

欧几里得

欧几里得是马其顿时期杰出的数学家，是亚历山大里亚数学学派的奠基人。其著作《几何原本》共13卷。他广纳前人成果，集当时几何学之大成，把各种定理、命题和论证按逻辑关系加以排列，构成一个严整的体系，而且以简练清晰的说理方式表述出来。他的研究成果至今仍被科学界所肯定。

《伊索寓言》

《伊索寓言》是世界上最古老的寓言故事集。它的作者伊索是古希腊的一个奴隶，他以其才智受到主人的赏识，被允许可以四处游历。他所创作的小故事加上民间流传的故事，经后人的整理汇编得以流传下来。

《伊索寓言》的内容极为丰富，大多采用拟人化的手法，用一个简短的动物故事来说明一个道理或人生经验，表达了作者对社会和自然界的看法。其中的《龟兔赛跑》《狐狸与葡萄》《乌鸦与狐狸》《农夫和蛇》等在中国广为流传，成了人们熟知的典故。

托勒密王朝

亚历山大三世死后，帝国分裂，埃及被他的部将托勒密占据。公元前305年，托勒密正式称王，开创了埃及历史上的托勒密王朝。公元前3世纪是托勒密王朝

的鼎盛时期。公元前1世纪末，社会矛盾尖锐，人民起义不断，托勒密王朝开始衰落，到公元前30年终为罗马所吞并。

托勒密王朝文化

托勒密一世时，鼓励发展文化事业、工商业，在埃及推行希腊化。亚历山大里亚在希腊人和后来罗马人统治时期，成为地中海地区的商业、文化中心。拥有当时世界一流的图书馆，阿基米德、欧几里得等著名学者都来此从事研究，数学、力学、地理学、天文学、解剖学、生理学等学科的研究，取得很大的进展。

托勒密王朝后裔

托勒密王朝一裔中兄妹或姊弟通婚很多。男性后裔常称托勒密，女性的名称常有克娄巴特拉、贝勒尼基和阿尔西诺伊。其中最后的女王克娄巴特拉七世即为后世所知的埃及艳后。

塞琉古王国

塞琉古王国的领土包括叙利亚、巴勒斯、小亚细亚、美索不达米亚、伊朗和中亚的一部分。在全盛时期，塞琉古王国的领土面积有350万平方千米，人口达3000万。塞琉古王国统治者沿袭波斯帝国的专制政体，国王专权独断。中央机构由国王任命的各种官吏组成。其中最重要的是总理一切事务大臣，他辅佐国王处理全国事务。地方有二十几个行省，设总督与将军分别掌管民政与军事。

塞琉古王国的繁荣

塞琉古王国的商业和手工业甚为发达。连通东西的海陆商路、遍布各地的新旧城市与移民地、统一的货币（阿提卡制）和统一的语言（通用希腊语），都给工商业的发展提供了重要的保证。塞琉古王朝主要进行转手贸易，以此获取利益。东方的丝绸、香料，叙利亚、两河流域、希腊等地的精巧手工艺品，都经他们而转运他方。商业是王国的重要经济支柱，王国与托勒密埃及往往因争夺商路而发动战争。商业的发达刺激了手工业的繁荣，吕底亚的萨狄斯城就是华美的地毯的制造中心，其他诸如金属冶炼、酿酒、玻璃制造、纺织印染等行业的产品也享有盛名。

罗慕洛斯建国

相传小亚细亚的特洛伊城被希腊人攻陷后，该城的英雄伊尼亚率领一些保卫逃了出来。他们在海上漂泊了很久以后，在意大利海岸一个叫拉丁的地方定居下来。伊尼亚的儿子在这里建立了一座城，命名为阿尔巴·尤加，其子孙在此世代为王。到努米多尔做国王时，他阴险残暴的弟弟阿穆留斯篡夺王位，同时杀死了努米多尔的儿子，并强迫他的女儿列雅·西尔维娅当了维斯塔女神司，禁其婚配。不久，西尔维娅与战神马尔斯结合，生下了一对孪生兄弟。阿穆留斯听到消息后非常愤怒，就派人将这对婴儿抛入河中。孩子被冲到岸边，一只母狼用乳汁哺育他们。后来兄弟俩被国王的牧人发现并把他们养大成人，哥哥叫罗慕洛斯，弟弟叫勒莫。当他们知道了自己的身世后，组织起队伍，杀死阿穆留斯，夺回了阿尔巴·尤加城及王位。兄弟俩不想留在那里，他们将政权交给外公努米多尔之后，在过去被丢弃的地方另建了一座新城。后来两人因用谁的名字来命名新城发生了争吵，罗慕洛斯杀死弟弟，以自己的名字命名新城为罗马。

罗马元老院

元老院是古代罗马政府机构中历史最悠久的组成单位。公元前6世纪，元老院议员（约有300名）由罗马国王委任，并随时向国王提供咨询。到公元前5世纪末，庶民首次担任长官职务后，开始进入元老院。

公元前4—公元前3世纪，在连绵不断的战争时期，元老院对外交政策施加影响的力量逐渐增大。在共和国最后两个世纪（公元前2—公元前1世纪），通过一系列未成文的规定，元老院在外交政策、立法、财政、宗教等方面起着至关重要的作用。它还有权给长官们分派任务，延长他们的任职期，指定设立元老院委员会以协助长官管理被征服的土地，以及根据人民的战争与和平的正式特权指导外交关系等。

在共和国最后的几十年里，由于军事领袖崛起、元老院本身唯利是图、改革受阻及其重要成员的排外主义，元老院的威望和权力下降。公元前27年，屋大维恢复元老院的威望，并把它视为统治帝国的正式的合作者。长官、主法官和法官的选举由公民议会负责转到元老院。然而，皇帝对选举起很大的作用，并随意委任元老院议员。元老院恢复它作为统治者咨询机构的本来面貌。580年，罗马元老院被取消。

庞　培

格涅乌斯·庞培，古罗马共和国军事统帅和政治家。庞培出生于贵族之家，17岁随父出征。

公元前83年，庞培投靠贵族派领袖苏拉，受到赏识和重用，开始其辉煌的军事生涯。庞培先后在西西里、北非作战，参与镇压塞多留起义和斯巴达克起义。公元前70年当选为执政官。后来庞培又受命清剿地中海海盗，征服强大的本都，结束米特拉达梯战争，并最终吞并巴勒斯坦和叙利亚，胜利回到罗马。公元前60年，庞培与克拉苏和恺撒结成"前三头同盟"，逐渐左右罗马政局。同盟解体后，庞培在法萨卢战役中被恺撒打败，后来在埃及被诱杀。

庞培虽然在军事上取得了辉煌战绩，但作为顽固维护旧制度的没落贵族，他阻碍了历史前进的步伐，他的失败是历史的必然。

恺撒

恺撒，古罗马统帅，政治家，出身贵族，少年时期受过良好的教育，小小年纪就渴望取得最高权力。

公元前 77 年，恺撒针对当时奴隶和平民都对罗马的寡头统治不满的矛盾，控告曾任马其顿总督的格涅乌斯·科尔涅利乌斯·多拉伯拉贪赃枉法，得到巨大名声。在西班牙任职期间，恺撒征服了一些部落，扩大了罗马人统治的地域，得到了元老院、骑士士兵和罗马平民的支持。

公元前 59 年，恺撒当选为执政官。然后，随着时局的变化，"三头同盟"的内部矛盾终于显露出来。敌视恺撒的势力在庞培的支持下决定要恺撒立即卸任。

此时，恺撒率领他的军队以迅雷不及掩耳之势向罗马突进，占领了罗马，庞培出逃。

恺撒夺得罗马政权后，对政敌实行宽大怀柔的政策，赢得了一部分元老贵族和骑士的好感。公元前 48 年 6 月，恺撒与庞培又大战于法萨罗，最终恺撒消灭了庞培并进军埃及。接着，他又转战小亚细亚，平定了非洲、西班牙。恺撒回师罗马，受到空前隆重的欢迎。他被推举为终身独裁官。他的出身被神化，已经成为罗马世界至高无上的主宰者。

恺撒是罗马帝国的奠基者，故被一些历史学家视为罗马帝国的无冕之皇，有恺撒大帝之称，甚至有历史学家将其视为罗马帝国的第一位皇帝，以其就位终身独裁官的日子作为罗马帝国的诞生日。影响所及，以至后来有罗马君主以其名字"恺撒"作为皇帝称号。

伟大的征服者——恺撒

画面中心恺撒一手托起地球，象征着世界在握，他的败敌被他的马蹄于踢下；左侧一些手持镰刀、身穿白衣的人物象征着死亡；右侧恺撒身后飞舞的人暗示着他伟大的征服。

王政时代

从传说中的罗慕洛斯建城到公元前 509 年罗马共和国的建立，这一阶段的罗马历史被称为"王政"时代。此时的罗马是一个大的部落联盟，所以又称为军事民主制时代。当时，全罗马共有 3 个部落。

王政时代的罗马实行"军事民主制"，它主要有以下机构：人民大会或库里亚大会，由全体氏族成年男子参加，他们有权通过或否决法律、选举高级官员等；元老院，即长老议事会，由 300 个氏族长组成，相当于库里亚大会的预决机构，有权预先讨论各项新法律，握有收税、征兵等重要权力；勒克斯，或译为"王"，可能由选举产生，主要是军事首长、最高祭司和审理某些案件的审判长。自公元前 8 世纪中期到公元前 6 世纪末这 250 年间，传统认为罗马共有七王。因此这一时期被命名为王政时代。王政时代结束后，罗马历史进入了共和国时代。

早期的罗马共和国

从公元前 509 年"王政"结束，到公元前 3 世纪初期的罗马通常被称为早期罗马共和国。这一时期包括两个历史过程：国家机构通过平民和贵族的斗争得到了调整，从而加强了共和国的统治；对外通过一系列的战争征服了意大利半岛，罗马成为西部地中海的主人。

"条条大道通罗马"

"条条大路通罗马"是著名的英语谚语，出自罗马典故。古罗马原是意大利的一个小城邦。公元前 3 世纪罗马统一了整个亚平宁半岛。公元前 1 世纪，罗马城成为地跨欧亚非三洲的罗马帝国的政治、经济和文化中心。罗马帝国为了加强其统治，修建了以罗马为中心，通向四面八方的大道。据史料记载，罗马人共筑硬面公路 8 万公里。这些大道促进了帝国内部和对外的贸易与文化交流。8 世纪起，罗马成为西欧天主教的中心，各地朝圣者络绎不绝。据说，当时从意大利半岛乃至欧洲的任何一条大道开始旅行，只要不停地走，最终都能抵达罗马。

相传"条条大路通罗马"这句话，最早出自罗马皇帝尤里安之口。他博学多才，集学者、作家和将军于一身。在位期间允许宗教信仰自由，并允许犹太人在耶路撒冷重建圣庙。其本人信奉异教，是君士坦丁之后唯一的非基督教徒帝王。因此教会称他为"叛教者"。"条条大道通罗马"比喻采取多种方法或选择余地很多，与成语殊途同归相似。

"太阳神"烧敌船

公元前 3 年，罗马帝国派大批战船开进地中海的西西里岛，想征服叙拉古王国。几次水战下来，叙拉古王国被打得大败，只得固守叙拉古城堡，等待罗马的进攻。

这一天，晴空万里，阳光灿烂，阿基米德和国王站在城堡上观察着海面。远处那一只只仅露出一些桅顶的罗马战船慢慢地越变越大。

城堡中兵力很少，国王把希望的目光投向聪慧无比的阿基米德，询问道："听说你最近叫人做了很多的大镜子，这里面有些什么名堂？"

阿基米德朝遥远的敌船一指说："只要我们把罗马的战船消灭掉。他们就彻底失败了。而今天，他们灭亡的日子就要到啦，因为我们有太阳神助威。"他指着头顶的火盆般燃烧的太阳兴奋地说。国王说："您一向不信神，怎么今天倒对太阳神这么感兴趣？"

阿基米德认真地对国王讲了一番话，国王将信将疑，不过，最后还是点头说："那么，就照你所说的试试吧。"

阿基米德让传令兵通知几百名士兵搬来几百面取火镜。大家在阿基米德的指挥下，用镜子往一艘艘战船的白帆上反射去灼热的阳光。不一会儿，白帆冒出缕缕青烟，海风一吹，"呼"地起了火。火势一会儿就变大了。罗马侵略者狂叫起来，纷纷往海里跳，有的烧死，有的淹死。后面的战船以为叙拉古人施了什么妖术，吓得掉转船头便逃。

叙拉古国王兴奋地问阿基米德："你这取火镜怎么向太阳神取来火呢？"

阿基米德说："这镜子是凹面的镜子，它反射出的阳光，能集中到一点，这叫作焦点，焦点的温度很高很高，从它那里发出的光，射到易燃物上就能点着火。不过，假如没有太阳的帮忙，我们是无法取胜的。"

保民官

罗马共和国初期，平民和贵族之间的斗争十分激烈。公元前494年，平民拒绝服兵役，集体撤退到罗马城东北的"圣山"上，宣布另建新都，与罗马脱离关系。罗马贵族派出代表与平民谈判，最后同意了平民的要求，每年从平民中选出两位保民官。保民官的职责是保护平民的利益。保民官可以行使否决权，如果长官和元老院实行违背平民利益的法令，保民官只要说"维托"（意为禁止）就可予以否决，但此项权力仅限于在罗马城内和近郊使用。保民官从平民会议中选出，初为2人，后增至10人。保民官的设立，是平民在同贵族斗争中取得的一大胜利。

十二铜表法

公元前509年，罗马开始了共和时代，真正的实权掌握在由贵族把持的元老院手中。公元前494年，平民赢得了选举保民官的权利。保民官从平民中产生，对元老院和执政官颁布的违背平民利益的法令，拥有否决权。"习惯法"是罗马共和国最初实行的法律。法律的解释权和司法权掌握在贵族手中。公元前454年，罗马元老院才同意制定成文法。公元前450年左右，罗马诞生了第一部成文法典。法典被镌刻在12块铜板上，因而被称为十二铜表法。十二铜表法后来成了欧洲大陆法系的渊源。

罗马历的制定

相传最早的罗马历是古罗马的建国者罗慕洛斯制定的。这种历一年只有304天，共10个月，其余的被略去，结果冬季是缺历的空白。王政时代的第二王努玛·庞皮里乌斯在位时，对原来的历做了改订，即在年初和年末各增加1个月，创立了 12 个月的历法。其中 1、3、5、8 月每月 31 天，2、4、6、7、9、10、11 月各 29 天，12 月为 28 天（或 29 天），全年为 355 天（或 354 天），比太阳历短 10 天。因为这种历法误差大，所以需要以不时加进一个 27 日（或 28 日）的闰月的办法来协调历法与季节的不一致。同时，祭司们出于政治需要随意改历，以延长和缩短某些长官的执政时间，因此这种历法是十分混乱的，实际应用多有不便。

庇护制

"庇护制"也称保护制，是古代罗马的一种人身依附制度，约起源于公元前 7 世纪的王政时代。

当时，随着氏族内部分化的加剧，一些贫困破产的氏族成员便依附在氏族贵族的门下，成为贵族的"被保护人"，贵族成为"保护人"。被保护人与保护人的关系是世袭的，有某种契约的性质。前者多为贫穷破产及无公民权者，托庇于后者门下，领取份地并为之献纳服役。后者属有财势的贵族，对前者亦负"保护"之责（如代其出席法庭）。

罗马共和国时代，这种制度有所发展。保护人通常拥有大批被保护人，作为猎取利禄的工具。帝国时代，特别是 3 世纪以后，这种庇护制逐渐流行起来。随着奴隶制危机的加深，贫苦农民在捐税繁重、官府欺压、社会动乱的情况下难以维持独立经济，于是纷纷把土地"献给"大土地所有者，求得"庇护"。被庇护者虽失去自由，为庇护者服役，但可以终身使用原来的土地，免受国家税吏的欺凌。4 世纪末，庇护制的发展已使罗马帝国的皇帝感到忧虑。

狄克推多

狄克推多是古罗马独裁官的音译，它是古罗马共和国时期的非常任最高级长官。

狄克推多产生于罗马共和国前期。国家处于危急时，才设立这一职位。任命独裁官的决议是由元老院做出的，然后由执政官执行其任命程序。独裁官的任期很短，一般不超过 6 个月，此后，他必须交卸职权。在军事紧急的时期中的战事独裁官，任期可达 6 个月之久，他握有绝对的军事与文治权力。

狄克推多任职期间，享有决断重大事务的全权。出巡时，身后有 24 名扈从紧随，扈从肩上扛一束笞棒，笞棒中间插一把战斧，这种插斧的笞棒称为"法西斯"，象征权力。对于违抗狄克推多命令的人，实行严惩，判决后由扈从立即执行。只有在人民大会面前，扈从才遵照狄克推多的命令，将"法西斯"垂下，表示承认他的权力来自人民。

共和末年，这一制度有了很大的改变。一部分军队首领（如苏拉、恺撒）利用手中的实力，迫使人民大会和元老院推选他们为终身独裁官。

恺撒被谋杀之后，元老院为了免除个人独裁给国家带来的不幸，通过了执政官安东尼提出的"安东尼法"，撤销了独裁官任期，并且将它从共和国的宪法除去，这一官职从此消亡。

《李锡尼—塞克斯图法》

早期罗马的土地、债务、政权问题是平民和贵族斗争的焦点。公元前376年，盖约·李锡尼和鲁西乌·塞克斯图担任罗马的保民官，他们提出了新法案：全体公民都可以占有和使用"公地"（罗马征服区的土地），以打破贵族历来对"公地"的垄断特权，从而减缓土地集中的速度；平民所欠债款一律停止付息；每年选举的两名执政官中，其中一名必须由平民充任。新法案遭到贵族的极力反对，但广大平民坚持斗争。公元前367年，法案终获通过。

罗马征服意大利

王政时代结束的初期，罗马在意大利半岛的势力还远不算强大。依靠良好的军事组织和有效的对外政策，罗马经过断断续续200多年的征战，到公元前3世纪70年代，终于统一了除北部的波河流域以外的意大利全境。意大利的统一有利于当地社会经济的发展，对罗马和意大利的历史都具有重要意义。

罗马军团

罗马军团是罗马军队的基本战术单位。在罗马共和早期，平时有2个军团，战争增加4个军团，人数约为5000人。军团分为30个连队，每个连队分为2个百人队。罗马军团多数为重装步兵，少数为轻装步兵。罗马军队最高指挥官是罗马执政官，军团的指挥官是6位军事保民官，军事保民官之下是百人队长。

作战时，各军团排列成宽200米、纵深90米的阵型。最前面的是轻装步兵，组成散兵线。后面是重装步兵，根据年龄、经验和训练程度不同，重装步兵分为枪兵、主力兵和后备兵，排成3列。每列分为10个连队，前两列连队各120人，后备兵连队60人。前两排是新兵，最后一排是战斗经验丰富的老兵。军团的两翼由骑兵做掩护。

罗马军队纪律非常严明，严重违犯军

罗马军团

每个罗马军团重装和轻装的步兵大约4200人，骑兵300人，分成30个中队和2个百人队，每个百人队实际为60～80人。重装步兵分成3列，第一列是最年轻和没有什么战斗经验的士兵（枪兵）；第二列由成年的有一定战斗经验的士兵组成（主力兵），各有10个中队，每个中队120人；第三列是年长且战斗经验丰富的老兵，被称为后备兵，也是10个中队，但人数却只有60人。每列之间要保持一定的距离，以便于两列之间的退后或者前进。另外还有1200名轻步兵和300名骑兵，他们列于阵列的最前方或者两翼。

令者处死，其他处罚还有鞭笞、服苦役、降薪、降职和剥夺公民权等。对临阵脱逃的军队，实行"什一抽杀律"，即令全体列队进行抽签，抽中签的士兵将被处决。被处决的士兵大概占 1/10，所以被称为"什一抽杀律"。

罗马海军

罗马海军创建于与布匿战争时期。为了打败海上强国迦太基，罗马人建造了数以百计的战舰。罗马人在战舰上安装了被称为"乌鸦嘴"的吊桥。这种吊桥前端装有爪钩，两侧装有栏杆。战船行形式，吊起竖起，捆在桅杆上。当接近迦太基战舰后，放下吊桥，吊桥前端的像"乌鸦嘴"一样的爪钩就会勾住敌舰的甲板，使两艘战舰连在一起。这时，擅长陆战的罗马士兵就跳到迦太基战舰上，与迦太基海军士兵展开肉搏。在第一次布匿战争中，罗马人靠这种战法大败迦太基海军。

布匿战争后，罗马人一度忽视了海军。但为了对付地中海上猖獗的海盗，罗马人再次大规模建设海军，很快肃清了海盗。

公元前 31 年，屋大维和庞贝在希腊亚兴克进行了一场海战。屋大维的战舰上装备了一种名为"钳子"的铁钩，系着绳子，然后用弩炮发射出去，勾着敌人的战舰后，绞动绳索把敌舰拉回来，士兵们再跳上甲板去打击敌人，大获全胜。

亚兴克海战后，罗马迎来了长期的和平，地中海仅保留了少量防御海盗的小型巡逻舰。

罗马炮兵

罗马炮兵指的是投石兵和巨弩兵。

罗马人使用的投射兵器主要是从希腊军队学来的。罗马军团中每个大队拥有一部投石车，每个百人队拥有一部巨弩机。

投石车在公元前 200 年就有记载，但大规模使用是在罗马帝国晚期。它的一个优势是生产和训练周期很短，维修和保养比较容易。它主要用于攻城，将巨石投进敌人的城墙和城中，造成破坏，以减少步兵攻城的伤亡。

罗马军团使用的巨弩最主要是车弩。这是一种装在两轮木车上的巨弩，发射类似长矛的巨箭。它的机动性和杀伤力都很强，射程达 300 米，在战场是一种强大的压制兵器，对付敌人的方阵非常有效。

在罗马史书中曾多次记载了投石车和巨弩在战争中的使用。罗马皇帝尼禄死后，南日耳曼省长和镇压犹太暴动的埃及省长韦帕芗（后为帝）为争夺帝位，在意大利北部发生激战，双方动用了大量的投石车。1 世纪犹太战争时期，罗马人攻打犹太人城市时就曾经使用过投石机和巨弩机，最终攻破城市，残酷地镇压了犹太人的起义。

马略的军事改革

公元前 107 年马略当选为执政官后，对罗马军事制度进行了改革。主要内容有：

用募兵制代替征兵制，取消财产资格限制，吸收志愿的无产者入伍；延长士兵服役年限为 16 年，老兵服役期满可以从国家分得一块份地；实行固定的军饷报酬，士兵还可以从国家得到全部武器给养；改革军团组织，用联队（介于军团和连队之间的组织）军团的战术形式代替三列军团的战术形式；整顿军纪，加强训练；统一并改进武器装备等。马略的军事改革，不仅提高了军队的战斗力，而且彻底改变了几个世纪以来罗马的兵农合一制，使军队逐渐成为脱离社会的特殊集团，为军事独裁的产生准备了条件。

苏拉独裁形成

苏拉（公元前 138—公元前 78 年）自公元前 107 年起，先后担任财务官、执行长官、行省总督等职务。"同盟者战争"期间，成为公认的统帅。公元前 88 年，苏拉当选为罗马执政官，并于同年率军前往东方镇压起义。苏拉刚离开罗马，以马略为首的民主派乘机举兵夺取政权，宣布苏拉为"公敌"。苏拉闻讯，率军返回罗马城，大肆屠杀民主派，并迫使元老院宣布马略及其拥护者为"公敌"。公元前 87 年，苏拉再度率军东征。他离开意大利后，执政官秦纳和马略集结军队占领了罗马城，宣布苏拉为"公敌"，并实行一系列与苏拉相对立的政策。公元前 84 年，苏拉率军返回意大利，公元前 82 年打进了罗马，杀死或放逐 90 名元老、15 名高级军官及 2 万多名骑士。公元前 81 年，苏拉被元老院宣布为无限期的独裁官，成为集立法、行政、司法、经济、军事诸种大权于一身的独裁者。

第一次布匿战争

第一次布匿战争（公元前 264—公元前 241 年），的主战场在西西里岛及其附近海域。公元前 265 年，叙拉古人的意大利雇佣军与叙拉古人发生冲突，雇佣军向迦太基人求援。迦太基海军击败叙拉古人，占领了梅萨纳（今墨西拿）。罗马人担心迦太基控制整个西西里岛，所以决定出兵干涉。公元前 264 年，罗马军队登陆西西里岛，击败迦太基军，占领梅萨纳。迦太基向罗马宣战，第一次布匿战争爆发。公元前 264 年，罗马军队攻占迦太基人在西西里岛的据点阿格里真托，占领了西西里岛大部分。但迦太基仍具有海军优势，为此，罗马人建造了 120 艘战舰，并且在每艘上配备了接舷板。在海战时，罗马人从接舷板上跳到迦太基战舰上近身搏杀，大败迦太基海军。公元前 256 年，罗马又在北非登陆，但被迦太基人击败。公元前 241 年，罗马海军在埃加迪群岛附近打败迦太基海军，迦太基被迫签订和约。

第一次布匿战争后，罗马人取得了地中海西部的制海权。

第二次布匿战争

第二次布匿战争（公元前 218—公元前 201）的战场遍及西班牙、意大利和北非。

第一次布匿战争后，迦太基人卧薪尝胆，矢志复仇。公元前 219 年，迦太基将领汉尼拔相继出兵攻占了与罗马结盟的西班牙城市萨贡托，罗马向迦太基宣战。

随后汉尼拔率步骑精兵约 6 万人、战象数十头，从西班牙的新迦太基城出发，翻越阿尔卑斯山，抵达意大利北部。在意大利，汉尼拔多次打败罗马军队，但鉴于兵力有限，因而没有攻打罗马城。汉尼拔不断补充给养，休整军队，同时分化瓦解罗马和它的同盟者。

罗马人吸取失败的教训，避免决战，积蓄力量，惩罚背叛的"同盟者"，切断汉尼拔的补给。同时，罗马军队转而进攻西班牙和迦太基本土，汉尼拔被迫回国救援。公元前 202 年，罗马将领大西庇阿和汉尼拔在迦太基西南的扎马决战，汉尼拔战败。迦太基被迫乞和。

第二次布匿战争后，罗马取代迦太基称为西地中海的霸主。

坎尼之战

即第二次布匿战争期间，迦太基军队与罗马军队在坎尼附近进行的会战。

公元前 216 年 4 月，迦太基统帅汉尼拔率军南下，攻占了位于意大利南部的罗马粮食和物资供应基地坎尼。罗马执政官瓦罗和鲍路斯立即率步兵 8 万、骑兵 6000 赶赴坎尼迎战汉尼拔。

8 月 2 日，两军在坎尼附近的奥菲杜斯河（今奥凡托河）下游展开大战。罗马军将军队布成三线，一、二、三线分别是重甲兵、次重甲兵和轻甲兵，6000 骑兵配备在两翼，作为掩护。针对罗马军布阵特点，汉尼拔将 4 万步兵布置在中央，1 万骑兵配备在两翼排成半月形阵，凸面朝向敌人。

双方几乎同时发起进攻。汉尼拔指挥中军且战且退，半月形凸面逐渐变成凹面，迦太基骑兵乘机出击，迂回到罗马军队侧后方。罗马军陷入重围之中，队形大乱。经一天激战，罗马军战死 4.8 万人，被俘 1 万人，鲍路斯阵亡，瓦罗率少数军队突围，而迦太基军仅损失约 6000 人。

坎尼之战是西方古代战争史上以少胜多的著名战例。

第三次布匿战争

第三次战争（公元前149—公元前146年）的主战场在北非。第二次布匿战争后，迦太基又迅速崛起。罗马害怕迦太基复仇，决定彻底消灭迦太基。

公元前 150 年，罗马纵容北非的努米底亚王国侵占迦太基的沿海地区，迦太基被迫自卫。罗马借口迦太基破坏和约，于公元前 149 年向迦太基宣战，第三次布匿战争爆发。罗马派出由 8 万步兵、4000 骑兵、600 艘战舰组成的大军在北非登陆，包围迦太基城。迦太基无力应战，向罗马求和。罗马向迦太基提出了许多无理要求，甚至要求毁掉迦太基城。迦太基人忍无可忍，决心拼死抵抗。

他们释放奴隶，重建军队，制造武器，修筑工事，誓死保卫迦太基。由于迦太基人顽强作战，城防坚固，粮草充足，罗马军久围不克。公元前 146 年春，迦太基城内发生饥荒，疾病流行，罗马人才破城而入。迦太基人与罗马人展开激烈巷战，顽强抵抗了六天六夜。

战争结束后，罗马人将迦太基剩余的 5 万居民全部奴隶，迦太基被付之一炬。迦太基的领土被划入罗马的阿非利加省。

特拉西梅诺湖之战

特拉西梅诺湖之战是迦太基名将汉尼拔在意大利中部的特拉西梅诺湖歼灭罗马军队的战斗。

公元前 217 年，汉尼拔率军南下，罗马将领弗拉米尼乌斯率军紧追不舍。一天傍晚，汉尼拔的大军来到了特拉西梅诺湖。特拉西梅诺湖是意大利中部最大的湖泊，北岸和东岸有一条通道夹在湖泊和丘陵之间。汉尼拔命令大军在丘陵上过夜。

第二天早晨，天降大雾，罗马人以为汉尼拔大军已经走过湖区，急忙进入通道追赶。当罗马大军全部进入通道后，汉尼拔大军向罗马人发起了全面进攻。在这个通道的出口，是汉尼拔的西班牙和非洲精锐重装兵，他们占据着一个小山坡，阻挡住罗马人的前进方向。罗马军左侧的丘陵上，是汉尼拔的轻装兵、投石兵、弓箭手和高卢兵，他们居高临下向罗马军全线进行。陷阱的进口，是汉尼拔的努米底亚骑兵。在短短的 3 个小时，罗马军就遭到了毁灭性的打击：有 1.9 万人战死，包括指挥官弗拉米尼乌斯，仅有千人跳湖逃生，而汉尼拔仅损失了 1500 人。

汉尼拔雕像

汉尼拔

汉尼拔（公元前 247—公元前 182 年），迦太基著名军事家和政治家。出身将门，生活在布匿战争激烈进行的年代。从小随父从军，受过良好的军事和外交训练，并立誓向罗马复仇。公元前 221 年任迦太基驻西班牙军事统帅。公元前 218 年春，率领约 6 万军队远征意大利，开始了第二次布匿战争。在公元前 217 年特拉西梅诺湖战役和公元前 216 年坎尼战役中，成功地打败了罗马军队，创造出古代军事史上的辉煌战例。由于长期转战意大利各地，兵力耗竭，后方补给困难，影响了他的战斗力。当罗马军队进攻迦太基本土时，他奉召回国解围。公元前 202 年在扎马战役中被罗马军队击败，后逃往叙利亚，建议安提柯三世进攻意大利，未被采纳。最后自杀于小亚细亚的彼提尼亚。

行省制度的制定

对被征服地区，罗马统治集团最初采取委托军队统帅行使统治权的办法，即每征服一个地区，就把这一地区交给征服这一地区的统帅来治理。后来委派专任的高级长官进行统治。到公元前 3 世纪后期，统治集团开始在被征服地区建立行省。行省的最高统治者是总督，常由卸任的执政官担任，任期一年。总督有时兼任驻行省军队的指挥官，在行省内握有生杀予夺之权。行省城市一般有内部事务的自治权，但要交租和承担各项义务。行省的土地、资源等为罗马国家所有，转让、出租、分配、经营等活动由元老院决定，行省总督无权处理。到公元前2世纪下半叶，罗马先后设置了9个行省。帝国之初，奥古斯都将行省分成两类：一类为元老院统辖的行省，由元老院任命代行执政官管辖，任期一年，不统率军队；一类为元首直辖的行省，其地位比元老院统辖的行省重要。随着奥古斯都及后来统治者的扩张和领土的扩大，罗马的行省数目不断增加，至3世纪中期已达40多个。

格拉古兄弟改革

古代罗马于公元前133—公元前121年先后由格拉古兄弟推行的以土地问题为中心的政治改革。公元前2世纪罗马城邦扩张为地中海的霸国，财富的增长和奴隶占有制的迅速发展，导致土地集中和大批农民破产，促使社会矛盾日趋激烈。在此情况下，统治阶级的一些有识之士提出改革方案，其中著名的是格拉古兄弟改革。公元前133年兄提比留·格拉古当选为保民官，提出土地法案，规定公民每户所占公有地不能超过1000尤格，超过土地由国家偿付地价，收归国有，并划成每块30尤格的份地分给贫穷农民，由一个三人委员会负责分配土地。提比留被反对贵族杀害后，土地改革运动至此中断。10年后，弟盖乌斯·格拉古任保民官。他重申提比留的土地法，还提出了实行赈济城市贫民的粮食法和授予骑士司法权的审判法等法案，目的都是吸引改革的拥护者以实现土地法。公元前121年，反对改革的元老贵族杀害了盖乌斯。但其提出的法案大多保留了下来。格拉古兄弟改革，冲击了豪门贵族的统治，打击了大土地所有制，使罗马的土地集中现象得到缓和，对罗马社会的发展起到了促进作用。

西西里起义

西西里岛是有名的"谷仓"，使用奴隶的大农庄在这里发展得较早，农庄主对奴隶进行残酷的剥削和虐待。公元前138年，西西里中部恩那城的奴隶掀起暴动，西南部的阿格里根特也爆发了奴隶起义。统治者派遣大军疯狂围攻恩那城，公元前132年城陷，起义失败。

斯巴达克

公元前73年古罗马奴隶起义的领袖。作为古代史上最大的一次奴隶起义——斯巴达克奴隶大起义的领导者，斯巴达克富于反抗精神，具有卓越的军事组织才能。他领导的起义军，纪律严明，作战勇敢，体现出极强的战斗力和良好的组织纪律性。

斯巴达克本人则英勇无畏，身先士卒。因此，起义军很快从

斯巴达克雕像

几十人发展到十几万人，危及罗马奴隶主贵族的统治，从而引起了罗马统治者的恐慌，遭到统治者的残酷镇压，斯巴达克起义最终以失败告终。斯巴达克起义是对奴隶解放运动的一次巨大推动，它极大地动摇了罗马的奴隶制基础，迫使奴隶主对生产方式进行某些调整，从而在一定程度上促进了经济发展和社会进步。而斯巴达克本人则成为古代史上杰出的人民英雄，直至今日，他的形象仍放射着光芒，成为后世文艺创作的题材。

斯巴达克起义

斯巴达克起义是公元前 73 年罗马爆发的一次奴隶大起义，是世界古代史上最大的一次奴隶起义。

斯巴达克是色雷斯（今保加利亚一带）人，在战斗中被罗马人俘虏，被卖到卡普亚城一所角斗士学校当角斗士。斯巴达克不堪忍受角斗士学校里非人的待遇，率领 70 多名角斗士发动起义，逃往维苏威山区。周围许多逃亡奴隶和破产农民都纷纷前来投奔，起义队伍不断发展壮大，多次击败罗马人的军队。

斯巴达克希望率领起义军北上翻越阿尔卑斯山，返回家园。但在翻越阿尔卑斯山时遇到了困难，斯巴达克改变计划，挥师南下，希望前往西西里岛。但由于缺乏船只也只好作罢。在阿普里亚省南部，起义军和罗马军队展开了总决战。由于寡不敌众，斯巴达克战死，起义失败。

斯巴达克起义军在战斗中能组织步兵和骑兵的协同进攻，力求夺取和掌握主动权。行军时隐蔽迅速，设置埋伏，实施突袭，对敌人实行各个击破战术，多次打退罗马精锐部队，对后来的奴隶起义提供了许多宝贵的经验。

前三头同盟

随着民主派势力的强大，左右罗马政局的克拉苏和庞培出于个人的政治目的转向民主派。克拉苏是苏拉的部将，随苏拉出兵意大利，建立了功勋，并趁火打劫，成为罗马首富。庞培也是苏拉的部将，曾先后平定了西班牙起义，消灭了地中海上的海盗，征服了小亚细亚，功震罗马。与此同时，马略的内侄恺撒也以民主派的身份登上了罗马的政治舞台。恺撒既不能在军功上与庞培竞争，也不能在财富上同克拉苏匹敌，但恺撒凭借着对马略的追念活动，打击了苏拉的党羽，赢得了平民和马略老兵的支持。三人中谁也没有力量单独战胜贵族势力，而只有三人暂时联合，才能与元老院抗衡。于是，公元前 60 年，恺撒、克拉苏和庞培达成了互相支持的协议，建立了秘密的政治同盟，史称"前三头同盟"。

古罗马的角斗士

古罗马的奴隶主们把那些身强力壮的战俘送到特设的剑术训练所里加以训练，然后让这些战俘在大剧场里和公开场所彼此残杀，或与野兽搏斗，这些人就是角斗士。他们是以流血牺牲供奴隶主寻欢作乐的奴隶。角斗士为了争取生存和自由，经常发起反抗奴隶主的斗争，斯巴达克起义就是首先由角斗士们发起的。

罗马大斗兽场

罗马大斗兽场修建于 72 年，建成于 80 年。斗兽场直到 8 世纪几乎还完整无损。此后 500 年在大大小小的无数次战争中，它主要被用做堡垒。

斗兽场位于古罗马广场较低的一头，占地 6 英亩，像一座由石灰石垒成的顶部凹陷的小山。外墙高约 157 英尺，布满大得令人生畏的拱门，黑森森地拔地而起，直插浅蓝色的天穹；内部周长 1790 英尺，为一座裂痕累累的巨大椭圆形砖石建筑，场上纵横交错着一条条像敞开的伤口般暴露在外的坑道。

《高卢战记》

《高卢战记》为恺撒所写，记述了他在高卢作战的经过，从公元前 58 年至公元前 52 年每年的事迹写成一卷，共 7 卷。公元前 52—公元前 51 年间的冬天，恺撒镇压了维钦及托列克斯领导的联合大起义，高卢基本上恢复了平静，但他在罗马的地位已经在开始恶化。这时，克拉苏已死在安息，他在元老院中的政敌正在用尽心机算计他，庞培虽然还没正式跟他破裂，但当别人攻击恺撒时，却采取旁观态度。在这种情况下，恺撒不得不采取相应的措施来保卫自己，《高卢战记》便是在这种情况之下写的——一是为自己辩护，二是给他自己在罗马的一派人提供一个宣传提纲。恺撒的 7 卷《战记》，最后只写到公元前 52 年，但他直到公元前 50 年才离开高卢，因此后面缺了两年的事迹。恺撒死后，他的幕僚奥卢斯·伊尔久斯续写了第 8 卷，补起了这段空缺。

恺撒另外还有《内战记》3 卷，记述他自己跟庞培作战的经过。除了这两部书以外，记述恺撒战绩的还有伊尔久斯所写的《亚历山大里亚战记》和作者不详的《阿非利加战记》《西班牙战记》，这些书合起来统称"恺撒战记"。

庞贝古城

在意大利那不勒斯附近的维苏威火山脚下，有座著名的古罗马城市庞贝。它始建于公元前 8 世纪，曾拥有 2.5 万人口，后来成为古罗马帝国的重要行政中心。庞贝城之所以闻名于世，是因为它曾被突然喷发的维苏威火山的灰尘埋在地下十几个世纪，从而成为一座真正的死城。经历了尘封土埋的漫长岁月以后，庞贝城已经变成一座地地道道的

庞贝遗址

"化石城"。城内有 4 条交叉成"井"字形的主要街道，将全城分成 9 个区。街道用石板铺筑，街石的上面留有两道深深的车辙印。庞贝城当年城内有政府机构、法庭、太阳神庙、女神庙、公共浴室、角斗场、商店、酒店等。在一家

小酒店的遗址上，火山喷发那天老板记账的营业额和一些顾客赊欠数还依稀可辨；一个面包房的烤炉中还有一块印有面包商名字的烤熟的面包……这些场景作为庞贝城末日的瞬间凝固于历史长河。

《谋略》

《谋略》为古罗马军事名著，一译《谋略例说》。成书于1世纪下半叶。作者是古罗马军事著作家弗龙蒂努斯（约35—约103年）。该书除拉丁文本外，还有多种文字译本。全书共4卷，前3卷为弗龙蒂努斯所撰，第4卷由后人补写。

《谋略》通过引证史例着意阐明以下思想：试图在交战中取胜，事先必须周密准备，包括正确选择交战地点和时机、编组战斗队形、运用计谋瓦解敌军，以及善于在交战中扩张战果等。此外，还强调了纪律对夺取胜利的作用。

《谋略》是较早运用史例阐发军事理论的代表作之一，是研究古代罗马军事思想的重要文献，颇受欧美军事学术界重视，被称之为西方世界的"孙子兵法"。但由于时代的局限性，该书带有宿命论和弱肉强食的思想烙印。

《兵法简述》

《兵法简述》是古罗马后期的一本著名的军事著作。作者弗拉维乌斯·韦格蒂乌斯·雷纳图斯，是古罗马帝国时代后期的著名军事家。

全书共分5卷。第一卷主要讲的是新兵的招选和训练。第二卷讲的是罗马帝国军团的组织机构和指挥官，以及这种组织机构的创建和怎样在作战中编组军团。第三卷讲了战略战术问题。第四卷讲了筑载地区的进攻和防御问题。第五卷讲了海军的运用问题。

书中着重讲的观点有：1. 强调军队要武艺精湛，训练有素，只有这样才能在战斗中获胜。2. 注重士兵的挑选。士兵不仅要有强健的体魄，还要有勇敢无畏的精神。3. 强调军队的纪律，这是军队在战争中取得胜利的根本保证。4. 强调将帅必须知己知彼，从而制定正确的作战方针，适时发动进攻。另外，韦格蒂乌斯还着重阐述了战争中的突然性、保持预备队的必要性等问题。

该书在当时并没有得到人们的了解和重视，到了中世纪以后才得到了军事界的广泛重视，作者本人也被被誉为"古典世界最伟大的军事理论家"。

亚克兴海战

亚克兴海战是罗马内战中，屋大维战胜安东尼的决定性海战。

恺撒遇刺后，他的继承人屋大维在公元前43年与安东尼、李必达结成"后三头同盟"，掌握了罗马大权。公元前36年，屋大维剥夺李必达的权力。公元前32年，屋大维与安东尼公开决裂。

公元前31年，屋大维率军8万、战船400艘渡海东征，安东尼和埃及女王率军10万人、战船500艘来到希腊西海岸迎战。安东尼将舰队分为左、中、右3

个编队成一线展开，并准备亲自率领右翼迂回攻击屋大维，女王率预备队尾随。屋大维也将舰队分成左、中、右 3 个编队，也成一线展开，迎战安东尼。

9 月，战斗打响。屋大维充分发挥的自己舰队船体轻、航速快、机动灵活的优势，避开安东尼战舰远程矢炮的轰击，运用撞击、火攻、接舷等战术进行攻击。安东尼船体庞大，机动性差，顿时陷入了被动挨打的境地。埃及女王见势不妙，率领预备队逃走。安东尼见大势已去，无心再战，下令撤退。不久屋大维攻入埃及，安东尼和埃及女王相继自杀。罗马内战结束。

后三头同盟

古罗马共和后期有"前三头同盟"和"后三头同盟"。公元前 73 年，罗马爆发了斯巴达克奴隶大起义。在镇压这次起义过程中，苏拉的两位部将克拉苏和庞培一度成了罗马的风云人物。他们因为和元老院的冲突而废除了苏拉留下的制度。公元前 60 年，克拉苏、庞培与恺撒结成秘密的政治同盟，一起反对元老院，史称"前三头同盟"。

恺撒死后，罗马发生争夺继承权的斗争。恺撒密友、公元前 44 年与恺撒同为执政官的安东尼，以及骑兵长官李必达势力最强。但元老院不愿支持他们，而把眼光投向屋大维。当时屋大维还不满 20 岁，元老院想利用他来对抗安东尼和李必达。不过，屋大维并非那样易于摆布。虽然在穆提那他打败过安东尼，但他权衡利弊仍准备同这两个实力派暂时合伙。公元前 43 年，安东尼、李必达和屋大维公开结成同盟，即所谓"后三头同盟"。

屋大维的统治

公元前 63 年 9 月 23 日，屋大维生于一个罗马骑士家庭，后来被外舅祖父——恺撒收为养子。

公元前 48 年，15 岁的屋大维由于恺撒的关照被选入大祭司团。屋大维 18 岁时，恺撒被刺死，得知消息后的他便决心去罗马为恺撒报仇。

当时的罗马已被恺撒的副手安东尼所掌握，他向群众公布了恺撒的遗嘱——指定屋大维为继承人。实际上安东尼却掌握了军权，控制了局势，俨然以恺撒的继承人的身份行事。了解情况以后，屋大维带领追随者来到罗马，要求安东尼执行恺撒的遗嘱，并以恺撒养子的身份招募恺撒过去的部下。很快，他就组建了一支有3000 人的、装备精良的军队，组成两个军团。经过一段纷争，安东尼终于承认了屋大维的实力，他和屋大维、李必达结成了"后三头同盟"。公元前 32 年，屋大维和安东尼的矛盾激化，最后到了进行决战的地步。安东尼失败自杀，屋大维成为

屋大维像

屋大维19岁时继承恺撒的伟业，31岁时统治世界，治理罗马帝国达半个世纪之久。

罗马的绝对统治者。

屋大维统治罗马的制度称为元首制，他的称号不是君主，而是"第一公民"。对元老院，他采用利用和尊重的双重政策。元老院在利益和荣誉面前，也全力拥护元首制，授予屋大维以绝对权力。当时的罗马已成为地中海沿岸的大帝国，屋大维则成了帝国的第一帝。

奥古斯都建立元首政治

"元首"一词来源于拉丁文，这和南欧历史大国兴衰有着密切的关系。在古代，元首是首席元老和国家第一公民的意思，近代一般指国家的最高领导人。在不同的历史演变过程中，它表示不同的意义，有着不同的历史背景。

罗马共和国时代，元首是指元老名单中的第一名，即首席元老。它一般都由监察官根据财产、声望等，从元老院的成员中挑选出来。元首虽然享有很高的声望，但不担任行政长官，只是当执政官征询意见时，元首有权第一个发言。

公元前 29 年，屋大维重新统一了古罗马。

公元前 28 年，屋大维当选为执政官。他以执政官的身份对元老院进行了"清洗"。清洗后的元老院增加了大批拥护屋大维的新贵，从此元老院成了屋大维的权力工具。表面上，屋大维宣布恢复共和制，实际上他已攫取了罗马共和国的一切重要官职，他是终身执政官、终身保民官、大祭司长及首席法官。接着，元老院又授予他"奥古斯都"（意思是"神圣的"和"至尊的"）及"元首"的称号，元首与执政官合二为一。公元前 27 年，罗马进入帝国时代。

隶农制的盛行

共和末期，奴隶主为了缓和与奴隶之间的矛盾，提高经济收益，开始实行隶农制。到帝国黄金时代，隶农制开始流行。隶农最初是指自耕农，即以自力耕种自己土地的农民或殖民地的移民者。当时的大土地所有者把土地分成小块，分租给佃耕者，佃耕者中有契约租户和世袭佃户，其中也有奴隶。这些佃农，以及以交付定量收获物为条件从主人手中获得小块份地的奴隶，都属于隶农，这种生产关系称为隶农制。隶农最初向地主交纳货币租，后又交纳占收成 1/3 左右的实物租。隶农制的盛行反映了罗马的奴隶制经济已有衰落的趋势。

安敦尼王朝的建立

罗马帝国第二个王朝弗拉维王朝的末帝图密善，是靠毒死胞兄（前任皇帝）而登上王位的。执政之初，他为了掩饰自己不仁不义的面目，假施仁政于民。当他认为自己的王位已经稳固之后，便开始暴虐起来。他杀掉开疆拓土的武将，甚至以奴隶充当俘虏谎报军情。此外，他还大肆迫害基督教徒，屠杀犹太人。图密善的骄奢残暴行径，激起人们的普遍不满，终于在政变中被杀。元老院推举旧贵族出身的涅尔瓦为帝，建立起安敦尼王朝（96—192 年）。安敦尼王朝以皇权极盛、统治稳固著称。安敦尼王朝统治时期，被称为罗马帝国的"黄金时代"。

三世纪危机

2 世纪末到 3 世纪末，罗马的奴隶制社会在经济、政治等方面爆发了全面危机，史称"三世纪危机"。统治集团的腐朽和外族的入侵，导致农业萎缩、商业衰落、城市萧条、财政枯竭、政治混乱、奴隶起义此起彼伏，罗马社会陷于动荡之中。

戴克里先改革

罗马帝国皇帝戴克里先为加强专制统治而实行的改革。戴克里先改元首制为君主制，加强中央集权。将帝国划分为 4 部分，由 4 个统治者共同治理，形成"四帝共治制"，但最高统治者仍是戴克里先。改革后，原有的辖区较大的行省被划小，行省总数增加；各行省中，军权和行政权分开；军队分为边防军团和机动军团，军团变小，以便调遣。戴克里先还统一税制，取消某些免税特权，人头税和土地税合一，作为财政主要收入；禁止农业劳动者离开土地以及手工业者脱离同业行会，不准市议员离开所属城市，以保证税源。为稳定币值，戴克里先确定了新的铸币含金、银标准，并颁布了物价敕令，但收效甚微。对基督教采取弹压政策，禁止举行礼拜，清除军队和官员中的教徒，没收教会财产，处死一些教徒。戴克里先的改革使面临严重危机的帝国获得了暂时的稳定。

巴高达运动

巴高达的名称源于克勒特语"斗争"一词，意为"战士"。巴高达的队伍，主要由奴隶和隶农组成。269 年，巴高达开始起义。不久，起义者围攻鲁格敦高卢的奥古斯托敦城（奥登）。这个城市原与罗马城订有兄弟联盟的条约。奥登城向罗马求援，罗马皇帝忙于同哥特人斗争，无力援救。经过 7 个月的围攻，巴高达终于攻克了奥登城，杀死了一部分奴隶主贵族，剥夺了他们的财产，这次起义坚持了 3 年多，后来被罗马皇帝奥勒良（270—275 年）镇压。但是，巴高达运动并未停止，从 283 年起，又展开了更大规模的斗争。这次斗争仍以鲁格敦高卢为中心，巴高达以农民为步兵，以牧人为骑兵，攻城陷阵，杀富豪，焚庄园，分地分财。他们选举两位首领埃里安和阿芒德为皇帝，自铸钱币。皇帝戴克里先于286 年派马克西米安前往高卢镇压，马克西米安几次被化整为零的巴高达挫败，士兵临阵退却。后来，马克西米安以什一抽杀法处罚退却士兵，才镇压了这次起义。此后，巴高达余部仍继续活动，直到 5 世纪末。

君士坦丁大帝独裁

305 年，经过争夺帝位的混战，罗马政权落到君士坦丁手中。他废除四帝共治制，成为独裁君主。他扩充了官僚机构，亲自任命民政和步、骑兵长官等高级官员。同时，他又将帝国划分为高卢、意大利、伊利里亚和东方 4 个大行政区，下设行政区，再往下为各行省。330 年，君士坦丁将帝国首都迁到东方的拜占廷，并将其改名为君士坦丁堡。

基督教的兴起与传播

基督教是当代世界三大宗教之一，以《圣经》为最权威的经典。公元前 1 世纪，罗马四处征战，不堪忍受罗马残暴统治的人民纷纷起义，但遭镇压。基督教由此而生，相传由拿撒勒人耶稣创建。耶稣构建思想体系，培训门徒，四处传教，最后被罗马巡抚彼拉多钉死在十字架上。基督教在 1 世纪中叶到 2 世纪得到广泛传播，教会组织、经典文献、宗教仪典逐渐完善。到 2 世纪中叶，在已编定的《圣经·新约全书》中增加了泛爱、忍耐等内容。经过 3 个世纪的斗争，罗马西部皇帝君士坦丁一世和东部皇帝锡尼最终于 313 年共同发布《米兰敕令》，承认基

耶稣向十二门徒传道

代表耶稣众多追随者的十二门徒围坐在耶稣周围，听他讲道。其中，因犹大后来出卖耶稣，故他头顶的光环为黑色，以示背叛。

督教与其他宗教同享自由，不受歧视。392 年，狄奥多西一世以帝国名义宣布基督教为国教。1054 年，东西教会正式分裂，西部教会自称"公教"（在中国称天主教），东部教会自称"正教"（在中国称东正教）。16 世纪后天主教继续分化。

弓和弩

弓是古代一种远距离杀伤性武器。它出现于原始社会后期，开始主要用于狩猎，后来开始用于战争。

最早的弓箭发现于非洲，距今已有 5 万年。弓在战争中发挥了重要作用。在古希腊古罗马军队中，弓只是辅助性的兵器，射程近，威力小。到了后来，弓的种类越来越多，做工越来越精。最著名的当属英格兰长弓，长 6 英尺（1 英尺合 0.3048 米），由一整块紫杉木制造，射程远，威力大。在英法百年战争期间，英国长弓手大败数倍于己的法国重骑兵。

弩，又称"窝弓""十字弓"，也是古代用来射箭的一种兵器，可分为臂张弩、踏张弩、腰张弩、连弩和床弩等。它主要由弩臂、弩弓、弓弦和弩机等部分组成，其实是一种装有臂的弓。欧洲在 12 世纪出现弩，它的弓弦在木架上绑成十字形，所以又称"十字弓"。弩虽然要比弓的装填时间长，但它比弓射箭更多，射程更远，杀伤力更大，命中率更高。强弩的射程可达 600 米，特大型床弩的射程可达千米。

矛和盾

矛是古代一种用于直刺和扎挑的长柄格斗兵器。它是古代军队中装备最多和

使用时间最长的冷兵器之一。

最早的矛是原始人使用的前端削尖的木棒。后来人们用石头、兽骨制成矛头，缚在木柄前端，增强杀伤力。

古代西亚、北非，许多民族都将矛作为军队尤其是步兵的主要武器。在西方，希腊方阵和马其顿方阵中的步兵使用的长矛长达4—6米，向前冲锋，势不可当。罗马士兵使用的标枪，也是矛的一种。欧洲中世纪的骑士的主要武器是4米以上的重矛。

盾是古代一种手持防护身体的器具，常与刀剑等兵器配合，用来抵御敌人兵器的攻击。最早的盾牌出现在公元前3000年的西亚。在《荷马史诗》里有多处对盾牌的记载。希腊重装步兵的盾为圆形木盾，盾同时也是战士荣誉的象征。罗马人把希腊人的盾加以改进，加宽加大，被称为罗马大盾。攻城时，罗马士兵将盾牌举过头顶，连成一片，抵挡箭矢的射击。中世纪的骑士喜欢使用上宽下窄的盾牌，并绘上族徽。

火器出现后，盾就在战场上消失了。

甲　胄

甲指的是铠甲，胄指的是头盔，甲胄是古代将士作战的必需装备。

最早的甲胄是皮革，公元前2600年左右，西亚人就开始在战争中装备金属甲胄。在公元前1000年左右，出现了铁制铠甲。世界上最早装备铁质甲胄的是亚述军队。

在古希腊，希腊步兵的铠甲都是青铜所制，头盔防护范围很大，能覆盖脸部。希腊人根据身穿甲胄的多少，将步兵分为重甲步兵和轻甲步兵。罗马人的头盔有面颊护片和护脖，防护范围很广。他们的铠甲先是锁子甲，后来又改穿板甲。

在中世纪，西欧骑士的铠甲是全套连体的金属铠甲，能保护肘、肩等关节部位，大大增强了保护效果。骑士们的铠甲先是锁子甲，到了13世纪时又开始穿金属片铠甲。当时的工匠们制造了能保护整个头部，只留用于目视和呼吸细缝的头盔，同样也十分沉重。

在英法百年战争的克雷西之战时，英军弓箭手以少胜多，大败法国重装骑兵，宣告了盔甲的末日的来临。进入火器时代后，瑞典国王古斯塔夫的军队都不穿铠甲，只戴头盔，大大增强了机动性。欧洲军队纷纷效仿，在军队中使用了数千年的铠甲逐渐退出了历史舞台。

埃及陆军

在喜克索斯人占领了下埃及之前，古埃及军队主要是由贵族属地的农民和工匠组成的轻装步兵。他们的装备非常简陋，不穿戴任何盔甲，武器主要有弓箭、标枪、匕首、棍棒、投掷棒和盾牌等。

喜克索斯人占领了下埃及之后，为了战胜入侵者，退守上埃及的埃及军队开始进行军事改革。这时的埃及军队开始正规化，军队将领由贵族担任，各个兵种也相继出现，如使用厚盾和攻城槌的攻城部队、成鱼鳞状分布排列的梯队、挖地道的先锋队等。另外还有雇佣军——努比亚弓箭手。兵器也变为标枪、战斧、半月刀（这是第一次出现）和匕首，装备了由皮套和金属甲组成的盔甲。这一时期，古埃及军队出现了战车部队。战车上有驭手一名，士兵两名，装备有弓、标枪和长矛。

埃及军队的指挥系统是：法老、将军、营长、传令官、参谋、尉官和军士。军队最大单位是军团，每个军团有 4000 个步兵和 1000 辆战车；一个军团有 10 个营，一个营分为两个连，一个连分为 5 个排，一个排分为 5 个小队。

步兵方阵

方阵就是作战时的队形。在古代战争中，士兵们组成方阵作战有利于发挥整体战斗力。

早期外国军队作战都采用步兵方阵。最早组成方阵的是埃及人。按持有兵器的不同，埃及人将军队分成弓箭队、头饰队、长矛队、短剑队、狼牙棒队等。他们组成一个个大方阵，跟在战车后面作战。但是，埃及军队的队形还不够严整，只能算是方阵的萌芽和雏形。

随着战争的日益激烈，西亚地区军队的战斗队形渐趋定型。亚述军队已经形成了正式的作战方阵，亚述步兵方阵由 4 列横队组成，第一列是盾牌手，第二列弓箭手，最后两列长矛手。作战时，这 3 个兵种互相配合。

公元前 8 世纪以后，古希腊开始出现重装步兵方阵，其组成主要是重装步兵。斯巴达和雅典都组建了强大的步兵，都采用方阵战术。马其顿王腓力二世在希腊方阵的基础上加以改进，增加了矛的长度，扩大了方阵的纵深，使其更具战斗力。腓力二世改革后的方阵叫作马其顿方阵，这是方阵的最高和最后形式。

罗马海军

罗马海军创建于布匿战争时期。为了打败海上强国迦太基，罗马人建造了数以百计的战舰。罗马人在战舰上安装了被称为"乌鸦嘴"的吊桥。这种吊桥前端装有爪钩，两侧装有栏杆。战船行进时，吊桥竖起，捆在桅杆上。当接近迦太基战舰后，放下吊桥，吊桥前端的像"乌鸦嘴"一样的爪钩就会勾住敌舰的甲板，使两艘战舰连在一起。这时，擅长陆战的罗马士兵就跳到迦太基战舰上，与迦太基海军士兵展开肉搏。在第一次布匿战争中，罗马人靠这种战法大败迦太基海军。

布匿战争后，罗马人一度忽视了海军。但为了对付地中海上猖獗的海盗，罗马人再次大规模建设海军，很快肃清了海盗。

公元前 31 年，屋大维和安东尼在希腊亚克兴进行了一场海战。屋大维的战舰上装备了一种名为"钳子"的铁钩，系着绳子，然后用弩炮发射出去，钩住敌人的战舰后，绞动绳索可把敌舰拉回来，士兵们再跳上甲板去打击敌人，大获全胜。

亚克兴海战后，罗马迎来了长期的和平，地中海仅保留了少量防御海盗的小型巡逻舰。

罗马炮兵

罗马炮兵指的是投石兵和巨弩兵。

罗马人使用的投射兵器主要是从希腊军队学来的。罗马军团中每个大队拥有一部投石车,每个百人队拥有一部巨弩机。

投石车在公元前 200 年就有记载,但大规模使用是在罗马帝国晚期。它的一个优势是生产和训练周期很短,维修和保养比较容易。它主要用于攻城,将巨石投向敌人的城墙,造成破坏,以减少步兵攻城的伤亡。

罗马军团使用的巨弩最主要是车弩。这是一种装在两轮木车上的巨弩,发射类似长矛的巨箭。它的机动性和杀伤力都很强,射程达 300 米,在战场是一种强大的压制兵器,对付敌人的方阵非常有效。

在罗马史书中曾多次记载了投石车和巨弩在战争中的使用。罗马皇帝尼禄死后,南日耳曼省长和镇压犹太暴动的埃及省长韦帕芗(后为帝)为争夺帝位,在意大利北部发生激战,双方动用了大量的投石车。1 世纪犹太战争时期,罗马人攻打犹太人城市时就曾经使用过投石机和巨弩机,最终攻破城市,残酷地镇压了犹太人的起义。

罗马帝国的分裂

自 3 世纪以来,罗马帝国奴隶制经济继续衰落:农村劳动者逃亡,农田大量荒芜,城市工商业凋零。大地主乘机大肆兼并土地,大地产制、庇护制迅速发展起来,罗马奴隶制生产关系已经腐朽没落了。君士坦丁死后,帝国统治集团内部为争夺皇位于 339 年开始又发生了长期的混战。此后狄奥多西虽一度恢复统一的残局,但无法建立稳固的统治。他死后,把帝国分给两个儿子,于是罗马帝国于 395 年正式分裂为西罗马帝国(首都在罗马)和东罗马帝国(首都在君士坦丁堡)。此时帝国在名义上仍属完整统一,但事实上是彻底分裂了,以后再未统一。

马克西穆斯之乱

马克西穆斯是罗马著名的元老,曾两次担任执政官。454 年,他将名将埃提乌斯陷害至死,455 年又设计谋杀了皇帝瓦伦提尼安,终于篡位当上了皇帝。不过他仅仅当了两个半月的皇帝,就在汪达尔人洗劫罗马期间被愤怒的市民捕杀了。

四大"蛮族"掌权

瓦伦提尼安死后 20 年间,西部先后出现了 8 个"皇帝",但是政权掌握在四大"蛮族"出身的首领李希梅尔、冈多拜德、欧瑞斯特和奥多雅克手中。八帝之中由他们废立者就有 6 人。476 年,日耳曼人奥多雅克废黜奥古斯都路斯皇帝,自称为"王"而不称帝,皇帝制度在西部被废除,西罗马帝国也由此灭亡。

西罗马帝国的灭亡

西罗马帝国灭亡最直接的原因是日耳曼人的一支西哥特人的侵入。410年，西哥特人开始围攻罗马城，此时遭受到罗马统治者奴役的意大利奴隶纷纷响应。罗马城内的奴隶为围城的西哥特人打开了城门，里应外合，罗马城终于为起义者和愤怒的奴隶们所占领。此外，日耳曼人的东哥特人、勃艮第人、盎格鲁-撒克逊人也乘势大举侵入罗马境内，西罗马帝国犹如高坝坍塌，陷入了土崩瓦解的境地。到5世纪中期，西罗马帝国境内出现了好几个日耳曼人的王国。476年，西罗马帝国最后一位皇帝罗慕洛斯·奥古斯都路斯被废黜，西罗马帝国正式灭亡，它标志着西欧奴隶制社会的结束，从此，欧洲进入封建社会。

罗马的末日

绘画表现的是410年，西哥特人劫掠罗马城的惊恐场面。这座曾经征服世界的城市，如今也走向了末日。

断臂维纳斯

在法国巴黎的卢浮宫，有一座姿态优美、神情安详、洋溢着女性特有的人体魅力的断臂雕像。这座雕像是公元前3世纪由希腊著名雕塑家阿历克山德尔创作的。1820年由一位农民在希腊发现，后被法国人买下运回法国，献给国王。她是公元前4世纪希腊全盛时期以来保存下来的最有影响的一座雕像，代表着古希腊神话中爱与美的女神，她代表着女性美和性爱，并掌管着人间的爱情、婚姻和生育。整座雕像造型典雅、曲线柔和、身体的线条和轮廓组合得异常和谐，把一位古代希腊女性表现得栩栩如生，堪称世界艺术宝库中的瑰宝。

圣诞节

基督教纪念和庆祝耶稣基督诞生的重要节日。又译"主降生节""耶稣圣诞瞻礼"。《圣经》对耶稣生日并无记载。罗马教会354年规定每年的12月25日是耶稣基督诞生的纪念日。庆祝时间从12月24日持续到来年的1月6日。12月24日称为圣诞夜，为家庭团聚共进圣诞晚餐、互联礼品之时。

弗拉维圆形剧场

弗拉维圆形剧场又名格罗塞穆剧场，是世界上最大的古代圆形剧场。它是古罗马物质文明的象征和最具代表性的作品。因为它建立于古罗马弗拉维王朝时期,故名为弗拉维圆形剧场。它位于罗马广场东侧,整体呈椭圆形的舞台居中，四周筑有阶梯形的露天观众舞台，它的门面分4层，场内座位可以容纳5万观众，舞台用于表演角斗以及人兽搏斗等。据记载，当年斗兽场落成时曾举行了百日竞技。在角斗士格斗和赛跑之后进行人兽决斗，格斗从日出直到日落，杀得天昏地暗，血流成河。花样屡屡翻新，甚至在场地上注水模拟海战。由于建筑工程使用水泥极为成功，显得异常坚固，因此罗马人有"格罗塞穆若倒，罗马也就灭亡"的谚语。但实际上罗马帝国灭亡后此剧场依然屹立，后来因人们不断从其中挖掘石料才部分坍塌了。

罗得岛太阳神铜像

罗得岛在今希腊境内，位于地中海与爱琴海之间。公元前292年，罗得岛居民与马其顿入侵者进行了一场艰苦的战争，终于获得了最后的胜利，并缴获了大量的兵器、盔甲等战利品。罗得岛居民把缴获的青铜制品全部熔化，铸造了一座巨大的太阳神阿波罗的立像，以作胜利的纪念。神像以昂首阔步的姿态屹立着，高举的右手伸向前方，既体现出拒敌于千里之外的气魄，又不失欢迎远方亲友归来的热情。右手为神像的最高点，离地35米，气势无比恢宏。这座神像是著名雕塑家卡瑞斯的杰作，制作过程共历时12年，可惜神像存于世间仅56年，公元前224年太阳神阿波罗像在一场大地震中轰然倒下。据说，今天在薄雾朦胧中遥望纽约的自由女神像，还能依稀看到当年罗得岛上屹立的太阳神阿波罗雕像的身影。

维吉尔

古罗马杰出诗人。原名普布留斯·维吉留斯·马罗，生于高卢曼图亚附近的农村，家境比较富裕。他幼年在农村长大，熟悉农村和农业劳动，热爱大自然。后来去米兰、罗马等地接受了良好的教育。因体弱多病，从事律师失败后，回到农村家中，专心写诗。后加入了麦凯纳斯庇护下的文学集团，深受屋大维的尊敬。他的主要作品除代表作《埃涅阿斯纪》外，还有《牧歌》《农事诗》等。《牧歌》共有10首，是其成名作，通过一个牧人的独唱或一对牧羊男女的对唱，歌唱牧人的生活和爱情，还表达了对当前社会和政治的看法与感受。《农事诗》共4卷，描写罗马农民的工作与生活。这些作品将农业知识的介绍、农业政策的阐释和对自然景色、历史传说的描写结合起来，语言优美，生动有趣。维吉尔在中古时代一直享有特殊的声誉，但丁在《神曲》中就尊他为老师和带路人。

《埃涅阿斯纪》

维吉尔创作的史诗。共12卷，叙述了罗马帝国的建立和历史，歌颂了罗马祖先的丰功伟绩。根据当时罗马的神话传说，罗马最早的祖先是特洛伊的英雄埃涅阿斯，他是爱神同安吉赛斯的儿子。特洛伊被希腊联军攻陷后，他和父亲等人在天神护卫下逃了出来，辗转到了意大利，娶了当地的公主为妻，建立了王都。这成为史诗内容的主要依据。史诗以荷马史诗为范本，从结构上可以分为两部分。前半部分写埃涅阿斯的海上历险，主要写了他和女王狄多的爱情悲剧。第7～12卷，写他依据神灵的指示到达意大利后，和当地拉丁部族的战斗。最后，以拉丁部族首领图尔努斯的死结束全诗。诗人通过主人公的经历，歌颂了罗马帝国的神圣传统和先王建国的艰辛；通过他游历地府的见闻，歌颂了恺撒和屋大维的功绩，并肯定了罗马帝国统治世界的使命。这部史诗被看作是文人史诗的范本，语言音律谨严而富于暗示性，风格严肃而哀婉，尤其对爱情心理的描写，生动感人。

贺拉斯

古罗马奥古斯都时期杰出诗人，也是一位有重要影响的文艺理论家。他推崇希腊文化，早年参加共和派，后支持帝制。他的诗歌题材多样，有的歌颂奥古斯都的统治，有的针对社会生活的一些恶习进行讽刺，有的赞美友谊和田园生活。主要的诗歌作品集有《讽刺诗集》《歌集》等。《诗艺》是贺拉斯重要的文学论文，他根据自己及同时代人的创作实践，重申了艺术模仿现实的观点，在文艺的功用上，提出了"寓教于乐"的原则；在艺术创作方面，提出了"合式"的原则，即要求一部作品具有统一与调和的美。他的主张对后来的古典主义文艺理论产生了很大影响。

美　洲

美洲古代文明

美洲的名称因 16 世纪地理大发现而出现，15 世纪末以前，美洲的居民是印第安人，其中玛雅人、阿兹特克人、印加人创造的文化水平最高，被人们称作三大文明中心。他们创造的光辉灿烂的文明，因 16 世纪西班牙的入侵而被打断。

奥尔梅克文明

奥尔梅克文明是中、北美洲公认的最早的文明。大约出现于公元前 1500 年左右，开始于紧靠墨西哥湾的维拉克鲁兹沼泽凹地的一群村落中。约公元前 1200 年，村落发展为大型聚落，聚落中建有市政建筑物，其侧面有礼仪中心，并建有住宅和商店。该文明的一个中心是拉文塔，位于海港附近，盛产农作物和盐，主要居民是渔民、农民、商人和能工巧匠。他们住在盖有支柱及遮盖的住房里，玉米、鱼类和海龟是他们的主要食物。

巨大的头像

考古学家在许多奥尔梅克遗址发现了像这样的巨大的石头头像。它们大约 1.5 米高，是由一块石头雕刻而成的，可能是奥尔梅克统治者的头像。奥尔梅克雕塑者也使用珍贵的材料如翡翠来雕塑人头。

帕拉卡斯文化

公元前 550—公元前 200 年，帕拉卡斯文化在秘鲁利马南部发展起来。帕拉卡斯人已掌握了不少耕种技术，能够种植玉米、豆类、花生、甘薯和丝兰等。在手工业方面，帕拉卡斯人是刺绣和织布的能手，使用了其他地方还不知道的先进技术。刺绣图案无所不包。在 2000 多年后发现于此地的衣服上，人们还可以分辨出大约100种颜色。帕拉卡斯人死后都被制成木乃伊。经过晾干和熏制的遗体，与纺织品、假头颅和陶器等一起被安置在墓中。

摩羯文化

约100年左右，摩羯文化出现在南美洲培尔北部的广大土地上。当时那里的居民都是技术娴熟的农民。他们挖渠灌溉田地，用鸟粪做肥料。他们修建了金字塔式的建筑，称为"华卡"，其中最大的是华卡·德尔·索尔，高达41米以上。另有一个华卡修建在希班海岸。摩羯人还是伟大的艺术家，他们是南美最高明的陶工。他们印刻在陶器上的文字，与迄今为止所发现的任何一种文字都不相似。当时的金属冶炼技术也非常发达。

古代印第安文明

早在哥伦布发现新大陆之前的许多个世纪，拉丁美洲辽阔的土地上繁衍生息着为数众多的各族印第安人。至15世纪，这些印第安人形成了3个文化中心：玛雅文化（今洪都拉斯、危地马拉和尤卡坦半岛一带）、阿兹特克文化（今墨西哥中南部一带）以及印加文化（今秘鲁、玻利维亚和厄瓜多尔一带）。这些文化发达、人口集中的印第安民族，在西班牙征服者到来之前，已经创造了丰富的物质财富和精神文明，其中有多种形式的文学作品，如反映本民族历史的神话传说、颂扬英雄事迹的戏剧、敬神的诗歌和抒情诗等，但大多已经失传。这主要因为印第安人的语言种类纷繁，没有发展出完备的文字，而西班牙入侵者对印第安文化又进行了摧残破坏。

印第安语言

在多达1000余种的印第安语言中，最发达的是印加人的克丘亚语、阿兹特克人的纳瓦特尔语和玛雅人的基切语。印第安文化中，只有玛雅人有象形文字，并有用象形文字写成的书籍，但几乎都被西班牙征服者烧毁。现在仅存的3册手抄本也没人能读懂其内容，据研究，它们可能是有关历法、数学和仪典的著作。

通常被称为古代印第安文学的作品，大多是在征服和殖民时期由欧洲人所记录或抄写的。最早从事印第安文学收集工作的是西班牙传教士，他们有的根据印第安人的口述整理，有的根据象形文字的记载加以诠释，难免误解、篡改或伪造。此外，西班牙人所收集的印第安文学作品，其年代一般都在15世纪末叶前后。现已经整理和翻译出一部分比较重要的印第安古代文学作品。

《波波尔·乌》

《波波尔·乌》属于玛雅文化，基切语的原意为咨询之书。这是美洲大陆上发现的最古老的书，也是印第安古代文学中最重要的一部作品。它的第一部分写世界的创造和人类的起源，第二部分是英雄故事，第三部分简述基切部落建立和发展的历史。它是西班牙传教士弗朗西斯科·希梅内斯于17世纪末在危地马拉所发现，成书时期约在16世纪。希梅内斯读通了手稿内容，译成西班牙文。原手稿用基切语写成，下落不明。今看到的《波波尔·乌》是后来其他学者根据希梅内斯最初抄录的基切语本重新翻译的。

《索洛拉纪事》

《索洛拉纪事》是居住在现在危地马拉索洛拉省的另一支玛雅印第安民族卡克奇凯尔人珍藏的一部民族编年史，约在17世纪初由印第安学者搜集汇编，用拉丁字母拼写而成，又名"卡克奇凯尔年鉴"。

《契伦·巴伦之书》

《契伦·巴伦之书》是当时祭司所做记录的总称，种类繁多，最主要的有8部，记录居住在尤卡坦的玛雅人各个时期的文化，内容庞杂，包括宗教、历史、医药、天文、文学等各个方面。宗教和历史部分是按照图画文字写成的文献翻译的，其余部分是根据口头传说，用拉丁字母拼写记录的。流传至今的文本已都不是16世纪的原本，而是辗转传抄的本子。

《拉维纳尔武士》

《拉维纳尔武士》属于玛雅文化。这是现存古印第安文学中少有的一部未受任何欧洲人思想影响的剧本。在古代墨西哥的印第安民族中，戏剧已相当发达，经常在广场、宫廷或庙宇中演出，题材多为部落征战中的英雄事绩。这部剧本描写基切部落和拉维纳尔部落之间发生的一次战争，表达了一位拉维纳尔武士出征、作战和被俘前后的思想感情，结构完整，对话生动，演出时还穿插民族舞蹈。剧本是19世纪中叶一个传教士根据拉维纳尔民族老人的口授用拉丁字母记录而成的。

《奥扬泰》

《奥扬泰》属印加文化。这是一部歌剧，约成于西班牙入侵秘鲁时期，由一个无名的印加作家根据民间流传的歌颂民族英雄奥扬泰的故事，用克丘亚语编成。剧本写著名武士奥扬泰与印加公主柯依约相爱，受到大祭司阻挠，但最后终于结成良缘的故事。1770—1780年间由一个名叫安东尼奥·巴尔德斯的传教士辑录成书。

古代美洲工艺

古代美洲工艺美术形式多样，富于民族精神和地方特色。在这些多姿多彩的工艺美术制品中，我们似乎可以阅览古代美洲人的历史和宗教观的发展，并看

萨尔贡王石碑断片

到其文明的辉煌和当年曾经历过的繁荣。通过对他们工艺美术发展演变过程的理解，我们会进一步认识古代美洲印第安人的工艺文化。

亚　洲

阿卡德王国的兴亡

阿卡德地区位于两河流域北部。约公元前 2371 年，阿卡德城的国王萨尔贡一世征服阿卡德地区，建立了统一的阿卡德国家。后来，阿卡德又经过多次战争，征服了苏美尔诸城邦，第一次统一了两河流域南部的巴比伦尼亚地区。不过，阿卡德王国的统治并不稳固，在历经 100 多年的统治后被侵入两河流域的库提人所灭。

神庙大经济

在苏美尔城邦中，神庙大经济占主要地位。神庙的土地可分为三类：神庙公用地，即神庙公用而由神庙所属人员共同耕种的土地；神庙份地，即分配给神庙服役人员的份地；神庙出租地，即出租给佃户耕种，收取地租的土地。神庙土地是不能买卖的。随着城邦王权的加强，神庙土地多为王室侵吞。除了神庙所有的土地外，其余均为农村公社的土地，这些土地已分配给各个家族，可以买卖。村社农民必须向国家纳税并服徭役。

乌鲁卡基那改革

公元前 30 世纪中叶以后，苏美尔地区的城市国家拉格什因长期进行对外战争，加剧了城邦内部的社会分化和阶级斗争。贵族出身的乌鲁卡基那在平民和下层祭司的支持下，推翻了卢伽尔安达的统治，取得了拉格什的政权。

乌鲁卡基那在位 7 年间（约公元前 2378—公元前 2371 年），进行了一系列有利于平民的改革：恢复扩大了居民的公民权，改善了无权者阶层"苏不路伽尔"的处境，撤销遍布全国的监督机构和税吏；恢复庙产，免除祭司的纳税义务，减少人民的宗教费用；禁止以人身作为借贷条件；禁止暴力、盗窃、残杀、囤积居奇，禁止欺凌孤寡；禁止官员以廉价强买平民的住房、牲畜；禁止侵犯别人的住宅等。乌鲁卡基那的改革措施打击了氏族贵族奴隶主的势力，满足了平民的某些要求，扩大了公民的一些权利，使全国人数增加了 10 倍。

乌尔第三王朝

萨尔贡死后，其后继者继续向外扩张，但阿卡德王国的统治并不稳固，苏美尔各邦不断发生骚动，最后阿卡德王国被从东北部山区侵入两河流域的库提人所灭。库提人在苏美尔地区的统治比较薄弱，苏美尔各城邦乘机复兴，乌鲁克和乌尔等城邦不断积蓄力量。约公元前2116年，乌鲁克人赶跑了库提人。不久，乌尔城邦兴起，又取代乌鲁克人的统治，统一了南北两河流域，史称乌尔第三王朝。乌尔第三王朝统治时期，南部两河流域的生产力水平有了新的提高，私人奴隶制经济也有了进一步的发展。

公元前4000年用黏土制作的战车模型

楔形文字

楔形文字的发明是古代两河流域的最大文化成就之一。公元前3000年左右，苏美尔人创造出了一种象形文字，并习惯在半干的黏土板上用削尖的芦苇秆、木棒书写，笔画形状很像木楔，所以这种文字被称为楔形文字。

战车的发明

战车是古代战争所使用的主要兵器之一，在人类社会的早期战争发挥过巨大的作用。

最早使用战车的是古代两河流域的苏美尔人。苏美尔战车非常简陋，它的结构是独辕，有4个实心的木轮。作为挽畜的不是马而是驴。战车上载有驭手和长矛手两人，远程攻击主要投掷投枪。当时苏美尔各城邦都拥有大量战车。

喜克索斯人征服下埃及后，战车逐渐被埃及人学会，并加以改进。车轮由六根或四根辐条支撑，由两匹马牵引。战车上配置驭手一名，士兵两名，装备有弓、标枪和长矛，作战时先用弓箭射击敌人，然后发动冲锋，突入敌阵前先投掷标枪，再用长矛格斗。

埃及战车很快传回了西亚，成为各国军队的主力。亚述帝国的战车是用马拉的双轮战车，机动性很强。它的主要任务是冲击敌人的步兵，打乱敌人的阵型，为己方步兵总攻创造条件。亚述车兵的远射武器有弓箭，近攻武器有长矛短剑。

由于战车对战场的要求较高，不如骑兵机动灵活，而且造价昂贵，所以逐渐退出了战争舞台。

《乌尔纳姆法典》

乌尔统治期间，两河流域的阶级矛盾相当尖锐，奴隶和依附者的处境十分悲惨。为巩固统治，乌尔第三王朝的创立者乌尔纳姆制定了现今所知道的世界历史上第一部成文法典——《乌尔纳姆法典》。法典中提出禁止欺凌孤儿寡妇，不许富者虐待贫者，这反映了当时社会贫富分化的严重情况。

苏美尔人的天文学和数学

苏美尔人按照月亮的盈亏把一年分为12个月，共354天，同时设闰月补足与太阳年（地球绕太阳运行一周的时间）之间的差距。苏美尔人还知道 10 进位制和 60 进位制，其中 60 进位制在古代两河流域的应用更为广泛。我们现在以 60 进位制把时间用小时、分、秒来划分，把一个圆周分为 360 度，都是继承了苏美尔人的成果，他们的面积单位、质量单位也多采用 60 进位制。后来的古希腊、罗马也采用他们的一些质量单位，欧洲有的地方甚至一直沿用到 18 世纪。

《吉尔伽美什》

　　《吉尔伽美什》是迄今所知人类历史上最早的史诗，它是两河流域的人民创造出的许多优美的文学作品中最出色的一部。该诗描写了苏美尔人乌鲁克城的国王吉尔伽美什神话式的传奇故事，颂扬了为民建立功勋的英雄，反映了古代两河流域人民征服自然、探索人生奥秘的朴素愿望。这部作品产生于苏美尔城邦时代，以后经过历代人民口头相传、加工锤炼，至古巴比伦时期被编定成书。全诗共 3000 多行，用楔形文字分别刻在 12 块泥板上。

苏美尔文明的衰落

　　苏美尔文明一直持续了 2000 多年，在两河流域建立了一些奴隶制的城邦国家，每一个城邦都是以一个城市为中心，人口只有几万人。这些国家之间为了掠夺奴隶和财物经常发生战争。一直到公元前 19 世纪初，从叙利亚草原来了一支强悍的游牧民族，占据了两河流域的中心地带巴比伦城，最后建立了历史上著名的古国——古巴比伦国，苏美尔文明才渐渐衰落下去。

古巴比伦文明

　　亚洲西部的幼发拉底河和底格里斯河，自西北向东南流经今天的伊拉克境内，注入波斯湾。古希腊人把两河流域称作"美索不达米亚"。两河文明最著名的代表是巴比伦，所以人们又把西亚文明统称为巴比伦文明。西亚古文明与埃及文明同时在公元前 3500 年开始，但西亚历史几经曲折兴衰后，又有波斯、安息与萨珊的 1000 多年发展，这时埃及则因丧失独立而使文明断绝，所以西亚文明的演变也较埃及复杂而长久，它最后由中世纪的阿拉伯文明继承为东方文明的一大支系。

汉穆拉比

　　古代巴比伦王国国王，政治家。汉穆拉比继承王位后，首先致力于积聚实力，消除内争。从继位第六年起，汉穆拉比开始对外扩张。经过 35 年的征战，汉穆拉比终于消除了城邦割据，统一了两河流域，建立了一个从波斯湾至地中海的中央集权的奴隶制国家，并自称"巴比伦之王"。汉穆拉

刻有《汉穆拉比法典》的石柱

《汉穆拉比法典》刻在一个两米高的石柱上。

比主要以他的《汉穆拉比法典》著称于世。《汉穆拉比法典》内容涉及经济、政治、军事、文化等各个方面，人们认为它是人类历史上第一部较为完备的成文法典。尽管如此，汉穆拉比所建立的国家，政权并不牢固，内部各种矛盾斗争也从未停止。汉穆拉比逝世后，巴比伦王国逐渐走向衰落，《汉穆拉比法典》也逐渐被遗忘。

汉穆拉比的统治

公元前 18 世纪，汉穆拉比在统一两河流域南部的过程中，建立起强大的中央集权的奴隶主专制国家机器。他总揽全国的立法、司法、行政、军事和宗教大权，并对自己加以神化，自称为伟大天神的后裔。他任命中央各部大臣，委派地方各级官吏。汉穆拉比大力兴修水利发展农业，建立常备军巩固政权，并实行份地与军事义务相关联的兵役制度，同时保护士兵的份地。古巴比伦国家的军事力量因此得以强大。汉穆拉比还很注意文治，他制定的《汉穆拉比法典》是世界上第一部比较完整的法典。

《汉穆拉比法典》

人类最早的一部法典是产生于 3800 年前的《汉穆拉比法典》，它完成于古巴比伦第六代国王汉穆拉比之手，该法典由前言、正文和结语 3 部分组成，共 3500 行，8000 个左右的楔形文字。法典的正文共有 282 条，内容十分繁杂，包括诉讼手续、盗窃处理、租佃、雇佣、商业高利贷和债务、婚姻、遗产继承、奴隶地位等条文，该法典刻在一个石柱上，1901 年 12 月被考古人员发现。

该法内容之全、法制之明，在古代世界立法史上甚为罕见，是迄今为止人类发现的最早的一部法典，所以又称为"世界第一法典"。

古巴比伦王国的灭亡

汉穆拉比建立的统一国家并不稳固。公元前 1750 年汉穆拉比死后，其国势由盛转衰。国内阶级矛盾尖锐，奴隶逃亡斗争和租税债务问题突出。阿比舒统治时期颁布的诏令反映了这一社会矛盾。在阿比舒王给另一些地方官的诏令中，多次提及催交租税的问题：有催促地方官员贡纳牺畜的，有催促商人交纳税银的，也有催促商人向神庙交纳贡税的，还有兄弟之间因债务纠纷请求国王予以裁决的……可见，社会经济的紊乱和王权的衰落，导致了社会阶级矛盾的激化和社会秩序的混乱。外族的不断入侵和骚扰，更加速了王国的衰落过程。在萨姆苏伊鲁纳统治时期，东北部山区的加喜特人日益强大，不时侵袭巴比伦，逐渐成为巴比伦的严重威胁。以后又有乌鲁克、伊新等地的暴动。约公元前 1595 年，古巴比伦王国终于被北方入侵的赫梯人所灭。

新巴比伦王国

公元前 630 年，居住在两河流域南部的迦勒底人那波帕拉萨趁新亚述内乱之机，逐渐取得对巴比伦尼亚的控制权。公元前 626 年他自立为巴比伦王，建新巴比伦王国。公元前612年攻陷尼尼微，灭亚述帝国。公元前586年灭犹太王国，将犹太的国王、王公贵族及普通民众俘至巴比伦尼亚，此即所谓"巴比伦之囚"。在尼布甲尼撒二世统治时期，王国处于极盛阶段，奴隶制经济有较大发展。奴隶广泛用于经济生活的各个领域。大奴隶主阶级分为军事贵族和商人僧侣两大集团。僧侣集团势力强大，首都巴比伦城的马尔杜克神庙僧侣在诸城神庙中居领导地位，在政治生活中有举足轻重的力量。公元前539年，波斯王居鲁士二世攻入巴比伦尼亚，神庙僧侣迎居鲁士入巴比伦城，新巴比伦王国遂亡。

古巴比伦的"空中花园"

关于"空中花园"有一个美丽动人的传说。新巴比伦国王尼布甲尼撒二世娶了米底的公主米梯斯为王后。公主美丽可人，深得国王的宠爱。可是时间一长，公主愁容渐生。尼布甲尼撒不知何故。公主说："我的家乡山峦叠翠，花草丛生，而这里是一望无际的巴比伦平原，连个小山丘都找不到，我多么渴望能再见到家乡的山岭和盘山小道啊！"原来公主害了思乡病。于是，尼布甲尼撒二世令工匠按照米底山区的景色，在他的宫殿里建造了层层叠叠的阶梯形花园，上面栽满了奇花异草，并在园中开辟了幽静的山间小道，小道旁是潺潺流水。工匠们还在花园中央修建了一座城楼，矗立在空中。巧夺天工的园林景色终于博得公主的欢心。由于花园比宫墙还要高，让人感觉整个御花园像是悬挂在空中，因此被称为"空中花园"，又叫"悬苑"。当年到巴比伦城朝拜、经商或旅游的人们老远就可以看到空中城楼上的金色屋顶在阳光下熠熠生辉。到2世纪，希腊学者在品评世界各地著名建筑和雕塑品时，把"空中花园"列为"世界七大奇观"之一。

两河流域的天文学成就

古代巴比伦人很注重天文观测，积累了许多天文资料。当时人们已经能够把五大行星金、木、水、火、土和恒星区分开，而且对五大行星的运行轨道也观测得相当准确。巴比伦人运用天文知识，制定了历法，并且发明了测定时间的日晷和水钟。这些成就对后世欧洲天文学的发展产生了很大影响。

巴别通天塔

传说当巴比伦国王尼布甲尼撒修建这座通天塔时触怒了上帝并引发了一场战争。上帝派70个天使来到人间，变乱这些修建者的口音。有人据此认为这就是为什么世界上不同种类的人讲着相异的语言。

巴别塔

今天的伊拉克首都巴格达的所在地5000年前是一马平川，那里曾屹立着一座无比壮观的巨塔——巴别塔。据《圣经》记载，大洪水退去后，挪亚的子孙在巴比伦一带建国。他们渐渐变得骄傲自大，想造一座通天巨塔来传扬自己的名声。神怕人类从此不再敬神，于是变乱了语言，使人们无法交流，从而再也不能齐心合力建塔。"变乱"一词在希伯来文中是"巴别"，因此这座塔又被称为巴别塔。

几千年来，人们一直都没有发现巴别塔的遗迹，有人认为它不过是个神话。后来，考古学家在古巴比伦遗址上发现了一个由石块、泥砖砌成的拱形建筑废墟，中间有口正方形的大井。开始，考古学家以为这是空中花园的遗址，直到后来在附近出土了一块记载了巴别塔的方位和式样的石碑，才知道这就是巴别塔的塔基。

巴别塔建于公元前17世纪，高近90米，分成7层，底层边长也近90米，顶层是供奉马尔杜克神的神庙。用深蓝色釉砖砌成的塔身外有条螺旋形的阶梯盘旋而上，直通金色的神庙。公元前1234年，巴别塔被攻占巴比伦的亚述人摧毁。后来，新巴比伦的尼布甲尼撒二世曾重建该塔，但他去世后，巴比伦又渐渐衰落。公元前484年，巴别塔再次毁于战火。虽然人们如今已基本复原了它的外观，然而其整体的设计和结构仍是一个谜。

"宇宙四方之王"

公元前10世纪，伊朗高原的西部有两个强大的奴隶制国家，一个是埃兰，一个是米堤亚。公元前7世纪，埃兰被亚述灭亡。米堤亚征服波斯后，又与新巴比伦联合，消灭亚述成为西亚强国。波斯分10个部落，公元前553年，其中的一个部落——阿契美尼德族的居鲁士组织部落联盟，起兵反抗米堤亚。经过3年的战争，米堤亚灭亡，居鲁士建立了波斯王国。不久，居鲁士又灭了吕底亚王国，征服了小亚细亚沿海的希腊城邦。公元前539年，居鲁士进攻巴比伦城，释放了城中被囚禁的犹太人。居鲁士决定将波斯帝国的首都迁到当时世界上最繁华的城市——巴比伦，并宣布自己是"宇宙四方之王"。公元前529年，居鲁士在出兵里海时，被马萨革泰人杀害。

哈拉巴文化

20世纪90年代，印度考古学家在印度河下游的摩亨佐·达罗土丘发现了沉睡了几千年的古城遗址。后来，学者们在印度河上游的哈拉巴又发现了一座同时代的古城。两座古城的城址设计复杂，里面的文物多样，宛如一幅幅迷人的画卷，使人们看到了作为世界文明发源地之一的古代印度高度发展的文化。这些古城文化被称为"哈拉巴文化"。

哈拉巴文化的范围分布很广，东西长1550公里，南北宽达1100公里，其范围比现今的巴基斯坦还大得多。对于它的起止时间，说法不一。目前的说法，是公元前2500年左右开始，公元前1750年灭亡。

雅利安人入侵南亚次大陆

约公元前20世纪中叶，属于印欧语系的游牧部落从中亚和高加索一带侵入北印度（印度河中上游），入侵者自称"雅利安人"（意为"高贵者"）。土著居民与雅利安人展开了激烈的斗争，有的被杀，有的被逐入山林，也有的遭受奴役。雅利安人入侵南亚次大陆时尚处于青铜时代，主要从事畜牧业，驯养牛、羊、骆驼和马等，牛粪被做成饼状当燃料。后来农业成了主要生产部门，他们学会了牛耕、施肥和灌溉，手工业有所发展，交换也出现了，原始社会逐步解体。

种姓制度

种姓制度是古印度教的产物，已经有几千年的历史。它将人按不同职业分成4个严格的等级，即婆罗门、刹帝利、吠舍和首陀罗。每个种姓又有许多不同的分支，不同种姓之间不能通婚。贵贱等级世代相传，终身不变。在印度，属于低等级种姓的"贱人"基本没有仇富心理，他们相信今生的命运是前世的孽缘，所以今生要承受苦难，安于命运，来世以便解脱。

古印度种姓

印度脱离殖民体系独立后，种姓制度的法律地位正式被废除，各种种姓分类与歧视被视为非法。

婆罗门教

婆罗门教是印度古代宗教之一，起源于公元前2000年的吠陀教，形成于公元前7世纪。公元前6世纪至公元4世纪是婆罗门教的鼎盛时期，4世纪以后，由于佛教和耆那教的发展，婆罗门教开始衰弱。

《奥义书》

《奥义书》是婆罗门教的一部哲学著作。它不仅是古代印度圣贤对弟子进行传道授业的秘传，而且是印度人思考自我和宇宙的源泉。此派哲学认为"梵"为世界的本质，万物均从此而生，"我"即灵魂，乃梵之化身，住于人和一切生物体内。《奥义书》的要旨即梵我合一，梵即我，我即梵。《奥义书》和在其以后出现的哲学六宗（胜论派、正理派、数论派、瑜伽派、弥曼差派、吠檀多派），均为婆罗门系统的正统哲学。《奥义书》则是所有宗派中最高的权威著作。

吠陀文学

约公元前20世纪中叶，印度吠陀文学开始出现。"吠陀"一词原意为"知识"，后转化为对婆罗门教、印度教经典的总称。从广义上来说，它是古代西北印度用梵文写成的对神的诵歌和祷文的文集，其中包括《吠陀本集》《梵书》《森林书》《奥义书》。从狭义上讲，吠陀仅指《吠陀本集》，共分4部：一为《梨俱吠陀》；二为《娑摩吠陀》，将《梨俱吠陀》中的绝大部分赞歌配上曲调，供祭祀时歌唱，共载入赞歌1549首；三为《夜柔吠陀》，主要说明出自《梨俱吠陀》的赞歌在祭祀时如何运用；四为《阿闼婆吠陀》，共20卷，载入赞歌730首，记录了各种巫术和咒语，其中杂有科学的萌芽。吠陀经书在世界文学史上占有一定地位，也是研究印度古代史的重要资料。

沙门新思潮

进入列国时代后，随着社会政治经济的迅速发展，许多代表不同阶级和阶层的新思潮涌现出来，与占统治地位的婆罗门教展开了激烈的斗争。这个时代是古代印度历史上的百家争鸣时代，也是世界历史上的一个思想大解放的时代。

摩揭陀国

公元前6世纪在国王频毗沙罗当政时崛起，征服别的奴隶制小国，成为恒河中游的强国。约公元前493年，频毗沙罗王之子阿阇世弑父自立，继续扩张，击败北邻跋祇国，并迁都至交通便利的华氏城，以加强对占领地的控制。约公元前430年，大臣希苏那伽借人民起义登上王位，大举向北印度扩张，灭阿槃提、居萨罗等国。约公元前364年，希苏那伽王朝亡，建立难陀王朝。平民出身的摩珂波德摩·难陀成为国王，摩揭陀国版图逐渐扩至整个北印度。约公元前324年，孔雀家族出身的旃陀罗·笈多自立为王，建孔雀王朝，基本实现南亚次大陆的统一，在印度形成了历史上第一个统一的奴隶制国家。第三代孔雀王朝国王阿育王死后，帝国因内争而衰落。公元前30年，摩揭陀国被南印度的强国安度罗所灭。

居鲁士

居鲁士（约公元前600—公元前529年），古代波斯帝国国王（约公元前558—公元前529年在位），阿契美尼德王朝的创立者。他即位后起兵反抗米底，经过3年战争，战胜米底建立波斯帝国。公元前546年侵入小亚细亚，灭亡小亚细亚的吕底亚。接着又出兵小亚细亚海滨地区的希腊城邦。公元前538年攻陷巴比伦城，灭亡新巴比伦城。他优待当地臣服贵族，尊重当地宗教信仰，保护神庙，得到奴隶主贵族的支持。

公元前529年，他远征中亚，占领了巴克特利亚（大夏）、索格第安那（粟特）、花剌子模（今乌兹别克的土库曼一带），控制了阿姆河和锡尔河之间的大部分地区。

孔雀帝国的建立

公元前327年，马其顿国王亚历山大征服了印度河上游地区。公元前325年，亚历山大退兵后，北印度政局动荡。一个名叫旃陀罗·笈多的人趁机起兵，推翻了难陀王朝。因其出身于孔雀宗族，所以此王朝被称为孔雀王朝，这个帝国也被称为孔雀帝国。

蚁垤

音译为"跋弥",印度古代诗人,据传为史诗《罗摩衍那》的作者。据说他早年曾是强盗,受仙人点化,出家修行。由于长时间端坐,白蚁在其身上筑窝而不知,因此被称为"蚁垤"。有一天他到河边沐浴,看见一对麻鹬在交欢,突然雄麻鹬被射杀,雌鸟悲鸣不已。蚁垤心生悲愤,脱口而出吟了一首短诗,就是"输洛迦"(Sloka,短颂)。后来,他遵大神梵天之命创作了《罗摩衍那》。

阿育王

阿育王是古代印度摩揭陀国孔雀王朝的第三代国王,又被称为"无忧王"。约公元前268—公元前232年在位。他继承并发展了父祖统一印度的事业,使孔雀王朝成为印度历史上第一个统一的大帝国。

据法敕记载,阿育王灌顶第九年,曾以武力征服羯陵伽国。其后,便开始推行"正法"统治,即要求人们节制欲望,清净内心,不杀生,不妄语,多施舍;服从并维护社会等级制度,尊敬父母、尊长、宗教导师;按照公认的社会道德规范对待亲友、婆罗门、奴隶和仆人。他还执行一种比较宽容的宗教政策,在法敕中表示自己对佛教的景仰,但又宣布对佛教、耆那教、婆罗门教、阿耆昆伽教一视同仁,给予保护。阿育王对佛教的支持,促进了佛教在社会各阶层中的广泛传播,也为佛教走向世界打开了通道。

《罗摩衍那》

《罗摩衍那》与《摩诃婆罗多》并称为印度两大史诗。这部史诗的主要内容是,十车王的长子罗摩因受王后吉迦伊的忌妒而被放逐14年,妻子悉达和弟弟罗什曼那随行,在森林中悉达被魔王劫掠,后得到猴王的帮助,夫妻团聚,罗摩也恢复了王位。

古印度的自然科学

古代印度在天文学和数学方面有很高的成就。首先是在历法上,农业的发展要求有准确的历法,古代印度人把一年分为12个月,每个月为30天,每隔5年加一个闰月,以调整岁差。另外,10个数字符号也是古代印度人民对人类文化的一个贡献,这10个数字后经由阿拉伯人略加修改传至欧洲,进而风靡整个世界。

佛教的产生与释迦牟尼

公元前6世纪,佛教作为沙门新思潮诸流派之一,伴随着古印度列国时代政治、经济和文化的巨大变化而产生。释迦牟尼(意为释迦族的圣人)是这个

印度阿育王石柱 公元前3世纪

这块光滑异常的砂岩石柱是阿育王下令在今尼泊尔边境附近修建的佛教建筑,高达32英尺,重50吨,石柱顶部刻有一头威武的坐狮。阿育王下令将他的佛教谕令刻在石柱或岩壁上,以此来晓谕广大疆域内的臣民们。

教派的创始人，其本名是乔达摩·悉达多。传说他坐在一株菩提树下，经过长时间的静思默想，终于彻悟，成为"佛陀"（意为"觉者"）。佛教打出反对"婆罗门第一"的旗帜，主张"四姓平等"。

四谛说

佛教最基本教义。"谛"即真理，"四谛"包括苦谛、集谛、灭谛、道谛。苦谛，说人生皆苦。集谛，说人生多苦的原因，认为根源在于"欲念"。灭谛，说要消灭苦，必须灭掉欲念，消除轮回，达到超脱人世诸苦的"涅槃"境界。道谛，讲的是达到"涅槃"的道理和方法。

《摩奴法论》法典

《摩奴法论》是印度第一部正统的权威性法典。相传该法论为"人类的始祖"摩奴所编，故名，实际它是婆罗门的祭司根据《吠陀经》与传统习惯而编成。成书年代大致在公元前 2—公元 2 世纪之间。《摩奴法论》全书共 12 章，前 6 章以婆罗门为主要对象，论述一个教徒一生需经过"四行期"的行为规范考核。后 6 章阐述国王的行为规范和国家的职能。该书内容广泛，包罗万象，涉及个人、家庭、妇女地位、婚姻、道德、教育、宗教、习俗、王权、行政、司法、制度，乃至经济、军事和外交等。它构成以种姓制度为基础的印度阶级社会的一种法治模式和理论执法依据。

笈多王朝（孔雀王朝）

笈多王朝疆域包括印度北部、中部及西部部分地区。首都华氏城。4 世纪初，北印度小国林立，摩揭陀国王旃陀罗·笈多一世征服附近王公，建立笈多王朝。其子沙摩陀罗·笈多征服了恒河流域的一些小国。到旃陀罗·笈多二世时，北印度尽入笈多王朝版图，笈多王朝至此达到鼎盛时期。笈多王朝存在 200 余年，是印度封建统治由形成到确立的时期。生产力的发展促进了奴隶社会向封建社会的转化。笈多王朝时期，国王赐给官吏、贵族、寺院的封地逐渐演变为世袭的私有领地，自由农民沦为封地领有者的依附农民，封地领有者也演变成封建领主阶级。5 世纪初，笈多王朝由盛转衰，中央政权削弱，国家陷于分裂。约 579 年，帝国的统治基本结束，北印度再度处于小国分立状态。

迦梨陀娑

印度古代诗人和剧作家。他的生卒年月和生平事迹没有确凿的材料，只是根据作品等推测，大概生活在 330 年至 432 年之间，属婆罗门种姓，居住在当时笈多王朝的首都，信奉湿婆教，是宫廷诗人。他的名字是一个复合词，"迦梨"是一个女神的名字，"陀娑"意为奴隶，合起来就是"迦梨女神的奴隶"。传说他本是孤儿，后与公主结婚，公主耻其出身低贱，他遂向迦梨女神祈祷，终于变成了一个伟大的诗人和学者。他取这个名字表示不忘女神的恩典。迦梨陀娑的作品很多，主要有剧本《沙恭达罗》《尤哩婆湿》《摩罗维迦和火友王》，叙事诗《鸠摩罗出世》《罗怙世系》，抒情长诗《云使》，抒情诗集《时令之环》等。其中《云使》是他的代表作之一，描述一个被贬谪他乡的小神仙药又委托天边北飞的雨云向故乡的妻子传递信息的故事。分为《前云》和《后云》两个部分。长诗歌颂了真挚专一的爱情，并含蓄地表达了对造成相爱夫妻分离的社会的不满，想象丰富，心理刻画细致，尤其善于借景抒情，形成了端庄高雅、潇洒和谐的独特风格。

贵霜帝国

贵霜帝国是 1—6 世纪统治中亚及北印度的帝国。公元前 1 世纪初，大夏分裂为 5 大部分，贵霜为其中之一。1 世纪上半期，贵霜翕侯丘就却灭其他四部，自立为王，创建贵霜王朝，定都喀布尔。丘就却约于 70—79 年去世。无名王索特尔·麦格斯把持王位。无名王向西扩展疆域至赫特拉，控制了整个河间地区，以及康居和大宛。丘就却之子阎膏珍约于 2 世纪初代无名王而立，再次征服印度西北部，吞并锡斯坦，势力达花剌子模，形成中亚的一个庞大帝国。140 年，迦腻色伽王室开始统治贵霜帝国。迦腻色伽在位期间，都城迁至白沙瓦，帝国版图东自巴特那，西达赫拉特，南起纳巴达河，北至咸海。至迦腻色伽二世时（183—199 年在位），贵霜基本维系繁荣局面。但随着权力中心南移马土腊，贵霜帝国对中亚的控制减弱，不少地区衰败迹象已露。233 年，萨珊王阿尔达召尔一世率军攻入锡斯坦、花剌子模、索格狄那、巴克特里亚、喀布尔、坦叉始罗等。3 世纪下半叶，印度王公及西部塞种纷纷独立。贵霜时期，中亚兴起一批新城镇，灌溉技术显著发展，注重对外贸易，成为中国、东南亚和罗马的贸易物资的中转站。对境内各族兼容并蓄，后趋于印度化。贵霜时期，佛教传播迅速。贵霜地处东西方交通要道，融合希腊、印度文化成犍陀罗艺术，并于魏晋时传入中国。

迦腻色伽的统治

贵霜的极盛时代是迦腻色伽统治时期。这一时期，贵霜进一步向印度扩张，其势力已达到恒河的中游地区。通过迦腻色伽多年的扩张，贵霜成为了纵贯中亚和南亚的庞大帝国。迦腻色伽崇信佛教，但他并不排斥其他宗教。他对宗教采取兼容并包的态度，在他所发行的钱币背面，可以看到希腊、苏美尔、埃兰、波斯和印度各地的神像。贵霜帝国的建立，为东西方的经济来往和文化交流创造了有利条件。

亚述国家的建立

亚述城原是两河流域北部的一个商业据点，在两河流域南北交通贸易方面占有重要地位。受苏美尔、阿卡德人的影响，亚述人私有制、奴隶制逐渐形成。公元前 30 世纪末，亚述进入奴隶制社会，史称"古亚述"。从卡尼什出土的大批泥板书信中可知，古亚述是一个贵族政治城邦，最高权力机关是贵族会议，也有类似苏美尔城邦恩西的长官，称"伊沙库"。另外，每年要选出一人，以他的名字作为该年的名称，即"名年官"，或称为"里模"。名年官可能在贵族会议成员中选举产生，也有国王或地方官兼做名年官的。经济活动主要是以商业贸易为主。

亚述宫墙上的浮雕

在古亚述发展史上，沙马什阿达德曾采用暴力手段推翻了贵族政体，成为攫取真正王权的第一人。他一度使古亚述走向强大，势力曾达"大海"（地中海），使许多国王向他纳贡。

亚述扩张

公元前 9 世纪到公元前 8 世纪是亚述人扩张的大好时机。在世界上，它四周已经没有强敌：强大的埃及帝国已成明日黄花，小亚细亚的赫梯已为"海上民族"所摧垮，南部的巴比伦尼亚已经四分五裂，东方的米底和波斯尚未兴起。而在亚述国内，从赫梯引进的铁器不仅给亚述的经济生产带来了革命性的变化，更重要的是给尚武的亚述人提供了更锐利的武器，增强了战争的威力。于是，从亚述那西尔帕二世统治时期（公元前 883—公元前 859 年）起，亚述开始了对外征服。

亚述扩张史上声名最显赫也是功劳最卓著的君主有四位：提革拉·毗列色，公元前 745 年—公元前 727 年在位。萨尔贡二世，公元前 722—公元前 705 年在位。辛那赫里布，公元前 704 年—公元前 681 年在位。伊萨尔哈东，公元前 680—公元前 669 年在位，他在公元前 671 年远征埃及，攻占孟菲斯城，接受了上下埃及之王和埃塞俄比亚之王的称号。在他统治时期，亚述成为一个地跨西亚、北非，版图几乎囊括整个文明世界的强大帝国。在他之后，亚述帝国极盛而衰。

波斯帝国

波斯帝国兴起于伊朗高原，一度受米底人统治。公元前 553 年，居鲁士乘米底内乱，率波斯人起义。公元前 550 年，波斯人灭亡米底获得独立，定都苏萨城。居鲁士、冈比西斯、大流士等人的不断扩张，使帝国的领土东起印度河、西至爱琴海及非洲东北都，形成了空前强大的地跨欧、亚、非三洲的奴隶制大帝国。

大流士一世

古代波斯帝国国王。大流士于公元前 522 年即位。即位初期，大流士采取了一系列措施，以确立中央集权的专制统治：镇压各地叛乱，进行行政制度改革；制定严酷的法律；开凿运河；改革税制；统一度量衡和币制等等。在此基础上，大流士也积极进行对外军事扩张：征服色雷斯，侵占马其顿，控制赫勒斯滂，逐渐建立了一个西至埃及、东达印度、南到波斯湾和阿拉伯半岛、北接里海及黑海的大帝国。从公元前492年起，大流士一世发动了对希腊的战争，最后于公元前490年在马拉松战役中以

大流士觐见大厅

失败告终。大流士一世统治期间，波斯帝国的商业和贸易获得了很大发展，某种程度上也促进了东西方文化交流。

大流士一世改革

　　波斯帝国国王大流士一世为巩固和加强君主专制，于公元前518年实行一系列新的政治、经济改革。他将帝国划成约20个行省，每省设总督为行政长官，将军为驻军长官，分别对国王负责，另设总督秘书行监督职责。建立统一财政体系，改革税制，规定各省上交中央的税额以及形式（包括货币与实物两种），税收由国王任命的专门官吏经办。他制定法律，统一度量衡和币制，铸造全国统一的金币。郡设军事长官，统领地方军队，不受郡守管辖，分属5个军区，军队的核心是波斯人，大流士为最高统帅。修筑一些加强中央与各地联系的公共工程，如开凿联结尼罗河与红海的运河，修建广泛的驿路网，最重要的是开通了从首都苏萨通向小亚细亚希腊城邦以弗所的通道。大流士的改革加强了军事力量，促进了各地经济、文化的交流。

薛西斯一世

　　大流士一世于公元前486年去世。他的儿子薛西斯一世继承王位，薛西斯决定继续波斯在西面的征服，并且以公元前480年的"希腊征服之旅"而闻名，那是一场以发生在塞莫皮莱、萨拉密斯和布拉底的战斗而出名的战役。公元前485年，薛西斯成功镇压在埃及发生的一场叛乱。其后，他对希腊进行了多次进攻，最初获胜，并占领希腊北部地区。但在之后的几场战役中薛西斯均告失利，其女婿马多尼奥斯更于普拉提亚一役中战死。希腊的城邦最后保持了一致行动并击败了薛西斯，这标志着波斯帝国开始衰落。由于失败刺激了他的自尊，薛西斯决定引退。在他最后的几年里，薛西斯把从贸易和税收里获得的庞大财产全部花费在了建造

巨大的建筑物上，但大多数都未能完成。薛西斯时代的波斯有 4 个首都：苏萨、爱克巴坦那、巴比伦、帕赛波里斯，波斯国王及其宫廷一年四季轮流驻跸于每个都城。公元前 465 年，薛西斯被谋杀。

大流士军制

波斯帝国是一个军事强国，大流士一世即位后开始进行军事改革。

大流士把波斯去全国分为 23 个省，每个省的设立一名军事首领，由国王委派波斯贵族担任。他又把全国划分为 5 个军区，每个军区长官管辖几个省的军事首领。军区长官直接向国王负责，大流士时全国军队的最高统帅。他还规定了各省驻军的数量，驻军中的大多数军官都由波斯人担任，确立了波斯贵族对军队的绝对领导。

大流士将军队分为万人团、千人团、百人团和十人团 4 级。其中军中精锐御林军也有一万人，全都有波斯人组成，号称为"不死军"。因为一旦有人死去，就会立即得到补充，人数总是一万。 波斯军队以波斯人组成的骑兵和步兵为主，同时还将其他民族也编入军队以壮大波斯的军事力量。例如，将擅长航海的腓尼基人编成海军，建立了一只拥有 1000 艘战船的舰队。米底人和巴克特利亚人组成的军队也是波斯军队中的重要力量。

腓尼基的兴起

腓尼基位于利万特海岸中部狭长地带，北起阿拉杜斯，南到多尔，长约 320 千米，著名的城邦有推罗、西顿、比布鲁斯、乌加里特等。"腓尼基"一词来自希腊语，意为"紫红色"或"青铜色"。腓尼基人是公元前 1000 年地中海地区最著名的商人、贸易者和殖民者。该国先后被亚述人、巴比伦人、波斯人和亚历山大大大帝征服。公元前 64 年并入罗马的叙利亚行省。腓尼基人对世界文明的最大贡献是字母文字。

腓尼基发达的经济

腓尼基各个城邦都拥有优良的港口，而腓尼基人则享有"勇敢的航海家"的盛名。航海业的迅速发展，使得各国的商业贸易都十分发达。商人们不仅以本国的商品进行交易，而且还转卖从别国买来的货物。在贸易中占重要地位的是贩运奴隶。这些贸易使腓尼基变得富裕强盛。腓尼基的主要作物是粮食和葡萄，农业中的主要劳动力是村社的农民。城镇居民多半从事工商业。他们利用从远方输入的象牙制造各种精美的日用品。葡萄酒、玻璃制品和紫红颜料是腓尼基的著名特产。

腓尼基字母文字

腓尼基文字亦称腓尼基字母，公元前 20 世纪中叶，在腓尼基北方城市乌加里特，出现了受两河流域文字影响的楔形字母文字 29 个，没有元音。在南方城市毕布勒，出现了直接受西奈字母影响的线形字母文字 22 个，也没有元音。大约在公元前 13 世纪，北方的字母文字逐渐被南方的字母文字所代替，成为腓尼基通用的字母文字。

古代一些民族在借鉴、模仿、改造腓尼基字母文字的基础上，在东方逐渐形成了阿拉美亚字母体系，又由阿拉美亚字母演化出希伯来字母、古波斯字母（外形是楔形的）、安息字母、阿拉伯字母等字母文字。古希腊人在学习腓尼基字母的基础上，加上元音发展成古希腊字母，在古希腊字母的基础上，又形成了拉丁字母。古希腊字母、拉丁字母是西方后来各国字母的基础。

赫梯王国的兴亡

公元前 2000 年初，赫梯人进入小亚细亚地区，逐渐形成一些城邦。各城邦之间争战不断，后来哈图斯（今土耳其博阿兹柯伊）成了各邦中心，联合各邦向外扩张。公元前 15 世纪末到公元前 13 世纪初，赫梯达到鼎盛，逐渐形成一个统一的强大帝国。在此期间，赫梯的城市商人与高利贷者在社会上地位显赫，和埃及、腓尼基及爱琴海诸岛商业往来频繁。公元前 13 世纪，赫梯帝国不断受到亚述的进犯，国力削弱，终于在公元前 8 世纪被亚述人灭亡。

埃赫争霸战争

埃赫争霸战争是公元前 14 世纪末叶至前 13 世纪中叶，古埃及与赫梯王国为争夺叙利亚地区而进行的长期战争。

早在公元前第 3000 纪，埃及就对叙利亚地区发动了多次征服战争，但遭到了西亚强国赫梯的有力挑战。约公元前 14 世纪，古埃及忙于宗教改革，无暇外顾，赫梯迅速崛起，控制了整个叙利亚地区，沉重打击了埃及在叙利亚利益。

约公元前 1290 年，古埃及第 19 王朝法老拉美西斯二世即位（约公元前 1290—公元前 1224 年在位）。在稳定了国内局势后，他积极备战，决定与赫梯一争高下，恢复古埃及在叙利亚地区的统治。

埃赫争霸战争的关键战役是卡迭什之战。在这场大战中，由于拉美西斯二世轻敌冒进，导致被围。幸亏埃及援军赶到，才将他解救出来，但赫梯也受到沉重打击，双方都没有取得决定性胜利。

此战后，埃及吸取教训，改取稳进战略，而赫梯固守城堡，力避会战的策略。战争陷入僵持。公元前 1283 年，双方签订了《银板和约》。

长期的争霸战争消耗了双方的实力，在海上民族的冲击下，古埃及和赫梯陷入了瓦解和崩溃。

卡迭什之战

公元前 1299 年，古埃及和赫梯为了争夺对西亚的控制权，在卡迭什展开的一场大战。卡迭什之战是历史最早的有记载的战争之一。

公元前 1299 年，埃及法老拉美西斯二世率领 4 个军团（共 2 万人）远征叙利亚。

赫梯国王牟瓦塔尔也组织了约 2 万人的军队，埋伏在军事重镇卡迭什（今叙利亚首都大马士革东北）周围，然后派出奸细，诱使法老孤军深入。结果拉美西斯二世在卡迭什附近陷入了重围之中。

赫梯人以数倍的优势兵力对埃及军队发起了猛攻。拉美西斯二世一面派人去求援，一面组织人员拼死抵抗。不久，埃及援军赶到，拉美西斯二世将埃及军队排为三线：一线是战车，并有步兵配合；二线是步兵；三线战车和步兵各半，发起反攻。赫梯军队动用了后备的步兵和战车，并命令卡迭什中的 8000 守军也出城参战。双方杀得难分难解，最后赫梯军队退守卡迭什，埃及军队撤走。公元前 1283 年，双方签订了《卡迭什和约》，这是历史上第一个和约。

这次会战的特点是步兵和骑兵协同作战，要塞守军与野战部队配合。

早期游牧的希伯来人

公元前 2000 年前，一支游牧部落从东方进入埃及和叙利亚沙漠之间的巴勒斯坦地区，他们被当地迦南人称为"从河那边来的人"，即"希伯来人"，经过长期征战，希伯来人占领了迦南的许多地区。进入巴勒斯坦的希伯来人部落长期游牧四方，两河流域、埃及尼罗河三角洲都留下过他们的足迹。在埃及时，因不堪忍受法老的奴役，他们在领袖摩西的率领下逃出埃及，渡过红海，又穿越西奈沙漠，经过三四十年的艰难跋涉才又回到迦南。后来他们征服迦南，并与迦南人逐渐融合而定居下来。

古巴勒斯坦的统一

公元前 20 世纪中叶，游牧民族希伯来人进入巴勒斯坦地区。公元前 200 世纪末期，北方部落逐渐形成了以色列国，南方部落形成犹太国。

公元前 20 世纪末，腓力斯丁人攻占巴勒斯坦。到公元前 10 世纪，犹太王大卫建立了统一的以色列—犹太王国。

犹太教的创立

古代巴勒斯坦地区，希伯来人曾建立了两个王国：以色列国和犹太国。公元前 772 年和公元前 586 年，两个王国分别被亚述和新巴比伦王国灭亡，其中许多犹太人被掳往新巴比伦王国。身在异国他乡的犹太人念念不忘重返家园，一个叫西结的人开始宣扬耶和华（上帝）将派一位救世主来帮助犹太人重归故乡。

恢复自己国家的思想就是犹太教产生的最初基础。后来波斯人灭亡了新巴比伦王国，释放了被俘的犹太人，这些犹太人回到了故乡，为耶和华修建了神庙，犹太教也就逐渐形成了。犹太教宣称，耶和华（上帝）创造了宇宙，犹太人是耶和华出于爱心而特选的子民，选民应当甘心乐意地遵守律法以报答上帝之爱。另有 2—6 世纪汇编的口传律法集，为有关律例、条规、典章、礼仪、节期、习俗的论述、注疏和阐释其内容从社会伦理到饮食起居，涉及犹太人的全部生活。律法规定：凡母亲为犹太人，其子女即为犹太人；男孩出生后第 8 日要行割礼，作为与上帝立约的标志等。

以色列王国

约公元前 1000 年，扫罗在同腓力斯丁人的斗争中兵败身亡，此后，犹太国王大卫彻底击败腓力斯丁，统一南北巴勒斯坦，建立以色列—犹太王国。大卫之子所罗门王统治后期，南北方矛盾激化，北方的耶罗波安一世在埃及支持下起兵反对所罗门，自立为王，建立以色列王国。暗利王朝统治期间，局面较安定。公元前 722 年，萨尔贡二世攻陷撒马利亚，将大批居民迁往异域，以色列王国遂亡。以色列王国是实行贵族政治的奴隶制国家。除国王外，还存在长老会议和民众会。以色列人是全权自由民，其中包括贵族、平民等奴隶主阶层和贫困的非奴隶主阶层。以色列地处近东贸易要冲，经济和文化均极发达，公元前 8 世纪时已普遍使用铁器，同近东各地区间的交流也很广泛。

大卫和所罗门

大卫是以色列部落的军事首领。扫罗死后，大卫战胜扫罗的儿子成为国王。在他的领导下，腓力斯丁人被驱逐出境，大卫建立起统一的以色列—犹太王国，为希伯来进入历史上的黄金时代奠定了基础。所罗门是大卫的儿子，后继承了王位。他在位期间，王国经济和文化空前繁荣，世称"所罗门的荣华"。传说所罗门极具智慧，因此西方人用"像所罗门一样聪明"来比喻人异乎寻常的聪明。

箕氏朝鲜的兴亡

公元前 11 世纪周武王灭商后，殷商贵族箕子不肯臣服西周，率领一批殷商遗民前往朝鲜，后来被周武王封为朝鲜侯，建立了政权，这就是"箕氏朝鲜"。公元前 194 年，西汉燕王手下的将领卫满来到朝鲜，发动政变，推翻了箕氏王朝，建立了"卫氏朝鲜"。

新罗、百济建国

据记载，古代朝鲜半岛南部的居民都是韩人，分为马韩、辰韩、弁韩三支，各有若干部落。韩人最早的国家是辰国，统治者称辰王。随着三韩各自势力的发展，新罗、百济、金官三国相继建立了，辰国告终。新罗是辰韩建立的国家，于 4 世纪时定都庆州，在当时的朝鲜半岛居于领先地位。百济国形成于马韩地区。而金官国则是公元 1 世纪中期由弁韩人

新罗人物骑马土器

建立的。532 年，金官国被新罗合并。

高句丽的南迁

高句丽是中国的少数民族，公元前 37 年自立政权后，一直隶属于中原王朝。魏晋南北朝时期，高句丽向辽河流域和松花江流域扩张，并向南进入朝鲜半岛北部，开始与新罗、百济争夺汉江流域。

骨品制

骨品制是古时朝鲜新罗族的一种社会等级制度。新罗贵族按血统确定等级身份及相应官阶，不同骨品不通婚姻。骨品世袭不变。

朝鲜族大姓贵族为了"别婚姻"，在新罗贵族间实行了带有奴隶制残余的封建制的"骨品制"。朴、金、昔三姓是新罗统治集团中最大的贵族，三家王族实行的是"圣骨""真骨"的最高等级制度。"各骨品之间互不婚娶"，无论朴氏、金氏都贯彻了这种等级制度。虽然朴氏、金氏等帝胄世家由盛以衰，但在婚姻中的"骨品制"婚姻观念一直都有影响，特别是一些朝鲜族老人尤其重视这个问题。

4 世纪时，新罗用武力统一辰韩各部，以庆州为都城。统治集团为了巩固其特权地位，制定了等级制度，称为"骨品制"。朴、昔、金三家王族地位最高，称为"圣骨"，大小贵族依次分为"真骨"、六头品、五头品、四头品等四个等级。"圣骨""真骨"贵族能继承王位。各骨品都自我封闭，互不通婚。

薛　聪

朝鲜新罗时期散文家、学者。约生活于 7 世纪末 8 世纪初。字聪智。高僧元晓大师之子。曾入沙门，后又还俗，自号小性居士。当时汉文还不很普及，他曾用朝鲜语解读九经，并整理了比较混乱的吏读文字（借用汉字标记朝鲜语的一种文字），使之系统化，对朝鲜古代文化的发展做出了贡献。他的作品大部分已散佚。有寓言散文《花王戒》一篇载于《三国史记》中，《东文选》也有收录，题名"讽王书"。其作品以花王丈夫白头翁佳人蔷薇之间的对话形式讽喻一国的君主应当亲贤人、远邪佞的道理。《花王戒》受到朝鲜历代文人学者的推崇。高丽朝显宗曾追封薛聪为弘儒侯。后世李朝林悌的小说《花史》直接受《花王戒》的影响。

绳文式和弥生式文化

日本最古的文化是新石器时代文化，第一个新石器文化遗址是于 1877 年发现的大森贝冢（在今东京境内）。考古发掘表明，大约一两万年到 9000 年前，日本人民已能制造磨光石器和黑色陶器。这种陶器用手捏制，外部带有草绳花纹，被称为"绳文陶器"。故这一时期的文化也被称为"绳文式文化"。大约从公元前 300 年到公元 300 年，日本进入弥生式文化时期。这一时期发掘出的陶器的特点是器身薄硬，形状统一，颜色为褐色。弥生式文化时代，日本农业有所进步，主要种植作物是水稻。

邪马台国

据《三国志》记载，1—2世纪时，日本列岛上有100多个小国，最大的是卑弥呼女王统治的邪马台国。它是日本最早的奴隶制国家。邪马台国曾于238年派使节到曹魏进献贡物。魏明帝回赠了锦绸、铜镜、黄金、珍珠等物，并授予女王"亲魏倭王"的称号和金印。

大和国家统一日本

3世纪以后，日本本州中部的大和地区出现了一个较大的政权——大和国家。在不断地扩张中，大和国家逐渐占领邻近地区，于4世纪初征服了包括北九州岛在内的许多地区。到5世纪时，大和国家大体上统一了日本列岛，今天的日本就是在此基础上发展起来的。

日本人为何要到唐朝"留学"

618年，唐朝取代隋朝。日本人凭借地理位置优势，络绎不绝地前往唐朝，天皇政府正式派出的"遣唐使"数目也大大增加，达到了空前频繁的程度。

中国古代经济文化在唐朝发展到了空前鼎盛时期，南洋、中亚、波斯、印度、拜占庭、阿拉伯各地大小国家纷纷派遣使节和商人前往唐朝学习唐朝的先进文化，经营中国的丝绸、瓷器及各种工艺产品。相比之下，有地理优势和进取精神的日本人更不会落后，为了学习中国的治国经验和文化制度，天皇政府才派大批使臣、学者到中国参观学习，在日本史书上遣唐使又称"西海使"或"入唐使"。

日本政府对派遣遣唐使极为重视。所有使团人员均经精挑细选而出，凡入选使团者一概予以晋级，并赏赐衣物。

日本遣唐使极大地促进了中日之间的经济文化交流，但当时经济文化主要是唐朝流向日本。唐朝的工艺美术、生产技术、文史哲学、天文数学、建筑学、医药学、衣冠器物、典章制度等都陆续传到了日本，近几年来还曾在日本发现数万枚"开元通宝"。日本受中国文化影响很深，至今，日本民俗风情和生活习惯中仍然保留着浓厚的中国古代文化痕迹。

中世纪历史

欧　洲

中世纪

　　"中世纪"一词，最早出现于文艺复兴时代，它是由16世纪意大利人文主义语言学家和历史学家首先提出来的。由于他们是希腊、罗马古典文化的崇拜者，所以就把从古典文化衰落至文艺复兴前的一段时间称为"中间的世纪"。中世纪是封建生产方式在世界范围内形成、发展和衰亡的时代，时间从5世纪后期罗马帝国崩溃起，至17世纪中期英国资产阶级革命止，前后共经历约12个世纪。今天，世界地图上欧洲、亚洲和非洲的多数国家，都是在中世纪开始建立或登上世界历史舞台的，许多国家的历史特点是在这个时期奠定的，许多民族和语言也是在这一时期逐渐形成的。

西欧封建关系的萌芽

　　3—5世纪，西罗马帝国的奴隶制危机重重，各地的奴隶大起义沉重地打击了奴隶主阶级的反动统治。田园荒芜，城市凋零，大规模掠夺奴隶的战争被迫停止，奴隶价格暴涨。在这种情况下，大规模使用奴隶劳动不仅无利可图，而且极端危险，把庄园土地分租给隶农耕种是当时唯一有利的耕作形式。因此，隶农制在此时有了迅速发展。隶农在奴隶主庄园中越来越多，这是欧洲封建关系的萌芽。

西欧庄园制

　　封建主凭借土地占有及超经济强制等权力形成了剥削农民的实体。封建庄园是自给自足的自然经济单位，庄园经济的兴盛时期约在9—13世纪，它的形成大约和生产力低下有关。

　　广义的庄园和领地的概念相似；狭义的庄园指封建主用劳役地租剥削依附农民，并独立进行经营及核算的一个地段。

　　在狭义的庄园中，耕地分为领主自营地和农民份地两部分，依附农民每周用3—4天无偿为庄园主耕种。各户农民小块份地上的收获归

这幅弗兰德尔绘画反映了典型的庄园生活，庄园主正和他的总管商量收获葡萄，农民则锄地、采果实、修枝等。

他们自己支配。当庄园的范围和农业村落相一致时（这类庄园在全体中属少数），庄园经济还包括原属于本村的草地、牧场、池塘、森林等公共土地上的收入，

封建主在庄园里建有住宅、教堂、磨坊、马厩、仓库等设施，有的大庄园还有一些手工业作坊及专职手工业者。一个大封建主往往拥有若干个庄园，各庄园统由总管负责，各管家须定期向总管报告经营情况。庄园中的劳动者主要是各种不同身份的依附农民，尤以农奴占大多数。半自由民的地位介于农奴和奴隶之间，份地世袭使用。庄园主可以利用庄园法庭（一般由总管主持）审判农民并收取罚金，也可以根据本庄园的习惯向农民征收各种实物及货币等，这些成为庄园主收入的重要来源。

14世纪起西欧经济变化剧烈，庄园主纷纷放弃自营地，货币地租流行，农奴也通过各种途径取得人身自由，劳役制庄园趋向瓦解。

欧洲银行的起源

11世纪，随着城市的逐渐兴起，欧洲形成了以意大利为中心和以波罗的海与北海为中心的两个主要商业区，世界上早期的银行最早出现在意大利，尔后银行业又以上述欧洲南北的两大商业区为中心逐渐扩展开来。

当时的欧洲货币种类繁多，国与国之间、各个封建领地之间，甚至各个城市之间的货币都不相同，而且铸造货币还成为攫取暴利的一种手段。一些人在货币中掺杂大量的杂质，使得市集上的币质低劣，伪币流行。因此，商人在做买卖之前，必须首先分辨货币的真伪和质量。于是，在市场上就出现了专门以鉴定、估量、兑换货币为职业的钱商，称为兑换人。

最初，这些兑换人只负责兑换业务，收取各种货币，衡量货币的真假，按比例兑换成当地流通的货币。可是，商人携带大批硬币极不方便，于是，商人们就采取一个变通的方法，把大批货币交给兑换人，由兑换人开出凭据，商人据此到预定经商地点兑换他所需要的当地货币。这就是现代汇票制度的起源。

随着贸易的发展，一些兑换人还开展了借款业务，借款人出具期票给兑换人，按规定的日期归还，并付出利息。这样，兑换人通过经营汇兑和借贷业务而获得高额利润，久而久之就变成了银行家，银钱兑换业逐渐发展成银行。

日耳曼人大迁徙

日耳曼人最早居住在波罗的海西岸与斯堪的纳维亚半岛南部。公元前10世纪，他们开始不断向外扩张。1世纪，日耳曼人分化成许多部落联盟，如东哥特人、西哥特人、法兰克人、汪达尔人等。从4世纪后半期开始，受匈奴人西迁的影响，日耳曼人也开始了大规模的迁徙运动。

西哥特王国的建立

为避匈奴人，约15000名西哥特人请求进入罗马帝国避难，罗马人同意了他们的要求，并答应分给土地，供应粮食，而西哥特人则同意为罗马提供兵源。西哥特人于376年渡过多瑙河，定居于罗马境内。但罗马人不但没有履行诺言，反而对西哥特人进行沉重的盘剥。西哥特人愤而反抗，并于410年攻陷罗马城，西罗马帝国也因此而灭亡。

419年，西哥特人在高卢南部和西班牙地区建立了第一个得到罗马帝国承认的"蛮族"王国——西哥特王国。

法兰克王国的建立

日耳曼人的一支法兰克人在西迁过程中占领了现在法国的土地。法兰克人，原是居于莱茵河下游的一个部落联盟。486年，一支萨利克法兰克人在首领克洛维率领下，击败罗马帝国军队，占领巴黎和卢瓦尔河以北土地，奠定法兰克王国的基础。6世纪初，克洛维征服了高卢的大部分地区，并统一各部落，建立了法兰克王国的墨洛温王朝。克洛维死后，他的子孙几度瓜分国土，并继续扩张。6世纪中叶，法兰克先后征服勃艮第、图林根、巴伐利亚和萨克森的一些部落，成为西欧最强大的国家。

骑士制度

欧洲骑士制度源于中世纪法兰克王国，后逐渐推行到欧洲各国。

法兰克王国的查理大帝在位期间，进行了大规模的扩张战争。他把征服的土地划成小块，连同上面的农民，一起赐给有功的将士。这些封地的小领主就变成了欧洲最早的骑士阶层，成为社会的中坚力量。

封建领主的子弟从小就要接受严格的骑士教育，他们要学会骑马、射箭，使用矛和剑，并随领主出征。到了21岁的时候，领主们就会授予他们骑士的头衔。骑士只效忠于自己直接的主人。因此，

骑士制度兴起于8世纪，当时的统治者有足够财富可以向骑士们提供战马、武器与盔甲，以使他们在战争中效忠法兰克王国。

除了直属王室的骑士外，骑士都分别属于全国各地的诸侯或爵士。这些骑士虽然名义上有服从国王的义务，但实际上他们的地盘和部署，国王都不能控制。这被称为"我的附庸的附庸，不是我的附庸"。

从军事角度而论，战争和竞技是骑士的主要职能。在中世纪一名全副武装的骑士及其侍从就是一个作战单位。其在战场上冲锋陷阵、势不可当。当时，每一座城堡都是一个地区的封建军事、政治、经济和社交的中心，而城堡的捍卫者则是骑士。中世纪欧洲骑士是军队的核心和战场的主角，他们的武器装备以及道德准则是影响战争的主要因素。10—15世纪，没有骑士，任何一支的部队都不可能在战场上取得决定性胜利。

"懒王"统治

法兰克国王成为"懒王"是王权软弱的结果。法兰克王国建立后，国王依靠

亲兵和派往各郡的伯爵进行统治。在法兰克王国封建化的过程中，大地主的增长和自由农民的减少，影响了国家的财源和兵源，国王的经济和军事实力受到很大的限制。511 年克洛维死后，法兰克王国陷于分裂，形成奥斯特拉西亚、纽斯特里亚和勃艮第 3 个独立部分，彼此之间进行了 40 余年的混战。后来虽然又共戴一王，但国王仍然无实权。614 年，国王洛塔尔二世颁布敕令，承认大贵族在战争期间获得的一切土地和司法行政特权，国王只能从各伯爵辖区的大地主中委任伯爵。这样，国王无力直接统治地方的状态，由法令肯定了下来。贵族开始成为兼有所属土地管治权的领主。

从 7 世纪中叶起，国王的权力已落到宫相手中，宫相原系宫廷总管，主管国王财产和收支。纽斯特里亚、奥斯特拉西亚、勃艮第分别推举宫相，各自管理政务，国王只好退居闲散，不问政事，成为"懒王"。这个时期约有 1 个世纪之久，历史上称为"懒王"时期（639—751 年）。

查理曼帝国的兴起

7 世纪中叶，法兰克王权衰落，大权归于原是王室财产总管的宫相之手。至 751 年，宫相丕平篡夺王位，自立为王，建立加洛林王朝。丕平的儿子查理曼统治时期，又积极向外扩张。800 年，查理曼加冕称帝，法兰克王国发展成为查理曼帝国，领土包括整个西欧大陆，封建制度在法兰克基本确立。

查理大帝

查理大帝（约 742—814 年），法兰克王国加洛林王朝国王（768—814 年）和查理帝国皇帝（800—814 年）。出身于法兰克的名门贵族，其父是加洛林王朝开创者矮子丕平。自幼随父从军作战，精于武艺骑术，768 年即位。为扩大疆域他四处讨伐，征服了伦巴德王国，吞并了巴伐利亚和萨克森地区，向南从阿拉伯人手中夺得科西嘉和撒丁岛。他统辖的领土，东起易北河和多瑙河，西南至厄布罗河，北达北海，南迄意大利中部，大致与西罗马帝国的欧洲部分相合。799 年，他应罗马教皇利奥三世之请进军罗马，帮助罗马教皇复了位。800 年的圣诞节，他由罗马教皇加冕成帝，号为"罗马人的皇帝"。他因此被称为查理曼，即查理大帝，其国家也被称为查理曼帝国。他的文治武功对西欧中世纪政治、经济和文化发展有重要影响。由于他建立的帝国缺乏统一的经济基础，战乱频繁，他死后帝国便瓦解了。

查理编练新军

查理大帝是欧洲中世纪最著名的军事统帅，他征战一生，建立了罗马帝国后西欧最强大的帝国。这一切除了查理本人的军事才能外，还要归功于他的军队。

最初，法兰克王国的军队都是由部落兵组成的，属于民兵制。后来这些部落兵分得土地后就编成了自由农民。随着自由农民日益贫困，大量破产，逐渐编成了农奴。

他们买不起武器，再加上和统治者矛盾尖锐，统治阶级也不放心让他们拥有武器。

针对这种情况，807 年查理大帝实行了军事改革，规定只有占有不少于三四块份地的中等地主才有资格在军队中服役，而穷人只需联成一组，共同负担一名战士的武器装备和给养就可以了。从此，破产的和沦为农奴的农民不必服兵役，服兵役成了统治阶级的特权。

因法兰克步兵无法达到罗马士兵那样的战斗力，于是查理大帝就建立了强大的重装骑兵，这成为了法兰克王国军队的主力。查理大帝的重骑兵军队，成为欧洲中世纪骑士军队的主要模式。

查理·马特改革

从 7 世纪中叶起，法兰克王国的实权开始由宫相——国家的首席官吏掌握。查理·马特任宫相期间（715—741 年），对土地占有的形式做了重大的改革。他采取"采邑"分封制，受封者的领地在一般情况下不能世袭，而且以服兵役为条件获得；分封的主要对象是骑兵。查理还大规模地没收教会和反叛贵族的土地。采邑的分封使得土地所有权相对巩固，促进了以土地为纽带的封建等级制的形成和巩固。

教皇国的诞生

747 年，矮子丕平统治了整个法兰克，但名义上仍是宫相。为了篡夺王位，他极力寻求教会的支持。751 年，丕平在法兰克贵族会议上被推选为法兰克国王，开创加洛林王朝。为了酬谢教会，丕平将意大利中部大片领土献给教皇，这就是教皇国。

英吉利王国

5 世纪中叶，在日耳曼人大迁徙中的盎格鲁人、萨克森人和裘特人等部落渡海进入不列颠，沿泰晤士河和汉伯尔河向内地推进，赶走当地居民，建立了 7 个小王国，史称"七王国时代"。829 年，威塞克斯王爱格伯特征服其他六国，建立英吉利王国。1066 年，诺曼底公爵威廉率军在英格兰登陆，入主伦敦，开创了诺曼王朝，封建化过程完成。诺曼王朝结束后，发生 20 多年的王位之争。1154 年，安茹伯爵亨利入主英国，开创了安茹王朝。无地王约翰时期，被迫签署《大宪章》。1265 年，英王国首次召开议会，建立等级君主制。13 世纪初，与法国爆发百年战争。兰加斯特王朝时发生玫瑰战争，到约克王朝末期结束，建立了著名的都铎王朝。英吉利王国最后一个封建王朝斯图亚特王朝于 19 世纪中叶被英国资产阶级革命推翻。

英国的石围圈

英国的石围圈是古代世界奇迹之一。它是一个共分 3 层的巨石阵。最外圈是由 30 根砂岩柱组成的圆形，现在仅剩下 17 根，这些柱子的顶端原本是由巨大的石横梁连接着的，那些横梁被精心地雕成了弧形，以便形成一个连续的圆形；第二圈是由大约60块较小的蓝石组成的，形成了与第一圈同心的圆形，如今好多处已残缺不全；最内圈是由5组兀形石围成的马蹄形，每一组由两根中间有窄缝的石柱和一块巨石横梁组成。在3个圆圈中间有一块平放的石头，被称为"祭坛石"。当时人们究竟是如何运送来的巨石？又如何将它们搭建成的？这个如今看起来依然恢宏的建筑有什么用途？至今都是难解之谜。

英格兰索尔兹伯里平原上的巨石阵

巨石阵为最著名的千古之谜之一。有人推测它们是一种记录时间和预测季节变化的工具。在欧洲，这样的巨石阵很多，而环形的巨石阵却只出现在英国和爱尔兰。

德法意三国的形成

德、法、意三国是由查理曼帝国三分而成的，但德意志、法兰西、意大利3个国家作为独立的国家，则开始于843年的《凡尔登条约》。

817年，皇帝路易一世把帝国分给3个儿子：罗退耳、秃头查理和路易，以防止其死后产生纷争和诸侯叛乱。但事与愿违，路易一世死后，他的3个儿子为争夺领土爆发内战，杀得难解难分。843年8月，罗退耳和两个弟弟在凡尔登签订停战条约。根据条约，帝国一分为三。《凡尔登条约》为近代法兰西、德意志和意大利奠定了疆域基础。

《凡尔登条约》

843年，法兰克王国查理大帝的3个孙子缔结的划分领土的条约。条约在凡尔登签订，将查理曼帝国一分为三。条约规定：莱茵河以东，居民讲日耳曼语地区，归日耳曼人路易，称东法兰克王国；些耳德河、缪斯河以西，居民讲罗曼语的地区，归秃头查理，称西法兰克王国；两国中间的狭长地带和意大利的大部分，属罗退耳，并由他继承皇帝称号。该条约大体上奠定了近代德、法、意三国疆域的基础。

采邑制

西欧墨洛温王朝末期，由于大土地所有制的发展，自由农大量破产，国家无可用之兵，中央的政治、经济、军事力量衰落。8世纪30年代，宫相查理·马特改变无条件分赠土地的办法，实行采邑制。没收叛乱贵族和部分教会土地封给官员和将领，受封者必须服兵役和履行封臣义务，而且只限本人，不得世袭。双方如有一方死亡，或封臣不履行义务，分封关系终止。如愿继续以前的关系，必须重新分封。通过采邑制，法国建立了以土地关系为纽带的国王与受封者之间的主从关系，加速了自由农民的农奴化进程，为形成阶梯式的封建等级制奠定了基础。骑兵逐渐代替步兵，兴起骑士阶层，中小地主力量加强，且提高了国家的政治与军事力量。9 世纪以后，采邑逐渐变成世袭领地。

北欧海盗

北欧海盗是指来自挪威、瑞典和丹麦的强盗。他们自称维京人，西欧人称他们为诺曼人，东欧人称他们瓦朗吉亚人。

北欧地处高纬度地区，气候寒冷，农牧业十分落后。在罗马帝国时期，他们经常用当地的物产前往罗马帝国换取粮食等物。罗马帝国灭亡后，维京人失去了贸易对象，只好开始四处抢劫。793 年，丹麦海盗袭击英格兰东北部的林第斯法恩岛，掀开了欧洲历史上近 300 年的北欧海盗时代。

在西欧，北欧海盗主要进攻英格兰、爱尔兰和西欧沿海大陆，有时也沿河而上，抢掠内地，甚至渡过直布罗陀海峡，进入地中海。在东欧，北欧海盗驾船沿着河流进入内地，洗劫俄罗斯和乌克兰，甚至远达君士坦丁堡。后来北欧海盗不再仅仅满足于抢劫，而是向内地侵入，不断地攻城略地，进行大规模的战争，由当初的海盗行为变成了大规模的入侵。

1066 年挪威海盗首领哈拉尔德远征英格兰失败，标志着北欧海盗时代的终结。从此，北欧海盗在欧洲很多地方定居下来，逐渐被当地居民同化。

航海造船技术的发达

北欧海盗善于在深海航行，也能溯河而上潜入敌境。在海上相遇时，北欧海盗会将船系在一起，依次上场单独决斗。他们有较高的造船技术，船形体修长，人称维京长船，长度为 10—30 米，其平均排水量有 50 吨。高高的曲线型船头及吃水较深的船体，具有良好的操纵性。

北欧海盗的龙头船不必掉头就能倒退航行，因为它的船首和船尾形状完全一样，只要朝反方向划桨就可以了。

维京人

"维京"在北欧语中有"旅行"和"掠夺"两层意思。维京人生活在北欧的斯堪的纳维亚半岛，那里终年被厚厚的冰雪覆盖，可供耕种的土地很少，生存环境极为恶劣。随着人口的增长，耕地变得匮乏。8 世纪末，维京人驾驶着坚固轻捷的维京长船，离开故乡，闯荡世界。

哈拉尔德之死

金发王哈拉尔德对于北欧海盗的兴盛有极大的影响。

金发王哈拉尔德一死，"北方英雄谱系永远绝嗣"，叱咤风云的北欧海盗终于停止了暴风雨中的雷鸣，威严的北欧龙头船不再让欧洲人恐惧了。

作为最后一个永不知足、具有永无止境的探索精神、一生四处征战的真正的北欧海盗领袖，哈拉尔德的死标志着北欧海盗在欧洲疯狂侵略扩张年代的终结。

北欧海盗英雄的荣耀从此一去不返。

乌尔班二世召开宗教会议

1095 年 11 月，教皇乌尔班二世在法国克勒芒城召开宗教会议，与会者主要是法国的大主教、主教和修道院院长，共 600 余人。会上，拜占廷皇帝阿历克修斯一世的使者请求帮助抵御突厥人的进攻。11 月 26 日，乌尔班二世在城外露天场所向与会者和来自法国各地的骑士、市民和农民发表著名演说，发出组织十字军远征东方的号召。

十字军东征

十字军东征是 11—13 世纪末，西欧基督教国家发动的一系列军事远征扩张活动。因参加者的衣服上缝有十字记号，故名十字军。十字军东征历时近 200 年（1096—1291 年），先后共有 8 次。十字军东征是封建主、天主教会和大商人以维护宗教为名，扩张势力，攫取新的领地和财富，并缓和西欧的社会矛盾的侵略战争。1291 年，十字军的

在十字军东征中，重头盔和重装甲的欧洲骑兵遭遇了身穿锁链甲和紧密小型头盔的轻装撒拉逊士兵。

最后据点阿京被攻陷，西亚大陆的十字军国家至此全部灭亡，十字军东征以失败告终。十字军的东征，给地中海沿岸人民带来了深重的灾难，但是，十字军东征也增进了西方基督教的传播，大批欧洲人拥向东方，东方文化促使欧洲文明觉醒，为文艺复兴运动开辟了道路。

西欧城市的发展

10—11 世纪，西欧手工业在快速发展的过程中，逐渐与农业分离开来。11 世纪起，手工业者开始聚集在便于销售商品的地方，比如封建城堡、寺院附近、渡口、港口等地。随着来往商人的增多，这些地方逐渐成为工商业集中的城市。新兴的城市首先在意大利和法兰西西南部发展起来。

西欧碉堡化

中世纪的时候，欧洲各国的封建主们为了保护自己的财产，纷纷兴建城堡。

早期城堡主要是用以泥土筑成具有一定宽度和高度的土堤，下面用木板围起来，然后在上面建造大型的木制箭塔。这被称为"土堆与板筑"。城堡四周是被注满水的壕沟所围绕，由一道吊桥与外界相连。

到了 11 世纪，城堡又有了新的发展，开始用石头代替泥土和木材来建筑城堡。

它建在高高的台基上，外墙的墙体很厚，城堡的四角各修建一座塔形的角楼，用于瞭望来自不同方向的敌情，防御敌人从各个方向进攻。城墙外有一条宽大的壕沟或护城河环绕，进出城堡必须通过唯一的城门——吊桥或闸门。有的大城堡甚至建造三道防线：外墙、内墙和主塔楼。其中主塔楼最高，内墙次之，外墙最矮。主塔楼和内墙上的士兵射出的箭可以越过外墙，击中敌人。

从 9 世纪到 15 世纪，整个欧洲遍布了数以千计的城堡。据 1905 年统计，仅法国一个国家就有一万多座城堡。

行　会

行会出现于 11—12 世纪，几乎与城市同时产生。城市初兴，由于生产力水平的限制，手工业还不可能完全与农业分离。为了对付封建势力的侵扰，保护辛苦学得的手艺，免遭逃亡农奴的竞争，捍卫同业者的共同利益，手工业者组成本行业的特殊联盟——行会。除法国南部一些城市外，几乎所有的西欧城市都有行会组织。行会追求对本行业生产和经营的垄断，不鼓励成员追逐利润和互相竞争，帮助他们

这个雕刻在赤土色陶器上的彩色浮雕是佛罗伦萨羊毛业行会的标志。

销售产品，保护市场，以保障他们的生存条件。为了消除内部的竞争，行会章程明确规定每个师傅拥有工具的数量、产品的数量和质量，以及帮工、学徒的数目。师傅必须遵守日出而作、日落而息的规定，不准延长劳动时间，不得上晚班，加夜班。违反行会章程者，要受到严厉的处罚，如罚款、剥夺从事本行业的权利等。

英吉利王国

封建社会时期的英国。5 世纪中叶，日耳曼人中的盎格鲁人、萨克森人和裘特人等部落渡海进入不列颠，沿泰晤士河和汉伯尔河向内地推进，赶走当地居民，建立 7 个小王国，史称"七王国时代"。829 年，威塞克斯王爱格伯特征服其他 6 国，建立西撒克斯王朝统治的英吉利王国。1066 年诺曼底公爵威廉率军在英格兰登陆，入主伦敦，开始诺曼王朝，封建化过程完成。诺曼王朝结束后，发生 20 多年王位之争。1154 年，安茹伯爵亨利入主英国，开始安茹王朝。无地王约翰时期，被迫签署大宪章。1265 年首次召开国会，建立等级君主制。13 世纪初，与法国爆发百年战争。兰加斯特王朝时发生玫瑰战争，到约克王朝末期结束，建立著名的都铎王朝。英吉利王国最后一个封建王朝斯图亚特王朝于 19 世纪中叶被英国资产阶级革命推翻。

诺曼征服

以法国诺曼底公爵威廉为首的法国封建主对英国的军事征服。1066 年年初，英王爱德华死后无嗣，韦塞克斯伯爵哈罗德二世被推选为国王。威廉以爱德华曾

面许继位为理由，要求获得王位。1066 年 9 月末，威廉率兵入侵英国。英王哈罗德闻讯后仓促南下迎战。1066 年 10 月 14 日，双方会战于哈斯丁斯。结果英军战败，哈罗德阵亡，伦敦城不战而降。12 月 25 日，威廉在伦敦威斯敏斯特教堂加冕为英国国王，即威廉一世，开始了诺曼王朝对英国的统治。残存的英国贵族进行顽强的抵抗，但均遭残酷镇压。1071 年，威廉一世巩固了他的统治，因此获得"征服者"的称号。诺曼征服后，威廉没收原有英国贵族的土地，分给随他入侵的主教与将士，将法国封建制度逐步移植到英国，加强了王权，加速了英国封建化进程，到 12 世纪，英国封建制度基本完成。

诺曼底王朝

诺曼底王朝（1066—1154 年）是英格兰的一个王朝，期间共有 4 位国王曾统治英格兰，统治时间由征服威廉王之后的 1066 年开始，直至 1154 年。史蒂芬的外甥亨利二世继位，标志着诺曼底王朝的终结和金雀花王朝时期的开始。

亨利二世改革

1154 年，亨利二世继承了英国王位。在他统治时期，英国工商业繁荣，城市迅速发展。亨利二世凭借市民阶级的支持，进行了一系列改革。在军事上，亨利二世命令骑士交纳免役金（盾牌钱），同时通过其他手段使王室领地收入提高，再用这些钱招募士兵，建立了一支装备精良的常备军。在司法方面，亨利二世扩大了国王法庭的权力，他于 1178 年组成中央常设法庭，还设立巡回法庭和陪审制度，接受民间诉讼。亨利二世的改革，加强了英国王权。

《自由大宪章》

《自由大宪章》是英国封建专制时期宪法性文件之一，也称"大宪章"，是 1215 年 6 月 15 日英国贵族胁迫约翰王在兰尼米德草原签署的文件。文件共 63 条，用拉丁文写成。多数条款维护贵族和教士的权利，主要内容有：保障教会选举教职人员的自由；保护贵族和骑士的领地继承权，国王不得违例征收领地继承税；未经由贵族、教士和骑士组成的"王国大会议"的同意，国王不得向直属附庸征派补助金和盾牌钱；取消国王干涉封建主法庭从事司法审判的权力；未经同级贵族的判决，国王不得任意逮捕、监禁任何自由人或没收他们的财产。此外，少数条款涉及城市，如确认城市已享有的权利、保护商业自由、统一度量衡等。《自由大宪章》是对王权的限定，国王如违背之，由 25 名贵族组成的委员会有权对国王使用武力。《自由大宪章》后来成为近代资产阶级建立法治的重要依据之一。

英国民族国家的形成

15 世纪，英国农村中的乡绅阶层逐渐崛起，成为议会中的新兴力量。他们支持王权，反对分裂，促进了英国的政治统一。当时伦敦已经成为全国的政治、经济、文化中心，同时，英格兰民族语言——英语也在伦敦方言的基础上发展起来。这一切都标志着英国民族国家的形成。

威廉一世

威廉一世（1027—1087年），英国国王（1066—1087年在位）。原为法国诺曼底公爵。1066年，忏悔王爱德华逝世，大贵族哈罗德被拥戴为英王后，威廉借口爱德华逝世前曾许诺他为英格兰王位的继承人，纠集诺曼底封建主和骑士渡海征服英国。同年10月，威廉在哈斯丁斯打败英国军队，击毙哈罗德，自立为英王，称为威廉一世，又有"征服者威廉"的绰号。威廉一世镇压了英国北方各郡的起义，逐渐确立起强大的王权。1086年，他下令对全国土地进行调查，对土地的归属、财产状况、耕作者身份等，做了详细调查和登记。这一调查结果保存到今天，称为"末日审判书"，是英国的珍贵经济史料。他还竭力摆脱罗马教皇对英国教会的干涉，把英国教会控制在自己手中。他的统治给英国各阶层人民带来很大的灾难，但同时也加速了英国封建化的进程。他使英国绝大部分土地都被封建主占据，广大直接生产者沦为依附农民，建立起封建的生产关系。

理查一世

理查一世（1157—1199年），英国金雀花王朝第二代君主。以穷兵黩武和凶狠残暴闻名，绰号"狮心王"。为金雀花王朝创始人亨利二世的第三子。幼年时代便卷入王室内部争夺权力和封地的斗争，由于两个哥哥先后死去，他成为英国王位的继承人，并兼有诺曼底公爵领地。1189年，理查一世勾结法王腓力二世打败其父亨利二世，于同年7月即位。他在英国的统治无多大政绩，但却是第三次十字军东征的重要组织者和领导者。后因十字军内部发生矛盾，不得不回国。由于他平时骄横贪暴，四处树敌，1192年于归国途中被奥地利公爵俘获，随后被转交给德皇亨利六世，后以巨额赎金获得释放。他连年用兵，再加上赎金的筹措，使英国民穷财尽，引起国内市民等各阶层的不满，抗税斗争不断发生。

约翰王

英国金雀花王朝国王。约翰王于1199年即位。即位前，约翰王野心勃勃，数次阴谋篡位屡败屡战。历经千辛万苦即位后，约翰王与法国和教皇却不断发生冲突。在与法国的冲突中，约翰王丧失大片领土；在与教皇的较量中，约翰王则被迫臣服，宣誓效忠教皇。尽管如此，

英国国王约翰像

约翰王仍致力于打败法国、征服国内诸侯，但最后均告失败。约翰王对内一味横

征暴敛，加强专制，他的统治引起了国内诸侯的强烈不满。各诸侯以武力强迫约翰王认可他们提出的 63 条要求，历史上称之为"大宪章"。大宪章的精神主要是限制王权，保障贵族特权，同时也保护骑士和市民的部分权利，具有一定的进步意义。约翰王于 1216 年因病逝世，其子继位后，重申遵守大宪章精神。

英国议会的诞生

英王约翰死后，亨利三世继位。他对教皇唯命是从，引起了贵族的不满。贵族发动兵谏，迫使亨利三世签订"牛津条例"，并成立 15 人的常设会议，一切措施须经他们同意。后来亨利三世拒绝承认"牛津条例"，引发了内战。1265 年，贵族孟福尔率军击败了国王军队，召开了第一次有贵族、僧侣和市民代表参加的议会。这是英国议会的开始。

瓦特·泰勒起义

14 世纪的英国，社会局势动荡不安，阶级矛盾空前激化。黑死病夺走了英国几乎一半人口的生命，经济萧条，统治阶级又发动百年战争，英国农民已经忍无可忍。1381 年 5 月，埃塞克斯郡和肯特郡的农民在起义领袖瓦特·泰勒和约翰·保尔的领导下起义。6 月 13 日，义军占领伦敦，他们捣毁大臣官邸，杀死大主教和财政大臣，冲进监狱，释放囚犯，并两度迫使国王出来谈判。农民提出废除农奴制，每亩地的货币租限定为 4 便士，确保全国贸易自由，赦免起义者；还要求没收教会地产分给农民，取消领主权，把领主霸占的土地还给农民，废除劳工法等。在第二次谈判时，瓦特·泰勒被刺杀，起义失败。这次起义沉重地打击了封建势力，加速了英国的农奴制的消亡。

英法百年战争

自从 1066 年法国诺曼底公爵征服英国成为英国国王以后，英法两国的封建主在王位继承和领地归属的问题上分歧不断，最终引起了一场持续 100 多年的战争，史称"百年战争"。英国王室在法国占有大量的领土，法国国王在 12、13 世纪逐渐夺回一部分，但英国仍占据法国南部部分地区，成为阻碍法国政治统一的最大障碍。另外，富庶的佛兰德尔是当时欧洲商业和手工业最发达的地区，也是两国争夺的焦点。

1337 年，法王腓力六世宣布收回英王在法国的领地，而英王爱德华三世也以法王腓力四世外孙的资格，争夺法国王位，战争由此爆发了。1428 年，英军再度入侵法国，席卷法国北部，包围了通往南方门户的奥尔良。就在这时，法国民众在女英雄贞德的率领下奋起抗战。在贞德率领的农民军的支持下，查理七世转败为胜，于 1436 年收复巴黎。1453 年，英法两军在波尔多附近决战，法国大获全胜。英国在法国的领地除加来港外全部被法国收回，英法百年战争结束。

百年战争，不论对英国还是法国人民来说都是一场灾难，当时又是黑死病流行的时代，在战争和疫病的双重打击下，英法两国的经济大受创伤，民不聊生。百年战争结束之年也被认为是中世纪结束的标志之一。

玫瑰战争

英法百年战争结束后，英国皇族后裔的两个旁系家族形成了对立的两个封建主集团：北方以兰开斯特家族为代表，族徽是红玫瑰；南方以约克公爵家族为代表，族徽是白玫瑰。当时簇拥在兰开斯特家族周围的是北方和威尔士一带力图保持封建割据局面的贵族及大封建主，而约克家族依靠的是东南部那些靠发展贸易和手工业兴起的"新贵族"及城市里的富裕阶层。1455—1485 年，为了争夺英国王位，双方各自利用自己手中拥有的军队相互杀戮达 30 年之久，这就是历史上著名的"玫瑰战争"。玫瑰战争是英国专制政体确定之前的最后一次战争。这场长达 30 年的内战使两大家族两败俱伤，同归于尽。英国反抗王权最有力的贵族们在这场旷日持久的悲剧中几乎全部消亡，成为封建贵族对自身施行的一次流血大手术。在战争进程中，封建关系大为削弱，而资产阶级的力量逐渐加强，政治也逐步走向统一。新贵族和新生的资产阶级成为都铎王朝建立专制政体的支柱。英国从此奠定了君主专制的基础，巩固了王权，成为一个中央集权国家。

克雷西之战

克雷西之战是英法百年战争在陆地上进行的第一场大战。

1346 年，英法两军在克雷西（法国东北部的一个小镇）附近相遇。英军以自由农民组成的弓箭手和手执长刀的步兵为主，约有 2 万人。而法军以身披重甲的骑士和热那亚弓箭手（雇佣军）为主，约有 6 万人。英国的弓箭手使用强弓硬弩，每分钟能射出 10 支箭，能在 150 米之内射穿一个骑士的铠甲。而法军的热那亚弓箭手，使用的十字弓非常笨重，一分钟只能发射两支箭，而且射程很短。

战斗开始后，英军弓箭手首先向热那亚弓箭手射箭，热那亚人纷纷逃窜。法国骑士立即排成密集的骑兵队形，向英军发起猛烈冲锋。

英军弓箭手沉着应战，当法国骑士进入弓箭的有效射程后，弓箭手们万箭齐发。大部分骑士还没有冲到英军阵前，就被射死。少数冲到英军阵地的骑士，也被手执长刀的英国步兵砍死。剩下法国骑士，立即掉转马头，狼狈逃窜。

此战，法军阵亡 15000 人，而英军死伤仅 200 人。第二年，英军攻占加来港，使之成为此后 200 年英国在欧洲大陆上的统治据点。

阿金库尔战役

阿金库尔战役发生于 1415 年 10 月 25 日，是英法百年战争中著名的以少胜多的战役。

1415 年 8 月，英王亨利五世率军约 6000 人在塞纳河口登陆后向加来进军。法国军队在加来以南阿金库尔战要塞奉命截击。英国装备了英格兰长弓的弓箭手按照楔形分布，骑兵全部下马作战，阵前设置尖头栅栏，以阻挡法国骑兵冲击。法国骑兵首先发起进攻，但泥泞的土地给骑兵前进带来了很大困难。英国弓箭手集中射击法国骑兵的马匹，身穿沉重盔甲的骑士纷纷落马，结果打乱了从后面冲上来的法国步兵的阵形。少数冲到英军阵前的法国骑兵遭到了英国步兵的顽强抵抗，被全部消灭。随后，英国弓箭手手持短兵器和步兵一起冲锋，将陷在泥潭中动行动不便的法国骑兵全部消灭。

此战法军损失过万，仅贵族就战死了5000多人，而英军只损失了10多名骑士和100多名长弓手。这场战斗的结局转变了英国人在英法战争前期的被动形势，从此以后节节胜利，直到贞德出现。

圣女贞德

在英法百年战争中，英国占领了法国北部，法国国王被迫退保南部。1428年，英军大举进攻南方重镇奥尔良城，此城如果失守，法国有全部沦陷的危险。在法国的小朝廷，查理面对英国的来犯一筹莫展。年仅17岁的贞德挺身而出，她带领士兵终于使被围209天的奥尔良城解围了，从此，贞德被人们誉为"奥尔良姑娘"。

贞德像

1431年5月，贞德以女巫和异教徒的罪名被判处死刑。1456年，查理七世为贞德平反，恢复了她的名誉。

奥尔良解围后，贞德继续挥师北上，连续收复了许多北方城市。1429年7月，贞德亲自伴同国王查理来到兰斯大教堂，为查理举行加冕典礼。查理即位后，赐予贞德贵族称号和大量币帛，但她拒绝接受，却请国王立即进军巴黎。贞德的声誉日益增高，法国贵族和大臣既害怕又妒忌，蓄意谋害贞德。在康边战斗中，守城指挥官有意把她关在城外，贞德不幸被俘，并被以1万金币卖给英军，查理坐视不救，贞德被宗教法庭诬为女巫并判处火刑。临刑前她奋力高呼"你们一定会受到惩罚的""法兰西万岁"！在贞德爱国精神的鼓舞下，法国人民终于取得百年战争的最后胜利。

法兰西民族国家的形成

13世纪初，法国打败英国，成为西欧强国。之后经过路易九世的改革，法国王权得到加强。14世纪，腓力四世公开与教皇对抗，他创建三级会议，并最终控制了教权，巩固了封建统治。之后，经过百年战争和路易十一对各封建割据势力的兼并，法国政治上达到了统一。法国的民族意识也在反抗外国侵略和政治统一的过程中形成了，法国各部族逐渐融合为法兰西民族。至此，法国开始成为政治统一的民族国家。

法国的议会君主制

13世纪末到14世纪初，在争取统一和加强王权的过程中，法国国王为支撑军队和政府的庞大开支，不断增加贡税，同时也开始向教会领地征税，因而引起与罗马教廷的冲突。教皇公开反对法国国王，革除当时法王腓力四世的教籍。1302 年，法国腓力四世为反对教皇，寻求支持，自上而下召开三级会议。三级会议的三个等级分别是：第一等级为高级教士，第二等级为世俗贵族，第三等级为富裕市民。三级会议的职能是批准国王征收新税，会议代表利用国王急需金钱之机，迫使他实行一些司法、行政改革。三级会议的召开标志着法国进入议会君主制阶段。法国三级会议召开与否完全由国王决定，由于三个等级利害不同而分别讨论议案，国王常常利用各等级之间的纠纷而坐收渔利，因而法国的三级会议不能起到英国议会那样的作用。

路易九世改革

　　腓力二世的孙子路易九世在统治期间（1226—1270 年）进行了一系列改革。在司法方面：重大案件须送交国王法庭审理，设立巡回检察官，监督地方官吏；严禁领主私斗。这些措施提高了国王的威信。在币制改革方面：路易九世下令在王室领地内只准使用国王所铸造的货币，由于许多领地已为王室所兼并，所以国王的钱币得以通行全国，这有利于工商业的发展。军事上，路易九世开始招募雇佣兵，使国王有了直辖军队。

横扫欧洲的黑死病

　　黑死病指的是鼠疫，它是通过老鼠和跳蚤来传播的。在中世纪肮脏醒龊的环境中，它的传染性极强，曾在 14 世纪中叶横扫欧洲，造成了大量人口的死亡。

　　在欧洲主要城市，每一次瘟疫流行，

埋葬死于黑死病的人们

都会使墓地拥挤不堪。1348 年瘟疫流行时，伦敦市的一处墓地就埋葬了 5 万具尸体，一些地方甚至活着的人来不及埋葬死人。1349 年巴黎死亡了 5 万人，占城市人口总数的一半，维也纳死亡了 4 万人。当时的城市人口很少有超过 10 万的，这样高的死亡数目令人惊悚。在农村，死亡率也高达 50% 左右，许多村落由于死亡者太多或害怕被传染而空无一人。据估计，黑死病大约使 1000 个村庄沦为废墟。在欧洲遭受瘟疫时期，欧洲的 8000 万人口中有 2500 万左右丧生，造成劳动力的极度缺乏，生产力大倒退。这场大灾难使欧洲遭受了史无前例的浩劫，将欧洲积累数世纪的财力、人力扫荡殆尽。

巴黎圣母院

巴黎圣母院是一座哥特式的教堂，是古老巴黎的象征。它矗立在塞纳河中西岱岛的东南端，位于整个巴黎城的中心。为欧洲早期哥特式建筑和雕刻艺术的代表。集宗教、文化、建筑艺术于一身的巴黎圣母院，原为纪念罗马主神朱庇特而建造，随着岁月的流逝，逐渐成为巴黎圣母院早期基督教的教堂。它的地位、历史价值无与伦比，是历史上最为辉煌的建筑之一。

巴黎圣母院是一座石头建筑，在世界建筑史上，被誉为由巨大的石头组成的交响乐。虽然这是一幢宗教建筑，但它闪烁着法国人民的智慧，反映了人们对美好生活的追求与向往。

德意志民族的神圣罗马帝国

《凡尔登和约》三分帝国后，莱茵河以东地区划归日耳曼人路易，称东法兰克王国。领土包括萨克森、法兰克尼亚、巴伐利亚、土瓦本和图林根 5 个公国。919 年，萨克森公爵亨利一世取得了东法兰克王国的政权，开始了萨克森王朝在德意志的统治。几代国王，历经征战，先后占领了西法兰克王国的洛林王国和易北河以东的勃兰登堡等地区。951 年，鄂图一世又出兵侵占了意大利北部的伦巴底和布尔戈尼，961 年帮助教皇约翰十二镇压了反抗教皇的运动。为了报答他的帮助，教皇于 962 年加冕鄂图一世为皇帝，并宣布帝国为"神圣罗马帝国"。到 12 世纪时，又加上"德意志民族"的字样。从此以后，德意志王国便被称为"德意志民族的神圣罗马帝国"。

腓特烈一世

中世纪"神圣罗马帝国"皇帝。腓特烈一世于 1152 年继承其伯父之位成为德意志国王。作为当时的德意志国王，腓特烈一世一心要驾驭教皇，使教皇成为他统治帝国、进行对外扩张的工具。为此，他通过《康斯坦茨条约》被教皇加冕为皇帝，正式成为神圣罗马帝国皇帝。腓特烈一世被加冕后，随即展开了与教皇夺权的斗争。他曾七次入侵意大利，但均告失败，导致了其侵略意大利政策的最终破灭。此后，腓特烈一世致力于巩固国内政权，虽取得了一定成效，但未能从根本上结束德国的封建割据状态。1189 年，腓特烈一世参加了第三次十字军东征，对拜占廷进行了残酷的大掠夺，但没有如愿占领该城。1190 年，腓特烈一世在东侵途中渡河时不幸溺水身亡。

腓特烈一世侵略意大利

1138 年，霍亨斯陶芬王朝登上德国历史舞台，在红胡子腓特烈一世统治时期（1152—1190 年）达到极盛。从 1153 年到 1186 年，野心勃勃的腓特烈一世先后 6 次入侵意大利。1159 年，意大利城市在教皇的支持下组成了反德的伦巴底城市同盟。1174 年，腓特烈一世第五次入侵意大利，进攻米兰，此时加入伦巴底同盟的城市已发展到 22 个。1176 年，双方会战于米兰附近的林雅诺，腓特烈一世的军队遭到毁灭性的打击。腓特烈一世投降，归还了所有掠夺的土地。

哈布斯堡王朝

哈布斯堡王朝统治欧洲达 700 多年之久，是欧洲历史上统治时间最长、领地最广的封建王朝。其祖先属于日耳曼人的阿勒曼氏部落，是法兰克王国内的一个普通封建领主。1020 年，斯特拉斯堡主教维尔纳和他的姻兄弟拉德博特在今瑞士境内的阿尔高建立哈布斯城堡，拉德博特的儿子遂被封为哈布斯堡伯爵。1273 年，哈布斯堡伯爵鲁道夫一世利用拥有神圣罗马帝国皇帝称号的霍亨斯陶芬王朝和统治奥地利的巴奔堡家族绝嗣的机会，成为神圣罗马帝国皇帝，并使奥地利成为哈布斯堡王朝的中心领地。

汉萨同盟

13 世纪，德国的城市逐渐繁荣，但由于封建割据，以及诸侯和骑士们的抢劫勒索，严重地阻碍了商业的发展。为了维护共同利益，1367 年起德国北部的诸多城市结成同盟，称为汉萨同盟。汉萨为德文"会所"或"公馆"之意。同盟拥有武装、舰队和金库，有权对外宣战、媾和及缔结条约。1370 年，汉萨同盟打败丹麦，与之订立和约。同盟鼎盛时期垄断了北海和波罗的海的商业贸易。15 世纪以后，各个城市的独特利益开始超过共同利益，加上英国、尼德兰（荷兰）等国工商业的发展，以及新航路的开辟，汉萨同盟由盛转衰。1669 年，汉萨召开最后一次同盟会议，随后解体。

威尼斯共和国

13—15 世纪，是意大利各个城市共和国最繁荣的时期，其中最著名的是威尼斯共和国与佛罗伦萨共和国。威尼斯共和国国家元首称总督，从威尼斯贵族中选出，终身任职。13 世纪，威尼斯已经是国际大都市，工商业非常发达，出产的纺织品和玻璃制品畅销全欧洲和地中海。14 世纪，威尼斯共和国打败了热那亚共和国，夺取了地中海东部的霸权，进入黄金时代。

水城威尼斯

佛罗伦萨共和国建立

佛罗伦萨位于意大利中部，初为古罗马的城镇。5 世纪末臣服于东哥特人，6 世纪中叶属拜占廷帝国，6 世纪下半叶为伦巴德人征服，8 世纪末并入法兰克王国，

11 世纪初发展为重要的工商业城市和托斯坎尼侯国的政治中心，1155 年成为独立的城市共和国。共和国政权初为封建贵族掌握，后操纵于大工商业主、银行家等城市上层分子之手。长老会议为最高权力机关，由大工商业者、大行会代表 7 人，以及手工业者、小行会代表 2 人组成，首领称为"正义旗手"。1378 年，佛罗伦萨爆发梳毛工起义，是历史上雇佣工人反对工场主的第一次起义。1434 年，柯西莫·美第奇（1434—1464 年在位）夺取政权，建立僭主政治，成为佛罗伦萨的无冕之王。美第奇家族奖掖文化，使佛罗伦萨成为意大利文艺复兴的中心之一。

梵蒂冈城国的形成

罗马城的西北角，有一个面积很小的国中之国——梵蒂冈。这个城国在世界上也是独一无二的。梵蒂冈的疆界，东面以大教堂左侧的铁门为入境的国门，其余三面以围墙为界，铁门之外就是罗马城。梵蒂冈国是由教皇的宫殿、庭院、花园及一些寺院组成，总共占地 0.44 平方公里。整个城国内工作人员共有 1380 人，但常住此地者只有 540 人，其中宗教界人士占一半，真正拥有梵蒂冈公民资格的只有 420 人。

这个教皇国始于六七世纪，罗马主教掌握了罗马城及周围地区的统治权后，格列高利一世（590—604 年在位）成为第一位拥有强大势力的教皇。此后经过 8 世纪中叶法兰克王丕平"献土"，使教皇辖地进一步扩大。由于西欧封建割据与混战的局面十分严重，有统一组织的教会在经济、政治上相对强大起来，教皇利奥九世整顿了罗马教会的领导机构，使之成为管理教皇宗教和世俗权力的"罗马教廷"，教皇尼古拉二世制定了教皇选举法，排除了世俗权贵的干预，使教皇在政治上获得独立。12 世纪以后，罗马教会发展成西欧神权统治的国际中心，教皇的权势发展到最高峰，教皇国最终以独立的、体态完备的国家出现了。

欧洲基督教分裂

1054 年，统一的欧洲基督教会分裂为东西两部。西部教会自称"公教"（在中国称天主教），东部教会自称"正教"（在中国称东正教）。东西方教会之间的分歧和冲突由来已久。4—5 世纪间的尼西亚会议和查尔西顿会议，都曾阐明了罗马与君士坦丁堡牧首区的关系，即两大牧首区的牧首之权威和地位相同，但君士坦丁堡牧首在名分上位于罗马牧首之后。而罗马教皇企图凌驾于所有其他教会及大教区，特别是君士坦丁堡教会之上。罗马大主教也常常以"圣者"自居，抵制东方大皇帝和东方教会的政策。因此，东西方教会间常有冲突。这种矛盾在破坏圣像运动时期更加尖锐。11 世纪初，罗马教皇又利用诺曼人占领南意大利的机会，把南意教区划归罗马管辖。于是，双方教会的矛盾达到不可调和的地步。两教会牧首互相把对方除籍，东西方教会正式分裂。在教义和宗教礼仪上，东西方教会也产生了分歧。

美第奇专政

佛罗伦萨的政权掌握在富商、银行家和部分手工工场主手中，下层劳动群众过着悲惨的生活。1378 年，以手工为主的城市贫民发动起义，后因首领叛变起义失败。这次起义，引起新兴资产阶级的恐惧，于是出现了 15 世纪大银行家美第奇的专政。在 1434—1464 年的 30 年间，美第奇表面上不担任官职，实际上却是佛罗伦萨共和国的首领，长老会议经常在他的别墅里召开，只有他的拥护者才能担任各种官职。他还曾贷款给英王爱德华四世和教皇尼古拉五世，从而获得了教会财产的管理权。

西班牙的统一

13 世纪下半期，比利牛斯半岛上卡斯提、阿拉冈和葡萄牙 3 个基督教国中，卡斯提的势力最强大，而阿拉冈次之。1469 年，卡斯提王位的女继承人伊萨贝拉与阿拉冈王子斐迪南结婚，两人先后于 1474 年和 1478 年登上本国王位，两国正式合并，西班牙的统一宣告完成。

天主教会大分裂

1377 年，教皇格列高利十一世把罗马教廷从阿维农迁回罗马，次年格列高利十一世暴卒，枢机主教团选举意大利籍大主教巴托罗缪·普里格那诺为罗马教皇，称乌尔班六世。他力图排斥枢机主教团中较强的法国势力，引起其中占多数的法籍枢机主教们的不满。于是他们再次把枢机主教团迁至阿维农，设立教廷并选举日内瓦出身的枢机主教罗伯特为阿维农教皇，称克力门七世。乌尔班六世得知后，在罗马另设枢机主教团。天主教会遂出现两个教皇，分驻罗马和阿维农。

1409 年 3 月，枢机主教团为弥补教会的分裂，决定在窟比萨召开宗教会议，并选举亚历山大五世为新教皇。但在位的两个教皇拒绝退位，从而形成三个教皇鼎立的局面。1414 年，神圣罗马皇帝西吉斯孟为了结束天主教会的分裂，迫使接任亚历山大五世的约翰二十三世教皇在康斯坦茨召开主教会议。会上废黜了约翰二十三世，批准罗马教皇格列高利十二世退位，否认阿维农教皇本笃十三世，选出新教皇马丁五世，教廷设在罗马，天主教大分裂至此结束。

欧洲近代银行

近代银行首先出现在中世纪的意大利。1171 年，意大利设立威尼斯银行，1407 年，又设立热亚那银行以及此后相继成立的一些银行，主要从事存、放款业务，大多具有高利贷性质。1694 年英国成立的英格兰银行是世界上第一个资本主义股份银行。18 世纪末至 19 世纪初，随着资本主义生产关系的广泛确立和资本主义商品经济的不断发展，资本主义银行得以普遍建立。

教皇国

756—1870 年罗马教皇在意大利中部拥有领土主权的政教合一的封建国家。756 年法兰克国王丕平为酬答教皇支持其篡位，迫使伦巴德人放弃拉文纳等占领地，将意大利中部大片领土赠给教皇，此为教皇国之始。774 年，查理曼大帝又将贝内文托和威尼斯等城赠予教皇，教皇国版图逐渐扩大。11 世纪起，教皇国势力逐渐增强，12—13 世纪为其鼎盛时期。1527 年奥地利占领罗马，教皇国被承认为独立国家。拿破仑进驻罗马，多次将其并入法国版图。意大利统一运动中，教皇国领土不断缩小，1870 年几乎全部并入意大利，教皇退居罗马城西北角面积只有 0.44 平方千米的梵蒂冈。1929 年墨索里尼同庇护十一世签订拉托兰条约，正式承认教皇拥有独立的梵蒂冈城国主权，从此教皇国的名称不再沿用。

罗马教廷的盛衰

12 世纪时，天主教会在每个天主教国家都占有大量耕地，还向所有教徒征税，教会和罗马教皇力图成为世俗世界的主宰。教皇英诺森三世时，将教会变成了制度化的组织，并宣扬教权高于一切的教皇专制学说，教权达到极盛。14—15 世纪，随着王权的兴起和人民反教会斗争的发展，教权由盛转衰。

英诺森三世加强教权

教皇英诺森三世（1198—1216 年当权）时，教权达到极盛。他宣扬教权至上学说，认为教会应该是"一个单一的完整的社会"，教会应有社会生活所需要的一切机关，而不受世俗权力机关的约束。他还宣称教皇是上帝在世界的代表，教权高于一切，皇帝和国王都应臣属于教皇，因此教皇拥有批准帝位选举之权。英诺森三世擅长外交权术，他干预各国内政，阻挠破坏其统一集权，以维系和加强教皇权力。

教皇英诺森三世像

宗教裁判所

宗教裁判所是 13—19 世纪天主教会侦察和审判异端的机构，又叫罗马教裁判所、审判伽利略异端裁判所、宗教法庭。旨在镇压一切反教会、反封建的异端，以及有异端思想或同情异端的人。建立于 13 世纪上半叶。

中世纪的西欧，以罗马教廷为中心的基督教会是欧洲封建统治巨大的国际中心，但从 10 世纪起，西欧一些地区出现反对基督教会的活动，到 12—13 世纪，"异端运动"蓬勃发展，著名的有意大利的阿诺德派和法国的阿尔比派。为了镇压异端，罗马教皇建立了残酷迫害异端的专门机构——宗教裁判所。

臭名昭著的宗教裁判所在欧洲横行 500 年，直到罗马教廷权力衰落后，才退出历史舞台。

托马斯·阿奎那

意大利中世纪神学家和经院哲学家，有"神学界之王"的称号。他生在意大利一个贵族家庭，小时受教会教育达 9 年。14 岁时在那不勒斯大学学到很多科学与哲学知识。1244 年加入天主教组织多米尼古教团，是一个重要转折。20 岁以后进入巴黎大学学习神学并取得硕士学位，后在巴黎大学教授神学。1259 年被任命为罗马教廷的神学老师。后来，回到意大利，从事神学研究和著述，期间曾到巴黎教授神学。1274 年死于一个修道院。1323 年被追封为"圣徒"。

托马斯·阿奎那是经院哲学的集大成者，他建立起一套系统的、完整的神学体系，被称为托马斯主义。他的 18 部巨著中，《神学大全》集基督教思想之大成。他的学说后来被引申为新托马斯主义，对基督教神学的发展产生了重要的影响。

马基雅维利

尼柯罗·马基雅维利（1469—1527 年），是意大利文艺复兴时期杰出的政治思想家、历史学家、文学家和军事家，同时也是近代资产阶级政治学的鼻祖，被西方学者尊为"政治学之父"。他出生于佛罗伦萨一个没落的贵族家庭，曾担任佛罗伦萨共和国政府和国务秘书等要职，分管外交和军事工作，多次出使外国，积累了丰富的政治经验。在美第奇家族专制统治复辟后，他曾一度被捕入狱，后来避居乡间，埋头著书立说。

他的主要著作有：《君主论》《李维历史注疏》《兵法七卷》和《佛罗伦萨史》。其政治学说以人文主义为基础，以权力作为准绳，主张建立强大统一的中央集权的民族国家，反对教皇和教会干预世俗政权。他认为君主共和制是最好的政体形式，主张君主应拥有无限权力，必须掌握常备军。强大的君主应该具有狮子和狐狸的双重本领——有狮子一样的凶狠，又要有狐狸般的狡猾。认为"为了达到目的，可以不择手段"。他所主张的这一政治权术思想被后人称为马基雅维利主义。

他还认为"人们忘掉父亲的死亡比忘掉遗产的丧失要快得多"。主张保护私有财产和私有制。马基雅维利的政治思想是典型的资产阶级政治理论体系。它的核心是民族主义，反抗封建神权，在当时的历史时代具有一定进步意义。

巴黎大学的成立

11 世纪末，意大利出现的波伦亚大学是中世纪欧洲的第一所大学。12 世纪，法国巴黎大学、英国牛津大学相继出现。到 15 世纪时，欧洲已有 40 多所大学，在这些大学中，以法国的巴黎大学最为典型。

1200 年，经法兰西国王腓力二世批准，巴黎大学正式诞生，这里集中了来自欧洲各地的求学者。巴黎大学不仅由学生和教师联合组成，而且为它服务的人，如书贩、信差等都算大学的成员。教师和学生都有各自的组织。当时，巴黎大学设

巴黎大学的索邦神学院教堂

有 4 个学科：文艺、医学、法律和神学。西欧中世纪大学的出现，是世界教育史上一个具有划时代意义的重大历史事件。它的出现意味着对宗教独占文化教育内容的一种突破。

哥特式建筑的兴起

12 世纪时，欧洲各地在罗马建筑风格的基础上逐渐形成了哥特式建筑。哥特式建筑以矢形拱门、高耸的尖塔式屋顶为特点，其墙壁薄，门窗大，圆柱较细，光线充足，门窗装有彩色玻璃，四周及门前有许多雕像。高耸入云的哥特式建筑，力求使人们感到宗教的神秘、教会的权威。哥特式建筑以法国的巴黎圣母院、英国的坎特伯雷大教堂、意大利的米兰大教堂最为著名，它与罗马式建筑明显有别。

爱尔兰－撒克逊美术

爱尔兰－撒克逊美术是欧洲中世纪初期由爱尔兰人发展起来的北欧美术，属于所谓"蛮族美术"体系。

爱尔兰－撒克逊美术综合了克尔特和日耳曼人的诸多要素，有以下特点：

1. 由曲线母题构成动态组合，如螺旋纹、卷涡纹、波浪纹等，形成充满活力的装饰面。

2. 呈几何形的图案，如钥匙形纹、回龙纹以及各种梯形纹等。

3. 混合采用各类图案，或舒缓或紧凑地加以变化。

4. 整个装饰体系中有动物和鸟类形象，它们常以夸张的躯体或嘴喙呈缠绕状的连续图案，而四肢、蹄爪，或者舌、尾、耳的图案却不完全连续，使纹样更为生动。

5. 有简单的偶像式人形或抽象图解式人像。

比萨斜塔

比萨斜塔位于意大利托斯卡纳省比萨城北面的奇迹广场上。广场的大片草坪上散布着一组宗教建筑，它们是大教堂（建造于 1063 年—13 世纪）、洗礼堂（建造于 1153 年—14 世纪）、钟楼（比萨斜塔）和墓园（建造于 1174 年），它们的外墙面均为乳白色大理石砌成，各自相对独立但又形成统一罗马式建筑风格。比萨斜塔位于比萨大教堂的后面。

比萨斜塔始建于 1173 年，设计为垂直建造，但是在工程开始后不久（1178 年）便由于地基不均匀和土层松软而倾斜，1372 年完工，塔身倾斜向东南。

比萨斜塔是比萨城的标志，1987 年它和相邻的大教堂、洗礼堂、墓园一起，因对 11—14 世纪意大利建筑艺术产生了巨大影响，而被联合国教育科学文化组织评选为世界遗产。

十四行诗

十四行诗是欧洲的一种抒情诗，音译为"商籁体"，源出普罗旺斯语

Sonnet。起初泛指中世纪流行于民间，用歌唱和乐器伴奏的短小诗歌。意大利中世纪的"西西里诗派"诗人雅科波·达·连蒂尼是第一个使用这种诗歌形式并使之具有严谨格律的文人。十四行诗由两部分组成，前一部分是两节四行诗，后一部分是两节三行诗，共14行。每行诗句通常是11个音节，抑扬格。每行诗的末尾押脚韵，押韵方式是ABAB、ABAB、CDE、CDE。

13世纪末，十四行诗的运用从抒情诗领域扩大到叙事诗、教谕诗、政治诗等，押韵方式也变为ABBA、ABBA、CDC、CDC或ABBA、ABBA、CDC、EDE。文艺复兴时期，彼特拉克等人的创作使十四行诗在艺术上和表现上更加完美，对欧洲诗歌的发展产生了重大影响，莎士比亚、雪莱等都创作过很多优秀的十四行诗。

亚瑟王传奇

中世纪欧洲主要国家有关亚瑟王故事的许多作品的总称，包括亚瑟王的诞生、魔法师梅林的故事、"圆桌骑士团"的建立、亚瑟和他的骑士的冒险事迹以及亚瑟之死等。其中比较重要的是第一骑士郎斯洛和王后圭尼维尔的爱情和寻找圣杯的故事。亚瑟王本是6世纪不列颠岛上威尔士和康沃尔一带凯尔特人的领袖，抵抗了昂格鲁－撒克逊人的入侵，久之成为民间传说中的人物。9世纪时，有关亚瑟王的传说流传到法国，并有不少诗人开始以此为题材进行创作，使之在欧洲广泛流传。亚瑟王传奇是中世纪西欧骑士传奇文学的三大系统之一（其他两大系统是法兰西和古代系统），它为后世的欧洲文学提供了冒险、爱情和宗教三大主题。除了故事情节引人入胜以外，这种文学样式也开始关注人的内心世界，可以说是长篇小说的滥觞。

四大民族史诗

中世纪后期出现的四部民族史诗的合称，它们是：法国的《罗兰之歌》（约1080年）、西班牙的《熙德之歌》（约1140年）、德国的《尼伯龙根之歌》（约1200年）和俄罗斯的《伊戈尔远征记》（1185—1187年）。其中，《罗兰之歌》是最有代表性的作品，叙述了查理大帝远征西班牙时期，大臣加奈隆与敌人勾结，在大军撤退时偷袭后卫部队的故事。断后的罗兰率军英勇奋战，终因众寡悬殊全军覆灭。史诗的主题是爱国主义，查理大帝是一个理想的君主形象，罗兰则是一个保卫祖国的英雄。诗中多用重叠和对比手法，风格朴素。《熙德之歌》写熙德反抗外族侵略者的故事；《尼伯龙根之歌》写尼伯龙根宝物所产生的争夺和流血冲突；《伊戈尔远征记》通过对罗斯王公伊戈尔远征波洛夫人失败的记叙，表达了强烈的爱国主义思想。这4部史诗的内容和反映的主题都在不同程度上有封建制度形成后的特点。

骑士文学

骑士文学是西欧中世纪反映骑士阶层生活和理想的文学。骑士文学的主要体裁分为骑士抒情诗和骑士传奇两种，其中骑士抒情诗以法国南部普罗旺斯为中心，主要内容是描写骑士的业绩、冒险经历，及其对贵妇人的爱慕和忠诚。创作方法上，以浪漫主义为主要特征，注重人物肖像、内心活动、生活等方面的细节描写，对以后欧洲浪漫主义诗歌和小说的形成和发展影响较大。

拜占廷帝国的盛衰

拜占廷帝国的版图一度横跨三大洲，包括欧洲的巴尔干半岛、亚洲的西亚诸国、北非的埃及和利比亚，首都是君士坦丁堡。

拜占廷帝国最伟大的皇帝是查士丁尼，他野心勃勃，意欲恢复古罗马帝国的版图，重现昔日的辉煌。经过 30 多年的铁腕征服，查士丁尼基本上实现了版图之梦，但他的穷兵黩武政策，恢复西部的倒行逆施，破坏了国内的经济，到了 6 世纪后期，面临强敌压境的严重局面，西部土地纷纷丧失。7 世纪以后，帝国开始走向衰退，到了 14 世纪末，东方迅速崛起的奥斯曼土耳其帝国将其推上绝路，土耳其人于 1453 年攻占君士坦丁堡，并迁都于此，改名为伊斯坦布尔。至此，存在了千年之久的拜占廷帝国终于退出历史的舞台。

圣索非亚教堂

532 年，查士丁尼下旨在首都君士坦丁堡开始建造圣索非亚教堂。这座带长方形屋顶的教堂于 537 年完成，仅用 5 年时间。其建筑师是特拉利斯的安提米乌斯和米利都的伊西多札。8—14 世纪期间，又不断进行修建，成为拜占廷拱形建筑的典范。教堂占地约 5400 平方米。中央大长方形屋顶顶端高 55 米，四周有圆拱和数以百计的小窗。它是拜占廷帝国东正教的宫廷教堂，也被用作君士坦丁堡大主教的座堂。1453 年土耳其人灭亡拜占廷帝国，君士坦丁堡改为伊斯坦布尔。

查士丁尼

拜占廷帝国皇帝。查士丁尼于 483 年出生于农民家庭，后来继承叔父王位，成为拜占廷帝国皇帝。查士丁尼当政后，对内积极革新内政，主持编纂《查士丁尼法典》《查士丁尼学说汇纂》与《查士丁尼法学阶梯》等，对后世产生了重要影响，对外则积极发动一系列的战争，包括入侵北非，征服达尔－阿兰王国，征服意大利的东哥特王国，占据西班牙的

查士丁尼大帝及廷臣

这是拜占廷时期最著名的镶嵌画之一，描绘的是查士丁尼大帝在大主教的陪伴下主持教堂奉献礼的情景。

西哥特王国东南部，从而建立了疆域空前广大的拜占廷帝国。查士丁尼统治时期，

经济相对稳定，工商业兴盛，城市繁荣，但多年的征战也大大削弱了帝国实力，为外敌入侵提供了可乘之机。565 年，查士丁尼死后不久，拜占廷帝国所侵占的领土就大部分丧失。伴随着拜占廷帝国的最终灭亡，查士丁尼的业绩也就成了历史。

《查士丁尼法典》

526 年 2 月 13 日，查士丁尼大帝颁布一项敕令，任命特里布尼厄斯组织一个由 10 名法学家组成的委员会，主席由"圣宫廷"的前司法长官约翰担任。委员会有权力用现存的所有资料，并可加以增删、修订，随后把这些敕令分别标上发布皇帝的名号，以及施行的对象与日期，再按内容分类，按时间先后排列。这部《敕法汇集》在 529 年颁布施行，也就是著名的《查士丁尼法典》。534 年，《查士丁尼法典》修改后再度颁布。

《查士丁尼法典》共 12 卷，卷下分目，每目按年代顺序排列敕令的摘录，上面标出颁布敕令的皇帝的名字和接受人的姓名，敕令的末尾注明日期。

《查士丁尼法典》颁布后，《查士丁尼法学总论》《查士丁尼学说汇编》和《查士丁尼新律》陆续颁布，成为《查士丁尼法典》的续编。

《查士丁尼法学总论》又名"法学阶梯"，于 533 年年底完成。共分 4 卷，卷下分目，辑纳了历代法学家的论文，简要阐明法学原理，是学习罗马法学原理的简要教材。

530 年，查士丁尼再度任命特里布尼厄斯为主席，11 名博学、有名望的法学家和从别留托斯、君士坦丁法律学校选出的 5 名教授为委员，共同将历代罗马著名法学家的著作，分门别类加以搜集、整理并进行摘录，共花费 3 年时间编成了《学说汇集》，又名"查士丁尼学说汇编"，于 533 年底颁布施行。

565 年，法学家又把查士丁尼皇帝在法典编完后陆续颁布的 168 条新敕令汇编成集，称为《查士丁尼新律》。其主要内容属于行政法规，也有关于遗产继承制度方面的规范。

以上 4 个部分，在 12 世纪统称为"查士丁尼民法大全"。由于《查士丁尼法典》最早编成，并且是这部《民法大全》的核心，所以一般以"查士丁尼法典"作为这部民法大全的代称。《查士丁尼法典》这一重要法律文献虽然是在西罗马帝国灭亡以后编纂的，但在编纂过程中曾根据当时情况做了加工，所以一般说来它能够反映出罗马帝国全盛时期，即"古典时代"的全貌。

拜占廷的史学

拜占廷的史学著述方面留下了宝贵的遗产。这一时期的历史作品大体上可分为仿古历史和编年史两类。著名史学家普洛可比是 6 世纪拜占廷最伟大的历史学家。他模仿希腊史学家希罗多德和修昔底德，著成《查士丁尼战争史》8 卷，论述了东罗马帝国与汪达尔人、哥特人和波斯人的历次战争。11 世纪时，女作家科穆宁著《亚历史塞传》，叙述了其父亚历史塞统治时期的历史。这些著作体现了拜占廷史学的较高水平。

古罗斯与拜占廷的战争

860 年，罗斯人第一次进攻君士坦丁堡，因风暴而受阻。907 年，基辅大公奥列格再次率军抵达君士坦丁堡城下，迫使拜占廷与之签订贸易协定。941 年，奥列格的继承者伊戈尔又发兵进攻拜占廷，罗斯舰队被"希腊火"（一种液体燃烧剂，可以在水面燃烧）击退。944 年罗斯人的再次进攻，使双方重新签订了贸易条约。957 年，罗斯女大公奥丽加曾出访君士坦丁堡，受到隆重接待，双方建立了亲切友好的关系，一些罗斯贵族还接受了基督教。10 世纪后期，出现于帝国北部多瑙河一带的保加利亚人和佩彻涅格人使拜占廷受到严重威胁，拜占廷皇帝以重金诱使罗斯人与他们作战，以缓和北方边境

拜占廷武士像

的压力。但罗斯打败保加利亚后，又企图向多瑙河沿岸发展，遂引起拜占廷同罗斯间的又一次战争（971 年）。后来罗斯战败，基辅大公斯维亚托斯拉夫被迫允诺不再向拜占廷和保加利亚发动进攻。在弗拉基米尔大公时期，拜占廷因同时面临保加利亚人的起义和瓦尔达·福卡斯叛乱，被迫向罗斯求援。弗拉基米尔帮助了拜占廷后，率全体亲兵接受基督教洗礼，并迎娶了皇室公主安娜。9—10 世纪，罗斯与拜占廷之间的多次战争和贸易、文化往来，促进了罗斯国家的发展，使它步入了基督教文明世界。

波拜战争

波拜战争是指 5 世纪至 7 世纪，波斯和拜占廷为了争夺小亚细亚进行的长达两个世纪的战争。

487 年，波斯萨珊王朝科巴德皇帝即位，他多次率军攻打拜占廷。双方在 505 年议和，此后保持了 20 多年的和平。

527 年，拜占廷皇帝查士丁尼一世继位，他重开了与波斯的战争。在以后的 100 多年内，拜占廷与波斯之间先后进行了 5 次大规模战争，双方都曾趁对方内乱之机浑水摸鱼，大肆扩张。625 年，拜占廷皇帝希拉克略大败波斯，收复了大片领土，甚至兵临波斯首都泰西封城下。628 年，波斯发生政变，国势动荡不安，无力再战。631 年，波斯皇帝科巴德二世与拜占廷皇帝希拉克略议和，归还历代侵占的所有拜占廷领土，赔偿军费，波拜战争结束。

在战争中，虽然波斯掌握战争主动权，但由于缺少强大的舰队，所以围攻拜占廷帝国首都君士坦丁堡都以失败告终。而拜占廷帝国拥有贝利撒留、希拉克略等著名军事家，多次以少胜多，以弱胜强，最后在决战中击败了波斯。

灭亡汪达尔

527 年，查士丁尼即位为东罗马（拜占廷）皇帝。他胸怀大志，希望恢复罗

马帝国全盛时期的版图。

533年，查士丁尼利用北非汪达尔王国内乱之机，派贝利撒留仅率1万步兵和6000骑兵在北非登陆，前进到距离汪达尔王国首都迦太基城16千米的地方。

汪达尔国王盖利麦克大惊失色，急忙分3路夹击拜占廷军队。贝利撒留针对汪达尔军队速度不一的情况，大打时间差，将他们相继击败。盖利麦克败退而走，贝利撒留攻占了了迦太基。

不久，盖利麦克重整旗鼓，来到迦太基附近的特里卡美仑驻扎。贝利撒留率兵迎战，与汪达尔军队隔河对峙。贝利撒留先派少量军队进行佯攻，发现汪达尔军队只反击，不追击。他当机立断，利用敌人过于谨慎的弱点，率领全部骑兵强行渡河，直击敌军的中央防线，随后步兵也发起了总攻。汪达尔军队中的匈奴人见势不妙，趁机倒戈。汪达尔人全线崩溃，四散而逃。贝利撒留乘胜追击，俘虏了盖利麦克。不久，汪达尔王国灭亡。

东哥特战争

东哥特战争是东罗马帝国灭亡东哥特王国的战争。

西罗马帝国灭亡后，东哥特人在意大利建立了东哥特王国。535年，东罗马皇帝查士丁尼派贝利撒留进攻东哥特王国。540年贝利撒留攻灭东哥特王国。

但由于东罗马帝国的横征暴敛，东哥特人发动了起义，重建东哥特王国。552年，查士丁尼派纳尔塞斯率领3万大军远征意大利。东哥特国王托提拉闻讯率军驻扎到托斯卡纳山区的塔吉纳村。托提拉企图先派骑兵进行中央突破，然后步兵跟上，扩大战果。纳尔塞斯于是在中央布置了一个长矛方阵，两侧是弓箭手，后面由骑兵保护。另有一支机动骑兵准备随时包抄敌人。战斗开始后，东哥特骑兵在东罗马军队的长矛方阵前受阻，又遭到弓箭手的袭击，损失惨重，急忙撤退。东罗马骑兵立即发起攻击，紧追不舍。东哥特骑兵和后面的步兵逃跑争路，自相残杀起来。东罗马机动骑兵从侧面发起猛烈攻击，东哥特人惨败。不久，纳尔塞斯消灭了东哥特人的残余势力，收复了整个意大利。东哥特战争以东罗马的胜利而告终。

俄罗斯主体民族的形成

862年，诺曼人发生内讧，其中一部分在军事首领留里克的带领下，进入东斯拉夫人住地，夺取诺夫哥罗德大公的领地及其统治权。879年留里克逝世，其子伊戈尔年幼，由其亲属奥列格代为摄政。882年，奥列格沿水路南下，征服了斯摩棱斯克，进而占领基辅。随后将统治中心由诺夫哥罗德迁到基辅。他又征服了附近许多小的部落及其他一些非斯拉夫部落，形成以东斯拉夫人为主体的幅员辽阔的国家，史学家称之为"基辅罗斯公国"。10—11世纪，在瓦达米尔和雅洛斯拉夫统治下，基辅罗斯国势达到顶峰，当时基辅变成东欧主要的政治与文化重心。在雅洛斯拉夫于1054年死后，他的儿子们相互争夺，12世纪时，基辅罗斯分裂成几个大公国。在13世纪，蒙古人决定性的征战结束了这个帝国的权力。

蒙古贵族统治时期

988 年，基辅罗斯大公弗拉基米尔宣布东正教为国教，大片土地集中到教会和贵族手中，封建的生产关系形成了。12 世纪，基辅公国分裂为十多个封建小国，相互混战。1237 年，蒙古大军在拔都率领下大举入侵，于 1240 年占领了基辅。1243 年，拔都在伏尔加河下游建立了金帐汗国（又称钦察汗国）。蒙古的统治使整个东北罗斯地区的社会经济遭到严重破坏，基辅罗斯公国彻底解体了。

伊凡四世改革

莫斯科公国始建于 13 世纪末，地处东北罗斯的中心，凭借着蒙古势力兴起。14 世纪末以后，蒙古势力衰落。1480 年，莫斯科王公伊凡三世统一了东北罗斯，蒙古统治结束。1533 年，伊凡四世即位，年仅 3 岁。1547 年，伊凡四世加冕称沙皇。他进行了司法、行政、军事三方面的改革，于 1550 年颁布新法典，统一全国法律，建立步兵和近卫团，加强炮兵组织，又于 1555 年在中央设领地衙门和军事衙门，第二年又颁布军役法。伊凡四世的改革有利于巩固王权。

"沙皇"的称号

15 世纪，伊凡三世为实现其建立新帝国的梦想，在帝国灭亡后，他自比为帝国的继承人，把拜占廷皇室的双头鹰徽记作为自己的徽记，并自称"沙皇"。1472 年他又迎娶了拜占廷末代皇帝君士坦丁十一世的侄女索非亚·巴列奥略为后。"沙皇"的意思就是"恺撒皇帝"。恺撒是古罗马显赫一时的大独裁者，伊凡三世自称"沙皇"就是想要步恺撒后尘，成为至高无上的君主，建立跨欧亚非的大帝国。1547 年，伊凡四世正式加冕称沙皇，从此，俄国的沙皇专制制度正式形成，除彼得大帝在 1721 年被奉以"皇帝"称号以外，历代封建君主者都袭称"沙皇"称号。十月革命胜利后，沙皇君主制寿终正寝。

俄罗斯教会改立东正教

988 年，弗拉基米尔大公率领全体臣民接受了基督教，确立了基督教为国教，在基辅建立了附属于君士坦丁堡的俄罗斯东正教会。1448 年，俄罗斯东正教召开了自主的主教会议，由罗斯主教们自选大主教，从此开始独立。君士坦丁堡陷落以后，俄罗斯教会公开以东正教的首脑自居，并盛赞俄国沙皇是罗马帝国的正统继承者，俄国是"第三罗马"等。在此思想指导下，1589 年在莫斯科召集了全国主教会议，宣布设立莫斯科和全俄罗斯大主教，摆脱罗斯教会对君士坦丁堡牧首的依附关系，并开始修订独立教会的有关礼仪规定。1653—1665 年，俄罗斯教会的礼仪规定在俄罗斯牧首尼康主持下得以统一，俄译本《圣经》也于此时修订。1721 年，俄国沙皇彼得一世颁布教会改革法案，取消牧首制，设立主教公会，并宣布以东正教为国教，从此确立了俄国沙皇对教会的控制。

索贡巡行

古罗斯大公在其管辖范围内掠取贡赋的一种封建剥削形式。每年秋冬季节，大公率亲兵挨家挨户征收粮食、皮毛、蜂蜜和蜂蜡等贡物。他们不仅掠夺财物，还将抗交者俘为奴隶。然后，将贡物和奴隶装载上船，运到君士坦丁堡卖掉，换取贵重织物、酒等奢侈品。索贡巡行实行的是武装搜刮，常常引起人民的反抗。

美 洲

阿兹特克文明

1325年，阿兹特克人在酋长特诺克率领下来到特斯科科湖中的两个小岛上，建立特诺奇蒂特兰（今墨西哥）。15世纪初，墨西哥开始向外扩张，征服邻近部落，领土扩张到墨西哥湾、危地马拉和太平洋沿岸。随着私有制和阶级分化日益明显，形成早期奴隶制国家。阿兹特克人以农业为主，种植玉米、棉花等农作物。手工业比玛雅进步，在制造铜器和陶器、铸造和压制金器以及用宝石和羽毛镶嵌装饰品方面显示出了高超的技艺。首都特诺奇蒂特兰定期举行贸易，一般以物易物。阿兹特克人擅长建筑，首都布局整齐、气势宏伟，所建造的金字塔，顶上建有宏伟的神庙。阿兹特克人吸收玛雅文化的成就，创造了类似的历法和象形文字。1518年，西班牙殖民者侵入，经济文化遭破坏。

这个塑像表现的是阿兹特克人的羽蛇神——昆兹奥考特。

印加帝国

"印加"一词是太阳之子的意思，原是一位部落酋长的名字，在西班牙殖民者最初与他们接触时，错误地以部落酋长的名字来称呼整个部族。印加的名字也就被错误地沿用下来。16世纪初，印加发展到极盛时期。印加文化发展的基础是以梯田为主要特征的农业，是世界农业文明的摇篮之一。印加帝国的手工业和采矿业也有一定发展，同时交通发达。印加人还是擅长建筑的民族，人称印第安建筑工程师。印加人还具有较高的天文学知识。在库斯科太阳神庙广场中心矗立着一个天文仪表，这是一根石柱，地面上有一条与石柱直角相交的直线，以石柱的日影来测定时间和季节。他们还建起了石柱塔，以观察太阳，确定夏至和冬至。

印加文化

印加的农业十分发达，印加人种植了大约40种农作物，仅芋类就有很多种，此外还有番茄、木瓜、菠萝、龙舌兰，以及玉米、花生、榛栗等粮食作物。印加人在采矿、纺织和手工艺方面也达到了较高水平。他们能开采金、银、铜、锡等多种金属。印加人用棉花和羊毛织出起绒的布匹，用以缝制衣服，制作毡毯。他们用羽毛和金银丝编织的布艳丽豪华，专供贵族享用。印加人在医药学方面成就卓著，他们的医生会做开颅手术。由此可以看出，美洲古代印第安人在劳动中创造了光辉灿烂的文化，达到了古代美洲文明的新高峰。可惜的是，随着印加帝国在1532年被西班牙殖民者征服后，这些文明也就走向了绝境。

玛雅文明

玛雅文化始于公元前3000年。4—9世纪，玛雅文化达到全盛时期，但在10世纪初期的50年间，玛雅文化却突然消失了。它的消失至今仍是世界史学家们致力探索的一个谜。10世纪以后，玛雅文明再度复兴，到16世纪西班牙的入侵，玛雅文明迅速走向衰落。

玛雅人为了发展农业和祭祀的需要，创造了精确的太阳历。他们对时间的计算比现在世界通用的格列高利历还要准确。玛雅太阳历一年的平均长度为365.2420日。

在数学方面，他们发明了"0"这一符号。这比欧洲人使用"0"大约要早七八百年。玛雅人在公元纪年初期，创造了象形文字。玛雅人还是建筑大师和艺术家。他们用石料筑成的富丽堂皇的庙宇、规模宏伟的金字塔、造型健硕的人体石雕，以及各式各样的廊柱、碑林，至今仍受到人们的赞誉。玛雅人还有每隔20年建立一座石碑以纪年的习惯，现已发现的玛雅纪年石碑有数百块之多。人们因此将玛雅人称为"完美无缺的编史学家"。但不知什么原因，1516年，玛雅人在图鲁姆建立了最后一块石碑后，有着1200年历史的立碑纪年法便就此中断了。

秘鲁帕拉卡斯文化

从约公元前500年到约公元前200年间，位于秘鲁利马南方的海岸地域，繁衍着丰富多彩的帕拉卡斯文化，人们在那里从事农业，栽培玉米、豆类、花生、土豆等。在帕拉卡斯，人们在刺绣、纺织方面的才能十分突出，使用的技术之高在其他地方难以见到。在2000多年后发现他们织的布上，配有100种以上不同的色调，并绘有人、鸟、猫、恶魔等各种图案。他们在埋葬死者时举行复杂的仪式，经过干燥和熏过的遗体，与纺织品、复制的头、陶器等一起安置在墓中。

非　洲

埃塞俄比亚王国

阿克苏姆王国是东非埃塞俄比亚领土上的第一个国家，约兴起于公元前10世纪。5世纪起，基督教传入，逐渐成为阿克苏姆王国的国教。7世纪阿拉伯兴起后，阿克苏姆王国逐渐衰落下来，各封建贵族的领地逐渐发展成独立的封建小公国，到13世纪被埃塞俄比亚王国统一。

桑给帝国

10—15世纪，东非海岸处在"桑给帝国"时期。桑给帝国是一个由众多城邦组成的联合体，在各城邦中长期居于霸主地位的是基尔瓦苏丹国。基尔瓦苏丹国是波斯人哈桑·阿里·伊本于975年征服基尔瓦及其邻近岛屿后建立起来的。它很快就发展为东非海岸的贸易中心。13世纪末或14世纪初，基尔瓦苏丹国控制了莫桑比克地区的黄金集散地索法拉，国家达到极盛，索法拉、安哥舍、莫桑比克、桑给巴尔、奔巴、蒙巴萨、摩加迪沙等城邦的苏丹都变成了它的封臣。到15世纪末，桑给帝国开始衰落。

刚　果

刚果是非洲班图族刚果人建立的国家，约建于14世纪。15世纪末，国王恩赞加·库武大举扩张，领土东到刚果河，西至大西洋，南达洛热河，北抵刚果河北岸。王国有一套完整的中央和地方统治机构，王是最高统治者，下设首相和权力很大的六总督委员会。全国分六省，由总督治理。刚果以农业为主，生产稻、麦、高粱、香蕉、棕榈果，以及16世纪初从美洲传来的玉米、薯类，冶金、造船和棕榈叶编织比较发达，尤为重视冶金生产。1448年，葡萄牙殖民者大量闯入，国王和部分贵族率先加入天主教，首都改名圣萨尔瓦多。殖民者使用欺骗和引诱伎俩，掠夺奴隶和财富，引起统治者与人民以及统治者内部的矛盾。16世纪中叶，国势衰落。1665年，王国取消葡萄牙人采矿权，双方发生战争，国王战死，王国分裂为3个小国，1900年灭亡。

大津巴布韦

南部非洲的津巴布韦人在赞比西河和林波波河中间的高原上从事农耕和畜牧。13世纪，津巴布韦的金和铜输出到亚洲各地，同时津巴布韦输入了中国的陶器、西亚的金属制品和玻璃制品。通过这种贸易，原来就地产丰富的津巴布韦的统治者积聚了巨额财富，由此建起强大的国家。从12世纪起，他们开始在村落周围建立了被称作"巴基巴布艾"的巨大石头围墙。约1450年，大津巴布韦强大起来，逐渐成为非洲南部的宗教、政治和商业中心。

莫诺莫塔帕王国

南非古国莫诺莫塔帕于6—8世纪建都津巴布韦，12—16世纪达到全盛。16世纪初，由于葡萄牙人的入侵和内乱，莫诺莫塔帕王国开始走向衰落。1629年，莫诺莫塔帕被葡萄牙人的军队打败，进一步衰落下去，最终于1693年灭亡。

贝宁王国

12世纪，西非约鲁巴人的一支——埃多人（比尼人）建立了西非历史上著名的贝宁王国。15世纪以前，贝宁曾受制于约鲁巴人的国家奥约国。15世纪下半叶，在埃瓦雷大王统治时期（约1440—1480年），贝宁摆脱约鲁巴人的控制，成为强盛的大国。埃瓦雷进行了大规模征服战争，其足迹远抵刚果。贝宁人民创造了丰富的艺术，特别是铜雕、木雕、骨雕、牙雕等在世界文明史上占有重要地位。19世纪贝宁趋于衰败，后并入英属尼日利亚。

马里王国

非洲除了加纳外，还有许多古老国家，马里王国便是其中之一。马里意为"国王驻地"，于7世纪前后建立，长期臣服于加纳王国。国王迪亚塔（1230—1255年在位）谋求国家独立，1240年他征服加纳，统一了从大西洋沿岸的塞内加尔河到尼日尔河的大片领土。国王曼萨·穆萨统治时期（1307—1332年），马里王国最盛，农业、手工业、商业有很大发展，阿拉伯文化也进一步传播。17世纪，马里王国被邻近民族所灭。

曼萨·穆萨国王

曼萨·穆萨（1307—1332年在位），马里帝国国王。全名为曼萨·康康·穆萨。曼萨是说曼丁戈语各族人民对统治者的尊称。曼萨·穆萨1307年继承王位，是马里帝国第九位国王。中世纪西苏丹的文化中心廷巴克图就是此时迅速发展起来的。曼萨·穆萨是马里王国全盛时期的统治者，在他统治下，马里的疆域更为辽阔，国内外贸易发达，国内出现较长的稳定和繁荣局面。曼萨·穆萨死后不久，马里即陷于内乱。

加纳王国的繁荣

300年前后，在西部非洲的塞内加尔河至尼日尔河中上游地区，古加纳国建立。到622年，加纳已有过22个国王相继在位，后来又有22个国王执掌政事。约790年，索宁凯人（黑肤色曼迪人的一支）的领袖卡亚·马加·西塞夺取了加纳政权，确立西塞·通加（索宁凯语，意为国王）王朝的统治，从此延续达3个世纪之久。9—11世纪，加纳王国进入全盛期。其版图包括撒哈拉沙漠以南，万加腊以北，台克鲁尔、锡拉以东廷巴克图以西的广

表现加纳人淘洗金沙的图画

大地区。约在 1040 年，加纳王国北部游牧的柏柏尔人部族、桑哈扎人兴起，在撒哈拉西部和北非的摩洛哥建立了疆域广大的穆拉比特王国。1062 年，穆拉比特王国挥师南下侵犯加纳被击退。加纳还乘机合并了巴布克和万加腊两个产金地，掳获大批奴隶。1076 年，加纳未能抵挡住穆拉比特王国的又一次猛烈攻势，首都昆比沦陷，加纳居民沦为奴隶。经过长达 11 年的反复斗争，加纳终于在 1087 年赶走了侵略者。

埃及国家的独立

639 年，阿拉伯人侵入埃及，将埃及变成阿拉伯帝国的两个行省，实行民族压迫和宗教歧视的政策。9 世纪中，埃及东北部的阿拉伯农民、城市贫民、游牧人和尼罗河三角洲的科普特人联合起义，打击富商，削弱了阿拉伯人的统治。从 868 年到 969 年，埃及的统治者实际上已经是独立的君主；从 969 年到 1517 年的 500 年间，埃及是一个独立的阿拉伯国家。

埃及反抗十字军的斗争

从 1096 年起，西欧封建主发动多次十字军东侵，占领了小亚细亚的部分土地，并以此为据点多次入侵埃及本土，埃及人民奋起反击侵略者。阿尤布朝的建立者萨拉丁向十字军发起了大反攻。1187 年 7 月的哈廷战役中，萨拉丁收复了除推罗、的黎波里和安条克以外的所有城市。其后他又打败了第三次十字军的入侵。他的继承者领导埃及人民击溃了第五次东征的十字军，全歼了第七次东征的十字军。

埃及阻止蒙古军西征

在十字军东征的后期，来自亚洲内陆的蒙古军队占领了两河流域。1258 年，旭烈兀率领蒙古侵略军攻下巴格达，灭阿拉伯阿拔斯朝，并继续西进叙利亚。当时十字军力图勾结蒙古军，使埃及处于东西夹击之中，马木路克朝时代的埃及和西亚人民进行了英勇的斗争。1260 年、1281 年，在巴勒斯坦和叙利亚境内，埃及两次大败蒙古军，之后又粉碎了蒙古的 3 次入侵，迫使蒙古军停止西进。

马格里布的独立

马格里布位于北非，它的最早居民是柏柏尔人。8 世纪以前，马格里布一度处于阿拉伯人的殖民统治下。8 世纪中期，马格里布人民反阿拉伯统治者的斗争不断兴起。755 年，突尼斯南部和内富萨山爆发了大起义。776 年，起义首领伊本·罗斯图姆被拥立为教长，建立了罗斯图姆朝，后由阿格拉布家族继承，这实际上是东马格里布地区的独立王朝。788 年，阿拉伯贵族伊德里斯·本·阿卜杜拉依靠柏柏尔部落的力量，在摩洛哥北部建立了独立的封建国家——伊德里斯朝。

亚 洲

阿拉伯帝国

阿拉伯帝国是7世纪时阿拉伯人建立的封建帝国。西方史籍称萨拉森帝国，中国史书称大食。632年，哈里发阿布·伯克尔恢复了阿拉伯半岛的统一。第二、第三任哈里发大举扩张，到7世纪中叶占领巴勒斯坦、叙利亚、埃及、利比亚和伊朗，奠定阿拉伯帝国的基础。8世纪初，阿拉伯帝国继续向外大规模扩张，向西占领整个北非、西班牙，向东占领印度河下游。8世纪中期，形成地跨欧、亚、非三洲的阿拉伯帝国。8世纪中叶后的100多年间，是阿拉伯帝国的最强盛时期，经济繁荣，文化昌盛，推动了东西文化交流和世界文化的发展。随着宫廷挥霍无度和封建剥削的加强，民族矛盾、阶级矛盾尖锐。10世纪中叶后，阿拉伯分裂成许多封建小国。1258年，成吉思汗之孙旭烈兀率领蒙古军队攻陷巴格达，杀死哈里发，阿拉伯帝国遂亡。

"大食国"

中国唐宋时期对阿拉伯人、阿拉伯帝国的专称。早自7世纪中叶起，唐代文献已将阿拉伯人称为多食、多氏、大食；10世纪中叶以后的宋代文献多作大食。阿拉伯帝国向外扩张，因而大食的含义随之扩大。

倭马亚王朝的统治

叙利亚总督摩阿维亚就任哈里发后，迁都大马士革，将哈里发职位改为世袭，建立了倭马亚王朝。此后，统治者继续向外扩张。到8世纪中叶，阿拉伯帝国已经形成一个东到亚洲的葱岭，与唐代的中国接壤；西到欧洲的西班牙，与法兰克王国为邻；南达北非；地跨亚、非、欧三大洲的强大帝国。

骑马的倭马亚王朝哈里发复原图

君士坦丁之围

君士坦丁堡之战是阿拉伯倭马亚王朝企图夺取拜占廷帝国的首都君士坦丁堡的战役。

从669年起，阿拉伯人就多次进攻拜占廷首都君士坦丁堡，但每次都大败而回。717年，阿拉伯人趁拜占廷政局动荡之机，再次进攻君士坦丁堡。阿拉伯军队分水陆两路。陆路主要是骑兵和骆驼兵，约有12万人，经小亚细亚渡过达达尼尔海峡进军君士坦丁堡；水路有战舰1800艘，从叙利亚和埃及驶向君士坦丁堡。

面对强敌，拜占廷皇帝利奥三世采取诱敌深入、聚而歼之的战略。拜占廷人拆除了金角湾入口处铁链，使得阿拉伯舰队驶入港湾。拜占廷军队趁机向阿拉伯军队发射火箭、火矛和"希腊火"，阿拉伯舰队损失惨重，几乎全军覆没。阿拉伯陆军遭到了与拜占廷结盟的保加利亚人的重创，再加上冬季严寒、疾病流行、供给不足，士气十分低落，前来援助的海军又遭惨败。718 年 8 月，阿拉伯军队被迫撤离，结束历时 13 个月的君士坦丁堡会战。

此战，阿拉伯军队共损失了 17 万人、2500 多艘战舰。

阿拔斯王朝

750 年，伊拉克大地主阿布·阿拔斯推翻倭马亚王朝，建立阿拔斯王朝。第二任哈里发曼苏尔时期，在底格里斯河右岸营建新都巴格达。阿拔斯王朝采用伊朗的政治制度，重用波斯人在政府机构中任职。统治者重视农业，兴修水利，促进了农业的发展。工商业也不断发展，巴格达不仅成为政治中心，而且成为国际贸易的中心。后来由于柏柏尔人、突厥人等充斥王朝的军队，并窃据政府要职，使阿拔斯王朝日趋没落。945 年，伊朗的白益人攻入巴格达，强迫哈里发承认他们的独立地位，此后帝国的埃及、北非、西班牙等地也纷纷要求独立。1258 年，蒙古人西侵的军队攻陷巴格达，阿拉伯帝国灭亡。

阿拔斯王宫的壁画

衣着华丽的仕女一边跳舞一边从长颈瓶中倒出美酒，这样的壁画给后宫的墙壁增色不少。

白益王朝

9 世纪，阿拉伯帝国逐步走向分裂。在巴格达哈里发争权夺势的同时，艾哈迈德于 945 年占领巴格达，建立白益王朝，哈里发成为傀儡。白益王朝建立初期，艾哈迈德政权不时遭到伊朗山区人民和美索不达米亚的阿拉伯部族的反抗，但都被艾哈迈德平息。到阿杜德·道莱统治时（949—983 年在位），国家达到极盛时期。兴建了公共设施、医院和库尔河上的水坝，伊朗的赖伊和奈欣以及伊拉克的巴格达成为主要文化中心。阿杜德·道莱死后，他的儿子们开始了争夺王位的斗争，王朝日趋解体。1029 年，东部各地被突厥人占领。1055 年，白益王朝的最后一代统治者被塞尔柱突厥人突格里尔·贝格废掉，王朝告终。

迦梨陀娑

迦梨陀娑（大约生活于 4—5 世纪），印度古代诗人、戏剧家，被誉为笈多王朝的"宫廷九宝"之一。他知识渊博，文学造诣深，在古代印度时期已是声名大噪。其诗歌有抒情短诗集《时令之环》，抒情长诗《云使》，叙事长诗《罗怙世系》《鸠摩出世》；剧本有《摩罗维迦和火友王》《优哩婆湿》《沙恭达罗》。其中，以剧本《沙恭达罗》最为著名。

《一千零一夜》

《一千零一夜》中很多故事来源于古代阿拉伯社会的民间传说，经过阿拉伯人民吸收、融化、改造和再创作后，它们真实生动地反映了阿拉伯社会的生活。这些故事多是赞美和歌颂人民的善良与智慧，抨击和揭露坏人的邪恶与罪行。《一千零一夜》深受世界人民的喜爱，享有"世界上最伟大奇书"的美称。

奥斯曼帝国

奥斯曼帝国的祖先是突厥人，原居中亚，后西迁小亚细亚，依附罗姆苏丹。1299 年，其酋长奥斯曼宣布独立，称奥斯曼帝国。它不断侵占拜占廷帝国的领土。14 世纪末占领巴尔干半岛大部地区，奠定了帝国的基础。1453 年苏丹大军攻陷君士坦丁堡，并迁都于此，改名伊斯坦布尔。又经过 100 多年的扩张，到 16 世纪中叶，形成地跨欧、亚、非三洲的帝国。疆域包括埃及、阿拉伯半岛、叙利亚、伊拉克、匈牙利、塞尔维亚、巴尔干半岛、阿尔及利亚、突尼斯等地区。随着国内阶级矛盾尖锐，人民纷纷起义，17 世纪中期国势衰落。1919 年爆发了资产阶级革命，1922 年帝国被推翻。

土耳其的对外扩张

奥斯曼一世的儿子乌尔汗继位后，把侵略的矛头指向衰弱的拜占廷帝国，于1331 年夺取了拜占廷在小亚细亚的全部领地。他死后，其子穆拉德一世正式称苏丹，继续进行侵略扩张。1396 年，土耳其人挫败了西欧五国联合发动的十字军远征，控制了巴尔干的绝大部分地区。

巴尔干人民的起义

苏丹的长期侵略战争需要大量军费，致使农民的捐税负担越来越重。1511 年，人民起义席卷整个小亚细亚。1518 年，小亚细亚又爆发了反对苛捐杂税的农民起义，虽然起义遭到镇压，但反抗斗争一直没有停止。

伊斯坦布尔

伊斯坦布尔现在是土耳其最大的城市和海港。曾经是拜占廷帝国和奥斯曼帝国的都城，330 年，罗马皇帝君士坦丁在此定都，称为新罗马，后改称君士坦丁堡。1453 年，被奥斯曼帝国占领，拜占廷帝国灭亡。该城改称为伊斯坦布尔。世界著名的索非亚大教堂就坐落在这里。

君士坦丁堡的陷落

15世纪初，衰落的拜占廷帝国领土，只剩下首都君士坦丁堡及其附近若干城市，以及被土耳其军队切断了联系的伯罗奔尼撒地区，君士坦丁堡实际上已是一座孤城。1453年年初，土耳其苏丹王亲率步兵7万多、骑兵2万多、战舰320艘，从海陆两面围攻君士坦丁堡。君士坦丁堡位于博斯普鲁斯海峡西岸的一个海岬上，地势险要，东、南临马尔马拉海，沿海地区筑有防御工事，北面金角湾入口处有铁链封锁，西面是陆地，筑有城墙和壕沟。城内军民据险防守，誓死抵抗，土耳其军队一时难以取胜。后来，土耳其人买通热那亚商人，借道热那亚人所控制的加拉太地区，潜入金角湾内，配置火炮，从海陆两面对君士坦丁堡发起总攻，5月29日，城堡最后被攻陷。延续了上千年的拜占廷帝国至此灭亡。

这是一幅15世纪的法国油画，描绘奥斯曼土耳其人在君士坦丁堡城外安营扎寨、准备围攻拜占廷首都的情景。该城的陷落标志着拜占廷帝国的结束，同时巩固了奥斯曼土耳其人在中东的霸主地位。

阿尔忒弥斯神庙

这座神庙的遗址位于今天土耳其的爱奥尼亚海滨，《圣经》里把这个地方称为以弗所。

神庙1869年被发现。1982年，土耳其考古学者在遗址3米深处发掘到上百件重要文物，其中有纯金妇女塑像，象牙制作的项链、耳环、手镯等饰物。陈列在以弗所博物馆内的阿尔忒弥斯神塑像，是一件价值无比的艺术瑰宝，神像比真人还高，面容慈祥，神情生动，形态逼真，雕刻艺术细腻传神，是世界上所发现的阿尔忒弥斯雕像中最古老、最完整的一个。

摩索拉斯陵墓

公元前4世纪，在今天的安纳托利亚高原西南部有一个卡里亚帝国。在摩索拉斯国王统治下，卡里亚盛极一时，罗德斯港曾是卡里亚帝国的一部分。摩索拉斯还在世的时候，就开始为他和他的王后——阿尔特米西娅二世（同时也是他的妹妹）修建陵墓了。如今，强大的卡里亚帝国已不复存在，只有王陵的遗迹向世人讲述着帝国的传说。

规模浩大的陵墓于公元前353年建造完成。根据拉丁史学家大普林尼描述，这座建筑由3部分组成：地基是高19米、长39米、宽33米的平台；地基上是由36根柱子组成的爱奥尼亚式连拱廊，高11米；拱廊上是金字塔形屋顶，由24级台阶构成，象征着摩索拉斯的执政年限。陵墓顶端是摩索拉斯和王后驾驶四马战车的雕像。整座建筑高达45米，除了宏伟的建筑外，摩索拉斯陵墓地基四周还有精美的雕塑。12世纪，一场地震使陵墓受到重创。1402年，汪达尔骑兵攻占哈利卡纳苏斯，并在那里建起了圣·彼得要塞。16 世纪初，为加固要塞，骑兵们把这座陵墓当成了采石场，摩索拉斯陵墓就这样被拆毁了。

蒙古轻骑兵

蒙古军队的主力是骑兵，而骑兵中轻骑兵又占大多数。

蒙古骑兵在三四岁的时候就开始进行严格的骑马射箭的训练，所以他们每个人都骑术高超、射箭精准。他们的武器有弓箭、马刀、长矛、狼牙棒、短斧，其中最主要的是弓箭。蒙古人以骑射闻名天下，他们的弓箭需要大约 80 千克的力量才能拉开，射程很远。蒙古人的箭有两种，一种箭头小而尖，较轻，用于远射，杀伤力小；另一种箭头大而宽，较重，用于近战，杀伤力大。蒙古骑兵的早期的铠甲是皮革甲，如鲛鱼皮甲、翎根甲，后来的铠甲变为外层是铁甲，内层是牛皮，又变为罗圈甲、鱼鳞甲和柳叶甲。

在行军作战时，蒙古骑兵们一般都带好几匹马，这些马都跟在部队后面。当骑兵所乘的战马筋疲力尽时，骑兵们就会立即换乘另一匹马，继续进行战斗。他们的任务主要是侦察掩护，骚扰疲惫敌人，为重骑兵提供火力支援，跟踪追击，肃清残敌。

蒙古战术

蒙古军队之所以能纵横欧亚大陆，除了战士作战勇猛外，还要归功于他们的高明的战术。

在打野战时，蒙古主要是使用骑兵。蒙军最常使用的作战方法是将骑兵部队排成许多平行的纵队，向前推进，各纵队间有骑兵负责联系。当一个纵队遇到敌人主力时，就会停止前进或稍向后退，而其他纵队则继续前进，迂回到敌人侧面和背后，将敌人包围彻底歼灭。

战况不利时，蒙古骑兵就会一边逃走，一边向进行追击的敌人射箭（蒙古人称这种战法为"曼古歹"）。这种战术一可以远距离攻击敌人，二可以持续不断地攻击敌人。

在攻城时，蒙古军队使用一种大型投石机，叫襄阳炮。1273 年，蒙古军队用襄阳炮攻克了南宋的战略要地襄阳城，打开了南宋的门户。这种巨炮对城墙具有巨大的破坏力，可以对守城的敌人产生巨大的心理威慑。以至于许多城市见到这种巨炮后就会不战而降。

蒙古人在战争中经常使用屠城战术，对将要攻伐的其他地区进行威慑，往往能摧毁敌军的士气和抵抗意志，获得全面彻底的胜利。

蒙古军队南征北战，战无不胜，攻无不克，靠的就是骑兵和巨炮。

拔都西征

1229 年，蒙古大汗窝阔台即位后，继续推行侵略扩张政策。1235 年，蒙古派拔都西征欧洲。1236 年，拔都率大军渡过乌拉尔河，征服了伏尔加河的保加尔人。1237 年侵入俄罗斯。1238 年焚毁莫斯科城。1240 年，攻取南俄各城，罗斯古都基辅被毁。1241 年，蒙古军打败波兰军，毁波兰都城克拉科丸又侵入匈牙利，攻陷佩斯等城。1241 年 12 月，窝阔台去世，拔都于次年班师回国。拔都在 1242 年以伏尔加河下游的萨莱为都，建立了钦察汗国。

旭烈兀西征

蒙哥统治时代，蒙古帝国继续对外扩张。1253 年，旭烈兀西征军启程。1258 年攻陷巴格达城，阿拉伯帝国灭亡。1259 年向埃及控制的叙利亚进军。1260 年 3 月大马士革迎降。1260 年 5 月，旭烈兀得知蒙哥去世，率部退回波斯。后叙利亚被埃及夺回，旭烈兀西征结束。旭烈兀后在西征基础上建立的伊儿汗国，领土东起阿姆河和印度河，西迄小亚细亚，南抵波斯湾，北至高加索山。

攻陷巴格达

攻陷巴格达是指第三次蒙古西征时，蒙古军队攻占了黑衣大食国（阿拉伯帝国阿拔斯王朝）都城巴格达（今伊拉克首都巴格达）的战役。

1257 年冬，旭烈兀指挥三路蒙古大军包围了黑衣大食国首都巴格达。第二年，蒙古军向巴格达发动总攻。蒙古军大炮石轰击巴格达，城门上的戍楼全都被炮火击毁。蒙古军日夜不停地向巴格达猛攻，战斗十分激烈。旭烈兀向城中射书信，离间敌人。不久，蒙古大军相继占领了巴格达多个城门。为了防止城中敌人逃走，旭烈兀下令在城墙上修建碉堡，架设抛石机，并派兵乘船在底格里斯河巡逻，攻击逃走的敌人。

阿拉伯帝国末代国王阿里发·木思塔辛致书旭烈兀，请求赔款赦免，但遭到了拒绝。此后，蒙古军队攻势更猛。阿里发·木思塔辛无奈，只好率领王子、贵族和官员，走出巴格达城，向旭烈兀投降。蒙古军队进入巴格达后，在城中大掠七天，巴格达军民总共被屠杀了 80 万。木思塔辛被蒙古军队纵马踏死，阿巴斯王朝灭亡。

扎鲁特之战

扎鲁特之战是埃及马木留克王朝击败蒙古军队的一场战斗。

旭烈兀占领叙利亚后给埃及马木留克王朝苏丹库图兹发去最后通牒，要他投降。不久因为蒙哥汗去世，旭烈兀率军东归。库图兹听到消息后，拒绝投降，并发出"圣战"号召，率领北非和西亚的 12 万联军，进攻留守叙利亚的蒙古军。蒙古军留守大将怯的不花大怒，率领 2 万蒙古军进攻埃及。库图兹率大军在巴勒斯坦约旦河左岸贝桑附近的扎鲁特山谷迎敌。

埃及军首先派大将拜巴尔斯率领 1 万马木留克骑兵出阵，引诱蒙古军出战。怯的不花下令全军突击，拜巴尔斯诈败而回，蒙古军不知是计，杀进山谷。山谷里的埃及军队摆成内凹外凸的新月形，向蒙古军队射出漫天箭雨。怯的不花下令冒着箭雨向敌军冲锋，马木留克骑兵也奋力迎击，双方从清晨激战到下午，怯的不花中箭身亡，蒙古军队败退，结果马木留克军队追上全歼。

扎鲁特之战终止了蒙古人在中东地区的扩张。

帖木儿帝国

帖木儿帝国的奠基人帖木儿生于撒马尔罕附近，居住于河间地带，宣称自己是蒙古帝国的重建者。1330年他开始征服波斯，并于1383—1385年占领呼罗珊和波斯东部；1386—1394年，波斯西部、美索不达米亚和乔治亚也被其征服；之后他又占领了莫斯科。波斯爆发起义，他对此进行了残酷的镇压，并屠杀了全城的居民。1398年南侵印度，1399年西征西亚细亚，1402年大败奥斯曼帝国，俘其苏丹，终于建成一个仅次于蒙古的大帝国。1404年准备入侵中国前死去。帖木儿帝国内部发展不平衡，缺乏统一的经济基础，所以帖木儿死后，帝国四分五裂。1501年，帖木儿帝国被乌兹别克所灭。

蒙古征服者帖木儿像

萨非王朝的建立

自7世纪中叶至16世纪初，伊朗长期处于外族统治之下，起初是阿拉伯国家，以后是塞尔柱突厥国家、蒙古伊儿汗国和帖木儿帝国。15世纪中期，帖木儿帝国日趋衰落，逐渐瓦解。此时，伊朗西部和阿塞拜疆一带，由土库曼游牧部落贵族建立的两个对峙王朝——黑羊王朝和白羊王朝——统治。阿达比尔城的萨非家族趁机参加了夺取政权的斗争。1468年，萨非联合白羊王朝灭掉黑羊王朝。1501年，萨非军队打垮白羊王朝的主力。1502年，萨非领袖伊思迈尔攻下大不里斯，自立为王，建立了萨非王朝。

笈多王朝的建立

320年，笈多王朝君主旃陀罗·笈多一世即位后，征服了邻近的王公，恢复了印度西北部的版图。其子沙摩陀罗·笈多更将版图扩张到印度河，向东征服恒河下游。旃陀罗·笈多二世时，笈多王朝国势达到鼎盛，领土包括北印度全境，成为中世纪印度第一个封建大帝国。

戒日王的攻略

戒日王（589—647年），本名曷利沙·伐弹那，印度戒日朝国王（606—647年在位）。

7世纪初北印度陷于分裂，出现两大阵营：坦尼沙国和穆里克国为一方，高达国和摩腊婆国为另一方。戒日王为坦尼沙国王波罗·瓦尔那的次子。604年，戒日王随哥哥罗贾伐弹那征讨白匈奴人。不料，父王突然病逝，母后殉葬。高达和摩腊婆大举进攻坦尼沙的盟国穆里克，穆里克国王被杀。两国军队又准备进攻坦尼沙。罗贾伐弹那立即继承王位，率兵援助穆里克国，不料却遭暗杀。606年，戒日王继承了王位，以倾国之力进攻高达和摩腊婆，大获全胜。612年坦尼沙和穆里克两国合并，戒日王任国王。

戒日王的军队有象兵5千，骑兵2万，步兵5万，其中象兵最重要。戒日王就率领这支军队，南征北讨，统一了北印度，象兵增加到6万，骑兵增加到10万。但在征服南印度时，戒日王却遭到失败，被迫划河为界。

647年，戒日王逝世，戒日王朝崩溃。

阿拉伯数字的发明

笈多帝国时期的印度，科学比较发达。现今通用的阿拉伯数字，其实就是印度人民发明的。早在古代，印度人就使用这种数字进行计算，不过那时还没有"0"这样的缺位符号。"0"的使用大约始于笈多帝国时期，最初是一个点，几世纪后演变为圈。这10个数字从印度传到阿拉伯，阿拉伯人略加修改后又传到欧洲，被欧洲人称为阿拉伯数字。

德里苏丹国家

1186年，兴起于阿富汗境内的廓尔王朝灭了伽色尼王朝，定都于北印度的德里。1206年，廓尔王朝的突厥人库尔布·乌丁·伊巴克自立为苏丹，统治以德里为中心的广大地区。此后300多年的5个王朝国王均称苏丹，历史上将其称为德里苏丹国家。

印度教的出现

随着封建制度的确立，印度出现了综合各种宗教，主要是综合婆罗门教和佛教信仰的新宗教——印度教。印度教崇敬3个主神：梵天是主管创造世界之神，毗湿奴是主管维持世界之神，湿婆是主管破坏世界之神。印度教吸收了佛教的禁欲、不抵抗等内容，其基本教义是从婆罗门教和佛教那里吸取来的"法"和业力轮回学说。印度教因得到封建统治阶级的保护和支持，9世纪以后成了全国占统治地位的宗教。

莫卧儿帝国

德里苏丹的残暴统治遭到人民的不断反抗。1525年，帖木儿的后裔巴布尔乘机侵入印度。1526年，巴布尔在德里北方的帕尼帕特打败了苏丹易卜拉欣的军队，占领德里。1527年，巴布尔又在康努亚击溃印度诸侯的联军，此后数年更是相继征服了北印度大部分地区。巴布尔征服印度后建立起莫卧儿帝国，它在名义上一直存在到 1857 年，莫卧儿帝国初期，经济繁荣，农工商业相当发达。在商品经济发展的基础上，大量的商业资本也开始活跃起来。

阿克巴改革

莫卧儿帝国君主阿克巴（1556—1605 年在位）是印度历史上最有作为的开明君主之一。他为了加强中央集权、调和阶级矛盾，进行了一系列政治改革。包括实行宗教宽容政策，取消征收人头税政策，实行新的税收制度，按土地的实际产量分等收税，规定税额为收成的 1/3；取消包税制；发展经济，改革陋习。阿克巴改革使莫卧儿帝国进入了全盛时代。

锡克教的兴起

16 世纪初，锡克教在印度北部兴起。1499 年，旁遮普省商人家庭出身的那纳克师尊创立了锡克教。锡克教是一种不同于印度教的新宗教，它主张人人平等，反对种姓制度，要求人们对万能的上帝奉献爱心。第五代师尊阿尔琼向信徒征收捐税，构筑寨堡，形成了独立的类似政府的宗教组织，并于 1604 年编纂了锡克教的圣书。阿尔琼的活动引起了莫卧儿帝国国王的猜忌，后被残酷地处死，锡克教的和平发展时代至此结束。

朝鲜的"三国时代"

朝鲜民族自古居住在朝鲜半岛上。在原始社会末期，半岛上逐渐形成了几个部落联盟。公元元年前后，朝鲜半岛北部出现了高丽奴隶制国家。3 世纪和 4 世纪，在朝鲜半岛的西南和东南部，又先后出现百济、新罗两个奴隶制国家。于是，朝鲜半岛出现高丽、百济和新罗三国鼎峙的局面，朝鲜史上称为"三国时代"。

高丽、百济、新罗三国统治者为了争夺半岛上的霸主地位，进行了长期激烈的斗争。三国当中以高丽为最强，曾侵入中国的辽西。到 6 世纪时，新罗逐渐强大起来，领土扩大到半岛中部的汉城一带。新罗的强大引起了高丽的恐惧，于是，它联合百济不断进攻新罗，同时还断绝了新罗和日本通往中国的道路。新罗转而向中国求救，唐太宗率军攻打高丽，直到 7 世纪中期，唐朝灭掉了百济和高丽，在平壤设立了安东都护府进行统治。朝鲜人民坚决反抗唐朝的封建统治，迫使唐将安东都护府撤至辽东。735 年，唐与新罗正式以现在的大同江为界，新罗终于统一了朝鲜半岛。

田柴科颁行

976 年，高丽王朝将全国可耕地和山林进行登记，将一部分土地和山林按等级分给文武官吏和府兵。文武百官按"人品"（身份）分为 79 品，最高者得田柴 110 结（田为耕地，柴指烧柴林，结为高丽丈量土地的单位），最低者得田 21 结，柴 10 结。国家把土地的收税权授予受田者，只限当代，不得世袭。公元 977 年，高丽王朝授予功臣勋田"功荫田"，数量20结到50结不等，可以世袭。后又颁布了公廨田柴制度，国家各机关（从中央到地方）都分得一定数量的土地收税权，用作行政经费。1049年，国家又颁布了"功荫田柴"，对一至五品的国家高级官吏，分别赐予从田25结、柴15结，到田15结、柴5结的工地收税权，并可世袭。此外绝大部分土地是由国家直接征收租税的公田。田柴科的颁行确立了高丽王朝对全国土地的支配权，成为专制集权国家体制有力的物质基础。

高丽贫民起义

高丽的繁荣局面持续了200年左右，后因不断遭受外族入侵的打击而衰弱下去。从1世纪末到12世纪初，中国北方的契丹族和女真族先后入侵高丽。高丽的国力在战争中逐渐被削弱。社会矛盾相应地激化起来。

1176年1月，高丽南方爆发了以亡伊、亡所锣领导的贫民起义。起义军曾攻克京畿道的骊州、镇州、牙州等地，控制了京畿道南部大部分地区。次年7月，高丽统治者在暴力召压的同时，采用欺骗手段诱捕了起义领袖，这样才使起义军逐渐解体。1177年5月后，西北地区爆发了城市贫民和农民的大起义。起义军曾一度占领西京平壤。一年后，在统治阶级的收买下，起义军于1178年遭到失败。1198年，首都开城曾酝酿奴隶起义，后因叛徒的告密而流产。1199年，江原道爆发大规模农民起义，起义者曾占领东南沿海一带1200年，南方晋州爆发了大规模的奴隶起义，起义者曾惩处6000多名两班官吏。这些大规模起义均沉重打击了高丽王朝的封建统治。

壬辰卫国战争

16世纪末，丰臣秀吉统一日本后，于1592年（农历壬辰年）4月，派军约20万由釜山登陆，至6月，已占领汉城、开城和平壤三京，朝鲜陆军节节失利，遣使向中国明朝求援。是时，以李舜臣部为主力的朝鲜水军连获大捷，掌握了制海权。郭再佑等朝鲜义兵部队也在敌人后方积极活动，抗击日军入侵。12月，明朝派李如松等率军援朝。1593年年初，收复平壤、开城，4月收复汉城。日军被迫退守南方沿海一带。1597年年初，日本又出兵14万人，在釜山登陆，但最终败北。1598年，丰臣秀吉病死，日本内部混乱，侵朝日军仓皇撤退。朝中水军乘胜追击，经过激战，几乎全歼日军。战争以侵略者的失败而告终。这次战争保卫了朝鲜，也粉碎了日本妄图侵略中国的计划。

李成桂建立李朝

1387年，中国明朝决定收复原属中国的辽东领土。高丽王朝拒绝交还铁岭，并于1388年春组织近4万人的攻辽部队，由崔莹任总指挥、李成桂为前锋。反对出兵的李成桂实行兵变，驱逐国王，立国王幼子（昌王）为王，同时肃清崔莹和其他反对派。1389年，又以昌王并非王姓为借口，予以驱逐，立其远亲恭让王为王，实权为李成桂所控制。之后，李成桂着手进行私田的整顿。1390年废田柴科。1391年5月颁行科田法，对两班官僚和其他封建贵族按等授田，使他们享有授田的收租权。李成桂在加强统治的基础上，于1392年驱逐恭让王，自立为王。次年，改国号为朝鲜，开始了李朝的统治时期（1392—1910年），1396年迁都汉城。

李朝世宗创制朝鲜字母

朝鲜自从建立国家以来，长期使用汉字。李朝初期，世宗在宫中设立谚文局，召集众位学士制定朝鲜文字。他们研究了朝鲜语音，参考中国音韵学创制出28个字母，包括11个母音字母和17个子音字母，于1443年钦定颁布使用，称为"训民正音"。朝鲜从此有了本民族的文字，并一直沿用至今。但长期以来，朝鲜的官方书面语言仍是中文。

李舜臣

李舜臣（1545—1598年）出生于一个没落的士大夫家庭，幼时家境贫寒。他颇有学问，能骑善射，32岁时武举登科，从此开始军旅生涯。他刚直不阿，一生忧国忧民，追求正义，几处逆境而无悔无怨。47岁任全罗左道水军节度使后，积极操练水军，构筑防御阵地，并创建了铁甲战舰龟船，防范倭寇的进犯。当时日本丰臣秀吉已经完成了国内四岛的统一，妄图以武力征服朝鲜和中国。1592年，他率领20多万大军进犯朝鲜并攻陷汉城，占领了大半个朝鲜半岛，韩国称这一段历史为"壬辰倭乱"。应朝鲜王朝之请，明朝派兵出援，从此开始了长达7年的中朝两国军民共同抗击日寇的战争，史称"壬辰卫国战争"。

李舜臣将军和中国水军并肩作战，多次击败日军，屡立奇功。1598年12月，他与明朝水军重创敌寇，在激战中不幸中弹身亡。两年后，朝廷为表彰他的功绩，封他为一级宣武功臣。1643年即他死后的45年，追谥"忠武"。朝鲜半岛的人民为了纪念他，称他为"忠武公"。

圣德太子改革

587年，日本大贵族苏我氏和物部氏爆发内战，结果苏我氏获胜，拥立推古女皇，由圣德太子摄政。圣德太子采取了一系列改革的措施，抑制了贵族势力，促进了封建生产关系的确立。他还向隋唐派出使节，吸收中国的典章制度和文化，促进了日本文化的发展。

圣德王子与他的两个儿子

平安时代

794年，日本桓武天皇将都城从奈良迁往平安（今日本京都），日本进入平安时代。在平安时代，由于庄园的发展，班田制难以恢复，奈良时代建立的中央集权制逐渐解体，天皇权力削弱，藤原氏掌握朝廷大权。966年，藤原道长任左大臣，成为入主摄政的阶梯。1016—1085年，藤原氏世袭摄政和关白地位，继续控制皇权。1086年，白河天皇以太上皇地位压制摄政、关白，以此削弱藤原氏对皇权的控制。12世纪中叶，平安时代末期，源氏和平氏乘宫廷摄政、关白和院政互相争权的时机，各自发展武士势力，矛盾日益激化。1156年，平清盛与源义朝帮助后白河天皇平定保元之乱。1159年，在平治之乱中，平清盛打败源义朝。此后源氏失势，平氏专权。后来，战事纷起的平安时代终于以1192年镰仓幕府的建立而告终结。

大化改新

6世纪后期，大和国家出现社会政治危机，一部分贵族革新派主张以隋唐为榜样改造日本。645年，以中臣镰足和中大兄皇子为首的革新派推翻当权的豪族苏我氏，拥立孝德天皇即位，定年号为大化。自646年起，孝德天皇颁布革新诏令：第一，废除王室和贵族私有土地和部民，全国土地和人民都直属天皇，成为公地和公民。第二，实行"班田收授法"，即班田制，国家班给男女

大化改新时所绘制的地产地图

以一定量的口分田，六年一班，不得买卖继承。另分的园地和宅地可世袭。受田者向国家交纳租、庸、调，受田男子还须自带武器服兵役。第三，建立中央集权制国家，中央政府设二官八省，分掌各项政务。地方行政设国（省）、郡、里（乡）等单位，分别由国司、郡司、里长治理。这一改革的作用是抑制土地兼并，解除豪族对部民的奴役，固定农民的租税和徭役负担，促进封建经济的发展。通过改革，日本建立起中央集权制的天皇制国家，从奴隶社会进入封建社会。

《万叶集》

日本现存最早的诗歌总集，全集20卷，收诗歌4500多首。书名中的"万叶"，一说是"万语"之意，表示内容丰富多彩；一说是"万世"之意，表示生命万古长新。关于本书的编者和成书年代，说法不一。大致是由多人参与，经过多次编辑，760年左右大体编成。《万叶集》中的诗歌，按内容大体上可分为相闻、挽歌、杂歌三类。相闻是互相闻问的意思，是表示长幼相亲、男女相爱等内容的作品；挽歌是哀悼死者的作品；杂歌范围很广，包括不属于上述两类内容的其他作品，另外还有一些民谣。按形式来说，可分为短歌、长歌、旋头歌、佛足石体歌4类。《万叶集》的作者上自天皇、后妃、贵族，下到农民、士兵甚至乞丐，署名作者中有代表性的有大伴家持、山上忆良等。《万叶集》是研究日本古代社会的重要资料之一，对日本文学的影响

更是深刻。

和　歌

一种有严格规范的日本古代格律诗，主要是和自古以来在日本流传的汉诗相对而言。和歌包括长歌、短歌、旋头歌、片歌、佛足石体歌等形式，均由五、七音节相配交叉而成。如长歌是"五七五七"音节交替反复多次，最后以"五七七"音节结尾；短歌由"五七五、七七"共 31 个音节构成；旋头歌则以"五七七、五七七"38 个音节构成。其中，短歌是和歌的主要歌体，由于形式限制，特别讲究遣词炼字，简洁、含蓄、雅淡是它的主要特点。《万叶集》是日本现存最早的和歌总集，成书于公元 8 世纪中叶，收录有 4500 多首诗，其中短歌就有约 4200 首。主要内容是吟叹人生的苦闷悲哀，抒发诗人对外物的细腻感受，初步奠定了日本诗歌重主观情绪、重感受的审美基调。稍后重要的和歌集有《古今集》《新古今集》等。

俳　句

日本古典诗歌形式。起源于长连歌和俳谐连歌中的"发句"，江户时代由于松永贞德等人的提倡，才逐渐独立出来，并加上与四季时节有关的词句，成为一种新的诗歌样式，这就是最早的俳句。俳句的基本规则是：每首由 17 个音节构成，这 17 个音节又分为五、七、五共 3 个音段。在日语中，一个音节并不等于一个实词，所以，俳句实际上只有几个词构成，可以说是世界上最短的格律诗之一。另外，每首俳句必须有一个"季题"，就是与四季有关的标志和暗示，要让读者一看就明白所吟咏的是哪个特定季节的事物。一首俳句不能有两个以上的季题。俳句多采用象征和比喻手法，崇尚简洁含蓄，比和歌更为精练。被称为"俳圣"的松尾芭蕉是最著名的俳句作者。

草纸文学

日本文学的一种体裁。草纸，又名草子。草纸文学有两种含义：一指用假名写成的物语、日记、随笔等散文，以区别于用汉字写成的文学作品；一说是指日本中世和近世文学中的一种群众读物，是一种带插图的小说，多为短篇。前说中物语、日记、随笔与民间口语相结合，发展成为更具日本民族特点、更富文学意味的散文。最早的作品有纪贯之的《土佐日记》和清少纳言的《枕草子》等。室町时代（14 世纪中叶到 16 世纪末）出现的大众小说称为御伽草子，多取材于民间故事，它的出现标志着平民阶级文学的兴起。江户前期（17 世纪初期到 17 世纪80 年代）兴起一种几乎全用假名书写的通俗文艺作品，称为假名草子，重要作品有《两个比丘尼》等。江户元禄前后，以京都、大阪一带为中心流行一种浮世草子，正面描写现实人生，重要作品有井原西鹤的《好色一代男》等。

武士的兴起

藤原氏的统治极端腐败，人民穷困破产，四处流徙逃亡，到处举行起义。而此时大化改新建立的地方军团已因班田制的瓦解而废弛。各地庄园主为了镇压人民起义，保护庄园，扩充势力，往往通过庄司组织武装家兵。这些家兵由主人供应装备、给养，并受主人的保护，这就是日本历史上"武士"的起源。武士与首领结成封建的主从关系，对其首领必须绝对效忠。武士集团的首领有一些是地方庄园主和郡司土豪，有一些则是沦落的贵族子弟。

丰臣秀吉

丰臣秀吉（1536—1598 年），日本战国时代末期封建领主，是继室町幕府之后，近代首次统一日本的日本战国时代大名。1590—1598 年间日本的实际统治者。法名国泰佑松院殿灵山俊龙大居士，神号丰国大明神（后因丰臣家灭亡而被德川幕府取消）。《明史》里称作平秀吉。

丰臣秀吉像

镰仓幕府创立

1167 年，平清盛任太政大臣，日本出现全盛局面。平清盛的政治、经济措施激起宫廷贵族和地方武士的不满。1177 年，源氏利用武力联合部分皇族和僧俗贵族，密谋打倒平氏，即遭平氏镇压，但反抗势力日益加强。1180 年，源赖朝（源义朝之子）举兵，不久即占据日本东部海岸战略要地，在富士川战役中打败平氏。源赖朝在镰仓建立地方政权，关东大小武士团都投靠源赖朝。次年，平清盛抑郁而死，平氏势力衰微。经多次战役，至 1185 年屋岛（今香川县北部海岛）、坛浦（下关海峡）之海战，平氏军队被歼灭。源赖朝取得任命守护与地头的权力。1192 年，源赖朝正式开创镰仓幕府。

室町幕府兴起

1274 年和 1281 年，亚洲大陆崛起的蒙古两次入侵日本，日本抗敌获胜，但是，不少封建主因战争破产而对幕府不满。他们支持后醍醐天皇讨伐幕府，恢复了天皇政治。但是"中兴"为期不长，1336 年，原幕府部将足利尊氏占领京都，重建新幕府，即室町幕府（1336—1573 年）。不甘心失败的后醍醐天皇，在南方吉野另立朝廷，与足利尊氏在京都拥立的光明天皇相对抗。两个朝廷对峙的局面持续了 50 多年，史称"南北朝时代"。室町幕府于 1392 年合并了南朝，取得了全国的统治权。

日本统一国家形成

15 世纪中期，日本进入了长达百余年的大封建主割据混战的"战国时代"。16 世纪中期，大名织田信长先后打败了附近的大名，于 1558 年攻占京都，又于

1573 年结束了室町幕府的统治。1582 年织田信长死后，他的亲信丰臣秀吉又进行多次战争，到 1590 年终于结束了分裂的局面，并把北海道地区首次置于中央政府统治之下，实现了日本的统一。

幕　府

幕府本指将领的军帐，但在日本的特殊状况下，演变成一种具有独特国情的政权体制，成为凌驾于天皇之上的中央政府机构。其最高权力者为征夷大将军，亦称幕府将军，职位世袭。将军从日本皇室夺取权力，在明治维新之前，将军取代天皇，成为日本的实际统治者，常以"挟天子以令诸侯"的方式维持对国家的统治。而实际上，幕府将军也多被篡权。日本历史上共经历了镰仓幕府、室町幕府、江户幕府 3 个幕府统治时期。始于 1192 年，至 1867 年德川庆喜还政于明治天皇，幕府将军中，比较著名的有源赖朝、足利尊氏、德川家康。

德川幕府

1598 年，掌握全国政权的丰臣秀吉死后，统治集团内部分成两派。一派是丰臣氏的文吏派，以石田三成为首，这派联合毛利辉元、宇喜多秀家、岛津义弘等西部大名组成西军，约 8 万人；另一派是以丰臣秀吉的部将、关东有力大名德川家康为首的武将派，这派联合丰臣氏的强权派加藤清正、福岛正则等组成东军，兵力与西军互相匹敌。1600 年 9 月 14 日，东军先发制人，攻取了石田三成的根据地和佐和山，并准备进攻大阪。14 日夜，西军从大阪城调集了大批军队，以阻挡东军。9 月 15 日，两军大战于美浓国的关原地区（今岐阜县不破郡），激战持续了 6 个小时，东军获胜，西军全线溃退。石田三成等被处死。德川家康夺取了除大阪以外的主要城市、矿山，拥有占全国贡租总面积 1/6 的直辖领地。由此，德川家康开始了称霸日本的大业。1603 年，德川家康在江户（今日本东京）建立幕府，开始了德川幕府（又称江户幕府）时期（1603—1867 年）。

日本的"锁国政策"

16 世纪中叶，葡、西、荷、英等国已对日本传教和进行贸易，但在江户幕府时期，当政者为防止广大农民以天主教为掩护，进行起义活动，于 1613 年在全国下令禁止天主教。国家驱逐天主教神甫，摧毁教堂，并对教徒实行残酷的迫害。同时，为了限制地方封建主通过海外贸易扩充势力破坏封建统一局面，防止商品经济的发展对封建社会的动摇，从 1633 年到 1639 年，幕府颁布一系列禁令。规定严禁与外国通商，不许一切日本船和日本人出海，除允许中国和荷兰商人在长崎通商外，完全禁绝葡萄牙人、西班牙人前往日本通商。锁国政策实行了 200 多年，直到 1858 年，在美国、沙俄的武力的胁迫下，订立《安政条约》为止。锁国政策严重影响了日本萌芽中的资本主义生产关系的成长，延缓了封建经济的解体。

紫式部与《源氏物语》

日本中古物语文学的典范作品《源氏物语》，是世界上最早的长篇小说。一般认为成书于 11 世纪初，作者是紫式部。

紫式部在作品中描写了源氏一生政治命运的沉浮及其纵情声色的生活，反映了平安时代中期，日本宫廷错综复杂的权势斗争和贵族糜烂的两性关系，从而展示了这一时期上层贵族的精神面貌。

奈良时代

奈良时代始于迁都于平城京（今奈良）的 710 年，止于迁都于平安京的 794 年，历经八代天皇。元明女帝是奈良时代的第一代天皇。她死后，还有元正（女）、圣武、孝谦（女）、淳仁、称德（原孝谦）、光仁、桓武。女皇在奈良朝占了四代共 30 年。圣武这一代几乎是皇后光明子掌政，淳仁这一代也是上皇孝谦的天下。所以奈良朝可以说是女人的天下。

安土桃山时代

安土桃山时代（1573—1603 年），又称织丰时代，是织田信长与丰臣秀吉称霸日本的时代。起于织田信长驱逐最后一个室町幕府将军足利义昭，终于德川家康建立江户幕府。以织田信长的安土城和丰臣秀吉的伏见城（又称"桃山城"）为名。

织田信长等作为强大的军事领导者，击败了其他大名，统一了日本，成为统一日本的实际领导者。3 个主要人物相继成为这个时期的主导者：织田信长（1534—1582 年）、丰臣秀吉（1536—1598 年）、德川家康（1542—1616 年）。他们通过与京都的朝廷合作，取得政治的权威，然后以朝廷的名义征伐其他大名。

日本茶道

日本茶道是日本一种仪式化的、为客人奉茶之事。原称为"茶汤"。日本茶道和中国的茶艺一样，都是一种以品茶为主而发展出来的特殊文化。茶道的历史可追溯到 13 世纪。最初是僧侣用茶来集中自己的思想，赵州从谂禅师曾经以"吃茶去"来接引学人；后来才成为分享茶食的仪式。现在的日本茶道分为抹茶道与煎茶道两种，但茶道一词所指的是较早发展出来的抹茶道。

现代的茶道，由主人准备茶与点心招待客人，而主人与客人都按照固定的规矩与步骤行事。除了饮食之外，茶道的精神还延伸到茶室内外的布置、品鉴茶室的书画布置，花园的园艺及饮茶的陶器都是茶道的重点。

文艺复兴时期

文艺复兴运动

文艺复兴运动

文艺复兴运动是 14—16 世纪发生在欧洲的资产阶级思想文化革新运动，其反对封建制，以复兴希腊、罗马古典文化为号召，主张资产阶级新文化。文艺复兴开始于 14 世纪的意大利。为打破封建制度与宗教神学的约束，随着罗马、希腊古典文化的影响，东方文化的西传，以及新航路的开辟，文艺复兴不断向前发展。16 世纪达到鼎盛。它以人文主义作为指导思想，主张以人为中心，反对以神为中心：要求用人性、人道、人权，取代神性、神道、神权；主张个性解放，重视人的价值，提倡文化科学与世俗享受。人文主义思想渗透了文艺复兴的各个领域，打破了天主教会的思想统治，推动了反封建的革命斗争，促进了自然科学的兴起与文学艺术的繁荣，并为将来的资产阶级革命做了舆论准备。

文艺复兴的"美术三杰"

文艺复兴时期的艺术绚丽多彩，成果辉煌，出现了前所未有的繁荣。其中达·芬奇、米开朗琪罗和拉斐尔就是这个时代的巨人，被誉为"美术三杰"。在他们身上，最充分、最完美地体现了那个时代的艺术理想。他们的作品是文艺复兴时代最成熟、最辉煌的艺术成就。

达·芬奇（1452—1519 年）多才多艺、知识渊博，他不仅是杰出的画家，还是雕塑家、建筑师、解剖学家和博物学家。他的代表作有《最后的晚餐》和《蒙娜丽莎》。

米开朗琪罗（1475—1564 年）是著名的雕塑家。他的绘画和雕刻作品，都充满着雄伟有力和旺盛的战斗精神。其代表作有《大卫》和《摩西》。

拉斐尔（1483—1520 年）的绘画风格秀美，以绘圣母像而见著。他把基督教的神与古典的美统一起来，创造出的圣母形象已远非中世纪那种威严的女王，而是典范的温柔母性。其代表作是《西斯廷圣母》。

但丁与《神曲》

但丁是意大利诗人。1265 年 5 月出生在佛罗伦萨的一个小贵族家庭，少年时代师从著名学者布鲁内托·拉蒂尼学习修辞学、文法和拉丁文等，并掌握了丰富的古典文化知识。后来因政治失意而被流放。他提议用意大利语进行文学创作，并著有《论俗语》一书，对意大利民族语言的形成有重要影响。《新生》（1292—1293 年）是他的第一部作品，是"温柔的新体诗"的最高成就，也是西欧文学史上第一部向读者剖析作者最隐秘的思想感情的自传性作品。放逐期间写的《神曲》是但丁最著名的作品，此外还有《飨宴》《帝制论》等著作。由于但丁的作品有从中世纪向资本主义时代过渡的特点，所以他被恩格斯称为"中世纪的最后一位诗人，同时又是新时代的最初一位诗人"。

彼特拉克

彼特拉克（1304—1374 年），意大利诗人和学者，其父原为佛罗伦萨的律师，早年受父命研习法律，但酷爱文学。父亲去世后潜心学习古罗马著作家的著作，并从事诗文创作。1341 年，在罗马的卡匹托利山上接受了"桂冠诗人"的美称。他平时喜爱旅游，欣赏大自然的优美，并借机搜集散佚在民间的古典名著原稿，然后用人文主义观点加以阐释。他的著作很丰富，著名的有《歌集》《阿非利加》《意大利颂》《名人列传》，他作品中的人文主义思想对欧洲文学产生了极大影响。

薄迦丘与《十日谈》

薄迦丘（1313—1375 年），意大利文艺复兴时期的文学家，出生于意大利佛罗伦萨的富商家庭。幼时受到良好教育，立志作诗，7 岁时便有"小诗人"之称。青年时代曾在那不勒斯学习商业和法律，并得以出入宫廷，结识了王公贵族和人文主义者。1349 年后返回佛罗伦萨，1350 年与诗人彼特拉克结为挚友，并积极投身于佛罗伦萨的政治活动。1348—1353 年间，完成了他最著名的短篇小说集《十日谈》。该作品通过 10 个男女青年所讲的故事，揭露了封建贵族和教会的伪善和腐败，赞扬了平民的才智、纯洁的爱情和男女平等的思想。这部故事集是欧洲文学史上第一部现实主义巨著。

波提切利

文艺复兴时期意大利画家，佛罗伦萨画派的重要代表。1445 年，他出生在佛罗伦萨一个皮革工匠之家。少年时他顽皮，不思学业，父亲送他去学金银手艺。他原名菲力佩皮，"波提切利"是他的绰号，原意为"小桶"。15 岁他在利皮门下为徒，1470 年开设自己的画室。40 岁左右他画出了他最著名的《维纳斯的诞生》。44 岁时，他创作了他的代表作之一《春》。1478 年为宫廷作壁画，他的三幅壁画——《摩西的少年时代》《对科莱的惩罚》和《麻风病人的火化》，成为文艺复兴早期典型群像构图。1481—1482 年，他回到罗马后一直没离开佛罗伦萨。他晚年孤单，1510 年 5 月逝世，葬在佛罗伦萨的"全体圣徒"教堂墓地。波提切利以爱和精益求精的精神去完成他的每一幅画，给后世留下了宝贵的艺术财富。

达·芬奇

达·芬奇（1452—1519 年），意大利文艺复兴时期著名美术家、自然科学家和工程师。诞生于佛罗伦萨附近的芬奇镇，父亲是当地有名的律师。14 岁时跟随画家韦罗基奥接受绘画、雕塑和机械制作技术的早期训练。他刻苦好学，并在画技与风格上大胆创新。1481 年成名，取得独立开设画坊的资格。他一生致力于艺术创作和科学研究，并将两者密切地结合起来，使绘画技巧发展到一个新阶段，被誉为"科学的画家"。所留绘画作品包括草图在内共17幅。代表作有《最后的晚餐》《岩间圣母》和《蒙娜丽莎》。他还对地质学、物理学、生物学、生理学方面提出不少创见。在军事、水利土木、机械工业等方面也有许多重大发明。他的遗产除了少数艺术珍品外，还有《绘画论》、未及整理的草图速写，以及有关自然科学、工程等方面的7000页手稿笔记。

马基雅维利

马基雅维利（1469—1527年），意大利文艺复兴时期的政治思想家、历史学家。出生于佛罗伦萨一个没落的贵族家庭。由于家境清贫，童年时代主要依靠自学获得知识，并由此养成独立思考的能力。1494年参加了僧侣萨伏那罗拉领导的反对美第奇家族暴政的人民起义，随之走向政坛。1498年起担任佛罗伦萨共和国掌管军事外交的"个人委员会"秘书，组织国民军队，并从事外交工作。长期的政治活动和外交周旋，使他了解到欧洲一些君主国的国情与实力，懂得了外交斗争的策略和奥妙，同时更加关注祖国的统一和独立。1513年，美第奇家族的统治复辟，他遭到逮捕、囚禁和拷打。后来获释，但生活处处受到限制。晚年政治失意，隐居于自己的小庄园之中心著述，取得显著的学术成就。他的代表作是《君主论》（又译作"霸术"）。全书共26章，通过历史上和当时许多大小实例，说明君主应具备的条件和才能，应该如何夺取和巩固政权。后来，他的以"目的说明手段正当"的原则被称为"马基雅维利主义"。他的思想反映了中古晚期意大利资产阶级的精神面貌。主要著作还有《佛罗伦萨史》。

哥白尼

哥白尼（1473—1543年），波兰天文学家，近代天文学创始人。出生于华沙西北托伦城圣阿娜巷，10岁时父亲去世，由当大主教的舅父抚养。18岁入克拉科夫大学学习医学和神学，但对天文学发生浓厚兴趣。1496年赴意大利留学，在波隆那和帕多瓦大学学习法律和医学，同时着力研究天文学、数学等。他深受意大利人文主义思想的影响。在古希腊人地动说的启迪下，他根据天文观测，对托勒密的地心体系产生异议。1506年他回国后，在探讨中不断完善自己的学说。前后经过30多年的观测、计算和研究，写出了划时代的著作《天体运行论》，全面阐明了"日心说"的理论。这部著作的结论是太阳处在宇宙的中央，地球与其他行星围

哥白尼像

绕太阳做同心圆运动，同时绕自身的轴旋转。这一学说推翻了统治了天文学1000多年的荒谬的"地心说"，成为近代科学革命和天文革命的开端。

日心说

日心说也称为地动说，是关于天体运动的和地心说相对立的学说，它认为太阳是银河系的中心，而不是地球。

哥白尼提出的日心说，推翻了长期以来居于宗教统治地位的地心说，实现了天文学的根本变革。

日心说的主要观点包括：

1. 地球是球体。

2. 地球在运动。

3. 太阳是不动的，而且在宇宙中心，行星围绕太阳转。

米开朗琪罗

米开朗琪罗（1475—1564年），意大利文艺复兴时期的画家、雕塑家、建筑师和工程师。生于佛罗伦萨附近的卡普勒斯镇。其父为该镇行政长官。幼时拜名画家基兰达约和贝托多为师，学习绘画和雕塑，后转入美第奇的"庭苑"学习，在这里不仅临摹艺术大师的作品，而且深受人文主义思想的影响，对日后的美术创作、文学修养有重要影响。他的作品一扫意大利宁静和精巧的风格，具有坚强的毅力和雄伟的气魄。他的《大卫》《摩西》被认为是近代雕刻的最高成就。他的绘画杰作有罗马西斯廷教堂天顶壁画《创世纪》，以及墙壁上的祭坛画《末日的审判》。他的作品，尤其是雕塑和绘画作品，标志着文艺复兴艺术的顶峰，也是后人无可企及的典范。

拉斐尔

文艺复兴时期意大利艺坛三杰之一。他父亲是宫廷画师，他从小随父学画，生活幸福。但不久他父母相继去世。1504年他进入画家画室当助手，学习佛罗伦萨画派的作品，后走上独立创作的道路。22—25岁期间，他在梵蒂冈宫廷作壁画，创作了大量圣母像，声名大扬。1515年他主持了圣彼得教堂的建设。1520年4月6日去世，年仅37岁。拉斐尔是文艺复兴盛期最红的画家，他的作品中最完满地表现了鼎盛时期文艺复兴的艺术风格。他一生创作了不少作品，其中《大公的圣母》和《教皇利奥十世》等最为著名。他还作了一些建筑设计，为教堂设计画稿。他创造出最合乎当时人们口味的形象，作品被称为具有一种特别"秀美"的风格，延续了400年之久，被后世古典主义者认为是不可企及的典范。

提　香

意大利文艺复兴盛期威尼斯派画家。少年时，他跟随哥哥在威尼斯等地辗转作画，并在贝利尼画室里工作，遇见乔尔乔内，给他以重要影响。1510年他离开威尼斯到帕多瓦，在这里他作了一些壁画。1516年，贝利尼死后他取代了他的位置，成为威尼斯的首席画家。1518—1530年在人文主义思想指导下，创作了一系列作品。1530—1550年他创作了一些裸体画。1548年他被查理五世召去给他画肖像画。1533年查理五世授他贵族称号。后来他就一直在自己的故乡。1576年8月27日逝世。提香生前共画了千幅以上的作品，很有名气的作品有《纳税银》《圣母升天》和《爱神节》等。他还擅长画肖像画。他发展了威尼斯派的绘画艺术，把油画色彩、造型和笔触的运用提到一个新阶段，在油画技法上对后期欧洲油画发展有较大影响。

拉伯雷与《巨人传》

拉伯雷是法国文艺复兴时期的代表作家。自幼受教会教育，1527年后游历了法国中部主要城市，后来走上了从医的道路。1532年，他在一部民间故事的启发下，开始写作《巨人传》，全书共5卷，是在不同的时期写成的。小说写了高康大、庞大固埃父子两代巨人的故事，主要叙述庞大固埃的求学和与巴奴日、约翰修士一起寻找"神瓶"的游历经过。《巨人传》最大的艺术特色是对民间文学的借鉴和发展，以夸张和讽刺为主要艺术手法，语言通俗易懂，丰富多变。作为法国第一部长篇小说，《巨人传》开创了通俗小说形式的先河。

《乌托邦》

1515年，英国政治家、作家莫尔用拉丁文写了《乌托邦》一书。乌托邦原是希腊文"乌"和"托邦斯"两个词组成，其意为"虚无缥缈的地方"，被中国启蒙思想家严复译为"乌托邦"，流传至今，成为空想社会主义的同义词。《乌托邦》一书的全名是"关于最完美的国家制度和乌托邦新岛的既有益又有趣的金书"，全书分上、下两部，以对话形式表现了早期无产者对资本原始积累时期残酷剥削的强

托马斯·莫尔所作的《乌托邦》插图

不劳而获，战火纷飞，尔虞我诈，这种现象在乌托邦是难以寻觅到的。由于莫尔不承认亨利八世为教皇，因此他被处以绞刑。

烈抗议，并描绘了空想社会主义的理想社会。书中强烈谴责英国"羊吃人"的圈地运动，指出私有制是一切社会灾难的根源。主张没有贫富对立，人人参加社会劳动，产品归全社会所有，公民可以各取所需，公民一律平等，政治民主，所有职务均由选举产生，每个成员劳动之余可以自由从事科学、艺术和文娱体育活动。《乌托邦》中所反映的政治思想对以后的空想社会主义有着深远的影响。

布鲁诺

乔尔丹诺·布鲁诺（1548—1600年）是意大利著名的天文学家和哲学家。他不但宣扬哥白尼的学说，而且还提出了宇宙新理论：宇宙无限学说。他认为宇宙是无限而又统一的，宇宙是物质的，有自己的规律；太阳系不是宇宙的中心，只是无限宇宙中的一个天体系统；宇宙没有固定的中心，地球只是无限宇宙中一颗微小的星体，地球围绕太阳旋转，太阳同样也围绕着一定轴心旋转；宇宙是永恒的，它既不会被创造，也不会被消灭，绝不会像教会所说那样，一切服从上帝的意志。布鲁诺的观点彻底否定了上帝创造世界的传统观念，从根本上动摇了教会统治的思想基础，因此，罗马教廷把布鲁诺视为"异端"，开除教廷。1600年，宗教法庭判处布鲁诺以"不流血的任何处理"，即火刑。布鲁诺始终不放弃自己的学说，他说："你们用慈悲的上帝的名义向我读判决书的时候，比走向火堆的我要恐惧得多！我自愿作为殉难者而死去。"2月17日，不屈的布鲁诺被烧死在罗马鲜花广场上，他为真理、为科学献出了自己的生命。

培根与哲学

弗朗西斯·培根（1561—1626年）是英国著名的哲学家。他主要的哲学著作有《学术的进展》《新工具》和《论科学的价值与增长》等。培根反对经院哲学家把客观存在神秘化。他认为自然界是物质的，是不依赖于人的意识而独立存在，并有它自己的运动规律。

培根强调自然是可以认识的。人们应当客观地研究自然，发现自然的固有规律，以便征服自然，为人类谋福利。他的哲学理论对当时反对神学统治和促进近代自然科学的发展，起了积极作用。

莎士比亚

莎士比亚是英国戏剧家和诗人，1564年出生于一个富裕市民家庭。莎士比亚曾在当地文法学校学过拉丁文和古代历史、哲学、诗歌等。1585年前后，他到伦敦，起初在剧院打杂，后来逐渐成为雇佣演员、股东。莎士比亚共写作37部戏剧，154首十四行诗，两首长诗和许多其他诗歌。他的戏剧创作可以分为3个时期：早期（1590—1600年）主要是历史剧和喜剧，代表作有《亨利四世》《亨利六世》《仲夏夜之梦》《威尼斯商人》《无事生非》《皆大欢喜》《第十二夜》《罗密欧与朱丽叶》等，主要是正面宣扬人文主义的理想，充满愉快乐观的浪漫主义色彩。中期（1601—1607年）是悲剧时期，代表作有《哈姆雷特》《麦克白》《李尔王》以及《奥赛罗》四大悲剧，和《一报还一报》《雅典的泰门》等，随着对现实认识的深入，这一时期剧作的批判力度加强了，风格也变为悲愤沉郁。后期（1608—1613年）是传奇剧时期，有《暴风雨》等4部传奇剧和历史剧《亨利八世》等，都宣扬宽恕和容忍。

《罗密欧与朱丽叶》

这是莎士比亚早期创作的一部悲剧。写罗密欧与朱丽叶一见钟情，成为恋人，但却因两个家族是世仇而不能结合。在神父的帮助下，两人秘密举行了婚礼。一次罗密欧为替朋友复仇，刺死人而被流放。朱丽叶为了逃避父母的逼婚，喝下神父的药酒"假死"。由于报信人的耽搁，罗密欧误以为朱丽叶真的死去，在她身边自杀了。朱丽叶醒来，悲痛万分，也结束了自己的生命。这部作品反映了人文主义者的爱情理想与封建压迫之间的冲突，歌颂了自由的爱情，批判了不合理的婚姻制度。罗密欧与朱丽叶这两位主人公已经成为世界文学中争取爱情自由的著名典型。

伽利略

伽利略（1564—1642年）是意大利的物理学家、数学家和天文学家。他创制了第一架天文望远镜，从而对许多天体做了详尽的观察。1609年，伽利略受荷兰光学家李帕希的启发，用凸凹两种透镜制成了放大3倍的望远镜。半年后，又制成了可以放大32倍的人类第一架天文望远镜。1610年，伽利略将他的发现写成《星空使者》一书，影响极大，被人们称为"发现了新宇宙天空的哥伦布"。

后来，伽利略又发现了太阳黑子和太阳的旋转运动，写成《论太阳黑子的信》一书。这本书被教会宣布为禁书，不准公开宣传。1630年，伽利略写成《关于托勒密和哥白尼的两大世界体系的对话》一书，论证了哥白尼的日心体系学说。这本书出版后，伽利略被传讯到罗马教廷受审，被判终身监禁。伽利略当时已是高龄，严刑逼讯下被迫在悔过书上签字，签字后他马上又讲道："签字有什么用，但是，地球仍然在转动！"这句话后来成为世界名言。这位卓越的科学家在长期被残酷迫害的境遇下，于1642年1月8日含冤逝世。

开普勒

开普勒（1577—1630年），文艺复兴时期德国著名天文学家。生于德国魏尔，1587年入蒂宾根大学，1600年成为天文学家第谷的助手。1601年第谷去世后，受聘为皇家数学家。此间，他从一个哥白尼学说的拥护者逐渐走上科学发现的道路。开普勒在第谷天文观察的基础上，发现了行星运动的三大定律。他把哥白尼体系建立在更科学、更精确的基础上，也为牛顿力学体系的建立打下了基础。他的著作主要有《神秘的宇宙》《哥白尼天文概要》《光学》等。

血液循环论

哈维（1578—1657年），英国医师、生理学家、胚胎学家、实验生理学的创始人。出身富商家庭，16岁到英国剑桥大学学医，在意大利帕多瓦大学获博士学位。归国后，在伦敦行医并进行研究工作。1618年任英国詹姆斯一世及查理一世的私人医生。当时医学界对心脏的一般结构、主动脉与肺动脉内瓣膜的作用、静脉瓣的结构及肺循环等，虽有一定认识，但都错误地认为左、右心室间有小孔，血液从右心室由小孔通向左心室。哈维在行医之余，用活体解剖法在各种动物身上进行观察，约在 1615 年得出了血液循环的结论。

政治经济学

政治经济学是一门以人们的社会生产关系即经济关系为研究对象的科学，它阐明人类社会各个发展阶段上支配物质资料的生产和分配的规律。

政治经济学中的"政治"（political）一词，源于希腊文的 politikos，含有社会的、国家的、城市的等多种意思；政治经济学中的"经济"（economy）一词，源于希腊文的 oikonomia，原意是家庭经济管理。"政治经济学"一词是法国重商主义者 A．蒙克莱田在 1615 年出版的《献给国王和王太后的政治经济学》一书中首先使用的。1775 年，卢梭为法国《百科全书》撰写了"政治经济学"条目，把政治经济学和家庭经济区分开来。可见，政治经济学作为研究经济活动的理论科学自 17 世纪就开始得到应用了。

威廉·配第

威廉·配第（1623—1687 年）是英国古典政治经济学创始人，统计学家。他一生著作颇丰，主要有《赋税论》（写于 1662 年，全名"关于税收与捐献的论文"）、《献给英明人士》（1664 年）、《政治算术》（1672 年）、《爱尔兰政治剖析》（1674 年）、《货币略论》等。

笛卡儿

勒奈·笛卡儿（1596—1650 年），法国哲学家、物理学家和数学家，生于法国小镇拉埃的一个贵族家庭。因从小多病，学校允许他在床上早读，养成终生沉思的习惯和孤僻的性格。1606 年他在欧洲最有名的贵族学校——耶稣会的拉弗莱什学校上学，1616 年在普依托大学学习法律与医学，对各种知识，特别是数学深感兴趣。在军队服役和周游欧洲期间他继续"收集各种知识"，"随时对遇见的种种事物注意思考"，1629—1649 年在荷兰写成《方法谈》及其附录《几何学》《屈光学》《哲学原理》。1650 年 2 月 11 日卒于斯德哥尔摩。

塞万提斯

西班牙作家、戏剧家和诗人。出生于马德里附近一个穷苦医生的家庭，只上过中学。1569 年作为红衣主教的随从游历了罗马、威尼斯、米兰等地，并阅读了大量文艺复兴时期的作品。1571 年在对土耳其的海战中左臂残废。1582 年前后开始创作，同时为生活做过收税员等，曾因得罪教会数度被诬入狱。这时期的生活丰富了他的阅历，影响着他的创作。他的著名小说《堂吉诃德》就是在狱中构思的。其他作品还有短篇小说《惩恶扬善故事集》（又译"训诫小说"）、历史剧《努曼西亚》、长诗《巴尔纳斯游记》《八出喜剧和八出幕间短剧集》等。《惩恶扬善故事集》共13篇短篇小说，体现了作家憎恶欺骗、奴役和压迫的思想，如《两狗对话》通过两只狗的对话，揭露了当时社会的阴暗面和形形色色人物的丑恶行为，情节生动。这部作品集也是西班牙文学中第一部完全摆脱意大利文学影响的富有开创性的杰作。

《堂吉诃德》

画家笔下的堂吉诃德

图为堂吉诃德骑马而行，他荒诞而怪异的斗风车举动，其实是当时社会现实的写照，荒唐却富有正义感与人文精神。

    《堂吉诃德》是塞万提斯最负盛名的长篇小说，全名为"奇情异想的绅士堂吉诃德·德·拉·曼却"，作者称创作的目的"无非是要世人厌恶荒诞的骑士小说"。全书用"戏拟体"写成，借用骑士小说的体裁，写一个穷乡绅堂吉诃德因阅读骑士小说入迷，决心离家去冒险，他穿上曾祖留下的一身破烂盔甲，提着长矛，骑上一匹瘦马，悄悄离家去冒险。他说服了一个农民桑丘·潘沙做自己的侍从，还选中邻村一位姑娘做自己钟情的"夫人"。小说以堂吉诃德企图恢复骑士道来扫尽人间不平的主观愿望和西班牙丑恶现实之间的矛盾为情节的基础，在充满笑料的情节中，塑造了一个悲剧性的人物，同时反映了16、17世纪之交的西班牙社会现实。

流浪汉小说

    流浪汉小说是16、17世纪在西班牙流行的一种小说，它以流浪者的生活及其遭遇为题材，反映下层平民的生活。一般是自传体，也有一些用回忆录的形式。16世纪中叶开始，西班牙经济开始衰落，大批农民和手工业者破产，沦为无业游民，同时商业经济上升，冒险风气盛行，流浪汉小说就是在这样的背景下产生的。它的主人公是呈出身贫苦的流浪汉，为了自保和活命，学会了欺骗、偷窃等手段。小说通过他们的经历，从下层人物的角度观察社会，批判现实，揭露了衰落中的贵族和教士的贪婪、伪善，讽刺唯利是图的资产阶级观念，慨叹世道不公和生活的艰难。《小癞子》（又名"托梅斯河上的小拉撒路"）是最早的一部流浪汉小说。

牧　歌

    欧洲文学中一个历史悠久的文学体裁，一般表现牧人田园生活情趣。诗人往往借这种体裁将乡村生活的恬静与城市或宫廷生活的腐化堕落相对立。希腊的忒奥克里托斯是最早的牧歌作者之一，之后维吉尔的牧歌表现了理想化的庄园生活。作为一个文类，牧歌的高峰期在文艺复兴时期，还出现了利用牧歌主题的田园小说和田园戏剧，如莎士比亚的《皆大欢喜》等，浪漫主义文学中也可以发现牧歌的影子，而且在发展的过程中，它的含义也扩大了，20世纪现实主义文学兴起以后，它的一些艺术手法和主题不但保留了下来，还广泛渗透到了欧洲之外的其他民族文学中。一般认为可能是因为牧歌中表现的城市生活和乡村生活二元对立的模式，极大地满足了人们回到自然、回归乡土和单纯生活状态的愿望。

人文主义

人文主义是欧洲文艺复兴时期新兴资产阶级反封建的社会思潮，是文艺复兴的指导思想。人文主义这个名词的英文是 humanism，也译作人道主义。它起源于文艺复兴时期的"人文科学"。它的核心是"肯定人，注重人性，要求把人、人性从宗教束缚中解放出来"。人文思潮是新兴资产阶级反封建、反中世纪神学世界观的新文化运动。它在人们的思想解放和文化科学事业发展中，起了巨大的历史作用。但它把资产阶级一个阶级的特性看作全人类普遍的人性，掩盖了资产阶级和劳动人民的对立。

圣彼得大教堂

1506 年，教皇朱利奥二世下令拆毁始建于 4 世纪 20 年代的旧圣彼得大教堂后，委任布拉曼特为总建筑师重建圣彼得堡大教堂，先后参加设计和主持建造的有帕鲁齐、米开朗琪罗等人。教堂于 1626 年完工。圣彼得大教堂是现存世界上最大的教堂，总面积 2.2 万平方米，主体建筑高 45.4 米，长约 211 米，最多可容纳近 6 万人同时祈祷。教堂保存有米开朗琪罗、拉斐尔、贝尔尼尼等文艺复兴时期著名艺术大师的大量壁画和雕刻。

宗教改革

宗教改革运动

1517 年，德国宗教改革的代表人物马丁·路德发表《九十五条论纲》，正式点燃宗教改革的烈火。路德提出了唯信称义、政教分离、廉价教会和改革文化教育等主张，发出驱逐罗马教会、实现德国独立的檄文，得到了各方的响应。1555 年的《奥格斯堡宗教和约》，承认路德教的合法地位。与此同时，瑞典、丹麦和挪威改宗路德教。继路德之后，约翰·卡尔文在瑞士成功地进行宗教改革。他提出先定论，主张建立民主选举产生的廉价教会，这些都反映了新兴资产阶级的利益和要求。

宗教改革运动沉重地打击了天主教会和西欧的封建制度，在历史上具有进步作用，德国部分地区、北欧诸国、瑞士、荷兰和英国等地先后建立了不受罗马控制的新教组织。

胡司宗教改革

胡司（1369—1415 年）出生于波希米亚南部的贫寒之家。1400 年受神职，

1402 年任布拉格伯利恒教堂传教士。1409 年，胡司当选为布拉格大学校长。从此，他以布拉格大学为中心，开始了捷克的宗教改革运动。他无情地批判教会的奢侈堕落，主张改革教会，废除烦琐的宗教仪式；主张教权服从俗权；反对教士和教会占有财产，提出教产充公的主张。他还强调信徒在领圣餐时与神职人员享有同等权利，可同时享有"两种圣体"（酒和饼），还主张以民族语言祈祷和传教。胡司提出的改革纲领在人民中间引起强烈反响，1412 年教皇到捷克大肆兜售赎罪券的举动引起人民义愤，胡司的追随者越来越多。统治者害怕人民运动，遂革除胡司的教职。但他仍继续不懈地进行改革的宣传活动，并撰写了许多抨击教会的论文。

马丁·路德的宗教改革观点

马丁·路德（1483—1546 年），诞生于德意志东部萨尔森州埃斯莱本的一个矿业主家庭，自幼接受了传统的基督教教育。1497 年和 1498 年，分别在马格德堡和埃森纳赫求学。1501 年春进入当时德意志最著名的爱尔富特大学，在那里受到唯名论代表奥卡姆的经院哲学、人文主义思想的影响，同时广泛阅读了古典作家的著作，形成了自己的思想方式和性格特征。

1512—1513 年，他通过潜心研读《圣经》，逐步确立了"因信得救"的宗教学说。1519 年，他在莱比锡与教皇的使者辩论，公开支持约翰·胡司的观点，否定教皇的权力。1520 年，路德前后发表 3 篇著名文章：《致德意志民族的基督教贵族书》《关于基督教自由》和《教会的巴比伦之囚》，其中提出了宗教改革的纲领。这之后，他隐居于萨克森选侯领地内的瓦德堡，专心著述，将《新约》从希腊文译为德文。这不仅使广大群众可以直接阅读《圣经》，同时由于译文在结构形式和词汇方面较新，对德国语言文学史具有划时代的意义。对农民、平民要求改变现存社会制度的斗争持反对态度，曾发表文章告诫基督教严防暴乱和煽动，鼓吹"合法地前进"。

宗教改革时期，路德派教徒正在与罗马天主教教徒讨论一些有争议的论点，这是 1530 年神圣罗马帝国皇帝试图与改革者和解的最后尝试。

赎罪券

1517 年 10 月，罗马教皇利奥十世以修缮罗马圣彼得大教堂为名，派"特使"特策尔到德国贩卖赎罪券。特策尔宣称，只要买赎罪券的钱一敲响钱箱，罪人的灵魂就立即可以从炼狱升入天堂。他的一派胡言引起了马丁·路德的极大愤怒。

路德派新教的创立

宗教改革中获益最大的是封建诸侯。在改革和战争中，诸侯们乘机夺得大量教产。他们为了维护既得利益，利用路德宗教改革的形式，在自己的领地内建立新教教会，自己则成为教会首脑，路德派新教由此建立。同时，路德为了路德教的发展也广为活动。1529 年，路德将福音的基本观念归纳为"14 条"，这便是路德派新教教义主张的重要根据。

加尔文

加尔文（1509—1564 年），法国宗教改革家，基督新教加尔文宗（在法国称胡格诺派）创始人。出生于法国北部皮卡迪的努瓦荣，曾受马丁·路德的影响。1534 年，为其表兄、新教徒奥立韦唐译的《圣经》法文本作序，明确表述其新教立场，并公开支持受迫害的新教徒。由此招致政府的迫害，化名逃到瑞士巴塞尔。1536 年，他发表著名的《基督教原理》一书，形成了一套系统的神学理论。他继承了路德的"信仰得救"和建立"廉俭教会"的主张，同时又提出了"先定论"。他还主张经商赢利、放债取息、蓄有私产等。他的宗教学说，反映了 16 世纪欧洲资本原始积累时期新兴资产阶级的观点和要求。由于他的主张适应当时资产阶级激进派的要求，在资本主义较发达的法国、荷兰、英格兰等地得到广泛传播。1541 年后他定居日内瓦，成为日内瓦教会的领袖。他建立起新教教会，废除主教制，代之以资产阶级共和式的长老制，并同日内瓦城市政权结成政教合一的体制。他以严厉的手段惩罚一切持不同思想的人，曾以火刑处死西班牙科学家 M.塞尔维特等 50 多人。他的其他著作还有《信仰指导》《评罗马天主教徒》等。

天主教会的反宗教改革

宗教改革运动在欧洲的广泛传播，沉重地打击了天主教会。以罗马教皇为首的天主教会为了挽回颓势，针对新教会纷纷成立和宗教改革日益发展的新形势，相应地开展了一系列改革活动。教皇保罗三世（1534—1549 年）积极整顿天主教会内部的弊端，惩办贪污腐化。同时他又于 1542 年在意大利设立了天主教的宗教裁判所，即"异端法庭"。对有异端嫌疑的人严刑逼供，或处以没收财产、监禁，或加以放逐，甚至火刑焚死。

新教在欧洲的传播

16 世纪时，英国王权比较强大，正在加强中央集权的英王亨利八世不能容忍罗马教廷对英国的控制，于是在新兴资产阶级的支持下，于1529年召集议会，开始宗教改革。后来，亨利八世与罗马教廷公开决裂，英国教会改革后成为国教会。而新兴资产阶级要求彻底改革教会，又组织起自己的新教——清教，与支持王权的国教对抗。

耶稣会的创立

耶稣会是西班牙贵族伊纳爵·罗耀拉于1534年创立，1540年由教皇正式批准的。该会组织严密，纪律严格。总会设于罗马，代表大会先出总会长，下设检察长、财务长以及若干秘书。在全世界共有77个教省，合为12个教区。会士除发"绝财、绝色、绝急"三愿之外，还发第四愿即忠于教皇。会规要求会士每年须有40天摆脱会务俗事，潜心祈祷、静修，是为"大避静"。该会有系统的会士培训和教育制度，包括灵性培训和知识教育，故其会士多有良好的灵性操行和扎实的学问修养。耶稣会在宗教改革之后，深入社会，积极从事学术活动和文化教育，产生了大量专家学者。1773年被皇克雷芒十四世解散。但在181年，教皇庇护七世又宣布恢复其组织活动。

从16世纪开始，耶稣会逐渐向欧洲以外传教。16世纪末至17世纪明清两朝的来华西方传教士多半是耶稣会士。

新航路的开辟

亨利的航海探险

亨利王子是葡萄牙国王若奥一世的三王子，因设立航海学校、奖励航海事业而被称为"航海者"。1415年，亨利亲自率军突袭休达，仅用一天时间就攻克休达。后人把这看作是葡萄牙人对外扩张的开端。1420年，亨利派出了他的第一支仅有一艘帆船的探险队，向南寻找几内亚。探险途中，船被风吹向了西方，马德拉群岛就这样被发现了。1427年，他向西南探险的舰队又发现了亚速尔群岛。1444年，亨利组织了以掠夺奴隶为目的的航行，一次带回来200多名奴隶，并在拉古什郊外出售，这是欧洲400年罪恶的奴隶贸易的开始。1448年，亨利王子派人在布朗角的阿尔金岛建立永久性的堡垒，作为葡萄牙探险的贸易中转站。1460年亨利病逝，标志着葡萄牙海上探险史上一个伟大时代的结束。

哥伦布发现新大陆

哥伦布（约1451—1506年），世界著名航海家，美洲的发现者。出生于意大利热那亚。读过《马可·波罗游记》，向往东方的富庶。首先提出从海路去亚洲的设想，认为依据地圆学说，从大西洋向西航行，可以到达中国和印度。1492—1504年，在西班牙王室的支持下，到达中南美洲的部分地区，开辟了从欧洲横渡大西洋去美洲的航线。晚年因失宠和过度劳累而贫困交加。生前一直认为他所发现的是印度，故称当地居民为"印第安人"。后来意大利人阿美利加·维斯普奇在当地进行了反复考察，认为他发现的不是印度，而是一块"新大陆"。后人便将"新大陆"命名为阿美利加，即今天美洲名称的由来。

哥伦布像

哥伦布是意大利著名的航海家，自幼喜欢冒险，为寻找传说中金银遍地的中国和印度，他四次横渡大西洋，并首次发现了美洲大陆，为以后的殖民掠夺打下了基础。

达·伽马和他的东方之行

达·伽马（约 1460—1524 年），葡萄牙航海家，欧洲绕过非洲南端直达印度航路的开辟者。他出身于葡萄牙西奈什城的贵族家庭，后来成为葡萄牙国王的亲信。1497 年，他奉命率领一支包括 4 艘帆船、160 名水手的船队从里斯本出发，去探寻到东方的航路。达·伽马循着迪亚士的航线，绕过好望角，途中又采取坚决措施镇压了水手的哗变，克服了印度洋的逆流，于 1498 年 4 月到达非洲东海岸的马林迪，然后在阿拉伯领海员艾哈迈德·伊本·马治德的帮助下，经过 23 天的航行，于 1498 年 5 月到达印度西南海岸的卡利特库。同年 9 月，达·伽马的船队满载印度的香料、丝绸、宝石、象牙制品等返航，1499 年回到里斯本。此次东方之行，160 名水手中生还的仅有 55 人，但获得的纯利竟达航行费用的 60 倍。西欧对东方的殖民掠夺从此开始了。1502—1503 年，达·伽马以印度总督的身份率兵前往印度，1524 年又三度东航。1869 年苏伊士运河开通以前，达·伽马开辟的航路一直是欧亚之间的主要航道。

阿美利加的美洲探险

意大利佛罗伦萨人阿美利加·维斯普奇早年受雇于美第奇家族，任银行职员。约 1490 年，阿美利加作为银行代理人前往西班牙的塞维利亚，1499—1504 年先后在西班牙和葡萄牙政府任职。在此期间，曾 3 次渡大西洋去美洲探险，到达哥伦布所发现的南美洲北部，进行了深入细致的实地考察。回到欧洲后，阿美利加绘制了一幅地图，并于 1503 年出版了《海上旅行故事集》。他确认哥伦布所发现的不是印度而是一块新大陆。后来，世人即以他的名字命名新大陆，称阿美利加洲，简称美洲。

麦哲伦环球航行

麦哲伦，全名费迪南德·麦哲伦，葡萄牙著名的航海家和探险家，先后为葡萄牙（1505—1512 年）和西班牙（1519—1521 年）做航海探险。麦哲伦的船队从西班牙出发，绕过南美洲，发现麦哲伦海峡，然后横渡太平洋。虽然麦哲伦在菲律宾被杀，但他的船队依然继续西航回到西班牙，完成史上第一次环球航行。麦哲伦被世界认为是第一个环球航行的人。他依次经过的大洋是：大西洋、太平洋、印度洋。

德雷克

英国航海家。1567年他参加了旨在夺取西班牙奴隶贸易商船和掠夺西班牙西印度领地的海岸远征。1577—1580年，他继麦哲伦后完成了第二次环球航行。1585年，伊丽莎白女王授予他海军上将的名位。1588年，他在歼灭西班牙"无敌舰队"的战争中任副统帅。1596年年初，他在对西印度的掠夺远征时死去。

新航路开辟的影响

新航路的开辟对于欧洲的经济有着重大的影响。首先，新航路的开辟引起了所谓的"商业上的革命"，直接表现为世界市场的扩大、商路以及商业中心的转移和商业经营方式的改变。其次，新航路的开辟引起了东西两半球的汇合，世界各地区之间经济和文化的交往扩大，流通商品种类与数量也有所增多。

再次，新航路开辟后，西欧新兴的资本主义由海道向全球扩散，突破了亚欧大陆农耕世界自然经济的闭塞性，从此开始了大航海和人口的迁徙、民族交融的移民大潮时代。最后，新航路的开辟还引起了"价格革命"，西方殖民者从美洲掠夺和开采的大量贵金属源源不断地流入欧洲，金银贬值，物价上涨，出现了价格的"飞跃"。

西方的崛起

西欧各国早期的殖民侵略

新航路的开辟促进了西欧资本主义的发展，葡萄牙和西班牙最早走上了殖民侵略的道路。1500年，葡萄牙船队占领了巴西。到16世纪，葡萄牙人占领了非洲西岸、非洲东岸、印度西岸的一些据点，控制了欧洲绕非洲到印度的航路，还占领了马来半岛的马六甲，掌握了由印度洋通往太平洋的交通咽喉。而西班牙的殖民侵略以美洲为主，到16世纪中，中、南美洲除巴西外，都被划入西班牙帝国的版图。

《托尔德西里雅斯条约》

哥伦布发现新大陆后，葡萄牙和西班牙都加紧了对海外的殖民掠夺，他们为争夺新土地发生了纠纷。1494年6月7日，两国在罗马教皇的仲裁下，签订了《托尔德西里雅斯条约》。双方同意在西经46度处划分界线，线以东"发现"的土地归葡萄牙，以西"发现"的土地属西班牙。不久后，当麦哲伦环球向西航行最终证明地球是圆的时，西、葡又发生冲突。1529年两国又签订了《萨拉戈萨条约》，在摩鹿加群岛以东17度处划了一条新界线。此线以西属葡萄牙，以东属西班牙。

尼德兰革命

16世纪中期，尼德兰（包括今荷兰、比利时等地）资本主义生产关系逐渐形成，但西班牙的封建专制统治严重阻碍其发展。1566年，爆发了反天主教会和西班牙的"圣像破坏运动"，随之掀起反西班牙统治的武装起义。1572年，尼德兰北方各省爆发了人民大起义，威廉被推选为北方各省执政。南方革命形势也日趋高涨，但南方贵族慑于人民力量的壮大，迅即与西班牙国王妥协，于1579年缔结了"阿拉斯同盟"。北方各省和南方部分城市为对抗南方贵族的叛变行为，以荷兰省为首结成"乌得勒支同盟"，继续进行斗争。1581年各省宣告独立，正式成立资产阶级的联省共和国。1609年，西班牙被迫与荷兰签订《十二年停战协定》，事实上承认了尼德兰的独立。尼德兰革命是人类历史上第一次成功的资产阶级革命。

西班牙"无敌舰队"的覆灭

尼德兰革命爆发后，英国支持尼德兰反对西班牙的革命，西班牙则帮助爱尔兰的天主教徒反抗英国的统治，两国的武装战争已不可避免。

1588年，西班牙出动了包括132艘主要由重型军舰组成的"无敌舰队"，载运2.1万名士兵、8000多名水手及3000门大炮，以贵族西顿尼亚为司令远征英国。英国把王室、商人船主和海盗的船只集中起来，组成由160艘船构成的大舰队，由海盗出身的海军将领德雷克指挥迎战。7月下旬，双方舰队相遇于英吉利海峡。英国舰队利用船体小、速度快、火力强的优点，攻击无敌舰队的两翼或腹部，实行各个击破。西班牙军舰体大笨重，运转不灵，始终处于被动挨打的地位。

7月28日夜，无敌舰队在加来港驻扎，英舰队点燃8艘装满易燃物的旧船，顺着风势冲向敌群。西顿尼亚仓促应战，结果无敌舰队5艘大船丧失战斗力，士兵死伤4000人以上。7月29日，无敌舰队再遭重创。西顿尼亚感到已无力与陆军会合，便令无敌舰队返航，结果残余舰艇又遇风暴，几乎全军覆灭。最后只有53艘败舰绕航苏格兰、爱尔兰，返回西班牙。英国击败海上劲敌，开始树立海上霸权，而西班牙从此走向衰落。

荷属东印度公司的成立

1602年，6家商会联合组成荷兰东印度公司。公司控制从好望角到麦哲伦海峡整个地区的贸易和航海特权，整个太平洋、印度洋和相连海域都属于公司独占的范围。公司享有签订条约、修筑城堡、拥有武装、设立法官的权利。东印度公司成立后，同欧洲其他国家的殖民者展开了争夺印度尼西亚的竞争。到18世纪末，公司已征服爪哇岛的大部分领土。

英国侵入印度

英国早在16世纪末就开始了对外殖民侵略。1600年成立的英国东印度公司，也从英国女王处领得"特许状"，同样"有权"独占从好望角到东方一切国家的贸易，并在它所侵占的殖民地中拥有军政全权。英国对东方的主要侵略目标是印度。开始时英国采用的是"经济渗入"等手段，它不断派使团去印度向莫卧儿王朝骗取各种贸易特权。此外，英国又积极从事黑奴贸易，并于1584年在北美建立了弗吉尼亚殖民地。

法国亨利四世改革

亨利四世统治初期，法国经济衰退，政局不稳。为了重振和巩固王权，亨利四世采取了一系列措施：在财政税收上实行节约开支和降低部分税额的政策，严禁税吏强迫农民以耕畜和农具偿税；鼓励农业生产；奖励工商业。同时他还发展海外殖民贸易，于1604年成立东印度公司和加拿大的商业公司。1608年，法国殖民者在北美圣劳伦斯河下游建立了魁北克城。专制政府的这些改革，收到了恢复与发展经济、稳定与巩固封建王权的效果。

掷出窗外事件

1617年6月，捷克马蒂亚斯·图恩伯爵领导的激进党采取激烈行动，选举斐迪南为捷克国王。捷克国会中的新教徒拒绝承认斐迪南国王，并由此掀开了捷克人民反抗德皇的斗争。1618年5月23日，捷克等级议会代表团前往赫拉钦宫城，冲进国王办公室，按照捷克惩罚叛徒的古老习俗，把皇家总督雅罗斯拉夫·冯·马丁尼茨和威廉·冯·斯提瓦塔，以及他们的机要秘书菲力普·法布里齐乌斯从窗户掷到护城壕里。这就是有名的布拉格"掷出窗外事件"。

胡格诺改革

胡格诺战争是1562—1598年间法国新教胡格诺派和天主教派之间的战争，具有下层的宗教运动和封建主内讧相交错的双重性质。战争期间，曾发生圣·巴托罗缪惨案。1572年8月24日（圣·巴托罗缪节）的前夜和凌晨之间，巴黎天主教徒乘胡格诺派的领导人为议和而齐集巴黎之机，向胡格诺派发动突然袭击，杀死胡格诺派2000多人，暴行蔓延至各省，胡格诺派5万多人被杀。战争重起，愈演愈烈，法国四分五裂。1598年，法国国王颁布南特敕令，战争才告结束。敕令规定天主教仍为法国国教，但胡格诺派享有信仰新教的自由和政治、经济上的平等权利。南特敕令于1685年被路易十四废除。

《威斯特发里亚和约》

从1645年6月起，在德国威斯特发里亚境内，三十年战争的各参战方开始进行谈判。1648年10月，各方签订了《威斯特发里亚和约》。其主要内容如下：瑞典获得整个西波美拉尼亚及东波美拉尼亚的一部分、维马斯城、不来梅和维尔登两个主教区；法国获得亚尔萨斯大部分，梅斯、土尔和凡尔登归其所有；德意志的勃兰登堡、萨克森、巴伐利亚等诸侯邦在领地内享有内政外交自主权；承认瑞士、荷兰独立等。和约的缔结打击了神圣罗马帝国的哈布斯堡王朝，进一步加深了德意志的分裂。

近代历史

17—19 世纪的欧洲

圈地运动

15 世纪末叶至 19 世纪中叶，西欧新兴资产阶级和新封贵族使用暴力剥夺农民土地的过程称为圈地运动。所谓圈地，即用篱笆、栅栏、壕沟把强占的农民份地以及公有地圈占起来，变成私有的大牧场、大农场。大批丧失土地和家园的农民成为一无所有的雇佣劳动者。圈地是资本原始积累的最重要手段之一。

圈地运动在英、德、法、荷、丹等国都曾先后出现过，而以英国的圈地运动最为典型。莫尔在《乌托邦》（1516 年）中辛辣地指责这是"羊吃人"，所以圈地运动也被称为"羊吃人"的运动。

英国亨利八世的宗教改革

亨利八世时，业已强大的英国王权不能容忍罗马教廷继续干预英国的政治。亨利八世于是以教皇迟迟不批准他的离婚请求为由，于 1533 年与罗马教皇决裂，并下令禁止英国教会向教廷缴纳岁贡。次年，英国国会通过《至尊法案》，宣布国王为英国教会的最高首脑；宗教法庭改为国王法庭，由国王的官吏审判教徒，镇压异端；未经国王同意，教会无权召集宗教会议，不得制定新教规。英国的宗教改革不仅加强了都铎王朝的君主专制统治，而且有利于资产阶级的发展。

亨利八世像

清教徒运动

清教徒是 16 世纪下半叶从英国国教内部分离出来的宗教派别。16 世纪上半叶，英王亨利八世与罗马教皇决裂，进行宗教改革，建立以英王为首领的国教会（圣公会），但保留了天主教的主教制、重要教义和仪式。16 世纪 60 年代，许多人主张清洗圣公会内部的天主教残余影响，因此得名清教徒。他们接受加尔文教教义，要求废除主教制和偶像崇拜，减少宗教节日，提倡勤俭节约，反对奢华纵欲。因其要求在圣公会内未能实现，自 16 世纪 70 年代起，他们脱离圣公会，建立独立教会，选举长老管理宗教事务。清教教义反映了资产阶级在资本原始积累时期的道德标准，以及通过教会改革推动政治变革的愿望。17 世纪上半叶，信奉清教的资产阶级和新贵族与国王的冲突愈演愈烈，导致英国革命，亦称清教徒革命。内战期间，议会废除主教制度。在 1643 年的威斯敏斯特牧师大会上，清教徒分裂为长老派和独立派，后者主张地方自愿结合的宗教团体独立，反对凌驾在此之上的长老制度。斯图亚特王朝复辟后，清教徒受到迫害。1688 年"光荣革命"后，议会通过《宽容法》，允许不信奉国教的新教徒建立自己的教会，但对清教徒担任公职仍有限制，直到 1828 年，政权才对清教徒完全开放。

伊丽莎白一世

伊丽莎白一世（1533—1603 年），1558 年 11 月 17 日至 1603 年 3 月 24 日任英格兰王国和爱尔兰女王，是都铎王朝的第五位也是最后一位君主。她终身未嫁，因此被称为"童贞女王"。她即位时，英格兰内部因宗教分裂处于混乱状态，但她不但成功地保持了英格兰的统一，而且在经过近半个世纪的统治后，使英格兰成为欧洲最强大、富有的国家之一。英格兰文化也在此期间达到了一个顶峰，涌现出了诸如莎士比亚、弗朗西斯·培根这样的著名人物。英国在北美的殖民地亦在此期间开始确立。她的统治期在英国历史上被称为"伊丽莎白时期"，亦称为"黄金时代"。

斯图亚特王朝

1603 年，都铎王朝的伊丽莎白一世去世，其远亲苏格兰国王詹姆士六世继承王位，成为英王詹姆士一世，建立斯图亚特王朝。此后，英格兰、苏格兰两王位合二为一。詹姆士一世（1603—1625 年在位）奉行"君权神授"的信条，致使专制王权与议会之间的矛盾加剧。在财政上，詹姆士一世试图用增加税收的办法来解决财政危机，触犯了资产阶级和贵族的利益。查理一世（1625—1649 年在位）统治期间，政府债台高筑，只有借助于议会补助金来解决日益严重的财政困难。议会在税务问题上与国王的矛盾日趋尖锐，1629年，议会号召人民拒绝交税，查理一世即将议会解散，开始了长达 11 年的无议会时期。在此期间，查理一世对人民实行高压专制统治，大肆迫害清教徒。他两次挑起内战，但都战败，1649 年查理一世被处死，斯图亚特王朝被推翻，英国宣布成立共和国。1660 年查理一世之子查理二世复辟，他统治期间对革命参加者实施打击报复。詹姆士二世（1685—1688 年在位）试图在英国恢复天主教。1688 年"光荣革命"中，詹姆士二世被推翻，王位传给他的女儿玛丽及其丈夫荷兰执政威廉。1714 年，英格兰王位为斯图亚特家族远亲、德意志汉诺威的乔治继承，是为乔治一世。

查理一世

查理一世（1600—1649 年），英国斯图亚特王朝国王。即位之初，推行对抗议会、打击新兴工商业的政策，致使议会与王权的矛盾尖锐。1628 年召开的议会通过了《权利请愿书》，要求不经议会同意，国王不得征税；不得任意逮捕人或剥夺其财产。查理一世勉强接受了请愿书，但于次年悍然解散议会，开始长达 11年的无议会统治时期。在他统治期间，采取打击资本主义工商业发展的措施，恢复已废弃了的税收，将大量人民生活必需品引入商品专卖制的范围；在宗教上，残酷迫害清教徒，使大批清教徒逃亡国外；对外与西班牙和法国进行战争。查理一世的专制统治最终引起了英国资产阶级革命。1642年、1648年，他又两次挑起内战，均被打败。1649年1月，查理一世被处死。

苏格兰人民起义

斯图亚特王朝虽然统治着苏格兰和英格兰，但两国并未合并，苏格兰保持着独立性。英国的宗教改革使苏格兰宗教也受到影响，苏格兰也出现了清教徒，并在教会中占有一定地位。1637年，查理一世命令苏格兰必须采用英国国教祈祷书，这对于要保持苏格兰独立性的人来说是不能容忍的，而对于清教徒来说更是一种侮辱。苏格兰人为了保护本国的独立性和保持自己的信仰，举行了起义。起义军一直打过边境，占领了英格兰北部的一些地区，这种局势严重威胁着查理一世的统治。为了筹措军费讨伐苏格兰人，1640年11月，查理一世被迫召开议会，企图以合法的形式筹集经费，但令他没有想到的是，这次议会的召开成为英国资产阶级革命开始的标志。

克伦威尔

克伦威尔（1599—1658年），英国17世纪资产阶级革命的领袖、政治家和军事家。

克伦威尔出身于亨廷顿郡的一个中等贵族家庭。青年时期就学于剑桥一个著名清教学院，受到清教思想的熏陶。1628年被选入议会。17世纪30年代迁居剑桥郡。曾帮助当地农民反对贵族地主排干沼泽侵害农民利益的行为，因而在东部各郡中威望颇高。1640年作为剑桥郡的代表先后被选入"短期议会"和"长期议会"。在长期议会中，与坚决反对王党的议员站在一起。参加制定《大抗议书》等文件。1642年，英国内战开始，他站在国会革命阵营方面，率自己组织的"铁骑军"屡建战功。1645年，国会授权克伦威尔改组军队，他以铁骑军为基础组成"新模范军"。他指挥这支军队，战胜了王党的军队。1649年，国王查理一世被处死，英国成立共和国，克伦威尔独揽大权，成为实际的军事独裁者。他镇压掘地派运动，出兵远征爱尔兰。1653年，他解散议会，自任"护国主"，但国内经济状况不断恶化，阶级矛盾日趋尖锐，克伦威尔始终未能稳定局势。1658年克伦威尔病死。

马斯顿荒原之战

1644年，苏格兰派军从北方攻入英国境内，援助议会军。苏格兰军与来自南部的费尔法克斯和克伦威尔的议会军共同包围了盘踞在约克城内的纽卡斯尔的王军。国王查理一世急速派遣鲁伯特率部队前去解围。议会军攻打约克城未遂，退守利兹，与曼彻斯特勋爵和克伦威尔的东英吉利骑兵会合。议会军方面连同苏格兰军共有2万步兵和7000骑兵，前哨阵地设在马斯顿荒原的一个高岗上。王军随议会军之后赶到马斯顿荒原，兵力为1.1万步兵和7000骑兵。两军严阵以待。7月2日，克伦威尔的新骑兵团向王军发动了猛烈进攻。打得王军丢盔弃甲、溃不成军。这次战役，摧毁了两支王军，从此，保王派退出了北方各郡，议会军取得了辉煌的胜利。马斯顿荒原之战是自内战开始以来，议会军初次在阵地战上获得的一次巨大胜利。克伦威尔的铁骑军也因此声名大振。

新模范军

内战开始后，议会军节节失利。1645年1月，议会通过了克伦威尔提出的改组军队的议案，授权克伦威尔改组议会军。克伦威尔以自己的"铁骑军"为榜样，组建了一支主要由自耕农、手工业者、店员等组成的新军，并建立了良好的给养制度。新军实行民主，纪律严明，具有较强的战斗力，军官大部分来自下层社会，是英国首次建立的常备军。1645年6月，新军在纳西比战役中大败王军。共和国成立后，它镇压平等派和掘地派，远征爱尔兰，成为资产阶级和新贵族的专政工具。

英吉利共和国的成立

1649年2月6日，英国议会下院通过了取消上院的决议。7日，下院又通过了关于取消君主制的决议。从此，英国成为"没有国王及上院"的一院制共和国。同日，下院通过关于设立从属于下院的国务会议的决议。13日，国务会议正式成立，布拉德肖被任命为国务会议主席。1649年5月，议会正式宣布："英国为共和和自由的国家，由民族的最高主权管辖之。"英吉利共和国由此成立。

首相的由来

首相是国外的一种官职，是主持内阁会议的官员，大致相当于我国古代的宰相。18世纪以前，各国并没有这一官职，内阁会议都由国王主持。到英国乔治一世时期，由于他是德国人，不会讲英语，听不懂内阁大臣们议论政务，就不参加内阁会议，于是就由大臣们在阁员中推选一人主持。乔治一世时期的治安大臣沃波尔起的作用颇似现在的首相。18世纪以后，在各国的内阁中便正式有了"首席大臣"或"首相"这一官职了。

掘地派运动

掘地派出现于1649年共和国成立之初，自称为"真正平等派"。领导人为温斯坦莱和艾维拉德。掘地派最初占领了伦敦附近萨里郡圣·乔治山上的公有地和荒地，进行集体开垦、耕种，并号召其余的人都来参加他们的队伍。他们的号召在肯特郡、白金汉郡、北安普顿郡等地得到广泛响应，人数迅速增加。掘地派反对土地私有制，主张建立土地公有、共同劳动、共享劳动果实的社会。

反映掘地派运动的图画

掘地派的思想带有原始共产主义色彩，但不主张用暴力去实现理想，把希望寄托在统治者身上。掘地派运动反映了英国当时社会最贫穷阶层的人民的思想和愿望。1651 年，掘地派运动被克伦威尔镇压。

航海条例

　　1651 年 10 月 9 日，为了打击海上竞争劲敌荷兰，取得海上贸易霸权，英国颁布了航海条例。航海条例的主要内容是：亚洲、非洲或美洲的商品，必须使用英国的船只，才准输入英国、爱尔兰或英国殖民地，欧洲商品输入英国、爱尔兰与英国的殖民地，必须使用英国船只或原商品出产国的船只运送；英国船只运送的商品，必须是由原生产国运来者；盐和鱼类必须由英国船只装载，才能从英国及其领地运出；英国境内各地之间的贸易必须由英国船只经营。此条例各条均针对荷兰，排挤了荷兰在国际贸易中的作用，危及荷兰的海上利益。荷兰自然不肯接受该条例的约束，因而引发了第一次英荷战争。荷兰战败，被迫承认这一条例。1661 年，英国再次颁布航海条例，重申了 1651 年航海条例的主要内容，规定某些产品只能运送到英国、爱尔兰或英国的其他殖民地。于是，1665 年，英荷爆发第二次战争，英国战败，航海条例有所放宽。1651 年后颁布的航海条例是为了垄断英国和殖民地的贸易，限制殖民地经济的发展。1672 年、1692 年，英国政府又先后颁布航海条例。随着工业革命的完成，英国的经济实力日益强大，开始实行自由贸易政策。到 1849 年，大部分航海条例已经废除。1854 年，外国商船也可以从事英国沿海贸易，至此，航海条例所规定的限制完全取消。

三次英荷战争

　　由于英国颁发的航海条例损害了荷兰海上运输和国际贸易利益，引起了 1652—1654 年的第一次英荷战争。荷兰战败后，于 1654 年 4 月签订《威斯敏斯特条约》，被迫承认英国的航海条例。第二次英荷战争是由于英国夺取荷兰在北美的殖民地新阿姆斯特丹引起的。1665 年 1 月荷兰对英国宣战，英国战败，双

威廉在英国西海岸登陆，受到资产阶级和新贵族的欢迎。

方于 1667 年 7 月缔结《布雷达条约》，英国把在南美占领的苏里南归还荷兰，并在海上贸易权方面作了让步；荷兰则退出北美。第三次是由于英国企图瓜分荷兰沿海属地引起的。1672 年，英、法对荷开战，荷兰战败。1674 年 2 月，英国同荷兰签订第二个《威斯敏斯特条约》。通过三次英荷战争，荷兰的殖民优势被摧毁，英国逐步掌握了海上霸权，成为世界上最大的殖民国家。

光荣革命

　　斯图亚特复辟王朝实行反动的对内对外政策，损害了资产阶级和新贵族的利

益，尤其是詹姆士二世（1685—1688 年在位）企图借助法国恢复天主教会和专制统治，与议会发生了激烈冲突。詹姆士二世无子，议会准备在其死后迎立其长女玛丽和她的丈夫荷兰执政威廉为英王。1688 年年初，詹姆士二世得子，议会感到等待无望，辉格党人（代表工商业资产阶级利益）与托利党人（代表土地贵族利益）联合，于 6 月迎请荷兰执政威廉出兵讨伐英王，詹姆士二世逃往法国。第二年，议会宣布威廉与其妻玛丽为英国国王和女王，随后，英国逐步确立了资产阶级君主立宪的政体。由于这次政变没有发生大规模内战，被资产阶级史学家称为"不流血革命"或"光荣革命"。

《权利法案》

《权利法案》是斯图亚特王朝的国王们与英格兰人民和议会在 17 世纪长期争斗的结果。它成为 1688 年革命后施政的基础。法案的主要内容在于明文宣布詹姆士二世的各种措施非法。法案规定：不经议会同意，国王无权征税；不能在和平时期维持常备军；议会要定期召开；议员的选举不受国王干涉；议员有在议会活动的自由等。同时法案也确定了王位继承问题。《权利法案》为限制王权提供了宪法保障，在英国确立了资产阶级专政的君主立宪制，是英国法律的基本组成部分之一。

资产阶级革命

资产阶级革命通常是资产阶级借助人民群众的力量进行的反对封建主义、地主阶级统治或其他落后反动统治的革命。目的是资产阶级要掌握政权，为资本主义的发展扫除障碍。一般是在资本主义经济有了比较明显的发展，思想舆论也有了充分准备的情况下爆发革命。因为革命的结果是以一种剥削形式代替另一种剥削形式，所以资产阶级是无法把千百万劳动群众长期地团结在自己周围的，英国资产阶级革命中资产阶级的具体表现可以说明这一问题。

三角贸易

"三角贸易"是 18 世纪时英国以贩卖奴隶为主要手段的洲际贸易。英国从利物浦、伦敦等城市用船载运棉麻织品、玻璃、陶瓷器皿以及其他各种装饰品，驶往非洲交换黑奴，并用船把黑奴运往西印度和南美殖民地的种植场，卖给农奴主，然后买进殖民地的糖、烟草、棉花返回英国，并将其作为原料卖给工厂主。1713 年，《乌特勒支和约》使英国获得贩卖奴隶的垄断权，此后英国的奴隶贸易达到了空前规模。英国获得"贩卖奴隶垄断"权利，不仅为英国的贩奴商人带来了神话般的利润，而且加强了英国在那些需要供应黑奴来经营种植场的殖民地里的地位。"三角贸易"在当时英国经济发展中起着很大的作用。

英法北美战争

法国作为当时欧洲大陆的强国，和英国在诸多问题上存在着巨大的利益冲突。1740 年，普鲁士发动了奥地利帝位继承战争，法国站到普鲁士一边。英国借此机会同它的主要对手作对，出面"保护"奥地利，于 1744 年对法国宣战。英国海军最终打败了法国的海军，并于 1748 年缔结和约，但英法争夺殖民地的局部战争并未停止。1756 年，英法在加拿大开始了争夺殖民地的军事行动，英军封锁法国大陆本土的港口，使法国无法从欧洲大陆抽调军队增援北美战场，以致法军在北美战场上兵力无法与英军抗衡。法国的殖民地路易斯堡、匹兹堡、奥斯威戈等地相继落入英军之手。1759 年，英军攻占魁北克，占领了加拿大大片殖民地。英法在北美争夺殖民地的战争以英国的最后胜利而告终。1763 年，英法签订《巴黎和约》，法国割让加拿大以及密西西比河以东的全部土地给英国。

工业革命

工业革命又称"产业革命"，是从手工业生产过渡到机器生产，从资本主义手工工场过渡到资本主义工厂的生产技术革命，也就是资本主义工业化。工业革命在 18 世纪 60 年代开始于英国，首先从棉纺织业开始，逐步发展到采矿、冶金、机器制造、运输等部门。18 世纪 80 年代，工业革命因蒸汽机的使用而得到进一步发展。到 19 世纪上半叶，英国工业革命基本完成。继英国之后，法、德、美等国也于 19 世纪完成了工业革命。工业革命的完成，使资本主义制度最终战胜封建制度，社会生产力迅速发展，英国成为"世界工厂"。工业革命也导致了社会关系的巨大变化——形成工业资产阶级和工业无产阶级，资本主义社会的基本矛盾日益加深。

蒸汽机时代

蒸汽机的出现，标志着人类进入一个新的时代——蒸汽机时代。它改变了人类以人力、畜力、水力作为主要动力的历史，使各种机器有了新的强大的动力，导致了人类历史上的第一次技术革命。蒸汽机的发明、发展经历了漫长时期，许多科学家、发明家对此都做出了贡献，而其中具有突破性贡献的是英国人瓦特（1736—1819 年），所以人们习惯认为蒸汽机是瓦特发明的。

珍妮纺纱机

1764 年，木匠哈格里夫斯为了增加收入，在家中还兼做纺纱织布。那时织布用的飞梭刚发明不久，纺纱与织布之间的生产平衡被打破了，出现了"棉纺饥荒"。多织布才能多收入。一天，哈格里夫斯偶然发现家中的纺车被妻子无意中碰翻了，原来横着的纺锤直竖起来，却仍在转动着。哈格里夫斯从这意外的发现中受到了启发，从此，他试着将纺锤改为竖装，并将 1 个纺锤改成 7 个、8 个，以后又增加到 16 个、

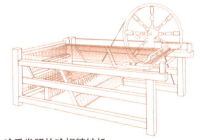

哈氏发明的珍妮精纺机

18 个。于是，世界上第一台纺纱机终于问世了，即人所共知的珍妮纺纱机。

亚当·斯密与《国富论》

亚当·斯密是英国古典政治经济学的主要代表人物之一。1776 年，他在划时代的著作《国富论》中提出"一切财富的本原是劳动"的观点，提出了劳动价值论，创建了政治经济学的科学体系，为后来的古典政治经济学奠定了理论基础。他还提出了自由主义经济理论，反对国家干预经济，促进了资本主义经济的发展。

富尔顿发明汽船

英国机器大工业的发展，要求革新交通工具，以便迅速运输生产出来的大量产品，供应大量的原料和燃料。1807 年，美国发明家富尔顿造出了"克莱蒙脱"号汽船。富尔顿亲自驾驶这艘汽船，进行了从纽约到奥尔巴尼的首航。在航行中，富尔顿的汽船赶上许多单桅和双桅帆船，并把它们远远地抛在后面。富尔顿的这次汽船航行是一个划时代的事件，在河道交通及海洋商务方面引发了一场革命。从此，英国担任远洋航运的商船队力量大大加强了。

史蒂芬孙与火车

工业革命时期，陆路交通工具也发生了深刻的变革。1765 年，铁轨代替了木轨，用于运输煤炭。1814 年，出生于矿工家庭的英国工程师史蒂芬孙发明了第一台实用型的蒸汽机车，这台机车在前进时不断从烟囱里冒出火来，因此被称为"火车"。1825 年，英国建设了从斯托克顿到达林顿的第一条铁路。史蒂芬孙驾驶着自己设计的蒸汽机车，拖带着 34 节小车厢，由一个骑马的人做前导发出信号，在这条铁路上试车。此举开拓了陆地交通运输的新纪元，人类从此进入了"铁路时代"。

科学巨人牛顿

艾萨克·牛顿（1643 年—1727 年），英国伟大的数学家、物理学家、天文学家和自然哲学家，同时他也是一个神学爱好者，晚年曾着力研究神学。1643 年 1 月 4 日生于英格兰林肯郡格兰瑟姆附近的沃尔索普村，1727 年 3 月 20 日在伦敦病逝。

牛顿 1661 年入英国剑桥大学三一学院，1665 年获文学学士学位。随后两年在家乡躲避瘟疫。这两年里，他制定了一生大多数重要科学创造的蓝图。1667 年回剑桥后当选为三一学院院委，次年获硕士学位。1669 年任卢卡斯教授直到 1701 年。1696 年任皇家造币厂监督，并移居伦敦。1703 年任英国皇家学会会长。1706 年受女王安娜封爵。他晚年潜心于自然哲学与神学。牛顿在科学上最卓越的贡献是创建了微积分和经典力学。

卢德运动

英国工人以破坏机器为手段反对工厂主压迫和剥削的自发工人运动，首领为卢德王，故名。相传，莱斯特郡一个名叫卢德的工人，为抗议工厂主的压迫，第一个捣毁织袜机。工业革命时期，大批手工业者破产，工人失业，工资下跌。当时工人把机器视为贫困的根源，用捣毁机器作为反对企业主、争取改善劳动条件的手段，但禁止对人身施用暴力。卢德运动有极严厉的组织纪律，透露内部机密的人会受到严重的处罚。1769 年，英国国会颁布法令，对卢德运动予以镇压。1811 年年初，卢德运动开始形成高潮，其中心是诺丁汉郡。1812 年，英国国会通过《保障治安法案》，动用军警对付工人。1813 年政府颁布《捣毁机器惩治法》，规定可用死刑惩治破坏机器的工人。1813 年，政府在约克郡绞死和流放破坏机器者多人。1814 年企业主又成立了侦缉机器破坏者协会，残酷迫害工人。但直到 1816 年，这类运动仍时有发生。

李嘉图

李嘉图是英国产业革命高潮时期的资产阶级经济学家，他继承和发展了斯密经济理论中的精华，使古典政治经济学达到了最高峰。37 岁的时候他完成了第一篇经济学论文，10 年后他在这一领域获得了极高的声誉。李嘉图于 1823 年 9 月 11 日去世，年仅 51 岁。

边　沁

边沁（1748—1832 年）是英国的法理学家、功利主义哲学家、经济学家和社会改革者。他是一个政治上的激进分子，亦是英国法律改革运动的先驱和领袖，并以功利主义哲学的创立者、动物权利的宣扬者及自然权利的反对者而闻名于世。他还对社会福利制度的发展有重大的贡献。

道尔顿

约翰·道尔顿（1766—1844 年），英国化学家、物理学家、近代化学之父。1766 年 9 月 6 日生于坎伯雷，1844 年在曼彻斯特过世。父亲是一位农民兼手工业者。幼年时家贫，无钱上学，但他以惊人的毅力自学成才。1778 年在乡村小学任教；1781 年应表兄之邀到肯德尔镇任中学教师，在哲学家高夫的帮助下自修拉丁文、法文、数学和自然哲学等，并开始对自然观察，记录气象数据，从此学问大有长进；1793 年任曼彻斯特新学院数学和自然哲学教授；1796 年任曼彻斯特文学和哲学会会员，1800 年担任该会的秘书，1817 年升为该会会长；1816 年入选法国科学院通讯院士；1822 年选为皇家学会会员。1826 年，英国政府将英国皇家学会的第一枚金质奖章授予了道尔顿。

法国投石党运动

路易十四登位之初，红衣主教马扎然任首席大臣。马扎然在任职期间开征新税，横征暴敛。贵族们便以巴黎高等法院的法官为代言人，公开进行反抗。路易十四遂下令停止高等法院会议。高等法院对此提出抗议，并在圣路易院通过了政治和财政改革纲领。1648年12月，投石党人孔代亲王率军包围巴黎，王室人员仓皇逃离。1650年，逃离在外的王室人员重新回到巴黎，运动结束。这次事件在历史上称为"投石党运动"，它得名于当时巴黎街头儿童恶作剧的玩具——投石器。

路易十四

法兰西国王路易十四（1638—1715年），史称路易大帝。他亲政的55年（1661—1715年）是法国专制制度极盛时期，在他的统治下，法国一度统治欧洲，伏尔泰曾把这个时期称为"路易十四的世纪"。

路易十四非常热爱舞蹈艺术。他从少年起就每天接受舞蹈训练，长达20年之久。他13岁起便在芭蕾舞剧《卡珊德拉假面舞会》中担任角色，32岁时他连续在26部大型芭蕾舞剧中担任主角。

他一直是舞蹈艺术的热心赞助者和支持者。因为他认识到艺术可以用来提高他作为君王的威望。他也非常重视自己王者的风度。他认为扮演太阳或阿波罗之类的角色，可以在他身上激发起一种神圣的使命感。由于他曾扮演了芭蕾舞剧《夜》中的太阳的角色，而被人们誉为"太阳王"。

启蒙运动

法国启蒙运动的寓意画

在代表着知识的传播的书籍和报纸的包围下，各大主要宗教的代表正在激烈讨论。

18世纪初，法国社会内部的资本主义经济关系已有很大发展，然而，它仍然是一个非常腐朽的封建等级制的、专制主义的、天主教会的国家。资产阶级要求自由发展，要求进行改革和革命，扫除封建制度的阻碍，于是涌现了许多资产阶级的理论家。主要代表人物有伏尔泰、孟德斯鸠、狄德罗、魁奈、卢梭等，他们著书立说，批判封建制度的不合理性，宣扬建立"合理"的社会制度。他们的宣传启发了人们反封建的意识，所以，这些人被称为"启蒙思想家"。启蒙运动是18世纪法国资产阶级领导和发动的一次波澜壮阔的思想解放运动，它在政治上、思想上和理论上为西方资产阶级的发展奠定了基础，对整个近代历史产生了深远的影响。

开明专制

开明专制是18世纪下半叶欧洲一些国家封建专制君主执行的一种政策。当时，欧洲大陆诸国的封建制度日趋衰落，资本主义生产关系在封建社会内有所发展。

各国封建君主为了巩固其专制统治，接过了法国启蒙学者要求改革的旗帜，宣称要进行自上而下的改革。他们利用伏尔泰希望有一个开明的君主、在哲学家的辅助下改革社会生活的主张，把自己装扮成"开明"的君主，高喊"开明"的口号。"开明专制"便成了当时欧洲各国封建专制政府的特征，只有英国、波兰、法国例外。

在东欧，由于资产阶级势力薄弱，"开明专制"获得了典型的发展。其间各国所进行的改革客观上都促进了资本主义的发展。1789 年法国大革命爆发后，欧洲大陆开始了资本主义和封建主义两个制度的生死搏斗，一切伪装都无济于事，开明专制时代连同其改革一起消失了。

君主制

君主制是以君主为国家元首的政体形式。君主掌握最高国家权力，并且不经选举产生，没有任期。君主一般是世袭的，终身任职。

君主制有不同类型。无限君主制中，君主拥有无限权力，是真正的君主专制，在古代东方国家中曾普遍实行。有限君主制中，君主权力有限。有限君主制又包括等级君主制和君主立宪制。

现在世界上还有十几个君主制的国家，如沙特阿拉伯、科威特，非洲的摩洛哥，亚洲的尼泊尔、文莱、不丹等。欧洲的英国和瑞典虽然还是王国，但已经演变成了君主立宪国。

普鲁士王国的兴起

普鲁士原为古普鲁士人居住地，13 世纪为条顿骑士团征服，始称普鲁士。1466 年臣属波兰，1525 年成为普鲁士公国，1618 年普鲁士和勃兰登堡合并，1648 年摆脱波兰宗主权，1701 年普鲁士王国正式建立。18 世纪后半叶的七年战争和三次瓜分波兰，使其获得奥地利的西里西亚、波兰的西普鲁士等地，逐渐成为德意志的封建军事大国。19 世纪，资本主义得到进一步发展。1848—1849 年爆发了资产阶级革命，但遭失败。1862 年俾斯麦就任首相后，通过战争击败了主要竞争对手奥地利和法国，实现了德意志的统一。1871 年建立以普鲁士王国为中心的德意志帝国，帝国皇帝和首相分别兼任王国国王和首相。帝国实行中央集权统治，普鲁士王国失去了"国家"的含义。1919 年德国十一月革命推翻了帝制，建立共和国，普鲁士王国的名称消失。

腓特烈二世的统治

17 世纪以后，普鲁士不断对外推行军国主义扩张政策，对内保护工商业发展，因而迅速崛起成为德意志最重要的邦国之一。18 世纪中期，腓特烈二世实施了一系列改革措施，包括加强中央集权，提高政府效率；招徕外国移民；改善交通；积极发展工商业；修筑公路，开凿运河；建立银行；重视科学技术，设立科学院；聘请具有启蒙思想的学者任职，推广教育；增加税收，扩充军力等。在进行改革、增强国力的同时，腓特烈二世不断进行对外战争，扩张领土。普鲁士的实力迅速上升，跃居欧洲强国之列。

狄德罗与《百科全书》

狄德罗（1713—1784 年）是法国卓越的启蒙思想家，他从 1745 年起着手主持《百科全书》的编撰工作。《百科全书》共 35 卷，从 1751 年第一卷问世起，直到 1772 年才出齐，主编一直是狄德罗。《百科全书》立足于当时哲学和自然科学的最高成就，包括了 18 世纪中叶以前欧洲人所取得的全部科学成果，是近代世界各国编纂百科全书的优秀范例，也是启蒙运动的丰硕成果。由于《百科全书》以科学和民主精神对抗宗教迷信和专制统治，所以从第一卷问世以来，便遭到天主教会和政府的查禁和打击。狄德罗为编撰《百科全书》呕心沥血，历尽艰辛，付出了一生的劳动。狄德罗的《百科全书》为法兰西民族建立了一座思想的丰碑。

狄德罗像

狄德罗早期的作品都不成功。《哲学思想录》被巴黎最高法院下令公开销毁，又因写《论盲人的书简》而入狱，但后来编纂的《百科全书》使他青史留名。

伏尔泰

法国启蒙思想家、作家、哲学家。本名叶弗朗索瓦·马利·阿鲁埃，伏尔泰是他的笔名。出身于公证人家庭。他从小就热爱文学，曾学过法律，从事过多种职业，曾赢得"法兰西最优秀诗人"的桂冠。1717—1726 年，由于著文抨击封建专制，两次被关进巴士底狱，出狱后被驱逐出境，三年后又回到巴黎，进行启蒙宣传。1734 年因他的《哲学通信》被当局查禁，而再次离开巴黎。此后，伏尔泰进行多方面的创作活动，并取得丰硕的成果。有史学名著《路易十四时代》，哲理小说《老实人》《天真汉》等。他的声望越来越高，1778 年他返回巴黎，受到公众的隆重礼遇。同年因病逝世，被安葬于法国名人公墓。伏尔泰这个"投向旧制度的第一颗炸弹"，是启蒙运动中公认的领袖和导师。他以其思想启迪民众的心智，影响了几代人。

卢梭与《社会契约论》

1762 年，卢梭的重要著作《社会契约论》出版。这部书是反映他政治思想主张的代表作之一。在这部著作中，卢梭设计了一个资产阶级改革方案。他依据国家起源的契约理论，设计了一个在当时的社会条件下可以允许存在的国家制度。卢梭的社会契约学说对 18 世纪的法国大革命起了直接的指导作用。当然，卢梭的政治思想存在着种种阶级和历史的局限性。

孟德斯鸠

孟德斯鸠出身于贵族世家，但他却接受了时代精神的影响，投身于资产阶级革命的洪流之中。他曾经到英国游历了两年多，考察了英国的政治制度，认真学习了早期启蒙思想家的著作。孟德斯鸠对封建专制制度的弊端进行了猛烈的抨击。他的名著《波斯人信札》便是如此。孟德斯鸠特别强调法的功能、政府的功能。他认为，法律是理性的体现，资产阶级自由要受法律的制约。他的《论法的精神》为资产阶级以法制对抗专制指出了道路，为资产阶级法学奠定了基础。

地理环境决定论

地理环境决定论是主张地理环境在社会存在和发展中起决定作用的理论。最早由 16 世纪法国思想家博丹所提出，他认为地理环境决定着民族性格、国家形式和社会的变化。1748 年，法国启蒙思想家孟德斯鸠所著《论法的精神》一书中，系统地论述了"气候的本性"和"土地的本性"对国家的法律、社会制度和民族精神的决定作用。19 世纪，德国的拉采尔继承和发扬了上述二人的思想，进一步提出社会的发展和历史命运皆决定于地理环境的理论。这个理论在资本主义发展初期具有反宗教神学和封建专制的积极作用，但后来一些地理环境论者夸大地理环境对社会生活和社会发展的作用，并用以为帝国主义侵略扩张服务，这样便使这种理论陷入了错误。马克思主义哲学认为，地理环境是社会存在和发展的一个不可缺少的条件，但它对社会发展不起决定作用，它只能通过一定的生产方式，对社会发展起加速或延缓的作用。

"沙龙"

"沙龙"是法语的音译，它原为意大利语，17 世纪传入法国，最初为卢浮宫画廊的名称。后来指法国上层人物住宅中的豪华会客厅。当时，巴黎的名人（多半是名媛贵妇）常把客厅变成著名的社会交际场所。进出这里的人，多为小说家、诗人、画家、戏剧家、哲学家、音乐家和评论家等，他们志趣相投，欢聚一堂，或作诗绘画，或欣赏典雅的音乐，或就各种感兴趣的问题促膝长谈，无拘无束，各抒己见。后来，人们就把这种形式的聚会称为"沙龙"。正宗的沙龙有以下特点：要定期举行；时间要在晚上；人数不能太多。现在，人们在写文章时就常借沙龙一词来表述某项活动，如"文学沙龙""音乐沙龙"等。

三级会议

三级会议由国王召集，参加者有教士、贵族和市民三个等级的代表。会议是不定期的，它的召开与国王敛财有关，其主要职能之一是批准国王征收新税。第一次三级会议在巴黎举行，是法王腓力四世为加强同教皇卜尼法斯八世的斗争而召开的，会上通过了反对教议。入会的三个等级分别开会讨论，议案等级只有一票表决权。此后，法王为增收现金，不时召开三级会议。所征税款和各个等级分摊，但付出最多的是第三市民等级。所以法国大商人出席会议时，对国王的许多政策不满。1614 年后，由于专制主义加强，三级会议间隔了很久没有召开。1789 年法国资产阶级革命前夕，法王被迫再度召开会议，但随即为国民会议取代。三级会议的召开标志法国由早期封建君主制过渡到了议会君主制。它虽为封建政治形式之一，但市民阶级作为第三等级进入议会，表明他们已经成为法国社会不可忽视的政治力量。

法国资产阶级革命

18 世纪末波旁王朝时期，第一、二等级与第三等级之间的矛盾急剧激化。1789 年，国王被迫召开三级会议，第三等级的代表展开了反对以国王为首的斗争。7 月 14 日，起义者攻占了象征封建专制主义的巴士底狱，法国大革命爆发。大资产阶级窃取了政权，主张实行宪政。废除了部分次要的封建义务，颁布《人权宣言》，制定《1791 年宪法》，维护君主立宪。后来，巴黎人民于 1792、1793 年又举行了两次武装起义。1794 年 7 月 27 日，大资产阶级发动政变，推翻雅各宾派专政，建立起热月党人的统治。法国革命是世界近代史上规模最大、最彻底、最深刻的一次资产阶级性质的革命，它摧毁了封建制度，为资本主义的发展扫清了道路，推动了欧洲各国的反封建斗争，在世界上产生了巨大影响。

巴士底狱

巴士底的原意是堡垒，法国许多地方都建有巴士底。巴黎的巴士底建于 1382 年，原为一座军事城堡，后改作王家监狱。16 世纪起，主要用于囚禁政治犯，成为封建专制制度的象征。它位于巴黎市郊圣安东街，阴森可怕，沟深墙高，无法攀登，只有吊桥相通。1789 年大革命前夕，巴士底狱内藏有大量枪支、火药。8 座高大的塔楼安置大炮，朝向市中心，对准劳动人民聚居的圣安东区。法国人民对它早已恨之入骨，盼望将它彻底摧毁。1789 年 7 月 14 日，巴黎人民向巴士底狱发动了猛攻，经过 4 小时的激战，终于攻占了巴士底狱。在释放狱中囚犯后将它夷为平地，改为巴士底广场。

《人权宣言》

《人权宣言》是《人权和公民权宣言》的简称，由拉法夷特等起草，于 1789 年 8 月 26 日由制宪议会通过，但是，路易十六拒绝批准。10 月，巴黎群众手持武器向凡尔赛进军，冲进王宫。路易十六才无可奈何地批准了《人权宣言》。在群众强烈要求下，王室迁回巴黎。《人权宣言》的主要内容有：在权利上人生来是自由平等的；自由、财产安全

《人权宣言》宣传画

和反抗压迫都是不可剥夺的天赋人权；法律面前人人平等；私有财产神圣不可侵犯等。

法兰西第一共和国

1792 年 8 月，巴黎人民举行起义，推翻国王。9 月，新选出的国民公会正式开幕，宣布废除王政。国民公会正式宣布建立共和国，史称法兰西第一共和国。它是法国历史上的第一个资产阶级共和国。第一共和国期间政治斗争激烈，历经吉伦特派统治、雅各宾专政、热月党和督政府、执政府等阶段，先后颁布《1793 年宪法》《1795 年宪法》《1799 年宪法》等，至 1799 年雾月十八日政变后已名存实亡。1804 年 5 月拿破仑·波拿巴称帝，共和国为法兰西第一帝国取代。

吉伦特派

1792 年 8 月 10 日巴黎人民发动第二次武装起义后，吉伦特派（因该派领袖人物布里索、维尔尼奥等多来自吉伦特省而得名）执掌政权。吉伦特派主张废除君主制，于 1792 年 9 月宣布成立法兰西共和国，并把国王路易十六押上断头台。随着革命的深入，吉伦特派认为法国革命应当止步，恢复秩序，并竭力维护工商业资产阶级的利益。

1793 年年初法国局势恶化，前线紧张，粮食奇缺，物价飞涨，群众要求限制物价，打击投机倒把。吉伦特派则坚持经济自由原则，不愿对经济进行干涉和管制。1793 年 4 月，前线发生吉伦特派将领叛变事件，巴黎群众极为愤怒。1793 年 5 月 31 日至 6 月 2 日，巴黎群众起义，逮捕吉伦特派议员及其首领，吉伦特派被推翻。1794 年 7 月 27 日热月政变后，该派又成为热月党的骨干。

雅各宾派

18 世纪法国大革命期间，巴黎雅各宾修道院里，聚集着一批具有民主主义思想的进步人士，他们在这里进行革命的舆论宣传和组织策划工作。人们习惯地称他们为"雅各宾派"。

马拉被刺

马拉是法国资产阶级革命时期雅各宾派的主要领袖之一。大革命爆发后，他积极投入战斗，曾多次遭到通缉和逮捕。1792 年，他当选为国民公会的议员，在审判路易十六时曾起过重要作用。1793 年 5 月 31 日，巴黎人民发动第三次武装起义，推翻了吉伦特派，雅各宾派开始执政。在这一过程中马拉一马当先，他在教堂敲响了进攻的钟声。马拉在革命中的作用引起了王党分子和吉伦特派的仇视。1793 年 7 月 13 日，马拉在家中被来自诺曼底的女王党分子夏洛特·科黛刺死。马拉去世后，巴黎人民为马拉举行了隆重的葬礼。马拉的心脏被悬挂在科尔得利俱乐部大厅的穹顶上，尸体被保存在法国先贤祠中。

热月政变

热月政变是法国大革命中推翻雅各宾派罗伯斯比尔政权的政变。因发生在共和二年热月 9 日（1794 年 7 月 27 日），故名。

热月政变推翻了雅各宾派的统治，宣告了法国大革命中市民革命的结束。在政变中建立了以热月党人为代表的大资产阶级政权。法国历史进入维护大革命成果时期。

罗伯斯比尔

罗伯斯比尔像

罗伯斯比尔（1758—1794 年），法国大革命时期的政治活动家、雅各宾派主要领导人。出生于阿腊斯城的律师家庭。信仰卢梭的人民主权思想。1789 年作为第三等级代表参加三级会议。革命战争爆发后成为雅各宾俱乐部的主要领导人，积极从事保卫祖国的斗争。1792 年 8 月 10 日起义之后，支持巴黎公社，抨击吉伦特派。9 月当选国民公会代表。在维护巴黎公社、处置路易十六、反对设置"郡卫军"、对待无套裤汉运动等问题上同吉伦特派展开斗争。1793 年 5 月 31 日至 6 月 2 日领导雅各宾派同疯人派联合推翻吉伦特派。7 月 27 日被选入救国委员会，成为大革命的实际领导人。执政期间推行全面限价法令、嫌疑犯法令、集权式政府体制等经济恐怖和政治恐怖的措施，得以实现同群众的联合，革命发展到顶峰。为官俭朴清正，被群众誉为"不可腐蚀者"。其政策使危机得到克服，击溃了国内外敌人的进攻，保卫了革命成果。在需要恢复资本主义正常秩序时，不愿放弃恐怖统治，以高压手段对待反对派，甚至扩大政治恐怖，以致日益孤立。在 1794 年热月政变中被推翻，7 月 28 日被送上断头台。

1791 年，罗伯斯比尔成为雅各宾派的领袖人物。1792 年 8 月起义后，他坚决主张处死国王路易十六和抗击普奥联军。1793 年 5 月，颁布《1793 年宪法》，摧毁了封建土地所有制，粉碎了欧洲各君主国家的干涉，在保卫和推动法国革命中起过很大作用。

督政府成立

1795 年 8 月 22 日，代表大资产阶级利益的热月党人控制的国民公会通过了《共和三年宪法》。这一宪法规定：立法权属于立法团，立法团由上、下两院组成，法国的行政权属于由两院联合选出的督政府；督政府由 5 名督政官组成，每年改选其中的一名；5 名督政官以 3 个月为期轮流担任主席；督政府有任免官吏、统率军队、掌握财政及外交等大权。1795 年 10 月，国民公会着手立法团选举，接着产生了两院。两院议定，督政官须在国民公会中投票赞成处死国王的议员中产生。10 月 26 日，存在 3 年之久的国民公会解散，设在巴黎卢森堡宫的督政府开始执政。

拿破仑

拿破仑（1769—1821 年），出生于地中海的科西嘉岛，15 岁进巴黎军校，一年后提前离校，成为一名炮兵少尉。对卢梭的著作很感兴趣。革命爆发后，他一度接近过雅各宾派。1793 年冬，土伦王党叛乱，英军登陆帮助叛军。共和国派兵包围土伦，久攻不下。这时拿破仑只是一个炮兵上尉，但是他接过指挥炮兵的职务后，采用以炮兵配合步兵的进攻战术，赶走了英国舰队，很快就攻克了土伦，从此崭露头角。1794 年，他被升为准将。热月政变后，因他受过罗伯斯比尔弟弟的推荐，一度被捕入狱，释放后也不过是一名潦倒的失意将军。1795 年，巴黎王党分子叛乱，热月党人在危难之际求助于他。他果断地用大炮一举粉碎了叛乱。1796 年，督政府任命他为意大利方面军司令。当时，法国的重兵在莱茵河与奥军对峙，意大利只是一个次要的战场，拿破仑麾下也只有 3 万名衣衫褴褛、装备不足、连饭也吃不饱的军队。他却连战连胜，打得撒丁、奥地利先后求和，从此威名大震，成为一代名将，得到军官和士兵的信任和拥护。于是，在法国处于危急的时刻，拿破仑就顺理成章地成为救星，成为革命的领头羊。

雾月政变

巴黎民众攻占巴士底狱后，资产阶级派别的热月党人先后掌握政权，政局不稳。1799 年 7 月，英、俄、奥、葡、土等国结成第二次反法联盟，从四面进攻法国，督政府软弱无力，一筹莫展。法国人感到为了拯救共和国，必须要有一个强有力的政府，要有一个英明果断的"佩剑人"。于是，军功显赫的人物拿破仑便应法国大资产阶级的需要登上了历史的舞台。

1799 年 10 月，当拿破仑听到政局动荡的消息后，当即离开埃及潜回法国。拿破仑归来的消息传开后，人们欣喜若狂，张灯结彩迎接他们的英雄。

11 月 9 日，拿破仑依靠军队上层，在巴黎大资产阶级的支持下，发动了一场不流血的政变，轻易地攫取了最高权力。然后，他取消督政府，成立三人组成的执政府，自任第一执政，独揽大权，从此开始了他的军事独裁统治。

由于 1799 年 11 月 9 日为法国共和历雾月 18 日，所以，历史上称这次政变为"雾月政变"，史上通称"雾月 18 日政变"。

《法国民法典》颁布

1800 年 8 月，拿破仑任命了一个由法律专家组成的委员会负责起草民法。民法草案于 1804 年 3 月 21 日获得通过，并由拿破仑签署正式颁布实施。因拿破仑亲自主持了这部法典的编制工作，法典于 1807 年改称为"拿破仑法典"。拿破仑下台后，该法典又恢复了"法国民法典"的原名。《法国民法典》包括总则 3 编，共 2281 条。它是近代资产阶级革命后，资本主义国家制定的第一部民法典，概括和肯定了革命以来的各项基本法规，全面阐明了资产阶级关于法制、财产权和社会关系方面的各种准则，对摧毁欧洲的封建势力，推动资本主义的发展，起到了积极作用。

法兰西第一帝国

1799 年 11 月，拿破仑发动雾月政变，建立执政府，自任第一执政。由于实施正确政策，拿破仑在上台后的三四年时间里为法国赢得了稳定和发展，军事上的辉煌胜利，更使他成为人民心目中的英雄。1804 年 5 月，元老院宣布拿破仑为法兰西人的世袭皇帝，号称拿破仑一世。12 月教皇庇护七世在巴黎圣母院为其加冕，正式

拿破仑加冕仪式

创建帝制，史称法兰西第一帝国。同时颁布了由拿破仑主持制定的《法国民法典》。拿破仑被第六次反法联盟击败后，于 1814 年 4 月 6 日第一次退位，流放厄尔巴岛。波旁王朝复辟。1815 年 3 月 20 日，拿破仑重回巴黎，建立百日王朝。6 月 18 日在滑铁卢被第七次反法联盟击败。22 日再次退位，流放大西洋的圣赫勒拿岛，第一帝国结束。

波旁复辟王朝

1814 年 3 月 31 日反法联军进入巴黎，4 月 6 日拿破仑一世退位，5 月路易十八回国即位，6 月颁布《1814 年宪章》，实行君主立宪制，封建贵族重新掌权。1824 年查理十世即位后，加紧推行反动政策，企图恢复君主专制统治，镇压革命者。为恢复天主教和贵族的权威，又先后颁布《渎神法》和《关于补偿亡命贵族十亿法郎的法令》，严格限制出版、新闻等自由。经济上仍为农业国，实行自给自足和保护关税政策，工业革命进展缓慢。对外屈服于欧洲封建列强旨意，1823 年出兵镇压西班牙革命，实行保守的殖民政策。1830 年 7 月查理十世签署《七月敕令》，企图制服反对派，却激起了七月革命，波旁复辟王朝被推翻。

七月革命

查理十世的反动政策激起自由主义运动的高涨。1830 年 7 月 26 日，查理十世发布《七月敕令》，宣布封闭各报刊，解散议会，实行只有土地所有者才享有选举权的选举法，按新法于 9 月重新选举议会。全国为之震动。7 月 27 日巴黎人民高呼"打倒波旁王朝""自由万岁"的口号举行武装起义。经过 3 天激烈的战斗，终于攻下王宫。查理十世仓皇出逃。自由派议员组成了以拉法夷特为首的临时政府，任命拉法夷特为国民自卫军司令。拥立奥尔良公爵路易·菲力普为国王，是为七月王朝。七月革命使政权重新回到资产阶级手中，使革命以来的资产阶级胜利果实最后固定下来，促进了欧洲国家资产阶级革命的发展。

神圣同盟

法兰西第一帝国崩溃后，欧洲君主组成的国际性反动组织。1815 年，俄、奥、

普三国君主发表宣言，建立"神圣同盟"。目的是维护封建君主政体，镇压各国革命运动。除英国外，欧洲各国君主都参加了神圣同盟。其核心人物是俄国沙皇亚历山大一世和奥地利宰相梅特涅。该同盟充当国际宪兵，曾于1820—1821年镇压意大利革命，1823年武装干涉西班牙革命，并曾企图干涉拉丁美洲的独立运动。1830年，法国七月革命后，同盟瓦解。

维也纳会议

维也纳会议是从1814年9月18日到1815年6月9日之间在奥地利维也纳召开的一次欧洲列强的外交会议。这次会议是由奥地利政治家克莱门斯·文策尔·冯·梅特涅提议和组织的。其目的在于重划拿破仑战败后的欧洲政治地图。会议的主要目的是：恢复拿破仑战争时期被推翻的各国旧

维也纳会议现场，所有的决议都由战胜国做出。

王朝及欧洲封建秩序，防止法国东山再起，战胜国重新分割欧洲的领土和领地。

虽然拿破仑在会议期间重回法国但会议还是继续进行。会议决议于滑铁卢战役前天被签署。技术上来说，维也纳会议实际上从未召开，因为实际上没有召开过任何真正的大会，所有的讨论都是在各个列强之间的非正式会晤中进行的。

会议讨论了整个欧洲在拿破仑战争后的形势问题。唯一没有讨论的是与法国的和平问题，这个问题在会议召开前数月（1814年5月30日）就已经在法国和反法同盟的《第一次巴黎和约》（《法、奥、俄、英和普和平条约》）中签署了。

反法同盟

反法同盟是1792年到1815年间欧洲各国为了对抗新兴的资产阶级法国而结成的同盟。第一和第二次反法同盟是为了对抗法兰西第一共和国；其后的五次同盟则是为了对抗拿破仑统治下的法兰西第一帝国。

反法同盟和法国进行了长达20多年的战争。第一和第二次反法同盟和法兰西共和国之间的战争称为法国大革命战争，后五次同盟与法兰西帝国之间的战争称为拿破仑战争。头五次反法同盟都以失败告终，拿破仑统治的法国也因此成为欧洲大陆的霸主，盛极一时。第六次反法同盟则取得了胜利，推翻了法兰西第一帝国，而拿破仑则被流放到他的家乡，并使得法国历史上已经灭亡的波旁王朝复辟。第七次反法同盟则彻底击败了东山再起的拿破仑。

沙文主义

沙文主义，原指极端的、不合理的、过分的爱国主义（因此也是一种民族主义）。如今的含义也囊括其他领域，主要指盲目热爱自己所处的团体，并经常对其他团

体怀有恶意与仇恨。

沙文主义一词源于拿破仑手下的一名士兵尼古拉·沙文，他因为获得军功章对拿破仑感恩戴德，对拿破仑以军事力量征服其他民族的政策狂热崇拜。而"沙文主义"这个名词则首先出现在法国的一部戏剧"三色帽徽"中，整部戏剧以讽刺的口吻描写沙文的这种情绪。后来这个词被广泛应用，如"大国沙文主义""民族沙文主义"等，还曾被女权运动的领袖用于"男性沙文主义"（大男子主义）。英语中有一个与之对等的词，是 jingoism。经过演变，如今"沙文主义"这个词在英语中更多指种族歧视与性别歧视，尤其是性别歧视。

沙文主义者一般都是对自己所在的国家、团体、民族过于感到骄傲，因此看不起其他的国家、民族和团体，是一种有偏见的情绪。

旺多姆圆柱

旺多姆圆柱位于巴黎旺多姆广场，是拿破仑为纪念奥斯德立兹胜利而建。其表面由 425 片螺旋形浮雕青铜片组成，这些青铜片来自拿破仑所俘获的大炮。圆柱上竖有拿破仑像，最初的拿破仑像头戴桂冠，右手持剑，左手持一个象征征服的地球雕塑。

1814 年波旁王朝复辟后，拿破仑雕像被拉下，并被熔化用作亨利四世骑马雕像的青铜材料。

1833 年在人民的压力下，七月王朝重新竖起一个时髦的拿破仑雕像（三角帽，靴子和长大衣）。后来拿破仑三世期间又换成了一个更威风的古典风格造型。

1871 年 4 月 12 日，巴黎公社委员会通过法令，5 月 8 日拆除旺多姆圆柱。

巴黎公社被推翻后，旺多姆圆柱和拿破仑雕像被重新竖起，至今仍然矗立在旺多姆广场。

凯旋门

凯旋门是欧洲纪念战争胜利的一种建筑。始建于古罗马时期，当时统治者以此炫耀自己的功绩。后为欧洲其他国家所效仿。常建在城市主要街道中或广场上。用石块砌筑，形似门楼，有一个或三个拱券门洞，上刻宣扬统治者战绩的浮雕。著名的有：罗马君士坦丁凯旋门、巴黎凯旋门等。

阿布基尔海战

是指 1798 年 8 月 1 日到 2 日，也就是拿破仑对埃及的远征（1798—1801 年）期间，英法海军在地中海尼罗河口的阿布基尔海角（埃及）附近进行的一次交战，是世界历史上具有深远影响的战役之一。

拿破仑战争

是指 1799—1815 年，法兰西第一帝国（拿破仑帝国）与以奥、普、俄、英为核心的反法联盟进行的一系列战争。

1798 年，欧洲各国组建了第二次反法同盟，企图推翻法国革命政府。拿破仑发动军事政变，建立独裁政权。随后拿破仑率军进攻意大利，击败奥地利，迫使第二次反法同盟解体。但欧洲各国并不死心，后来又组建了第三次反法同盟（1805 年）、第四次反法同盟（1806 年）和第五次反法同盟（1809 年），但都被拿破仑击败，被迫解体。

圣赫勒拿岛上的拿破仑

为了彻底击败反法同盟，拿破仑曾计划入侵英国，但法国海军被英国海军击败，计划失败。1812 年，拿破仑入侵俄国，惨遭失败，欧洲各国趁机组建第六次反法同盟（1813 年），在莱比锡之战中击败拿破仑，拿破仑被流放到厄尔巴岛。

1815 年，拿破仑重返巴黎，建立"百日王朝"。欧洲各国组建了第七次反法同盟，在滑铁卢再次击败拿破仑，拿破仑被流放到圣赫勒拿岛。拿破仑战争结束。

拿破仑战争前期是法国保卫法国大革命果实的自卫战争，而后期则转变为与欧洲列强进行争霸的战争。

马伦戈会战

马伦戈会战是拿破仑在意大利西部重镇亚历山大里亚附近的马伦戈村击败第二次反法联盟的决定性会战。

1800 年 5 月，为了打破第二次反法联盟对法国的包围，拿破仑率领 4 万大军翻越阿尔卑斯山，进入意大利北部，攻占了奥军的补给基地米兰。奥军统帅梅拉斯立即率领奥军在亚历山大里亚集结，迎战法军。双方在亚历山大里亚附近的马伦戈村展开激战。

6 月 14 日 9 时，奥军以 3 万人、100 门火炮向法军发起猛攻，法军只有 2.2 万人、15 门火炮。奥军依仗火炮优势，同时派出骑兵包抄法军的右翼。拿破仑见敌人锐势难当，指挥法军边打边撤，同时派人去搬救兵。梅拉斯以为胜券在握，便将指挥权交给参谋长察赫，自己返回亚历山大里亚。察赫没有及时组织追击，反而下令奥军停下就餐。下午 5 点多钟，5000 法军赶到马伦戈，拿破仑立即组织法军迅猛反攻。奥军始料不及，被打得狼狈逃窜，争相逃命，法军转败为胜。奥军统帅梅拉斯被迫遣使求和，双方签订停战协定。

马伦戈会战加速了第二次反法联盟的瓦解。

特拉法加海战

特拉法加海战是拿破仑战争期间，英国舰队在特拉法加角（位于西班牙西南部）战胜法国和西班牙海军的一场大海战，它是海军帆船时代最著名的一场海战。

1804 年拿破仑称帝后，为了彻底打败反法联盟，决定跨海作战征服英国。为牵制住强大的英国海军，拿破仑派海军中将维尔纳夫率领的法国和西班牙联合舰队与英国海军决战。

1805 年 10 月 21 日，双方舰队在西班牙特拉法加角外海面相遇。英国海军将领纳尔逊率领的英国舰队有 27 艘战舰，法西舰队有 32 艘战舰，但英国舰队的训练、经验和武器装备都比对手要强得多。纳尔逊一反当时将舰船排成纵队线形列队的战法，把舰队分为两列纵队，以机动战术攻击敌人。英国舰队将法西舰队拦腰截成两段，然后冲入敌方舰队中，进行一对一的战斗。战斗持续 5 小时，法西联合舰队遭重创，主帅维尔纳夫被俘，纳尔逊海军上将阵亡。

此战，法国海军大伤元气，拿破仑被迫放弃进攻英国的计划。而英国巩固了海上霸主地位。

奥斯特利茨会战

奥斯特利茨（今捷克斯拉夫科夫）会战是第三次反法联盟期间，法军与俄奥联军进行的一场会战，史称"三皇会战"。

1805 年，拿破仑与第三次反法联盟开战。11 月 3 日，拿破仑攻占了奥地利首都维也纳，奥军主力退到维也纳东北的奥利米茨与俄军会合。

当时法军有 7.3 万人，火炮 250 门，俄奥联军有 8.6 万人，火炮 350 门。另外普鲁士的 10 万大军也正在赶来，准备夹击法军。联军依仗人数优势，企图一举歼灭法军。

12 月 2 日，联军在奥斯特利茨向法军发起了进攻，企图切断法军的退路，围而歼之。拿破仑故意示弱，放弃利于防守普拉岑高地，引诱联军追击。联军追至奥斯特利茨，把主力集中到左翼，企图切断法军退路进行围歼。拿破仑识破敌机，以少量兵力凭地形阻击，命令法军主力抢回普拉岑高地，用大炮对联军主力狂轰。联军大乱，在法军的炮击下纷纷逃命。大部分联军士兵企图从结冰的萨千湖上逃走，法军炮击湖面，冰层坍塌，致使许多联军士兵葬身湖底。此战联军损失 2.6 万人，法军损失不足 7000 人。

奥斯特利茨会战一举摧垮了第三次反法联盟。

法国入侵西班牙

拿破仑战争期间（1808—1814 年），拿破仑为了控制比利牛斯半岛而对西班牙进行的侵略战争。

1808 年，拿破仑利用西班牙王位纷争，使其兄约瑟夫·波拿巴成为西班牙国王。6 月 6 日，西班牙临时首都塞维利亚全国委员会号召全国人民抗击法国侵略者。在西班牙政府军和游击队的进攻下，法军很快失败。

11 月，拿破仑亲自率领 20 万法军进攻西班牙。1809 年 3 月，西班牙政府军被击溃。英国远征军前来支援，但先胜后败，仓皇撤走。1810 年，拿破仑控制了整个西班牙，但广泛的游击战争在西班牙各地展开。

1812 年，拿破仑远征俄国，随着战事的恶化，不断抽调驻西班牙的法军。1813 年，英西联军在维多利亚城附近击败法军，将法军全部赶出西班牙。西班牙人民经过长期艰苦卓绝的斗争，终于捍卫了自己的独立和自由。

拿破仑在西班牙损失了 50 万大军，为他的最终失败埋下了伏笔。同时，由于拿破仑的入侵，导致西班牙统治者无暇顾及拉美殖民地，拉美殖民地人民掀起了独立运动，最终脱离了西班牙的统治。

拿破仑远征俄国

1812 年，拿破仑率领从法国及其欧洲盟国与附庸国中征集的 60 万大军，企图征服俄国，称霸欧洲。

6 月 24 日，法军进入俄境。面对法军咄咄逼人的攻势，俄军被迫撤退，沿途坚壁清野，以阻滞法军前进。

9 月 3 日，俄军统帅库图佐夫组织俄军在莫斯科附近的博罗季诺布防，以阻止法军进攻莫斯科。9 月 7 日，双方激战开始，13 万法军向 12 万俄军发起猛烈进攻。法军连续对俄军发起了多次冲锋，双方短兵相接，战斗十分激烈。俄军抵挡不住，被迫撤退。最终，法军夺得俄军阵地，占领博罗季诺。9 月 14 日，法军进入莫斯科，但莫斯科却被俄国人放火烧掉。

但俄军到处袭击、骚扰法军，破坏交通线，再加上严寒，法军陷入了绝境。拿破仑被迫撤退。在法军撤退途中，一路上遭到了哥萨克骑兵的围追堵截和严寒、饥饿、伤病的沉重打击，最后回国的只有 2 万人。

法军失败的原因是由于孤军深入、后勤供给严重不足、不适应俄国的寒冷气候，还有拿破仑把占领莫斯科看得过重，没有歼灭俄军的有生力量。

莱比锡会战

莱比锡会战是拿破仑在莱比锡（今德国莱比锡）与第六次反法同盟进行的决战。战争的一方是俄国、奥地利、普鲁士、瑞典组成的约 30 万反法联军，另一方是约 20 万法军和莱茵联邦的军队。因有许多民族的军队参战，所以被称为"民族大会战"。

拿破仑入侵俄国失败后，欧洲国家趁机组织第六次反法联盟，准备一举击溃拿破仑。为了阻止反法联盟军队会合，1813 年 10 月拿破仑率领法军和莱茵联盟军队集结在莱比锡。反法同盟集中 30 余万兵力，首先从南、北、东三面包围莱比锡。拿破仑建议谈判，结果遭到拒绝，随即向莱比锡发动进攻。拿破仑在莱比锡城外大约 4 千米处部署了 15 万人和 630 门火炮，企图阻止联军的攻势。两军展开激战，联军依仗人数优势，步步紧逼，法军不断撤退，丢失许多村庄。正在两军大战之际，法军的盟军萨克森军队突然倒戈，宣布加入反法联盟，使法军的处境更加恶化。拿破仑被迫放弃防御阵地，开始撤退。联军占领莱比锡城，会战结束。

莱比锡会战是拿破仑战争中最大的一次战役，它导致了拿破仑的垮台。

巴黎战役

巴黎战役指的是在拿破仑战争时，六次反法联盟军队与法军在巴黎城下进行的战役。

1814 年 3 月，拿破仑实施突然发动，率军深入反法联盟的大后方，削弱了巴黎的防御力量。10 万反法同盟军队在布吕歇尔元帅的率领下，切断了拿破仑与巴黎之间的联系，随后向巴黎急行军，希望在拿破仑军队赶回之前占领巴黎。反法同盟的军队强渡马恩河，于 3 月 17 日黄昏到达巴黎近郊。

巴黎守军有 4.5 万，总指挥是拿破仑的哥哥约瑟夫·波拿巴。3 月 18 日凌晨，反法同盟军队开始进攻巴黎。反法同盟军占领了巴黎东部和北部的许多居民点，攻下了蒙马特尔，逼近市中心。波拿巴被迫同反法同盟谈判，最后达成协议，法军撤出巴黎。3 月 19 日晨，反法同盟军隆重开进巴黎。在外作战的拿破仑听到巴黎陷落的消息，以急行军重返首都，但为时已晚。

巴黎战役，标志第六次反法同盟取得了胜利，同时也标志着拿破仑的垮台和拿破仑帝国崩溃。

滑铁卢会战

第七次反法联盟期间，英普联军与法军在比利时滑铁卢镇进行的决战。

1815 年 3 月，拿破仑从囚禁地厄尔巴岛逃回法国，重新称帝，建立"百日王朝"。欧洲各国大为惊恐，立即组织了第七次反法联盟，调集 70 万大军，分路进攻法国。

为了摆脱被动局面，拿破仑军队主动出击，各个击破。6 月 15 日，拿破仑率 12 万法军进入比利时。在 16 日的利尼会战中打败布吕歇尔率领的普军，普军败逃。英荷联军急忙在滑铁卢附近部署，以阻击法军。6 月 18 日，法军赶到滑铁卢，以优势兵力向联军发起进攻，佯攻联军右翼，主攻联军左翼，但遭到联军顽强抵抗。拿破仑见状，只好改为进攻联军中部。法军多次进行正面攻击，并逐次投入预备队，

从此图可看出滑铁卢战场的概貌，惠灵顿将军队部署在圣让山以南的山脊上，从而堵住通往布鲁塞尔的最后一道防线，防御体系西面以一座乡间别墅为据点，中间以一座农庄为缓冲，东面则以两座农庄为前哨，这样，整个防御体系像三只伸向前的拳头，将拿破仑的进攻割裂开来。

但没有取得重大战果。在此期间，法军骑兵曾两次杀入英军阵地，但因没有步兵支援而被击退。傍晚，布吕歇尔率普军赶到滑铁卢，联军立即组织反攻，法军无法抵挡，全线崩溃。拿破仑逃回巴黎。

滑铁卢之战后，"百日王朝"灭亡，拿破仑被流放到大西洋圣赫勒拿岛。

彼得一世改革

俄国沙皇彼得一世为强化中央集权和巩固农奴制而进行了改革。改革的主要内容有：第一，向西欧先进资本主义国家学习。第二，发展工业。第三，整顿非常混乱的财政税务制度，把国家财税大权真正集中到沙皇控制的中央政府手里。彼得一世改革，促进了俄国经济的发展，巩固了贵族地主和商人的专政，为其成为欧洲军事大国奠定了基础。

北方战争

历史上共有三次北方战争：

第一次北方战争（1563—1570 年）是发生在瑞典与丹麦—挪威、吕贝克、波兰立陶宛联邦之间的战争。

第二次北方战争（1655—1661 年）是指瑞典与波兰立陶宛联邦、俄国、普鲁士、丹麦－挪威等国的战争。

大北方战争（1700—1721 年）是指俄国和瑞典之间为了争夺波罗的海霸权的战争。

俄都圣彼得堡

俄罗斯第二大城市圣彼得堡位于波罗的海芬兰湾东端的涅瓦河三角洲，是俄罗斯通往欧洲的"窗口"。整座城市由 40 多个岛屿组成，市内水道纵横，700 多座桥梁把各个岛屿连接起来。风光旖旎的圣彼得堡因而有"北方威尼斯"的美誉。因其地处北纬 60 度，每年初夏都有"白夜"现象。

这座历史名城由彼得大帝于 1703 年所建，以东正教圣徒彼得的名字对其命名。1712—1918 年，它一直是俄国首都，因此得名"北方之都"。

法国"七月王朝"

七月王朝始于 1830 年法国七月革命，1848 年法国革命后被第二共和国取代。1830 年，资产阶级对被剥夺选举权大为不满，因而发动七月革命，法国国王查理十世退位。查理十世指定的继承人是亨利（1820—1883 年），然而亨利并未继位，路易·菲利浦依靠资产阶级的支持登上王位，史称七月王朝。

1831 年和 1834 年法国里昂工人起义

里昂是法国中南部的一个重要城市，一向是丝织业的中心。19 世纪早期，当

里昂工人与政府军之间展开激烈枪战。

地的丝织业以工场手工业为主，家庭手工业同时大量存在。丝织工人多半是小作坊主和帮工。他们给资本家订货加工，按件计酬。1831年，里昂有3万多帮工和8000多小作坊主。他们反对资本家任意压低工资标准。资本家开头被迫答应，马上又食言。11月21日晨，丝织工人离开作坊，走上街头。他们的旗帜上写着："工作不能生活，毋宁战斗而死！"23日，起义工人完全占领了里昂市。政府从外地调来大批军队镇压。12月初，起义被镇压下去。1834年4月，里昂工人再次起义。这一次他们不仅提出增加工资，而且提出了建立共和国的口号。在里昂城内，工人同军队激战4天，最终失败。

批判现实主义与巴尔扎克

19世纪初的法国，阶级矛盾异常尖锐。正是在这一时期，以巴尔扎克为代表人物的批判现实主义文学兴起。巴尔扎克一生著有多部作品，其中最著名的是《人间喜剧》。这是一部包括《高老头》《欧也妮·葛朗台》等90多部小说的总集。巴尔扎克用尖利的笔锋，将百丑群集、散发铜臭的资本主义社会全貌描绘于纸上。

圣西门

圣西门伯爵（1760—1825年），法国社会哲学家和改革者。他被认为是法国社会主义之父。圣西门出生在巴黎，美国独立战争期间在法国军队中服役，也曾参加法国大革命。圣西门在土地投机生意中赚了大钱，但又在各种冒险投资中散失殆尽。圣西门认为社会应当由有资质的贵族（特别是科学家和实业家）来组织和管理，而不是由权力或财富的世袭贵族来组织管理。社会的管理原则应当是为了所有人利益的联合体。他的哲学思想体现在他一系列的论文中，他的追随者将这些哲学思想进行了系统化（圣·西门主义广为人知）。

夏尔·傅立叶

夏尔·傅立叶（1792—1837年）是法国著名哲学家、经济学家、空想社会主义者。

傅立叶出身于商人家庭。他批评当时资本主义社会的一些丑恶现象，希望建立一种以法伦斯泰尔为基层组织的社会主义社会，在这里，个人利益和集体利益是一致的。他认为脑力劳动和体力劳动、农村和城市的差别完全可以消除，并且首次提出妇女解放的程度是人民是否彻底解放的衡量标准。但是，他的学说在当时无人理会，被认为是"大脑患病的产物"。

罗伯特·欧文

欧文

主要著作有《新社会观》《新道德世界书》等。欧文促进了英国工会运动的发展，他的学说启发了工人觉悟，并影响了后来社会主义思想的发展。

罗伯特·欧文（1771—1858年）是一位英国的空想社会主义者，也是一位企业家、慈善家，现代人事管理之父，人本管理的先驱。

他是19世纪初最有成就的实业家之一，是一位杰出的管理先驱者。欧文于1800—1828年在苏格兰自己的几个纺织厂内进行了空前的试验。人们有充分理由把他称为"现代人事管理之父"。

空想社会主义

空想社会主义也叫乌托邦社会主义，是科学社会主义产生以前出现的带有空想性质的社会主义学说。19世纪初，资产阶级与无产阶级的矛盾开始显露，空想社会主义思想因而盛行。以法国的圣西门、傅立叶和英国的欧文为主要代表。

马克思批判地继承了空想社会主义思想，使之成为马克思主义的三个来源之一。空想社会主义不能阐明资本主义剥削制度的本质，未能发现资本主义发展的规律，找不到能成为社会创造者的社会力量。它是一种不成熟的理论，是和当时不成熟的资本主义生产状况、阶级状况相适应的。

无政府主义

无政府主义是一种社会政治思潮，其基本观点是否定一切权威和任何形式的国家政权，主张个人绝对自由，建立一个没有国家的、完全平等和绝对自由的社会。无政府主义形成于19世纪40年代。其创始人是法国的蒲鲁东。他在1840年写的《什么是所有权》一书中倡导互助主义，主张通过建立人民银行和根据契约原则在生产者之间实行产品的等价交换，以达到消灭剥削和人人自由、平等的"无政府状态"。

八小时工作制

1817年8月，英国空想社会主义者罗伯特·欧文最早提出"八小时工作制"问题。

1833年，在欧文的支持下，具有同情心的工厂主约翰·菲尔登、约翰·多赫尔蒂等人发动了一场争取8小时工作制的运动。1833年11月25日，他们在曼彻斯特成立了"全国更生社"，其宗旨是帮助工人阶级获得8小时的工作和全天的工资。

遗传学鼻祖孟德尔

奥地利遗传学家孟德尔（1822—1884年）被公认为遗传学鼻祖。

孟德尔从小爱好园艺，虽然因为家庭经济困难没有读完大学就当了修道士，但他的志趣始终在科学上面。由于孟德尔的研究方法和结论远远超过当时的科学技术水平，因此他的学术成就并未得到社会的承认。1865 年，孟德尔将他的遗传规律研究成果写成论文《植物杂交试验》并发表，但欧美各国科学家都不予理睬。直到他去世了近 20 年后的 1900 年，他的理论才被后人重新发现并得到普遍应用。后来，人们为了纪念他，就把遗传规律称为孟德尔定律。

法国二月革命

19 世纪 40 年代后期，法国工农业下降，大批工人失业，社会矛盾激化。资产阶级反对派以"宴会"形式举办的政治性集会，得到广大人民群众的响应。基佐政府两次禁止举办原定于 1848 年 1 月和 2 月举行的"宴会"，引起群众不满。1848 年 2 月 22 日，巴黎市民举行大规模的示威抗议活动，并同军警发生了冲突。次日，示威演变成武装起义，巴黎到处筑起了街垒，许多国民自卫军和正规士兵拒绝执行实行镇压的命令，倒向革命。国王路易·菲力普被迫罢免基佐，先后任命莫雷和梯也尔组阁，但愤怒的群众要求废除王政，建立共和国。2 月 24 日，起义群众几乎控制了巴黎，并开始向杜伊勒里宫进攻，国王逃奔英国。资产阶级共和派成立临时政府，2 月 25 日，法兰西第二共和国成立，七月王朝灭亡。

法国六月起义

制宪会议召开后，资产阶级下令禁止集会、结社；1848 年 6 月 22 日又下令解散国立工厂。一场群众性的，有组织性、计划性的六月起义随即爆发。工人们喊出"打倒人对人的剥削"的口号，提出"解散制宪会议，起草新宪法"等纲领，令资产阶级惊慌失措。6 月 24 日，制宪会议宣布解散执行委员会，授予共和派将军卡芬雅克以独裁大权，负责镇压起义。由临时政府建立的别动队也参与了镇压。起义者与镇压者双方力量相差悬殊。26 日，轰轰烈烈的六月起义宣告结束。这次起义的失败使无产阶级的力量受到严重的削弱。

路易·波拿巴政变

1848 年 12 月，路易·波拿巴当选为法兰西第二共和国总统，其就职后，任命代表君主主义势力的秩序党组阁，在 1849 年 5 月举行的议会选举中，秩序党大获全胜，复辟君主制的时机成熟。但由于秩序党中拥护波旁王朝的正统派和拥护七月王朝的奥尔良派互相争权夺势，遭到人民反对。路易·波拿巴利用这一形势以及资产阶级希望结束政局动荡和建立强有力政府的愿望，发动政变。1851 年 12 月 1 日到 2 日，路易·波拿巴调集军队进入巴黎，宣布解散议会，逮捕秩序党分子及一切反对他的议员。14—21 日举行的全民投票中，多数票赞成政变。1852 年 1 月新宪法颁布，将总统任期由 4 年改为 10 年。1852 年 11 月，路易·波拿巴就恢复帝制问题举行公民投票，得到多数人的赞同。12 月 2 日是拿破仑举行加冕礼 48 周年的纪念日，路易·波拿巴正式宣布法兰西第二帝国成立。因其是拿破仑侄子，故自称拿破仑三世。

《巴黎和约》

1856 年 3 月 30 日，英国、法国、奥斯曼土耳其帝国、撒丁、俄国、奥地利和普鲁士在法国巴黎签订了《巴黎和约》。该和约的主要内容是：列强各国共同保证奥斯曼帝国的"独立和完整"；俄国撤回对土耳其东正教居民的保护权，土耳其苏丹答应不分种族和教派改善土耳其人民的状况；黑海划为中立区，各国商船可以自由航行，但各国军舰禁止出入，俄土两国均不得在黑海沿岸设置兵工厂；俄国收复克里米亚半岛和塞瓦斯托波尔要塞，但把多瑙河河口和比萨拉比亚南部割给摩尔多瓦，把卡尔斯退还土耳其；摩尔多瓦和瓦拉吉亚的宗主权名义上仍属于土耳其，但其权益由欧洲列强共同保障；多瑙河航行自由，对一切国家商船开放。《巴黎和约》对欧洲国际关系及各国政治力量对比产生重要影响。它使俄国丧失欧洲霸主地位，国际地位大为降低。英国和法国则由此控制土耳其，取得了在近东的优势地位。

第一国际

19 世纪五六十年代，随着各主要资本主义国家相继开展或完成工业革命，工业无产阶级队伍壮大，各国成立了独立的工人组织，国际间的联系日益增多。1864 年 9 月 28 日，英、法、德、意、波等国工人为声援波兰人民起义，在伦敦召开国际大会，宣告成立国际工人协会，英国工联领袖奥哲尔当选为主席。马克思为大会起草了成立宣言和临时章程，被选为德国通讯书记。第一国际在马克思和恩格斯影响下，发扬无产阶级国际主义精神，积极支持各国的罢工斗争，支持波兰、爱尔兰的民族解放斗争，声援 1871 年巴黎公社革命。第一国际在团结各国工人阶级、传播科学社会主义的同时，对蒲鲁东主义、工联主义、拉萨尔主义、巴枯宁主义等各种错误倾向进行了批判。巴黎公社失败后，各国资产阶级政府对第一国际进行疯狂迫害，1872 年海牙大会决定将国际的总委员会从伦敦迁往美国。此后第一国际停止了活动，1876 年第一国际在费城召开最后一届代表大会，根据马克思的建议正式宣布解散。

巴黎公社

1871 年 3 月 18 日巴黎工人起义，夺取了政权，梯也尔政府逃往凡尔赛。26 日进行了巴黎公社委员会的选举，28 日正式成立巴黎公社。布朗基派、新雅各宾派（多数派）和蒲鲁东派（少数派）掌握公社委员会的领导权。公社砸碎资产阶级军事官僚机器，废除征兵制，取消旧的警察机构、法院、旧官僚制度等；建立了公社委员会及其分工领导的 10 个委员会作为无产阶级自己的政府，兼管立法与行政权。公社颁布一系列法令保护工人利益，重视发展人民的文化教育事业。5 月 27 日，凡尔赛反革命军在普鲁士军队的帮助下，攻入巴黎。经过激烈的巷战，28 日公社失败。巴黎公社在工人运动和共产主义运动史上占有极其重要的地位，为国际共产主义运动留下了极宝贵的经验。

梯也尔

1823—1827 年，梯也尔撰写了《法国革命史》（10 卷）并获得成功。七月王朝时期，他历任国家参事、财政部秘书、内政大臣、农业和商业大臣。1871 年 2 月，他被国民议会任命为法兰西第三共和国行政首脑，残酷镇压了巴黎公社起义。同年 8 月，他当选为共和国总统，1873 年辞职。

法国工人党

1879 年在马赛举行的法国全国工人代表大会上，通过了成立法国工人党的决议。随后，盖德和拉法格在马克思的亲自指导下制定了党纲，并于 1880 年在哈弗尔代表大会上通过，称为《哈弗尔纲领》，法国工人党正式成立。纲领规定：必须建立无产阶级政党，进行革命斗争，推翻资产阶级统治，实现生产资料社会化，建立社会主义社会。不久，党内出现盖德派和可能派的斗争，两派于 1882 年正式分裂，盖德派保留了法国工人党的名称。

英国"宪章运动"

英国工业革命基本完成的过程中，无产阶级的力量迅速壮大。1836 年，在洛维特领导下成立了"伦敦工人协会"。次年，伦敦工人协会提出了致国会的请愿书，并在 1838 年以《人民宪章》的名义公布。宪章共 6 条，

这幅画表现的是 1842 年人们列队把有 300 多万人签名的宪章请愿书送往国会的情景。

中心内容是要求实行普选制等。历史上将这场为实现宪章内容所做的斗争称为"宪章运动"。"宪章运动"曾掀起过 3 次斗争高潮。英国宪章运动是英国无产阶级第一次独立的政治斗争，其参与者主要是工人。他们成立了具有政党形式的全国性政治组织，在国际工人运动史上具有重要意义。但是，当时英国无产阶级在政治上尚未成熟，缺乏一个用正确革命理论为指导的政党来领导。而且，运动组织者内部存在着激烈的派别斗争，这是"宪章运动"失败的主要原因。

自由党

英国 19 世纪中期出现的资产阶级政党，代表工商业资产阶级的利益。前身为辉格党，代表资产阶级和新贵族利益的议会贵族集团。1839 年，辉格党领袖约翰·罗素勋爵开始使用自由党名称。19 世纪 50 年代，旧辉格集团与资产阶级激进派联合，基本完成了辉格党向自由党的演变。50—60 年代，当政的主要是自由党。自由党政府推行有利于工业资产阶级的政策，如自由贸易。1868—1894 年，其领导人格莱斯顿曾先后 4 次组阁，在他的领导下，各派别形成统一的议会政党，

并开始形成议会外的政党组织结构。1886 年，该党因爱尔兰自治计划发生分裂，受到削弱。1905—1915 年是该党单独执政的最后时期，该时期的改革成为福利国家政策的起点。1918 年后，工党取代其地位，与保守党抗衡。第二次世界大战后，自由党日益衰微，在英国政治舞台上已无重大影响。

保守党

英国资产阶级政党，其前身是托利党，全称保守统一党。起初是大地主、银行家的政党。19 世纪晚期，许多大工业家加入，保守党变为垄断资产阶级的代理人。1848 年迪斯累里当选保守党领袖，极力整顿和改组保守党，建立全国保守主义与统一主义协会联盟。19 世纪后半期，保守党与自由党交替执政。1874 年大选，保守党获胜。迪斯累里组阁后，对内取消主仆法，禁止 10 岁以下儿童做工，成立地方管理部，扩大政府行政机构，并采取收买办法，培植工人贵族阶层，给英国工人运动造成极大的危害；对外则积极执行帝国殖民扩张政策，并向英国人民灌输大国沙文主义和帝国主义思想；廉价收买苏伊士运河股票以控制埃及，并宣布维多利亚一世为"印度女皇"。第一次世界大战期间，保守党参加战时联合内阁并维持到 1922 年，之后多次组阁。

英国工党

英国资产阶级政党。1900 年 1 月建立于伦敦，称劳工代表委员会，1906 年称工党，初期是工会组织与费边社、独立工党和社会民主同盟之间的联盟，只有集体党员，没有个人党员，也没有明确纲领，宗旨是在议会里实现独立的劳工代表权。工党于 1918 年通过名为"工党与新社会制度"的纲领和新党章，将生产、分配和交换手段的社会化列为自己的目标，选出了党的领导机构——全国执行委员会，并开始吸收个人党员。参加工党的基本群众是工人，但党的领导权把持在独立工党和费边社分子的手中，并不是代表工人阶级利益的革命政党，且费边社和独立工党的社会改良主义在党内影响不断增长，并反对革命。1918 年前是自由党的附庸，此后在国会中取代自由党，与保守党轮流执政，成为现代英国两大资产阶级政党之一。

英国两党制

19 世纪晚期，大资产阶级和大地主对英国的统治主要是通过自由党和保守党两大政党来实现的。保守党代表资产阶级化的大地主的利益，自由党则是工业资产阶级和金融寡头的代表。19 世纪最后 30 年间，两党轮流执政，其纲领主张虽有变化，但在对内缓和工人斗争与对外加强殖民扩张的基本政策上是一致的。

伦敦工人协会

伦敦工人协会是英国宪章运动前期的工人组织，1836 年 3 月 16 日在伦敦成立。

主要成员为手工业者和工人，领导人为洛维特。协会利用集会、请愿和印发演说词来宣传自己的主张，旨在"以各种各样手段使社会上一切阶层获得平等的政治权利和社会权利"。1837年6月，伦敦工人协会起草了《人民宪章》，成为宪章运动的纲领。

《共产党宣言》

　　1847年，"共产主义者同盟"在伦敦召开代表大会，德国、英国、比利时、瑞士、波兰等国的共产主义者参加。代表大会委托马克思和恩格斯为同盟起草纲领。马克思和恩格斯经过长期的理论探索和社会调查，发现资本主义虽然在人类发展的历史上起到了革命性的作用，并且带来了巨大的生产力，但它自身的矛盾必然导致其被社会主义所取代，而只有工人阶级才有力量来实现社会主义，并最终走向共产主义。

　　1848年2月24日，在英国伦敦一家不大的印刷所里，印出了一本小册子。这本德文的小册子看上去极为普通，也没有署名，却在后来震撼了全世界，影响到人类的发展进程。它就是由马克思和恩格斯共同撰写的《共产党宣言》。《共产党宣言》创立了崭新的科学共产主义学说，完整、系统地论述了科学共产主义的基本思想，是当时"共产主义者同盟"的纲领，也成为后来国际共产主义运动的指南。

拜伦和狄更斯

　　19世纪初期，英国资产阶级革命风起云涌，以拜伦为代表的资产阶级文学思潮——积极浪漫主义文学应运而生。拜伦的诗篇有火一般的热情，诗笔奔放流畅。他猛烈地抨击资本主义社会的黑暗和残暴。到19世纪20年代，随着资本主义的发展，以狄更斯为创始人的批判现实主义逐渐代替了浪漫主义。批判现实主义用犀利的笔锋、辛辣的嘲讽展现出英国资本主义社会的丑恶画面，并猛烈地抨击资本主义制度，引发人们对资本主义丑恶与罪恶的憎恨。

芬尼运动

　　芬尼运动是开始于19世纪50年代的爱尔兰人民反对英国统治、争取民族独立的运动。1801年，爱尔兰被并入英国。1858年，在爱尔兰的都柏林和美国的纽约同时成立3个组织，统称芬尼（以爱尔兰传说中的盖尔人英雄芬尼·马库尔统率的民团命名），纲领是反对英国殖民统治，建立共和国。其武装力量称"爱尔兰共和军"。芬尼组织曾多次举行武装密谋活动和起义，但均告失败。19世纪70年代后，芬尼运动衰落。

讽刺《物种起源》的漫画

1860年，达尔文进化论的支持者赫胥黎与牛津主教就进化论展开有趣的辩论。主教说，没人愿意把自己的祖先归结到猿猴上去。赫胥黎说，羞耻的不是有猿猴一样的祖先，而是像你这样的傲慢的态度去面对自己的祖先。

达尔文的"进化论"

1831 年，达尔文（1809—1882 年）以"博物学家"的身份，自费搭乘英国政府组织的"贝格尔号"皇家海军考察船开始了环球考察。

1859 年 11 月，达尔文经过 20 多年的研究而写成的科学巨著《物种起源》出版。在这部书里，达尔文提出了"进化论"的思想，说明物种由低级到高级、由简单到复杂的演变过程。《物种起源》的出版在欧洲乃至整个世界都引起轰动，沉重打击了神权统治的根基。顽固派诬蔑达尔文的学说"亵渎圣灵"，以赫胥黎为代表的进步学者则积极宣传和捍卫达尔文主义。到 19 世纪 70 年代，达尔文的进化论已为学术界普遍接受。

维多利亚女王

维多利亚女王（1819—1901 年），英国女王（1837—1901 年在位），肯特公爵爱德华之女。18 岁时继承其伯父威廉四世的王位。在位期间，积极参与朝政。在对外关系上，竭力主张对外扩张，掠夺殖民地，使英国建立了庞大的殖民地，成为"日不落帝国"。对内发展工商业，完成了第一次工业革命。在位期间，英国工业发展迅速，一度取得世界贸易和工业的垄断地位，在世界各地称霸一时。与首相皮尔·迪斯累里合作，支持他们进行各项改革。统治期间，英国资产阶级代议制民主进一步发展与健全，在政策、立法上推行自由主义的改革，包括国会选举制度的改革、文官制改革、教育及劳动立法等方面的改革。她在位时期被资产阶级史学家称为英国历史上的"黄金时代"。

费边主义

"费边主义"亦称"费边社会主义"。1884 年，以韦伯夫妇和萧伯纳为首的英国少数资产阶级知识分子创立"费边社"，旨在以古罗马统帅费边的迂回渐进战术改造英国资本主义社会，使之和平转入社会主义。1889 年出版的《费边论丛》为这一思想奠定了基础。费边社成员编辑刊物，出版大量小册子和论著鼓吹阶级合作与社会和平，用所谓"地方公有制的社会主义办法使资本主义过渡到社会主义"，即应当通过选民投票，民主选出地方自治的市政府机关，逐步掌握自来水、电灯、电车等公用事业所有权，以逐步改良来实现"社会主义"。这是一种反对马克思主义的阶级斗争理论和社会革命学说的错误思潮，它最完整地体现与迎合了资产阶级的自由主义政策。1900 年费边社并入英国工党，仍用改良主义观点研究各种社会和经济问题，反对和破坏无产阶级革命运动。

英国工党

英国工党成立于 1900 年 2 月 27 日，是英国的主要政党之一，也是政党纲领较接近马克思主义的政党。英国工人运动兴起较早，起初按行业建立了各种工会组织，1868 年进一步成立了全国性的统一组织——职工大会（工联），1900 年成立了"工人代表委员会"并推选出自己的党选候选人，1906年组织正式改名为工党。

剑桥大学

13世纪初，英国的卡姆河畔建起了一座大学城。迄今为止，城内还保存有英国各个时代的建筑，它是世界上最古老的大学之一。这所大学著称于世，还是在近代才开始的。剑桥大学建校初期，主要讲授语法、修辞和逻辑，同时也开设一些数学、几何、天文和音乐方面的课程。1669年，当艾萨克·牛顿来到剑桥教授数学后，剑桥才名声大噪，并成为培养一流数学家的摇篮。1871年建立的卡文迪什实验室，进一步提高了剑桥大学在科学界的地位。自建室以来，卡文迪什实验室先后共有25位科学家成为诺贝尔奖金获得者。至今，该实验室仍是全球物理学研究的中心之一。剑桥大学内著名的菲茨威廉博物馆，收藏着价值连城的古埃及、古希腊、古罗马的各种文物珍品，还有许多中世纪和近代作家的大量手稿、欧洲著名画家的作品等。

三国协约

19世纪，在争夺巴尔干的斗争中，法、俄为对抗共同的敌人德国日益接近，并于1893年签订秘密军事协定，规定在遭受三国同盟进攻或威胁时互相支持。进入20世纪，因德、英矛盾升级，英、法亦为共同对德而接近，于1904年签订协定，就双方瓜分非洲等殖民地的矛盾达成协议。俄国在日俄战争中失败，不再是英国主要竞争对手。1907年，英、俄缔结协定。至此协约国最终形成，成为帝国主义战争中两大军事集团之一。第一次世界大战期间，日本、意大利、罗马尼亚、美国等24个国家先后加入协约国。1917年十月革命后，苏俄宣布退出。自1918年初起，英、法、美、日等帝国主义曾以协约国名义对苏联发动三次武装干涉，均被挫败。

德意志西里西亚纺织工人起义

1844年6月4日，西里西亚纺织工人们高唱控诉资本家残酷剥削和压迫的歌曲《血腥的屠杀》经过一家工厂的门前，有一名工人遭到毒打和拘留。这一暴行激起工人们的愤怒，3000多名纺织工举行了起义。起义遭到政府军的镇压而失败。这次起义虽然失败了，但其精神鼓舞了广大工人群众。西里西亚织工起义同法国里昂工人起义和宪章运动一样，是国际工人阶级最早的独立运动，标志着无产阶级已经以独立的力量登上了政治舞台。

西里西亚纺织工人起义虽然失败了，但其精神鼓舞了广大工人群众，标志着无产阶级已经形成独立政治力量登上了政治舞台，成为历史发展的伟大动力。

容　克

容克是德语"Junker"一词的音译，原指无骑士称号的贵族子弟，后泛指普鲁士贵族和大地主。它起源于16世纪，第二次世界大战后基本消亡。在德国文献中，容克被分为作战容克、宫廷容克、议院容克和乡村容克等不同类型。容克地主阶级在政治方面属于极端的保守主义，主张君主专制，崇尚武力，赞成对农业采取保护主义，其代表人物是俾斯麦。

1871年，普鲁士"自上"统一德意志，标志容克资产阶级统治的最后形成。帝国国会中的德意志保守党和国会外的农民同盟均代表容克利益，军队中的军官也多出身于容克，从而使整个德意志帝国打上容克的烙印。魏玛共和国时期，容克敌视共和政体，支持希特勒执政。

1848 年德国革命

1845—1846年的农业歉收和1847年的经济危机，使工人、农民和小资产阶级的处境严重恶化。1848年德国革命的基本任务是消除封建割据，实现国家的统一。3月初，德国巴伐利亚首先爆发革命。3月13日，奥地利首都维也纳人民推翻了梅特涅政府，3月18日，普鲁士首都柏林人民起义成功。随后其他各邦也相继起义。马克思、恩格斯参加了这次斗争，并发表了《共产党在德国的要求》。由于德国资产阶级自由派害怕无产阶级起来革命，向封建势力妥协，到1848年底，革命失败。奥地利恢复了君主专制，普鲁士成立了地主官僚政府，其他各邦反动统治也相继恢复。革命虽然失败，但为德国统一创造了条件，并打击了封建势力。

康德及《判断力批判》

伊曼努尔·康德（1724—1804年），启蒙运动时期最重要的思想家之一，德国古典哲学创始人，著有《判断力批判》一书。在《判断力批判》中，康德把人理解为"完整的生命"，并由此出发把人的"理论理性"和"实践理性"通过审美判断联结起来。

在审美鉴赏中，"事物自身"向鉴赏者"显现"出"自己"的意义，鉴赏者在"现象"中"看"到"本质"，从经验中的"有"中"看"到了"无"，召唤那个"无—本体—事物自身"到我们面前来。"无—非存在"并非人主观强加给"自然"的，"世界"作为"整体"存在于"作为整体的自然"之中，世界有一个"无""在"。哲学正是在"整体"尚未"完成"时，"看"到了"整体"，提前进入"整体"。"整体论"可以理解为哲学的目的论，它使世界万物有始有终，有"自己"。"理性"将"自然"作为人们"生活世界"的有机组成部分，使它不仅仅是我们的工具，而且将其"评鉴"为"事物自己"。"自己"就是"自由"，"自由"的意义只向"人""开显"。人必须是理性者，是自由者，是目的。

黑格尔

19世纪初德国最著名的哲学家，唯心主义辩证法的集大成者。出生于符腾堡斯图加特城的官僚世家。黑格尔哲学的最大成果是他的辩证法思想。黑格尔系统地批评了几个世纪以来占统治地位的形而上学的思维方式，结束了它的统治地位，恢复了辩证法的思维方式，并把它提升为客观真理和普遍规律。当然，黑格尔的哲学是他那个时代的产物，与任何一种哲学一样，带有不可避免的局限性。黑格尔哲学的唯心主义体系和辩证的方法是有矛盾的，他的学说中进步的一面同保守的，甚至是错误的一面掺杂在一起。黑格尔哲学中方法和体系的矛盾，反映了他所属的德国资产阶级革命和妥协双重性格的特点。辩证法在黑格尔那里，只是在神秘的、抽象的形式下表达了资产阶级革命的要求，而没有直接引出行动的结论。

黑格尔

黑格尔是德国著名的哲学家，绝对精神的布道者，在他看来，世界上的万事万物及其发展过程都是非物质性的，他的哲学所提出的自我意识成了这些历史发展过程的顶峰。

费尔巴哈

德意志杰出的唯物主义哲学家和无神论者，出生于巴伐利亚的兰得休特城一个法学家庭。他曾经在海德堡大学、柏林大学和爱尔兰根大学学习神学、哲学、植物学和心理学等，听过黑格尔的课。

他在哲学方面的主要观点是：自然先于精神，是一切存在的基础。人是自然的一部分，是感性的存在。感性肉体是基础，灵魂是属性。但是，在社会观方面，费尔巴哈又是唯心主义的。1849年以后，他对现实生活更加失望，逐渐远离尘世。费尔巴哈晚年生活清苦，但坚持学术研究。

叔本华及《作为意志和表象的世界》

叔本华（1788—1860年），悲观主义大师，生于德国但泽。1819年发表重要哲学著作《作为意志和表象的世界》。1860年9月21日病逝。

叔本华在《作为意志和表象的世界》一书中，开篇就宣称：" '世界是我的表象'：这是一个真理，是对于任何一个生活着和认识着的生物都有效的真理；不过只有人能够将它纳入反省的、抽象的意识。认为人们不能把精神归于物质，只能通过精神认识物质。人类不能靠先考察物质，再考察思想来发现现实的奥秘。人类绝不能从外面得到事物的真正本质，只能得到印象和名称。探索心灵的深处，才可能获得开启外部世界的钥匙。因为凡已属于和能属于这个世界的一切，都无可避免地带有以主体为条件的性质，并且也只是为主体而存在。世界即是表象。"

歌德与海涅

德意志文学家歌德是 19 世纪初欧洲启蒙文学的重要代表。他的作品体现出反封建的精神和对民族统一的要求，代表作有《少年维特之烦恼》和《浮士德》等。而海涅是德意志这一时期最杰出的革命民主主义诗人，他的诗歌歌颂工人斗争，充满了革命精神，代表作有《时代的诗》《德国——一个冬天的童话》等。

尼采及《悲剧的诞生》

《悲剧的诞生》是德国近代哲学家尼采（1844—1900 年）第一部较为系统的美学和哲学著作，写于 1870—1871 年。从书名来看，本书是对作为文学形式之一的悲剧的探讨，但实际上包含着比较丰富的内容，阐述了作者的许多哲学思想，因而可说是他的哲学的诞生地，是一本值得重视的著作。

《悲剧的诞生》一书的主要目的不在于对悲剧进行纯理论的探讨，而是从人生哲学的角度探讨了悲剧与人生的关系，提倡一种审美的人生态度，建立起一种悲剧人生观。

尼采的著作对后世的影响无疑是巨大的。他的思想具有一种无比强大的冲击力，它颠覆了西方基督教的道德思想和传统的价值，揭示了在上帝死后人类所必须面临的精神危机。雅斯贝尔斯说尼采和克尔凯郭尔给西方哲学带来了战栗，而此战栗的最后意义尚未被估价出来。

存在主义哲学

存在主义崛起于 20 世纪 20 年代的德国，是 20 世纪上半叶最具代表性的西方哲学思潮。其代表人物有德国的海德格尔、亚斯贝尔斯，法国的萨特、马塞尔、卡缪等。存在主义哲学认为哲学的基本问题是个人的生存问题。哲学研究的出发点是"存在"而非"本质"，因为"存在先于本质"。

存在主义的主要观点是：

1. 真正的知识通过直觉来源于个人的情感。

2. 真理不是人们的发现，而是个人选择的结果。

3. 知识的可靠性不能用一般概念加以衡量。

4. 做人就是谋求自由，也就是进行选择。

5. 人在他自己的选择中变成他自己，从而获得人的价值。

6. 因为人自由地进行选择，所以他从属于或生活于某一团体，而仍不失为一个个体的真正自我。

经验主义哲学

经验主义还称为经验论。它是认识论学说，与理性主义相对立。因这一学说的主要代表人物弗朗西斯·培根、霍布斯、洛克、巴克莱、休谟等都是英国人，故经验主义常称为"英国经验主义"。

经验主义和理性主义作为较典型的认识论理论，并且形成了两个既互相对立、互相斗争，又互相影响、互相渗透的学派而在哲学史上出现，则是在西欧早期资产阶级封建革命时期前后，即 16 世纪末至 18 世纪中期的历史现象。

经验主义哲学的核心思想是：认为感性经验是知识的唯一来源，一切知识都是通过经验而获得的。经验主义还分为唯物主义的经验论和唯心主义的经验论。

人本主义

人本主义是德文 anthropologismus 的意译，又译为人本学。希腊文则源于 antropos 和 logos，意为人和学说。通常指人本学唯物主义，是一种把人生物化的形而上学唯物主义学说，以 19 世纪德国的费尔巴哈和俄国的车尔尼雪夫斯基为代表。

费尔巴哈

其主要哲学观点是：

1. 反对宗教神学和思辨哲学（如黑格尔），把自然和人看作是由某种神秘的、虚幻的和超自然的力量所支配的观点，要求恢复人和自然的真面目。

2. 人是自然的一部分，心灵不能脱离肉体而存在。

3. 人是生物学意义上的人，而不是社会学意义上的人。

实用主义哲学

实用主义是美国本土产生的历史最为悠久、影响最为广泛的哲学流派，是"美国精神"的代表，自 19 世纪 70 年代诞生以来，除了 20 世纪 30—50 年代其风头被分析哲学压下去之外，直到目前在美国仍占据主导地位。其代表人物是皮尔斯、詹姆斯和杜威。它的主要哲学观点是：

1. 客观经验与现实等同。

2. 任何事物都处于变化的过程中。

3. 事物变化并非向着预定的遥远目标，而是向着切近的目的，而它又将成为下一个切近目的的手段。

4. 目的是完成的手段，手段是未完成的目的。

马克思

马克思是马克思主义创始人，国际共产主义运动的奠基者。1818 年 5 月 5 日出生于普鲁士莱茵省特利尔城一个犹太籍律师家庭。1835—1841 年，先后在波恩大学和柏林大学学习法律，1837 年，开始钻研黑格尔哲学，并加入青年黑格尔派的"博士俱乐部"。1841 年获哲学博士学位。1842 年 10 月至 1843 年 1 月，任《莱茵报》编辑。1843 年 5 月，和燕妮·马·威斯特华伦结婚。同年秋，迁居巴黎。1843 年 10 月，主办《德法年鉴》杂志。这时发表的一些作品表明他已成为唯物主义者和共产主义者。马克思对历史唯物主义和剩余价值学说的两大发现，使社会主义从空想变成科学。1847年，应邀同恩格斯一起参加正义者同盟的代表大会，并将其改组为共产主义者同盟。同年出席共产主义者同盟第二次代表大会，受大会委托，同恩格斯一起起草了同盟纲领，这就是科学共产主义的纲领性文献《共产党宣言》。《共产党宣言》的发表，标志着马克思主义的诞生。19世纪五六十年代，在极端困难的条件下，他完成了马克思主义经济理论体系，于1867年发表《资本论》第一卷；第二、第三卷由恩格斯于1885、1894年整理出版。

1864年9月，国际工人协会即第一国际成立后，马克思被选入领导委员会，兼任德国通讯书记。他为第一国际起草了《成立宣言》《临时章程》和其他许多重要文件，是第一国际的实际领袖和灵魂。1871年巴黎公社革命期间，受第一国际总委员会委托，写了《法兰西内战》，系统地总结了公社革命的经验教训，发展了无产阶级革命和无产阶级专政的理论。晚年受种种疾病的折磨，仍致力于帮助各国社会主义政党的成长和人事理论研究。1883年3月14日病逝于英国伦敦。

恩格斯

全名弗里德里希·恩格斯（1820—1895年），德国社会主义理论家及作家、哲学家、马克思主义的创始人之一、马克思的亲密战友，国际无产阶级运动的领袖，世界无产阶级的伟大导师和领袖。

俾斯麦

奥托·冯·俾斯麦（1815—1898年）是普鲁士德国容克资产阶级最著名的政

普鲁士主要首脑

国王（中）左边的是俾斯麦首相（左一）和毛奇伯爵（左二），1861年，威廉一世即位普鲁士国王，开始进行扩军备战。同年任命毛奇为总参谋长，进行军事改革。第二年任命有"铁血宰相"之称的俾斯麦为首相，进行战争准备。

治家和外交家，"自上而下"统一德国的代表人物。

俾斯麦生于普鲁士的一个容克贵族世家。19 世纪 40 年代，俾斯麦的政治态度顽固保守，竭力维护容克阶级的旧有利益，声称德国统一乃是妄想。自 19 世纪 50 年代后，俾斯麦的政治态度发生了一些变化。他已经受到资产阶级思想的影响，并且意识到，德国的统一是无法阻止的，要挽救普鲁士君主政体和容客利益，只有掌握统一运动的领导权。

1862 年，俾斯麦出任普鲁士的宰相兼外交大臣。当时普鲁士政府和以资产阶级自由派为主的进步党在有关军费预算的问题上发生了尖锐的冲突（宪法纠纷）。国王威廉一世虽然解散了议会，但是，新选出的议会中进步党仍占有不少的席位，并于 1862 年 9 月再次否决军费预算。在这种情况下，俾斯麦被普鲁士国王任命为首相兼外交大臣。他一上台，便采取了强硬的立场，并在议会上对代表们说："我们这里不是英国，我们这些大臣是国王的奴仆，而不是你们的奴仆。"9 月 30 日，他在议会预算委员会上宣布："德国不能寄希望于普鲁士的自由主义，而要寄希望于它的武力。当前各种重大问题的解决，不是靠演说和大多数人的决议，而要靠铁和血。"统一德国依靠"铁和血"，即凭借暴力，这是俾斯麦统一德国的纲领和信条，"铁血宰相"也由此而来。

铁血政策

德国近代史上普鲁士通过王朝战争实现德意志统一的政策。1862 年，俾斯麦就任普鲁士首相前夕，曾对英国保守党领袖迪斯累里说："很快我就将担负普鲁士政府的工作了。我的首要任务是重组军队……一支令人敬畏的军队一旦组成，我将抓住最好的借口对奥宣战，解散德意志议会，压服小邦，实现普鲁士领导下的德意志民族统一。"同年，他就任普鲁士首相后在议会发表演说时又宣布："德意志看得起普鲁士，不是它的自由主义，而是它的实力……当前各种重大问题的解决，不是靠演说和大多数人的决议……而是靠铁和血。""铁血政策"一词由此而来，后来成为战争政策的同义语。

贝多芬

1770 年，贝多芬诞生于德国波恩的一个宫廷歌手家中。贝多芬的音乐启蒙老师是聂耶菲——一位精通作曲技术的音乐家。他为贝多芬打下了坚实的音乐基础，并帮助他去维也纳向莫扎特学习。贝多芬后来又向海顿学习对位法。到 30 岁时，贝多芬举行了首次个人音乐会，从而巩固了自己作曲家的地位。受法国资产阶级革命的影响，贝多芬在创作中充分体现了革命热情和英雄气概，他勇于创新，在音乐史上起到了承前启后、继往开来的作用，并因此而被称为"乐圣"。贝多芬的一生是不幸的，他 26 岁就丧失了听力，终身未娶。但孤寂的生活并未打消他坚持"自由、平等"的理想和热情，他始终坚持创作。世界音乐史上的不朽之作《第九交响乐》就是贝多芬在完全丧失听力以后创作的。

巴　赫

　　巴赫（1685—1750 年），德国古典作曲家。巴赫的先祖都是宫廷乐师，家庭的贫困使巴赫无法受到系统正规的音乐教育，只能靠自学。经过不懈努力，最终巴赫成了一名优秀的风琴演奏家。巴赫虽终身处于困难的境遇和屈辱的地位，但他却始终保持着不屈不挠的创作意志。在德国民乐的基础上，巴赫集 16 世纪以来复调音乐之大成，创作了几百部作品。虽然很多是宗教音乐，但绝不拘泥于教会音乐的规范。他大胆创新，对欧洲古典音乐和后世音乐的发展产生了十分深远的影响，被称为"欧洲音乐之父"。

奥匈帝国

　　1866 年普奥战争爆发，奥地利战败，被迫退出德意志以外并同意解散德意志联邦。奥地利的势力受到严重削弱，国内民族矛盾剧烈激化。为维护帝国统治，奥地利被迫与匈牙利贵族地主妥协。

　　1867 年 5 月，帝国议会讨论《奥匈协定》具体条文。6 月，帝国议会与匈牙利议会达成协议，《奥匈协定》生效。

普法战争

　　19 世纪 60 年代后期，普法矛盾日趋激化。1870 年 7 月 19 日，法国以西班牙王位继承权问题为借口向普宣战。战争开始后，法军不断失败。8 月 4 日，普军越过边界进入阿尔萨斯。9 月初，法军在色当溃败投降，从皇帝、元帅、将军到士兵 10 万多人全部被俘。9 月 4 日，巴黎爆发革命，推翻了法兰西第二帝国，建立了第三共和国，法国成立了资产阶级的"国防政府"。普军于 9 月 19 日包围巴黎。1871 年 1 月 28 日，双方签订停战协定。5 月，又签订《法兰克福和约》，法国割让阿尔萨斯和洛林，并赔款 50 亿法郎。普法统治者勾结，共同镇压了巴黎公社。普鲁士国王威廉一世于 1871 年 1 月 18 日在法国巴黎凡尔赛宫举行加冕典礼，就任德意志皇帝，建立了德意志帝国（德意志第二帝国），从而完成了统一。

色当惨败

　　1870 年 8 月 18 日，法国元帅巴赞指挥的莱茵军团被普军围困在梅斯，麦克马洪伯爵奉命率新编沙隆军团前往梅斯解围。普军所向披靡，将沙隆军团逼至法国边境。法军失利，全部撤至色当。毛奇指挥的普军在色当用 700 门大炮猛轰法军营地，色当硝烟弥漫，全城一片火海，法军死伤无数。接着，普军 20 万人向色当发起猛攻，法军支撑不住，被迫举起白旗。9 月 2 日，被围的拿破仑三世率官

色当会战

此会战，法军共损失 12.4 万人，其中仅 3000 余人逃到比利时境内；普军损失近 9000 人。色当惨败加速了拿破仑三世帝国的崩溃。

兵向普鲁士国王投降，色当战役结束。

《哥达纲领批判》

1875 年 3 月，威廉·李卜克内西同拉萨尔派的哈赛尔曼发表了共同起草的充满拉萨尔机会主义观点的《哥达纲领》。它鼓吹资产阶级改良主义，否认无产阶级革命和无产阶级专政，主张采取合法手段和平过渡到社会主义，宣扬资产阶级民族主义，反对无产阶级国际主义等。同年，马克思写成《哥达纲领批判》，严厉批判了《哥达纲领》中拉萨尔主义的观点，进一步阐明了马克思主义原理。马克思在文中特别强调只有通过暴力革命，推翻资产阶级统治，才能获得彻底解放。论证了工农联盟的原理，并且明确指出，从资本主义向共产主义过渡时期的国家，必须坚持无产阶级专政，绝不能走别的道路等。《哥达纲领批判》是马克思主义反对各种机会主义的锐利武器和光辉文献。

三国同盟

普法战争后，德、法结下世仇。19 世纪 70 年代，德、俄关系恶化，俄国在争夺巴尔干的斗争中，与奥匈帝国矛盾尖锐。德、奥于 1879 年 10 月在维也纳秘密缔结了针对俄、法的同盟条约。其后，意大利因与法国争夺突尼斯失败，要求加入德奥同盟，于 1882 年 5 月在维也纳签订《德奥意三国同盟条约》。条约规定：如意大利受到法、俄进攻，德、奥须以全部军队援助；如俄、奥发生战争，意大利将守中立；如德国受到法国进攻，意大利则站在德国一边参加战争。至此，三国同盟正式形成，成为帝国主义战争的两大军事集团之一。第一次世界大战伊始，意大利宣布中立，1915 年加入协约国。1914 年 10 月和 1915 年 10 月，土耳其和保加利亚先后加入同盟国。1918 年，同盟国战败并瓦解。

施利芬计划

第一次世界大战初期德军实施的战略计划，由前总参谋长施利芬伯爵于 1905 年制订。施利芬是闪电战理论的创始人，主张以优势兵力袭敌于不备，围而歼之，速战速决。针对在未来战争中德国将面临与法、俄两线作战的情况，他主张，首先在西线迅速打垮法国，然后再全力打击俄国。其作战计划是：在东线用少量部队顶住俄国，集中兵力于西线，因瑞士地形复杂，不适宜大部队快速运动，德军右翼应穿越地势坦荡的比利时，以镰形攻势包抄到法军的正面防御阵地的后面，攻占巴黎后，将法军围歼在德、法、瑞边境。然后，转向东线。1906 年，小毛奇继任总参谋长后，对施利芬计划做了部分变动，加强了西线左翼和东线的兵力，削弱了西线进攻力量。第一次世界大战初期，由于德军在马恩河战役中的失利，施利芬计划破产。

青年意大利党

1815 年维也纳会议后，封建君主专制在意大利复辟成功。政治分裂的意大利国家林立，多数国家仍处于外国统治之下，资本主义的发展也因此受到阻碍。就在这一历史条件下，1831 年，青年意大利党诞生。其主要创始人为居赛普·马志尼。该党提出"自由、平等、博爱、独立、统一"的口号，强调走"自下而上"的道路，主张用革命手段推翻奥地利的统治及意大利各邦的君主专制制度。该党的活动有力地唤醒了意大利的民族意识，并在人民中广泛传播了民主共和思想，为 1848 年欧洲革命做了思想准备。

1848 年欧洲革命

1848 年 1 月，意大利西西里巴勒莫人民起义，揭开了 1848 年欧洲革命的序幕。在这场席卷了欧洲许多地区的革命中，法国的革命斗争最为激烈，并直接推动了 1848 年德国的三月革命爆发。接着，匈牙利、捷克、波兰、罗马尼亚相继掀起了民族解放斗争。巴黎工人的六月起义则把革命推到高峰。这次革命虽以失败告终，但它在不同程度上打击和动摇了封建制度，为资本主义在欧洲的进一步发展创造了有利条件，同时也锻炼和教育了无产阶级。

加富尔任撒丁王国首相

加富尔是意大利著名的政治家，他认为英国的君主立宪制是最好的制度，鼓吹以撒丁王国为中心实行自上而下的统一。1852 年，加富尔担任撒丁王国首相。他对撒丁王国的内政进行了一系列改革，提高了撒丁王国在意大利诸邦中的地位。1859 年，他同拿破仑三世缔结协定：意法共同对奥作战，以把奥地利赶出意大利，撒丁王国割让萨伏依和威尼斯给法国作为回报。但是拿破仑三世背弃诺言，单独同奥地利签约停战，把威尼斯留给了奥地利。1860 年 3 月，在加富尔的游说下，意大利中部四邦并入撒丁王国。

红衫军登陆西西里岛

1860 年 5 月，加里波第为援助同年 4 月发生的西西里农民起义，组织了著名的"红衫军"（因身着红衫而得名）前往西西里岛。5 月末，加里波第的军队在西西里登陆，与当地的起义军会合，很快击溃了西班牙的波旁王朝军队，并以撒丁国王的名义建立了政权。7 月，加里波第被推举为西西里的"独裁者"。之后，加里波第与加富尔谈妥，用"全民投票"的方式将西西里和那不勒斯并入撒丁王国。至此，除威尼斯和教皇领地外，撒丁王国统一了意大利全境。1861 年 3 月 17 日，第一届意大利议会开幕，撒丁国王维克多·艾曼努尔成为意大利国王，加富尔任总理大臣兼外交和海军大臣。

意大利统一

那不勒斯解放后，撒丁王国的军队进入那不勒斯境内。1860 年 10 月末，南意大利正式并入撒丁王国。1861 年，意大利王国正式成立，撒丁王国的国王登上了意大利王国的王位。但此时的威尼斯和教皇辖地尚在外国控制下，最后统一尚待完成。1866年，普、奥战争爆发，意大利加入普鲁士一方作战。战争在短期内以普鲁士胜利而结束。根据《维也纳和约》，威尼斯被归还给意大利。1867年10月，罗马举行公民投票，根据投票结果，罗马教皇国被合并于意大利王国，教皇世俗权力被取消。意大利统一终于完成。

马可尼发明无线电报

马可尼是意大利著名发明家，1874年生于博洛尼亚的地主家庭，早年就读于波洛尼亚大学。毕业后，从事有关无线电报的研究工作。1896年，马可尼发明无线电报，次年在英国申请到此项发明的专利权。1897年，以他的名字命名的马可尼无线电报有限公司成立，马可尼任董事长。1903年，英国、意大利、加拿大、美国、德国、日本、比利时等国，都普遍装备了马可尼发明的无线电报装置。马可尼是无线电报的伟大发明者。其毕生都投入到无线电报的发明和发展事业上。他本人也由此获得1909年诺贝尔物理学奖。

三次瓜分波兰

18世纪中叶，波兰的封建农奴制危机和无政府状态发展到了顶点，中央政权瘫痪，边防空虚，国力衰弱。1763年10月，波兰国王奥古斯都三世病故，俄国女皇叶卡捷琳娜二世趁机加紧了对波兰的控制。面对严重的民族危机，部分波兰贵族掀起爱国革新运动，维护国家独立，结果引起外国的干涉——俄、普、奥三国分别于1772年、1793年和1795年三次共同瓜分波兰。波兰国土被全部瓜分，人民被异族长期奴役，直至第一次世界大战后才复国。

普加乔夫起义

18世纪末期，俄罗斯民间流传着彼得三世仍然活着的各种传说。于是，生活阅历十分丰富的普加乔夫自称彼得三世，在1773年9月17日，聚集一支80人的当地哥萨克队伍起义。由于起义者在檄文中明确宣布要给人民以土地、水源、草场、自由和粮食，加上有彼得三世这个外衣，普加乔夫的队伍一路受到各族人民的欢迎，他们纷纷投奔起义队伍。起义军很快发展到3万多人，并攻下了东南地区的中心城市奥伦堡，把前来支援的政府军打得溃不成军。叶卡捷琳娜二世任命比比科夫元帅为征讨普加乔夫的总司令，调集大批精锐部队参加镇压行动。不久，一伙儿哥萨克士兵背叛了普加乔夫，把他捆绑起来，送交了军队。1775年1月10日清晨，普加乔夫被送上了断头台。普加乔夫起义是俄国历史上最大的一次农民战争，虽然失败了，但它对沙皇专制统治和腐朽农奴制度是一次沉重的打击。

俄土战争

为争夺俄国南方的出海口，俄从彼得一世开始就长期同土耳其进行战争。18

世纪中期，沙皇叶卡特琳娜二世在位时，俄国夺得第聂伯河至布格河之间的土地，并占领克里米亚的叶尼卡列和刻赤，势力扩张到黑海，打通了通向黑海的门户。在1806—1812年的战争中，俄土双方最后签订了《布加勒斯特和约》，土耳其将比萨拉比亚割让给俄国。1828—1829年的俄土战争，俄国获胜，双方签订《亚得里亚堡条约》，俄国占领了多瑙河口和附近岛屿，以及高加索的大片土地，加强了其在巴尔干的势力，使土耳其在一定程度上依附于俄国。1877—1878年，俄土再战，土耳其再次失败，被迫签订《圣·斯特法诺和约》，俄国占有了巴统等地，并占领南比萨拉比亚。通过数次战争，俄国攫取了大片土地，势力大大加强。

维也纳会议

1814年10月到1815年6月，战胜拿破仑帝国的欧洲各国代表在维也纳召开国际会议。操纵国是俄、英、普、奥四大国，俄国沙皇亚历山大、普鲁士国王腓特烈·威廉三世和他的首相哈登堡、奥地利皇帝弗朗西斯一世和他的首相梅特涅、英国外交大臣卡斯尔累出席了会议。其目的是进行分赃，同时要恢复法国大革命以前欧洲的旧秩序，并且防止法国东山再起。

十二月党人起义

起义发生在俄历十二月，故名。俄国一批年轻的贵族军官，受到法国启蒙思想和国内进步思想家拉吉舍夫等的影响，于1816年建立"救国协会"，不久瓦解；1818年成立"幸福协会"，包括"南方协会"和"北方协会"，其宗旨是推翻沙皇专制制度，消灭农奴制，建立资产阶级共和制或君主立宪制。南、北方协会计划于1826年秋举行起义。1825年11月19日，沙皇亚历山大一世猝然死去，俄国出现皇位虚悬局面。北方协会领导人决定利用十二月十四日军队向新沙皇宣誓之日提前起义，但遭到血腥镇压；南方协会获知消息后举行起义亦被镇压，起义失败。十二月党人坚持废除农奴制，为俄国资本主义发展开辟了道路，起义唤醒了新一代的革命家，促进了俄国民族解放运动。

欧洲宪兵

1848年夏、秋，俄军打着"解放者"的旗号，先后开进摩尔多瓦和瓦拉几亚，镇压了两公国的革命运动。此后，它又把目标指向匈牙利。匈牙利革命具有全欧的性质，如果它的革命取得胜利，势必引起整个欧洲革命的进一步高涨，特别对沙俄在波兰和东南欧的利益造成严重威胁，沙皇心急如焚。恰在这时，奥地利政府向沙皇求援，早已按捺不住的尼古拉一世立即狂叫起来："敌人出现在哪里，我们就打到哪里。"5月，15万俄军侵入匈牙利。匈牙利革命不久就被俄军血腥镇压。事实表明：沙皇俄国不但镇压国内人民革命，而且镇压欧洲其他国家的革命运动，成为欧洲反动势力的主要堡垒，起了一个宪兵的作用。因而，人们把沙皇俄国称为"欧洲宪兵"。

克里米亚战争

19世纪中叶，俄国力图击败土耳其，控制黑海海峡，插足巴尔干半岛，引起了英法的反对。1853年6月，俄国出兵占领土耳其附属国摩尔多瓦和瓦拉几亚。10月，土耳其对俄宣战，战争爆发。11月，俄国海军在黑海南部全歼土耳其舰队，直逼君士坦丁堡。1854年3月，英、

英、法联军与俄军在克里米亚激战

这场战争中英法联军使用了线膛枪、蒸汽船，大大提高了陆海军作战效能。落后的农奴制俄国损失惨重，不仅失去了在黑海拥有舰队的权利，使得对黑海扩张的长期努力前功尽弃，而且引发了国内的革命斗争。

法对俄国宣战，撒丁王国加入英、法一方，后来战事集中在克里米亚半岛进行。1855年秋，英、法、土联军攻占了俄国的黑海要塞塞瓦斯托波尔。1856年3月，双方签订《巴黎和约》，和约规定，俄国让出多瑙河三角洲和比萨拉比亚南部，并不得在黑海保留舰队和设立兵工厂。这次战争动摇了沙俄在欧洲大陆的霸主地位，充分暴露了农奴制度的腐败与落后，在一定程度上促进了俄国1861年废除农奴制的改革。

俄国1861年改革

19世纪中叶，农奴制已成为俄国资本主义发展的严重阻碍。克里米亚战争的失败，更加暴露了俄国农奴制度和沙皇专制制度的腐朽。俄国农民运动不断高涨，在内外交困的形势下上台的沙皇亚历山大二世（1855—1881年在位）被迫于1861年春（俄历二月十九日）颁布了《关于农民脱离农奴依附关系的1861年二月十九日法令》。该法令由17个文件组成，主要内容有：农民有人身自由；农奴在获得人身自由时，应交付大量赎金才能得到一块份地。这次改革使俄国资本主义的发展得到了必要的劳动力、资金和市场，使俄国走上了资本主义的发展道路，但改革后的俄国保存着大量封建残余。

门捷列夫的"元素周期律"

元素周期律的发现者门捷列夫（1834—1907年）是俄国化学家、教育家。1855年毕业于圣彼得堡中央师范学院，1859—1861年被送往德国深造，回国后任彼得堡工业学院和彼得堡大学教授。1869年，他发现了后来成为自然科学基本定律的化学元素周期律，并据此预见了12种尚未发现的元素。1868—1870年，他写成《化学原理》一书，最先用周期律的观点系统地阐明了无机化学的基本原理。

柴科夫斯基

俄罗斯作曲家柴科夫斯基（1840—1893年）出生在维亚特斯基省的一个贵族

家庭。柴科夫斯基10岁便开始学习钢琴和作曲。22岁入彼得堡音乐学院学习作曲，毕业后任教于莫斯科音乐学院，1877年离开。此后他在梅克夫人的资助下，专事音乐创作，这期间有很多优秀作品问世。柴科夫斯基作品繁多，最著名的有《胡桃夹子》《天鹅湖》《罗密欧与朱丽叶》等。他的音乐真挚、执着，注重对人心理的细致刻画，充满感人的抒情性，同时又带有强烈的、震撼人心的戏剧性。具有俄罗斯民族特有风格的旋律，浓重、丰富的和声，显示出作曲家本人的个性气质，富有难以言传的魅力。柴科夫斯基被誉为"俄罗斯之魂"。

劳动解放社

1888年，俄国出现了第一个马克思主义组织——"劳动解放社"。它是普列汉诺夫（1856—1918年）侨居日内瓦时成立的。其主要成员有阿克雪里罗得、捷依奇、伊格纳夫等。普列汉诺夫原是民粹主义者，1880年因沙皇的通缉逃往国外。他在国外侨居的前期，研究了马克思、恩格斯的著作和西欧工人运动的经验，探索了民粹派失败的原因，从而接受了马克思主义，并决心把马克思主义传播到俄国。"劳动解放社"为在俄国传播马克思主义做了不少工作。他们把《共产党宣言》《雇佣劳动与资本》《社会主义从空想到科学的发展》等经典著作译为俄文，在国外印好，秘密散发。普列汉诺夫还写了批判民粹派和介绍马克思主义的一些著作，如《我们的意见分歧》《论一元史观的发展问题》等。

《火星报》

《火星报》是由列宁创办的第一份全俄马克思主义政治报纸。1900年12月在德国莱比锡创刊，先后在慕尼黑、伦敦、日内瓦出版。报头刊有"星火可以燎原"的口号。编辑部成员有列宁、普列汉诺夫、马尔托夫、罗得、波特列索夫和查苏利奇。列宁是该报的主编和领导者，他在该报发表了许多有关俄国社会民主工党的建设和无产阶级斗争，以及反映并评述国内外的重大事件的文章。在列宁的倡议和参与下，编辑部制定了俄国社会民主工党党纲草案，并得到大多数地方的社会民主工党组织的拥护，而且筹备党的第二次代表大会的召开。这次大会宣布《火星报》为党的中央机关报，并选出新的编辑部成员：列宁、普列汉诺夫和马尔托夫。为加强中央委员会的领导，列宁于1903年退出编委会。从第52期起，该报被孟什维克篡夺。《火星报》共出版112期，1905年10月停刊。

布尔什维克

布尔什维克党是苏联共产党的前身。"布尔什维克"俄语意为多数派。1903年，在俄国社会民主工党第二次代表大会上，以列宁为首的马克思主义者同党内机会主义者围绕党纲、党章问题展开了激烈的斗争。后来，在选举党中央委员会和党的机关报《火星报》编辑部成员时，拥护列宁的人占多数，被称为布尔什维克，反对列宁的马尔托夫派占少数，被称为孟什维克。

1912 年 1 月，俄国社会民主工党第六次全俄代表会议把孟什维克驱逐出党以后，布尔什维克成为独立的新型政党。1918 年 3 月，布尔什维克党改名为俄国共产党，1925 年 12 月又改名为苏联共产党，简称联共（布）。

孟什维克

孟什维克是俄国社会民主工党中的一个派别。孟什维克是俄语少数派的音译，与布尔什维克相对。孟什维克由马尔托夫领导，主张信任群众行动的自发性，涵盖无产阶级民众的所有行动。

1917 年二月革命后，孟什维克与临时政府合作。十月革命后，布尔什维克夺取政权。1921 年，苏维埃政府宣布孟什维克非法，大部分孟什维克高层移居国外。

流血星期日

1905 年一月三日（俄历），彼得堡普梯洛夫工人为抗议厂主开除 4 名工人举行罢工，很快得到其他工厂的声援。8 日发展成为全市总罢工，参加人数达 15 万人。期间，加邦牧师鼓动工人去冬宫向沙皇呈递请愿书，布尔什维克劝告工人不要去请愿。但工人普遍对沙皇抱有幻想。一月九日晨，彼得堡工人偕同家属约 15 万人举着宗教旗帜、圣像、十字架和沙皇画像，唱着祷歌前往冬宫请愿。当队伍行至冬宫前的广场时，遭到沙皇军警的突然射击，1000 多人被当场打死，2000 多人受伤，鲜血染红积雪的广场。因那天是星期日，史称"流血星期日"。惨案唤起了广大人民群众的觉醒，在布尔什维克的领导下纷纷拿起武器反对沙皇专制制度，导致 1905 年革命的爆发。

俄国 1905 年革命

1905 年 1 月 22 日（俄历一月九日），彼得堡工人及其家属约 15 万多人上街向沙皇请愿，惨遭镇压，1000 多人死亡，2000 多人受伤。这次惨案使俄国工人放弃了对沙皇的幻想，开始投入反沙皇的斗争，成为革命的起点。10 月，革命运动发展为全俄政治总罢工，成立罢工领导机关工人代表苏维埃。12 月 18 日，根据布尔什维克党的建议，莫斯科苏维埃决定举行政治总罢工。22 日发展成武装起义，成为 1905 年革命的最高潮，1906 年 1 月 1 日，革命被镇压，革命走向低潮。1905 年革命是列宁主义诞生后的第一次重大的革命运动，锻炼了布尔什维克党和广大劳动人民，为二月革命和十月革命做了准备，是十月革命的一次"总演习"。

俄国二月革命

第一次世界大战给俄国带来特别严重的经济和政治危机，社会矛盾异常尖锐，革命形势迅即趋于成熟。1917 年 3 月 3 日（俄历二月十八日），彼得格勒普梯洛夫工厂工人罢工，得到许多工厂工人的声援。9 日，罢工人数增加到 20 万。10 日，发展为全城政治性总罢工，提出"打倒沙皇""打倒战争""要面包"等口号。26 日，工人响应布尔什维克党的号召，罢工发展成武装起义。4月12日，起义席卷全城，首都驻军也参加了起义。起义的工人和士兵逮捕政府大臣和将军，占领政府机关，推翻了沙皇专制统治。各地工人、士兵纷纷推翻当地政府。革命后，建立了工兵代表苏维埃。资产阶级在孟什维克和社会革命党的帮助下，成立了临时政府。俄国出现了两个政权并存的局面。

巴甫洛夫

20世纪初，俄国生理学家巴甫洛夫（1849—1935年）开始研究高级神经活动。他通过实验发现，当食物落到狗的口中时，它会分泌出唾液。这种反射活动是狗和其他一切动物生来就有的，巴甫洛夫称它为"非条件反射"。但在后来的实验中，他又发现，除了食物刺激口腔会引起狗的唾液分泌以外，其他，比如光、声音等，也能引起狗的唾液分泌。他把这种现象称为"条件反射"。这项重要发现为人类在生理学方面的研究做出了巨大贡献。巴甫洛夫也因此获得了1904年诺贝尔生理学和医学奖。

维也纳三月革命

19世纪中叶，奥地利的封建专制统治引起了资产阶级和劳动人民的强烈不满。1848年3月，首都群众举行示威，遭到政府军的镇压。示威群众群情激奋，游行于是发展为起义。迫于国内形势的压力，首相梅特涅辞职。起义群众又包围了皇宫，迫使皇帝同意颁布宪法，并改组内阁。三月革命使资产阶级靠人民的革命力量取得了部分政权。

捷克民族解放运动

捷克王国长期处于奥地利帝国的奴役之下，资本主义发展受到严重阻碍，要求民族独立的呼声日渐高涨。1848年6月，捷克资产阶级自由派在布拉格召开奥地利境内斯拉夫人的代表大会。会上，自由派主张投靠哈布斯堡王朝的势力，保存奥地利的统治。而民主派则坚持革命的立场，并领导了6月起义，但以失败告终。捷克民族解放运动逐渐走向低潮。自由派公开叛变，转而支持哈布斯堡王朝，镇压匈牙利革命。

匈牙利民族解放战争

1848年革命前夕，匈牙利也是哈布斯堡王朝统治下的一个封建国家。1848年法国革命爆发后，推翻哈布斯堡王朝统治、争取民族独立成为匈牙利人民的强烈愿望。在维也纳三月革命的推动下，1848年，起义在佩斯爆发。革命迅速蔓延，奥皇被迫同意成立匈牙利责任内阁，但转而又镇压匈牙利革命。由于人民军队的英勇奋战，奥军败退到奥地利境内。次年4月，匈牙利议会通过独立宣言，宣布匈牙利独立。但因俄国出兵镇压，匈牙利革命最终失败。

诺贝尔与"诺贝尔奖"

1866 年，瑞典化学家诺贝尔成功制造了液体炸药，但这种炸药易在受到震动和摩擦时自动引爆。诺贝尔于是开始研究一种安全炸药。诺贝尔把液体炸药吸入一种硅土里面，这样，即使遇到一定的温度、摩擦或震动，这种固体炸药也不会自动引爆，世界上第一次出现了能够安全运输的固体炸药。这种炸药必须经过引爆后才能爆炸。为此，诺贝尔又发明了引爆装置雷管。1875 年，诺贝尔发明了胶质炸药。1887 年，又发明了无烟炸药即我们现在使用的炸药。

诺贝尔去世前曾立下遗嘱，把自己一生的积蓄捐献出来当作基金，将其利息作为奖金，每年对物理学、化学、医药学、文学和促进世界和平有特殊贡献的人予以奖励。后来又增加了经济奖。这就是现在世界上最著名、学术声望最高的"诺贝尔奖"。

西班牙王位继承战争

西班牙国王查理二世无嗣，法王路易十四之孙菲利普被指定为继承人，并于 1701 年继位。英、荷遂联合早想争夺西班牙王位的奥地利组成抗法大同盟。1701 年 3 月，战争爆发。反法联军在意大利、德意志、尼德兰 3 个战场取得重大胜利。在西班牙战场上，菲利普五世进行了顽强的抵抗。1711 年，该战场形势转而有利于法、西。同时，英、法在北美展开争夺殖民地的战争，英军取得优势。战争后期，法国在军事上稍有起色并在西班牙站稳了脚跟，英国一时难以取胜。于是，英国率先与法国秘密谈判，并于 1713 年签订了《乌特勒支和约》。奥、法也于 1714 年签订了《拉斯塔德和约》。在这次战争中，英国扩大了殖民地，确保了海上优势，而法国的势力却大大削弱。

西班牙人民反法起义

1808 年 4 月，西班牙发生政变，国王查理四世被推翻，其子斐迪南七世上台。拿破仑乘机占领了马德里，让自己的哥哥约瑟夫·波拿巴当上了西班牙国王，并把西班牙国王父子都投入了监狱，西班牙自此处于拿破仑的控制之下。拿破仑的占领引起葡萄牙和西班牙人民的反抗，各地反侵略游击斗争不断。1808 年 5 月 2 日，拿破仑下令将西班牙国王父子送往法国。这激起了西班牙首都马德里人民的起义，马德里人民奋战一天后失败，上千人阵亡，数百人被处死。尽管马德里人民起义失败了，但它掀起了西班牙人民全国性的反法游击战争。西班牙人民的反抗拖住了法国 30 万军队，这对于各国人民最后打败拿破仑起到了重要的作用。

西班牙"黑暗的十年"

西班牙"黑暗的十年"指的是 1823—1833 年。1820—1823 年西班牙第二次资产阶级革命结束后，斐迪南七世再次复辟。其间，他实行恐怖统治，变本加厉地对革命人民进行报复。1823—1833 年这 10 年间，有 5 万余名革命者被投入监牢，

3 万余人被枪杀、绞死。

17—19 世纪的美洲

波士顿倾茶事件

为逃避茶税，北美殖民地人民多饮用走私茶叶。为了帮助濒于破产的东印度公司解决财政困难，1773 年 5 月，英国议会制定并通过一项"茶叶税案"，允许东印度公司缴纳轻微茶税后，把它储存的茶叶运往北美殖民地倾销，并明令禁止当地人民饮用走私茶叶，引起人民强烈不满。他们决定不许东印度公司的茶船靠岸卸货，但要求遭到拒绝。1773 年 12 月 16 日晚，一批富有正义感的波士顿人化装成印第安人，闯上驶入港内的 3 艘茶船，将停泊在波士顿港的英属东印度公司 3 艘茶船上所载价值 18000 英镑的 342 箱茶叶倒入海中。此即著名的"波士顿倾茶事件"。这个行动大大鼓舞了殖民地人民反英斗争的士气。

第一次大陆会议

1774 年 9 月 5 日，北美殖民地在费城召开了殖民地联合会议，史称"第一届大陆会议"。除佐治亚缺席外，其他 12 个殖民地的 55 名代表都参加了会议（多为富商、银行家、种植园奴隶主，佐治亚州因总督阻挠未参加）。大陆会议通过了《权利宣言》，要求英国政府取消对殖民地的各种经济限制和 5 项高压法令；重申不经殖民地人民同意不得向殖民地征税，要求殖民地实行自治，撤走英国驻军。如果英国不接受这些要求，北美殖民地将于 12 月 1 日起抵制英货，同时禁止将任何商品输往英国。大陆会议同时还向英王呈递了《和平请愿书》，表示殖民地仍对英王"效忠"。尽管这次大陆会议没有提出独立问题，但它是殖民地形成自己的政权的重要步骤。

莱克星顿的枪声

1775 年 4 月 18 日晚，英国殖民军准备偷袭北美波士顿西北郊莱克星顿和康科德两地民兵的秘密火药库。英军一出发，负责侦察英军行动的民兵就在波士顿北教堂的塔尖上悬挂起灯笼。民兵、银匠保尔·瑞维尔看见灯光立即驰马，向沿途民兵报信。民兵迅速集合应变。19 日拂晓，英军在莱克星顿遭到迎头痛击，一些英军继续向康科德前进，亦遭伏击，共死伤近 300 人，大败而归。该战斗打响了美国独立战争的第一枪，揭开了北美独立战争的序幕。

第二次大陆会议

1775 年独立战争爆发后，第二届大陆会议于 5 月 10 日在费城召开，通过以武力对抗英国的宣言，建立由华盛顿任总司令的"大陆军"。从此大陆会议成为革命政权机构。1776 年 7 月，大陆会议通过《独立宣言》，成立美利坚合众国。1781 年大陆会议的作用被美国邦联政府所替代。

美国联邦制的形成

北美 13 州殖民地人民为反对英国争取独立，于 1775 年 5 月召开了第二届大陆会议。会议于 1777 年 11 月通过了由约翰·迪金森起草的美国历史上第一个宪法——《邦联条例》。1786 年 9 月，汉密尔顿和麦迪逊提议于次年召集一个各州会议，讨论修改《邦联条例》，1787 年 5 月制宪会议秘密召开。制宪会议在选举权分配、国会课税权等问题上经过激烈争吵后，终于达成妥协，在此基础上，由汉密尔顿和麦迪逊共同执笔起草了资产阶级联邦制宪法——《美利坚合众国宪法》。新宪法以其最高的法律权威明确规定了立法、行政、司法大权均属中央，各州则成了联邦中央下的一个行政区，这正是联邦制与邦联制的区别所在。经过激烈斗争，1788 年 6 月，根据宪法规定，经 9 个州议会批准，联邦宪法正式生效。1789 年 3 月，美国第一届国会在纽约开幕，同年 4 月，华盛顿在纽约就任美国第一届总统。至此，《美利坚合众国宪法》取代了《邦联条例》，联邦制取代了邦联制，联邦政府的最高权威终于得到确立。

乔治·华盛顿

乔治·华盛顿, 1732 年生于美国弗吉尼亚的威克弗尔德庄园。1753—1758 年在军中服役，积极参加了法国人同印第安人之间的战争，从而获得了军事经验和威望。1758 年解甲回到弗吉尼亚，不久便与一位带有 4 个孩子的富孀——玛莎·丹德利居·卡斯蒂斯结了婚（他没有亲生子女）。

1774 年他被选为弗吉尼亚的代表去参加第一届大陆会议时，就已经成为美国殖民地中最大的富翁之一了。华盛顿不是一位主张独立的先驱者，但是 1775 年 6 月的第二届大陆会议却一致推选他来统率大陆部队。他军事经验丰富，家产万贯，闻名遐迩；他外貌英俊，体魄健壮，指挥才能卓越，尤其他那坚韧不拔的性格使他成为统帅的理所当然的人选。在整个战争期间，他忠诚效劳，分文不取，廉洁奉公，堪称楷模。

华盛顿于 1775 年 6 月开始统率大陆军队，到 1797 年 3 月第二届总统任期期满，他做的最有意义的贡献就是在这期间取得的。1799 年 12 月 14 日华盛顿病逝于弗吉尼亚温恩山的家中。20 世纪中叶被追认为美国陆军六星上将。

《独立宣言》

美国独立战争革命中的纲领性文献。由杰弗逊等起草，在 1776 年 7 月 4 日的费城第二届大陆会议上通过。其主要内容是从保护资产阶级利益出发，谴责英国对北美统治的暴行；宣布同英国王室断绝臣属关系，以资产阶级民主原则宣告建立在内政外交享有独立主权的美利坚合众国；宣告了"主权在民"的原则，人民就有权推翻旧政府，建立新政府；美国公民享有自由、平等的天赋人权等（但不包括黑人和印第安人）。《独立宣言》是号召北美各阶层人民推翻英国殖民统治，争取民族独立战争胜利的旗帜；宣告了主权在民的原则，是后来法国资产阶级革命时期《人权宣言》的蓝本。在历史上第一次以政治纲领的形式表达了资产阶级的政治要求，推动了欧洲资产阶级革命和拉美民族独立运动；它的通过和发表，标志着美利坚合众国的诞生。

美英签订《凡尔赛和约》

1781 年 11 月底，康华利投降的消息传到英国本土，英国人民掀起了要求停战的运动。1782 年 3 月 5 日，经过长时间的辩论，英国议会以多数票通过了停战的决定。英国试图在外交中分裂美法同盟，因此与各交战国分别谈判。美国也了解法国、西班牙等参加对英作战的真正意图在于想获取北美的利益，因而不顾 1778 年《美法同盟条约》中关于不单独媾和的承诺，开始了与英国的单独谈判。1783 年 9 月 3 日，美英在巴黎签订《凡尔赛和约》，英国承认美国独立。在英国与法、西的谈判中，法、西提出苛刻的条件：法国企图重新获得加拿大；西班牙则索取美国西部广大地区和内河航运权。1783 年 9 月 3 日，英法、英西签订了《凡尔赛和约》，法国只收复了西印度群岛的托巴古和非洲的塞内加尔，西班牙则取得了佛罗里达等地。

萨拉托加战役

美国独立战争由败转胜的转折性战役。1777 年 9 月，英军侵占费城，美军处境险恶，纽约一战美军几乎全军覆没。但是费城陷落的一个月，华盛顿率领的美军在哈得孙河河谷的萨拉托加同北地赶来的 2 万名民兵配合，南北夹击，俘虏了 6 名英国将军、300 名军官和 5000 名士兵，史称萨拉托加大捷。萨拉托加大捷扭转了整个独立战争的战局，不仅增强了美国人民争取胜利的信心，也为美国人民抗英斗争创造了有利的国际条件，从此美军从战略防御转入战略进攻。

美国 1787 年宪法

美国资产阶级统治的根本大法。为强化国家机器，建立中央集权制的联邦政府，邦联国会于 1787 年 5 月 25 日在费城召开制宪会议，9 月 17 日制宪会议通过 1787 年宪法，并于 1788 年 6 月 21 日正式生效。它首次明确了人民主权思想和共和制政体；创立联邦制，即建立一个拥有某些重大独立主权的、中央与各州取得有机权力平衡的

1787 年美国宪法制定时的情景

政府；按行政、立法、司法三权分立与相互制约的原则，设立政府机构，立法权归国会，行政权归总统，司法权归法院；首创由间接选举产生的国家行政首脑制；同时对保障私有财产和奴隶制度的规定也很周密。美国宪法确立了资产阶级的民主共和政体，加强了中央集权，对维护美国资本主义的发展、巩固资产阶级统治发挥了重大作用。它是世界近代史上第一部资产阶级的成文宪法，为各国资产阶级制定宪法提供了蓝本。

本杰明·富兰克林

美国政治家、思想家和科学家。1706 年 1 月 17 日生于波士顿。家庭贫寒，做过印刷工，靠自学成才。21 岁在费城创办"共读社"，后发展为美利坚哲学会。25 岁时在费城创办公共图书馆，后发展为北美公共图书馆。45 岁时创办费城学院，即后来的宾夕法尼亚大学。独立战争前夕，他提出奥尔巴尼计划，赴英谈判。战争爆发后，归国参战，参加起草《独立宣言》。1776 年任驻法大使，利用英法矛盾，赢得法国等国参战，加速独立战争的胜利。1785 年归国任宾州州长。1787 年参加制宪会议。1790 年因病逝世。他曾用风筝进行吸引闪电的实验，并发明避雷针。他一生在政治、外交和科学等方面做出卓越贡献，但他的墓志铭只自称"印刷工富兰克林"。后有人称赞他"从苍天那里取得了雷电，从暴君那里取得了民权"。

"总统"的由来

总统是共和制国家的最高行政元首名称。总统制源于美国。1787 年，美国联邦宪法规定：国家行政大权赋予总统，总统任期 4 年，由各州选举的总统候选人选出；总统是最高的行政首长，又是武装部队的总司令；总统经参议院同意，有权任命部长、外交使节、最高法院法官以及政府其他官员；总统还有权批准或否决国会通过的法案。1789 年 1 月，根据宪法，美国举行了历史上第一次大选，选举独立战争的杰出领导华盛顿为美利坚合众国第一任总统，也是世界上第一位总统。华盛顿本可以任终身总统，但他只担任了两届便决意不再连任，因此后来的美国总统几乎最多只任两届，只有富兰克林·罗斯福例外，他担任了四任总统，并且是唯一的终身总统。

杰斐逊

杰斐逊，美国政治家、思想家、教育家和科学家，第三任美国总统（1801—1809 年），民主共和党创始人。

1769 年，杰斐逊当选为弗吉尼亚议会议员，1773 年与 P．亨利等人仿照马萨诸塞的先例成立弗吉尼亚通讯委员会，协同其他殖民地进行反英斗争。1774 年撰写《英属美洲权利综论》，阐述人民有天赋的自由与平等的权利，宣传殖民地独立的思想。1775 年 5 月，杰斐逊作为弗吉尼亚代表参加在费城举行的第二届大陆会议，并受任执笔起草《独立宣言》。

1776 年 10 月，杰斐逊提出著名的《弗吉尼亚宗教自由法案》等重要法案。他还提出废除《长子继承法》和《续嗣限定法》两项封建法令。他赞同废除奴隶制度。1779 年起任弗吉尼亚州州长。1783 年重返国会，提出一系列重要法案，包括建立十进位的货币制度和著名的 1784 年《土地法》。1789 年 9 月被任命为国务卿。1793 年年底辞去国务卿职务，建立和领导民主共和党，与汉密尔顿领导的联邦党相抗衡，对日后美国两党制的形成和发展有重大影响。

1800 年，杰斐逊当选为美国第三任总统。1804 年再度当选。在两届总统任内，他废除了前届亚当斯政府所颁布的《归化法》《客籍法》《敌对外侨法》和《镇压叛乱法》，保障了人民的基本权利。1804 年颁布新《土地法》，允许人民购买面积较小的土地，扩大白种男子所享有的选举权范围。1808 年宣布禁止奴隶贸易，但他对黑人和印第安人仍实行迫害政策。1809 年退居蒙蒂塞洛私邸。1826 年 7 月 4 日逝世。

自由女神像

自由女神像是 1884 年 7 月 6 日法国人民赠给美国人民的礼物，她是自由的象征。女神像高 46 米，连同底座总高约 100 米，是当时世界上最高的纪念性建筑，其全称为"自由女神铜像国家纪念碑"，正式名称是"照耀世界的自由女神"。

自由女神像

创造这一艺术杰作的是法国雕塑家巴特尔迪。女神双唇紧闭，戴光芒四射的冠冕，身着罗马式宽松长袍，右手高擎象征自由的几米长的火炬，左手捧着刻有 1776 年 7 月 4 日的《独立宣言》，脚上散落着已断裂的锁链，右脚跟抬起做行进状，整体为挣脱枷锁、挺身前行的反抗者形象。女神气宇轩昂、神态刚毅，给人以凛然不可侵犯之感。而其端庄丰盈的体态又似一位古希腊美女，使人感到亲切而自然。

海地革命

海地位于圣多明各岛西部，东部是今多米尼加共和国。

1791 年 8 月 22 日，杜桑卢维杜尔领导黑人奴隶举行起义，很快控制了海地北部地区。法国殖民军前往镇压，被起义者击败。西班牙、英国趁机染指，派来了军队，均被起义军打退。英国于 1798 年承认了海地独立。起义军乘胜东进，1801 年年初攻克圣多明各城，解放全岛。杜桑卢维杜尔立即下令解放黑奴，随后召开议会，制定宪法。宪法规定海地为共和国，杜桑卢维杜尔当选为终身总统。海地成为拉丁美洲第一个争得独立的黑人共和国。法军于 1803 年 10 月投降。1804 年元旦，海地正式宣告独立。

委内瑞拉革命

委内瑞拉是拉丁美洲最早掀起反殖民主义武装斗争的地区之一。1808 年 4 月

19 日，加拉加斯城得到法军占领西班牙的消息后，土生白人独立派立即驱逐西班牙殖民官吏，改组民团，建立执政委员会。1811 年 3 月，新召开的委内瑞拉国会，建立起临时政府。7 月 5 日，国会宣布成立委内瑞拉共和国，并制定了宪法。

西蒙·玻利瓦尔

西蒙·玻利瓦尔（1783—1830 年）是南美洲北部地区民族独立战争中最为重要的领导人物，也是整个拉丁美洲反抗殖民统治的革命运动中最为杰出的领袖。为了永远纪念这位功勋卓越的革命者，人们授予他"解放者"的光荣称号。

1830 年 12 月 17 日，玻利瓦尔病逝，年仅 47 岁。他一生参加过 470 次战斗，解放了比法、德、英、意和西班牙 5 国还要大一倍半的土地，为委内瑞拉、哥伦比亚、厄瓜多尔、巴拿马、秘鲁、玻利维亚等国的独立和自由立下了不朽的功勋，也为世界人民抗击殖民侵略树立了榜样，他无愧于"拉丁美洲解放者"的光荣称号。

巴西独立

1807 年年底，拿破仑军队大举入侵葡萄牙，葡萄牙王室仓皇逃到巴西，并加强了对巴西的直接统治。殖民地人民的负担日益加重，人民的反抗情绪高涨。1821 年，葡萄牙国王因葡国爆发革命而回国，巴西的大种植园主、大商人和上层保守分子只得拥戴葡萄牙国王若奥六世的儿子彼得罗为帝。鉴于巴西民族矛盾过于尖锐，1822 年，彼得罗宣布巴西脱离葡萄牙而获得独立。

多洛雷斯呼声

在海地独立的鼓舞下，1810 年 9 月 16 日，墨西哥独立运动领导人伊达尔哥在多洛雷斯镇敲响教堂的大钟，召集印第安人教徒，发动了反对西班牙殖民者的起义。人们愤怒地高喊："绞死殖民强盗！""独立万岁！"这就是墨西哥历史上著名的"多洛雷斯呼声"。

多洛雷斯呼声标志着墨西哥独立战争的开始。9 月 16 日从此被定为墨西哥的国庆日。伊达尔哥领导的起义军占领了墨西哥中部的重要城市瓜达拉哈拉，并建立了自己的政权。革命政权颁布一系列法令，宣布收回被殖民者夺去的土地，废除奴隶制度，取消各种苛捐杂税等。伊达尔哥后来被叛徒出卖，被俘牺牲。莫洛雷斯继续领导独立运动，于 1813 年 11 月宣布墨西哥独立，建立共和国。

阿根廷独立

1816 年春，葡萄牙入侵乌拉圭，威胁着阿根廷的利益。这一事件加速了布宜诺斯艾利斯中央集权派成立政府的决心，为此，他们对联邦制度做了让步，各省也因此而同意召开议会。1816 年 3 月 25 日，拉普拉塔省代表大会正式在图库曼召开，有些省份如乌拉圭、巴拉圭没派代表参加，玻利维亚只派少数代表参加。

7月9日，代表大会正式宣布拉普拉塔联合省（或称南美联合省）独立。其范围名义上包括前拉普拉塔总督区的所有地区，但实际上已不包括乌拉圭、巴拉圭和玻利维亚。1819年，阿根廷宪法颁布。因这部宪法不许各省自治而引起各省不满，1824年，乌拉圭、巴拉圭分别建国。1825年玻利维亚退出了联邦，联邦范围仅限于现在的阿根廷。

大哥伦比亚共和国成立

1818年，玻利瓦尔在委内瑞拉建立第三共和国后，便着手组建一支远征军以解放西班牙人殖民统治的心脏——哥伦比亚。1819年5月，玻利瓦尔率军出其不意地出现了波哥大，经过艰苦的战斗，玻利瓦尔远征军击溃了西班牙殖民军，攻克波哥大，解放了哥伦比亚。1819年8月，哥伦比亚共和国成立。3个月后，哥伦比亚宪法颁布，玻利瓦尔当选为哥伦比亚总统。此后，玻利瓦尔致力于从西班牙统治下解放南美大陆剩余部分。1821年，他率领军队消灭了委内瑞拉的西班牙军队。与此同时，玻利瓦尔的副手苏克雷已开始着手解放厄瓜多尔的事业，并于1822年赢得胜利。不久，厄瓜多尔同哥伦比亚、委内瑞拉一起组成了大哥伦比亚共和国。

圣马丁远征秘鲁

圣马丁是南美解放运动的领导人之一。1814年起，圣马丁组织训练了一支骁勇善战的"安第斯军"，并指挥它于1818年解放了智利。1820年8月20日，圣马丁率军队乘军舰从智利出发，9月8日在秘鲁首都利马南部登陆。一上岸，圣马丁就宣布解放奴隶，组织人民武装。他指挥军队对西班牙控制的边远地区进行进攻，以孤立利马的西班牙军队。这些策略非常成功，圣马丁终于打败了数量占绝对优势的西班牙殖民军队。1821年7月，秘鲁宣告独立。不久，圣马丁将军队指挥权交给玻利瓦尔，悄然隐退，在欧洲度过了余生。

阿亚库巧战役

阿亚库巧战役是拉丁美洲独立战争中的一次重要战役。1824年12月9日，由苏克雷率领的起义军与西班牙殖民军在秘鲁南部阿亚库巧附近平原上发生激战。苏克雷采用将敌人分割切断、用骑兵中间突破的战术，打乱敌军阵线，击溃了敌军，俘获了包括殖民总督在内的14名将军及数千官兵，从而迫使敌军投降，承认秘鲁独立。这是反对西班牙殖民军的一次关键性的胜利。

1824年12月9日，大哥伦比亚－秘鲁联军与西班牙主力部队在阿亚库巧平原上进行决战。

玻利维亚独立

1809 年，玻利维亚人民发动了武装起义，这是南美洲人民为自由而拿起武器进行斗争的开始。同年，拉巴斯的一部分居民也发动起义。但两地的起义队伍很快都被西班牙军队击溃。1824 年，苏克雷在阿亚库巧战胜西班牙军队，民族解放斗争迎来转机。苏克雷率领哥伦比亚军队进入玻利维亚，同玻利维亚人民共同作战，于 1825 年推翻了西班牙的殖民统治。不久，玻利维亚宣布独立。

古巴独立战争

古巴人民反对西班牙殖民统治的起义于 1868 年率先在古巴东部奥连特省爆发。次年，《雅拉宣言》发表，古巴宣布独立。颁布宪法，规定古巴为共和国，废除奴隶制。西班牙派军镇压，双方于 1878 年签订《桑洪条约》，古巴停止武装斗争，作为条件，西班牙同意大赦并释放奴隶，但并未兑现。1879 年 8 月，马蒂、马塞奥发动起义，由于准备不足和双方力量悬殊，遭西军残酷镇压。1895 年 2 月，起义再次爆发，马蒂率军在古巴东岸登陆，队伍迅速扩大，在圣地亚哥附近与马塞奥领导的军队会师。9 月宣布成立独立的古巴共和国。

10 月，戈麦斯与马塞奥率军自东向西展开"突进战役"。西班牙殖民当局先后派 20 多万正规军镇压，在全岛遍设集中营。马蒂和马塞奥相继于 1895 年 5 月和 1896 年 12 月在战斗中牺牲。历经 3 年奋战，古巴人民在 1897 年解放全国大部分土地，西班牙被迫同意古巴自治。当古巴独立战争取得决定性胜利时，美国对西班牙宣战，侵入古巴。1898 年 12 月，美西签订和约，宣布古巴脱离西班牙"独立"。1901 年古巴召开制宪议会，在美国代表监督下，古巴将美国国会通过的《普拉特修正案》作为附录载入古巴宪法。古巴沦为美国的保护国。1902 年 5 月，古巴正式独立。

墨西哥狄亚士独裁

1876 年，在战争中从事土地投机而暴富的狄亚士发动军事政变，攫取了总统职位。从 1876 年至 1911 年，狄亚士统治墨西哥长达 35 年之久，其间只在 1880—1884 年由冈萨斯任过一期总统，但实权还是操在狄亚士手里。首先得到狄亚士政权好处的是大地主，另外狄亚士对天主教会采取勾结、笼络和控制的政策。狄亚士出卖墨西哥资源，允许外国资本家在墨西哥开采矿山、开办工厂、修建铁路、经营种植园，对人民则进行残酷剥削和压迫。

巴拿马运河

巴拿马运河是沟通太平洋和大西洋的国际运河。1878 年，法国从哥伦比亚政府取得运河的修筑权，并于 1879 年动工，但没有成功。1898 年 12 月到 1900 年 2 月，美国与英国历经旷日持久的谈判，终于签订《海约翰—庞斯福特条约》，英国承认美国单独开凿巴拿马运河。1902 年 6 月，美国用 4000 万美元购买到法国巴拿马运河的租让权及财产。1903 年 11 月"巴拿马政变"后，美国强迫巴拿马政府签订不平等条约，取得运河的开凿权和运河区的"永久租借权"。

美国 1904 年开工修建运河，1914 年完工，1920 年正式开放，运河全长 81.3 千米，约缩短两洋间的航程 1 万千米。美国把运河区变成"国中之国"。巴拿马人民为了收复运河和运河区的主权进行了英勇不屈的斗争，迫使美国在 1936 年和 1955 年两次修改条约。1977 年 9 月 7 日签署的《巴拿马运河条约》规定，从 2000 年开始，美国完全撤出运河区，运河的经营管理全部由巴拿马承担。

墨西哥资产阶级革命

1910 年，农民、工人、城市小资产阶级、民族资产阶级和部分军队进行起义。在斗争中，著名南部农民英雄萨帕塔和北部起义领袖比利亚领导起义队伍在各处摧毁大地主农庄，把土地分给农民。起义军向首都墨西哥城进军，并于 1911 年 5 月推翻代表地主、帝国主义和天主教反动集团利益的迪亚斯军事独裁统治，但国内反动派勾结美国，于 1913 年发动政变，建立反革命政权，美国还出兵支持反革命政权。墨西哥人民再次起义。以工农为主体的武装力量于 1974 年 8 月再一次推翻了反革命政权，并挫败了美国的干涉。1917 年墨西哥建立了资产阶级政权，制定了新宪法。1910—1917 年的墨西哥资产阶级革命深重打击了国内封建势力、帝国主义和州势力，为墨西哥发展民族经济创造了条件。

西进运动

18 世纪末至 19 世纪末的美国西进运动，是美国国内的一次大规模移民拓殖运动，是美国人对西部的开发过程，也是美国城市化、工业化和美利坚民族大融合的过程。这场西进运动对美国的经济、政治和社会都产生了重大而深远的影响。"直到目前为止，一部美国史在很大程度上可说是对于西部的拓殖史"。西进运动彻底改变了美国的面貌。大片荒地被开垦出来，大批的资本主义农场建立起来，西部农业的发展为工业的发展提供了大量的粮食、原料、出口产品和国内市场；使美国的劳动力布局有所改变；促进了国内统一大市场的形成，东西部互补性贸易迅速发展；西部资源的开发和利用还满足了工业发展的需要，交通运输业也飞速发展。美国的西进运动激发了美国人的创造力和经济活力，提高了美国的综合国力和国际地位，对美国整个国民经济的起飞具有重要的意义。

门罗主义

美国总统詹姆斯·门罗（1817—1825 年在位）为了反对沙俄由阿拉斯加南下扩张，以及英国和"神圣同盟"插足拉丁美洲，于 1823 年 12 月 2 日在致国会的咨文中阐述美国对外政策原则时宣称："美国不干涉欧洲事务和任何欧洲国家在美洲现存的殖民地和保护国，但任何欧洲列强都不得干涉西半球的事务，否则就是对美国安全的威胁和不友好的表现。"同时还提出"美洲是美洲人的美洲"

的口号，这就是"门罗主义"。

莫尔斯电码

1832 年，美国画家莫尔斯（1791—1872 年）乘邮轮返回美国，旅途中，他结识了一个叫杰克逊的电学博士。杰克逊向他介绍了电磁知识，莫尔斯完全被电迷住了。他想："电能够在一瞬间传到千里之外，加上电磁铁在有电和没电时都能做出不同的反应，如果利用它的这种特性不就可以传递信息了吗？"于是，莫尔斯决定放弃绘画，发明一种用电传信的方法——电报。他为每一个英文字母和阿拉伯数字设计出代表符号，这些代表符号由不同的点、横线和空白组成，这就是电信史上最早的编码，后人称它为"莫尔斯电码"。

废奴运动

19 世纪上半叶的美国，曾存在着两种互相对立的社会制度，在北部各州，发展起来了资本主义工商业，而在南部诸州推行的则是种植园奴隶制。南方的大种植园主们推行这种奴隶制，严重阻碍了北方工业资本主义的发展，成为阻碍历史进步的因素。于是，美国北部兴起旨在推翻南部种植园奴隶制的废奴运动，并逐渐成为一场各自由州的联合政治运动。

"地下铁道"

为了帮助黑人奴隶逃出那充满罪恶的蓄奴州，废奴主义者们组织了一整套接应逃亡奴隶的线路和方法。他们称这一逃亡线路为"地下铁道"。这条"地下铁道"设有各个"车站"——同情黑奴的人的住宅，过路的黑人可以歇脚、投宿；有"火车"——逃亡的奴隶群；有"乘务员"——熟悉道路和情况的领路人。当时的一些伟大的废奴主义领袖，如约翰·布朗、哈里特·塔布曼都是著名的"乘务员"。约翰·布朗领导的起义把这场运动推向高潮。废奴运动是南北两种社会制度矛盾尖锐的产物，是美国南北战争的序幕。

种植园制度

美国内战前，南方各州实行由奴隶从事农业劳动的制度。大种植园一般分为几个农场，每个农场都有监工，在种植园劳动的黑奴们的境地十分悲惨。种植园的主要农作物为棉花、稻子、烟草和甘蔗等。

旧金山

旧金山是美国加利福尼亚州的著名城市，当地的华侨叫它三藩市。19 世纪40 年代以前的旧金山，还是墨西哥的一片荒凉之地，1846 年，在美国入侵墨西哥的战争中，美国海军第一次占领了这个地方。当 1846 年美国迫使墨西哥割让领土的条约尚未签订时，有人在旧金山附近发现了金矿。消息传出，全国轰动，大批美国人从东部蜂拥而至，资本家还在海外招募了契约华工来淘金开矿，于是著名的加利福尼亚淘金热开始了。华工们望着周围埋藏着丰富金矿的山岭，就把这里称为金山。

到了 19 世纪 50 年代，澳大利亚的墨尔本附近也发现了金矿，又吸引了大量的淘金者，人们也称那里为金山。因美国的金山发现得较早，以后为了区别这两座金山，就把早先在美国加利福尼亚州发现的金山称为旧金山。

美墨战争

1845 年，美国强占了墨西哥的得克萨斯，但美国种植农奴主想要占有墨西哥更多的领土，于是美国以边界纠纷为借口，于 1846 年发动了对墨西哥的战争。美国海、陆军分三路，入侵墨西哥，1847 年，美攻占墨西哥城，墨西哥政府被迫议和。1848 年 2 月 2 日，双方签订《瓜达卢佩—伊达尔戈条约》，战争结束。美国吞并了墨西哥的得克萨斯、新墨西哥和加利福尼亚等约 235 万平方千米的土地，几乎是墨西哥的半壁江山，作为报偿，美国付给墨西哥 1500 万美元。这场战争对美国的发展影响巨大。

美国废奴运动

美国群众性的要求废除奴隶制的活动。美国独立后，北部诸州先后废除了奴隶制，而南部一些大种植园主仍顽固维护黑奴制，使北方资本主义发展失去了廉价的劳动力。对黑人奴隶进行残酷的剥削和压迫，激起了广大人民的强烈不满。自 18 世纪末就开始了废奴运动，参加者有工人、农民、黑人、白人、妇女和部分资产阶级知识分子。到 19 世纪 30 年代，废奴主义组织了全国性的秘密团体，出版刊物、宣传废奴。他们组织了秘密通信联络点，称为"地下铁路"，帮助南方黑奴逃往北方或加拿大，并支持黑人奴隶的反抗斗争。1859 年 10 月 16 日，约翰·布朗起义，将废奴运动推到了顶点。1861—1865 年的美国南北战争，最终以暴力推翻了南方的奴隶制。废奴运动是一次资产阶级性质的民主运动，在美国人民争取民主的斗争史上占有重要地位。

美国内战

美国历史上第二次资产阶级革命，亦称南北战争。美国独立战争后，北部资本主义和南部种植园经济得到迅速发展，大资产阶级和种植园奴隶主之间的矛盾不断激化，并集中体现在奴隶制的存废问题上。1860 年 11 月，倡导限制和逐步废除奴隶制的共和党人林肯当选总统。1861 年 2 月南部 11 州的奴隶主发动叛乱，另选总统，定都里士满并建立政府。4 月南部挑起内战。战争初期，由于资产阶级的妥协，使北方一度失利。1862 年林肯颁布《宅地法》，发表《解放奴隶宣言》，改组军队，极大地激发了人民的革命热情，扭转了败局。1863 年，北方转为反攻。1865 年 4 月，南部联军战败投降，内战结束。南北战争维护了联邦国家的统一，废除了黑人奴隶制度，扫除了资本主义发展的最后障碍，使美国迅速赶超英、法先进资本主义国家。

《汤姆叔叔的小屋》

1852年，哈丽特·斯托夫人的小说《汤姆叔叔的小屋》在美国出版。该书的中心人物汤姆是一个信奉基督教、品德高尚的奴隶，他被卖给一个名叫西蒙·莱格里的道德堕落的白人种植园主，遭受了非人的待遇，命运凄惨。

该书发行后引起轰动，在一年内印刷了120万册，并被改编成戏剧，演出上百场。斯托夫人的《汤姆叔叔的小屋》作为当时最流行的一部小说，激发起群众对奴隶制的痛恨和对黑奴的同情，鼓舞了成千上万的人们参加废奴运动，并间接地导致了美国内战的爆发。林肯曾经说过，是斯托夫人发动了美国南北战争。

美国的两党制

民主党成立于1828年，代表北方工业资产阶级的利益；共和党成立于1854年，代表南方奴隶主的利益。内战以前，双方在奴隶制等问题上尖锐对立。内战后，共和党长期执政，变成大工业家和银行家的政党；民主党则变成资产阶级化了的南方大农场主、富农和南方资产阶级的政党。美国向帝国主义过渡的时期，两党差别逐渐消失，都代表垄断资产阶级的利益，对外进行扩张。在垄断资产阶级的支持下，美国形成两党制，共和党和民主党轮流执政、垄断政权，使其他政党没有上台的机会。两党制对协调美国社会矛盾与利益冲突、维系美国资产阶级民主政治的运作发挥了重大作用。当然，其实质仍是美国资产阶级专政的工具。

美国南北战争

美国南北战争又称美国内战（1861—1865年），是由北方工业资产阶级要求发展资本主义工商业与南方种植园奴隶主要求扩展奴隶制的矛盾引起的。1860年，反对黑人奴隶制的共和党人林肯当选总统，成为战争爆发的导火线。最终战争以北方的胜利结束。

南方联军总司令罗伯特·李将军（左）与格兰特（右）在投降仪式上签字

在这场历时4年的战争中，北方最终取得了胜利，资本主义在美国得以全面迅速地发展。

南北战争是美国历史上第二次资产阶级革命，废除了黑人奴隶制，为资本主义的进一步发展扫清了道路，但战后美国资产阶级仍然推行种族歧视政策。

汉普顿海战

汉普顿海战是1862年3月8—9日，美国南北战争期间双方军队在汉普顿停泊场（美大西洋沿岸诺福克附近）发生的一场海战。

美国内战爆发后，北军计划从对南方"首都"里士满进行水路夹击：一面派陆军向里士满展开陆地进攻，一面准备用舰船运送士兵在里士满附近的詹姆斯河下游地区登陆。北军为在汉普顿停泊场集中了5艘大型军舰、数艘炮舰和汽船，准备为登陆做掩护。

南军得知后，于3月8日派出以"弗吉尼亚"号装甲舰和5艘护航炮舰对北军军舰进行攻击，北军炮舰和海岸大炮立即还击。在战斗中，北军轻护航舰和护航舰各损失1艘，数艘军舰搁浅。黄昏时，北军"莫尼特"号装甲舰和2艘炮舰从纽约赶来。3月9日，"弗吉尼亚"号与"莫尼特"号进行炮战，但不分胜负。

汉普顿海战虽然规模不大，但在海军发展史却占据重要地位：它是装甲舰之间的首次作战，使海战进入了一个新阶段。

葛底斯堡之战

葛底斯堡之战是美国内战最激烈的战役，是美国内战的转折点。

1863年6月，罗伯特·李率领8万南军攻入宾夕法尼亚州，林肯总统命令米德率11万人迎击。米德率军在交通枢纽葛底斯堡堵住南军。

7月1日，南军向北军防守的公墓岭高地发起猛攻，遭到了北军重炮的狂轰，双方各有损失。李命令南军停下来休息，等待后续部队。7月2日下午，南军以300门大炮猛攻北军阵地，接着派5000骑兵冲锋，骑兵后面跟着3万步兵，双方进行了惨烈的肉搏战。北军不敌，被迫撤退，南军占领了阵地。但到了晚上，北军发动偷袭，夺回阵地。7月3日，南军发起总攻，北军也拼死反击。伤亡惨重的南军终于冲上北军主阵地，双方展开白刃战。最后，北军全线反攻，南军败退。4日夜，罗伯特·李率残部连夜渡过波托马克河，仓皇逃走。

这一仗，南军死伤2.8万，北军伤亡2.3万。葛底斯堡之战扭转了战局，从此北方完全掌握了战争的主动权。

三K党

三K党（Ku Klux Klan）是美国历史上最悠久、最庞大的恐怖主义组织。

Ku-Klux源于希腊语，意为"集会"；klan，意为苏格兰民族（该组织几个创始人为苏格兰后裔）。因该组织名称中三个词起首字母都是K，因而被称为"三K党"，又称白色联盟和无形帝国。

美国南北战争结束后，南部的奴隶主和庄园主为镇压黑人和维护奴隶制度，于1866年5月在田纳西州的普拉斯基城组成三K党。在1869年，三K党被政府解散。1915年，在佐治亚州亚特兰大城又重新建立了三K党，成员蔓延及全国。1928年三K党改名为"森林武士"，但一般仍称为三K党。

三K党常与提倡种族歧视的一些法西斯组织交往，相互支持并成为美国反动势力推行种族主义的工具，经常对黑人和进步人士使用私刑、绑架和屠杀等恐怖行为。

林　肯

亚伯拉罕·林肯（1809—1865 年），美国内战时期的总统，出身于农民家庭，没有上过学，但通过顽强的刻苦自学，攻读了历史、法律、哲学等方面的书籍。1834 年，25 岁的林肯当选为伊利诺伊州议员，开始了他的政治生涯。

1860 年，林肯当选为美国总统。由于美国南方蓄奴主义者发动叛乱，美国南北战争爆发，战争初期，北方仓促应战，节节败退。在这危急关头，林肯签署了《宅地法》，同年，又颁布《解放黑人奴隶宣言》，宣布废除各州奴隶制，解放的黑奴可以参加联邦的军队。这两个文件调动了农民和黑奴的积极性。从此，北军取得了节节胜利。1865 年 4 月 14 日晚，林肯在剧院遭到枪杀，第二天辞世。林肯总统带领美国人民废除了奴隶制，促进了美国资本主义的发展，受到美国人民的永久爱戴。

爱迪生发明电灯

1877 年起，美国发明家爱迪生（1847—1931 年）开始致力于电灯的研制工作。他发现，灯泡内的空气使灯丝氧化是灯丝寿命短的主要原因，因而努力提高灯泡内的真空度。1879 年 10 月，爱迪生把碳化棉丝置于灯内，抽成真空后将灯密封，通电后持续照明了 40 小时。但爱迪生并不满足这一进步，他希望他的灯能够持续照明 1000 小时以上。为此，他试用了包括胡须在内的 1600 多种材料。最后，找到了碳竹丝，碳竹丝灯连续工作了 1200 小时。1880 年 5 月"哥伦比亚号"汽船上安置了 115 盏这种灯，成功地使用了 15 年。

"五一"国际劳动节

1886 年 5 月 1 日，美国芝加哥、底特律、纽约等城市的 35 万工人为争取每日 8 小时工作制而举行联合罢工，组织示威游行，芝加哥的无产阶级走在斗争的最前列。5 月 3 日，美国资产阶级当局出动警察对芝加哥罢工工人进行大肆镇压，当场打死 6 名工人。次日，3000 名工人在事件发生的草市广场举行抗议集会，混入人群的破坏分子向会场投掷炸弹，警察向工人群众开枪，4 名工人被炸死，200 多人受伤，数百名工人被捕。后来，美国当局又将几名工人领袖判处死刑。这一切激起了世界进步舆论的抗议，美国工人阶级的英勇斗争得到了国际无产阶级的有力声援。1889 年 7 月，第二国际成立大会通过一项决议：为纪念 1886 年 5 月 1 日美国工人的总罢工，决定以后每年的 5 月 1 日为国际无产阶级的节日，号召各国劳动者应该按照本国条件所允许的方式，组织"五一游行示威"，这就是"五一"节的来历。

马　汉

马汉（1840—1914 年）出生于美国的一个爱尔兰移民家庭，毕业于美国海军最高学府安那波利海军学院。1890 年 5 月，他出版了《1660—1783 年制海权对历史的影响》一书，在美国引起强烈反响，接着，又出版了《1793—1812 年——制海权对法国革命和帝国的影响》《内尔逊生平——英国制海权的化身》，这三部书被认为是马汉制海权理论的三部曲。它们一脉相承，互相联系，构成一个统一体。19 世纪末的美国，国内的垄断资本不断膨胀，所以积极要求进行海外扩张，这就需要一支强大的海军力量，马汉的军事理论适应了当时美国的社会需要，受到美国的欢迎，马汉成为军政界举足轻重的人物，两度出任海军学院院长。马汉制海权理论对美国海军的发展产生了深远的影响，美国海军界将他奉为"现代海军之父"。

美西战争

1895 年，古巴爆发反对西班牙殖民统治的起义，1896 年，菲律宾发生资产阶级革命。美国在古巴等地的经济利益受到影响，决定利用这一时机夺取西班牙的殖民地。1898 年 2 月 15 日，美国战舰"缅因号"在哈瓦那突然被炸沉，美国以此为借口，于 4 月 22 日向西班牙宣战。5 月，美国在远

在美西战争中，美国以其强大的海军力量在马尼拉湾重创西班牙舰队，从而登上了争霸世界的舞台。

东的舰队摧毁在菲律宾马尼拉湾的西班牙舰队，并占领马尼拉。6 月，美军在古巴登陆。7 月占领圣地亚哥，接着又占领西属波多黎各。西班牙被迫求和。双方于 1898 年 12 月 10 日签订《巴黎和约》。美国从西班牙手里夺得菲律宾群岛、波多黎各和关岛，美国付给西班牙 2000 万美元。古巴形式上独立，但据 1901 年美国国会通过的《普拉特修正案》，实际上古巴沦为美国的保护国。美西战争加强了美国在太平洋地区的势力，也进一步加强了美国对拉丁美洲和亚洲的扩张。

门户开放政策

1899 年，美国政府先后向英、俄等六国政府提出在中国实行所谓"门户开放"、贸易机会均等的照会。美国在承认列强在华"势力范围"和已经获得的特权前提下，要求"利益均沾"。

门户开放政策的提出标志着美国侵略中国的新阶段。美国作为一个大国，有了它独立的对华政策，而不再追随和附和其他国家，充当次要的角色，它在列强侵华活动中的地位有了显著的提高。从此，美国更积极、更活跃地参加帝国主义大国在中国的角逐。

大棒政策

大棒政策是美国总统西奥多·罗斯福提出和实行的武力威胁与战争讹诈的外交政策。他曾在一次演说中援引了一句非洲谚语"手持大棒口如蜜，走遍天涯不

着急"来说明他任内的外交政策，后发展成所谓"大棒加胡萝卜政策"。

20 世纪初，美国凭借其大为增强的军事经济力量，积极推行向外扩张计划，加强了对拉丁美洲，特别是加勒比海地区的侵略。罗斯福根据马汉的制海权理论，主张以武力为后盾，迫使拉丁美洲国家"循规蹈矩"，听命于美国。在大棒政策的指导下，美国凭借武力，多次公开干涉拉丁美洲国家的内政。1903 年，罗斯福参与策划并出动海军支持巴拿马政变。1904 年，美国又出动军舰，迫使多米尼加共和国将一切关税交给美国管理。美国推行大棒政策的地区，并不限于拉丁美洲。罗斯福一再出动武装力量、肆意干涉他国的做法，激起拉丁美洲各国的强烈反对，也引起本国广大人民群众的不满。

17—19 世纪的亚洲

大盐平八郎起义

19 世纪 30 年代，日本大富豪勾结幕府官吏任意抬高米价及物价，城市居民无法生活下去。大阪"町奉行"属下的"町与力"（办理民政警务的下级警官）大盐平八郎目睹平民的惨苦遭遇，不胜悲愤。1837 年，他带领大阪的手工业者、小商人和下级武士举行起义。起义者捣毁米店，放火焚烧豪商邸宅，声势浩大的起义震动了大阪全城。起义虽然很快就被镇压下去，但在它的推动下，摄津、越后、周防等地相继爆发了同样的起义。

伏见、鸟羽之战

1868 年 1 月初，倒幕派军队发动政变，宣布废除幕府将军制，成立以天皇为首的新政府。幕府将军德川庆喜于 1 月底亲率大军从大阪出发，进攻京都，与新政府军在京都西南的伏见、鸟羽发生激战。最后新政府军以少胜多，德川庆喜被迫投降。革命胜利后，新政府于同年 7 月改江户为东京，确立为首都，定年号明治，开始了明治维新。

"明治三杰"

"明治三杰"指的是推动日本明治维新的三位杰出代表：大久保利通、西乡隆盛、木户孝允。

大久保利通，1830 年 9 月 26 日出生在一个下级武士家庭。17 岁步入政界，成为萨摩藩实力派人物，并成为倒幕运动的领袖之一。1873 年他以参议身份任内务卿。任职期间，他建立了一支近代的常备军。1878 年 5 月被刺身亡。

西乡隆盛，1828 年 1 月 23 日出生在一个下级武士家庭。1865 年投向倒幕运动，与木户孝允等建立"萨长倒幕同盟"，策划"王政复古"。1868 年日本戊辰战争爆发后，指挥政府军取得鸟羽、伏见之战的胜利。1872 年任近卫都督，受领元帅称号。1873 年因主张"征韩"失败，辞职回乡。1877 年 2 月在反动士族拥戴下发动叛乱，挑起日本西南战争。9 月兵败自杀。1889 年明治政府大赦，恢复其名誉。

木户孝允，1833 年 6 月 26 日出生于一个医生家庭。1859 年步入仕途，他力主联合强藩。他在推翻幕府统治，建立明治维新政权中起了巨大作用。1873 年他主张制定宪法，优先内治，反对征韩论。1874 年兼任文部卿，主张普及小学教育，重视培养人才，提高国民文化水平。

"黑船事件"

明治维新前的日本同当时的清朝一样，都处于闭关锁国的状态。1853 年 7 月 8 日（大清咸丰三年、日本嘉永六年），美国为了打开日本的门户，派遣美国东印度舰队司令官、海军准将马修·佩里率领 4 艘战舰，驶入德川幕府咽喉要地江户湾相州浦贺海面(今东京湾神奈川县南部)。由于日本长期处于闭关锁国的状态，当地民众从来没有见过蒸气动力、全身黑色的美国军舰，所以当地人称之为"黑船"。"黑船事件"迫使日本打开了国门，同时也刺激了日本统治者开始了维新变革。

明治维新

19 世纪中期，日本仍处在德川幕府的统治之下，实行闭关锁国政策，是一个落后的封建国家。在西方资本主义的入侵下，面临着沦为半殖民地的危险。但在经过倒幕运动后，1868 年，新上台的明治政府大胆地进行维新变革，使日本迅速地发展成为一个先进的资本主义国家。同时，虽然明治政府顺利地摆脱了沦为半殖民地的危机，但却迅速地走上了侵略和压迫其他民族的道路，成为一个新兴的帝国主义国家。

靖国神社

靖国神社是日本神道教专门祭祀在近代日本历次战争中阵亡得的场所。1869 年（明治二年）在东京九段阪上修建，原名招魂社，1879 年改称靖国神社，被列为别格官币社。

靖国神社的主体结构包括两部分：一是本殿和"灵玺薄奉安殿"，供奉亡灵的灵位；二是"遊就馆"，陈列日军使用过的各种武器装备，以及部分战争，战死者的介绍。1978 年 10 月 17 日，东条英机等 14 名日本第二次世界大战甲级战犯的灵位被放进靖国神社。

日本战败前，神社作为陆、海军省管辖的一个特殊神位，对崇拜天皇和推行军国主义起了很大的作用。第二次世界大战后，改为民间的独立宗教法人。根据日本宪法关于政教分离的规定，取消由国家主持的祭祀活动。但自 20 世纪 60 年代以后，要求国家保护、维持靖国神社的活动频繁，右翼保守势力要求重新将靖国神社改由国家管理，实行"正式参拜"。20 世纪 80 年代前，日本历届总理大臣（除池田勇人）都以"私人身份"前往参拜。80 年代后，不仅总理大臣，几乎所有的内阁大臣都在 8 月 15 日"终战纪念日"这天参拜靖国神社。1991年 1 月，仙台高等法院判决总理大臣正式参拜靖国神社违反日本宪法。

明治天皇

明治天皇（1852—1912 年）即日本天皇睦仁。江户幕府末期和明治维新时的日本天皇。1860 年被立为皇太子。1867 年 1 月即位，同年 10 月下达讨幕密诏，依靠维新倒幕派，推翻了江户德川幕府的统治，12 月颁布《王政复古大号令》。1868 年 3 月发布《五条誓文》，4 月迫使江户幕府投降，7 月改江户为东京，8 月在京都举行即位大礼，9 月改元明治，建立一世一元制。1869 年批准奉还版籍，迁都东京。1871 年实行废藩置县，取消将军领地。1872 年废除禁止土地买卖的法令，承认土地私有制和买卖自由。1873 年改革地税，实行征兵制。1881 年发布《军人敕谕》。1885 年采取内阁制。1889 年颁布《大日本帝国宪法》，确立近代天皇制。1890 年召开帝国议会，这些措施被视为明治维新的重要内容。通过这些改革，日本开始实现富国强兵，同时也走上了对外扩张的道路。明治天皇在位的 45 年，正是日本走向近代化的时期，也是日本资本主义迅速发展的时期，在日本发展史上是一个重要转折点。

明治天皇

生于 1852 年，是孝明天皇第二皇子，名睦仁。1866 年 12 月继承皇位，第二实行王政复古。1868 年举行即位典礼，并改年号为明治。在他即位初期，日本发生维新运动，建立了天皇专制政权。在他的主持下，日本先后实行一系列资产阶级改革，推出版籍奉还、废藩置县、制定征兵令等改革措施，促进了日本资本主义的发展，摆脱了被殖民的危机。

日本入侵琉球、朝鲜

明治维新后，日本在其本身尚未摆脱对欧美国家的屈从地位时，便已开始走向对外侵略扩张的道路。1872 年，日本把琉球国王绑架到东京，强迫琉球国王宣布他是日本的琉球藩王。此时的琉球国仍然对中国朝贡。1871 年，琉球船只在台湾海岸遇难，日本便以此为借口，于 1874 年发动侵略中国台湾的战争。1875 年，日本侵入朝鲜的江华岛。1876 年，日本强迫朝鲜订立《江华条约》。从此，日本侵略势力伸入朝鲜。1879 年，日本正式吞并琉球。

《大日本帝国宪法》

日本以天皇名义颁布的第一部宪法。1889 年颁布，1947 年颁布新宪法后被废除。它是在明治维新各项改革基本完成后，以德意志帝国宪法为蓝本制定的，由文告、发布宪法召敕以及文本三部分组成。

宪法规定：天皇神圣不可侵犯，总揽任命内阁、立法、司法、行政、军事、财政、外交等权力。宪法规定议会由贵族院和众议院组成，前者由皇族、华族及敕任议员组成，后者由公选议员组成，但有财产资格限制。设置枢密院，名为天皇咨询机构，实为凌驾于议会和内阁之上的最高决策机关。

宪法还允许日本臣民在法律许可的范围内，享有言论、出版、集会和结社等自由，有服兵役和纳税的义务。帝国宪法的颁布和实施，确立了日本的君主立宪制，维护了地主、资产阶级联合专政的统治秩序，标志着以军部为核心的近代天皇制的形成。

日俄战争

甲午中日战争后，日、俄在远东的矛盾日趋尖锐。俄国联合法、德迫使日本放弃辽东半岛。1898年，俄国强行租借旅顺和大连。1900年，俄国出兵占领中国东北三省。1903年4月，俄国拒绝从中国撤兵。1904年2月8日，日本偷袭俄国太平洋舰队，日俄战争爆发。1905年3月，日军在沈阳附近击溃俄军主力；5月，俄国波罗的海舰队在对马海峡又遭日本海军伏击，几乎被全歼。此时，俄国国内爆发革命，美国担心日本过分强大而出面调停。9月5日，双方代表在美国朴次茅斯签订和约。据此，日本夺取了中国辽东半岛和俄国库页岛南部，以及对朝鲜的独占权。日俄战争改变了远东国际关系的格局，俄国被削弱，日美矛盾开始突出。

浮世绘

浮世绘，也就是日本的风俗画、版画。它是日本江户时代（1603—1867年，也叫德川幕府时代）兴起的一种具有独特民族特色的艺术奇葩，是典型的花街柳巷艺术。主要描绘人们日常生活、风景和演剧。浮世绘常被认为专指彩色印刷的木版画（日语称为锦绘），但事实上也有手绘的作品。在亚洲和世界艺术中，它呈现出特异的色调与风姿，历经300余年，影响深及欧亚各地，19世纪欧洲从古典主义到印象主义诸流派大师也无不受到此种画风的启发。

歌舞伎

歌舞伎是日本典型的民族表演艺术，起源于17世纪江户初期，并发展为一个成熟的剧种，其演员只有男性。歌舞伎与能乐、狂言一起保留至今。

歌舞伎的始祖是日本妇孺皆知的美女阿国，她是岛根县出云大社巫女（即未婚的年轻女子，在神社专事奏乐、祈祷等工作），为修缮神社，阿国四处募捐。她在京都闹市区搭戏棚，表演《念佛舞》。这本是表现宗教的舞蹈，阿国却一改旧程式，创作了《茶馆老板娘》。阿国女扮男装，身着黑衣，缠上黑包头，腰束红巾，挂着古乐器紫铜钲，插着日本刀，潇洒俊美，老板娘一见钟情，阿国表演时还即兴加进现实生活中诙谐情节，演出引起轰动。阿国创新的《念佛舞》，又不断充实、完善，从民间传入宫廷，渐渐成为独具风格的表演艺术。

大院君改革

19世纪中叶，由于封建地主阶级的残酷剥削和压迫，朝鲜国内的阶级矛盾极其尖锐。同时，在封建统治阶级内部，各集团间的朋党倾轧也十分激烈，政变频繁。为了挽救李氏王朝的统治，1863年掌权的兴宣大院君推行改革。他对内标榜四色（当时朝鲜统治阶级内部的四个派别：老论、少论、南人和北人）平等，剪除外戚势力，禁止新设书院，以加强中央集权；对外强化早已实行的"锁国攘夷"政策，企图使朝鲜与外界隔绝，以防止外国资本主义势力的入侵。

《江华条约》

1875年9月，日舰"云扬号"驶入朝鲜的江华海峡，制造了所谓"云扬号"事件。次年2月，日军又侵入江华岛，强迫朝鲜签订"友好"条约。当时在位的闵氏集团被迫与日本侵略者签订了所谓的《日朝修好条规》，即《江华条约》，接着又签订了《朝日修好条规附录》《朝日贸易规则》等。按这些条约规定，除釜山外，朝鲜再向日本开放仁川、元山两港；朝日"自由"通商，日货免纳关税，日币在朝鲜各通商口岸可以自由流通，等等。《江华条约》是殖民主义者强加在朝鲜身上的第一个不平等条约。

壬午兵变

在日本侵略者与本国封建统治者的双重压榨下，广大人民的处境十分悲惨，各地接连爆发起义。1882年（壬午年）7月，汉城驻军数千人在柳万春、金长孙的领导下举行起义。起义军队攻进汉城后，占领了武器库，释放被捕的士兵和无辜群众，烧毁日本公使馆。起义军还冲进王宫，闵妃化装成宫女逃走。8月，起义遭到镇压。壬午兵变是朝鲜近代史上人民第一次反侵略反封建的武装起义，沉重地打击了日本侵略者和朝鲜封建统治者。

甲午农民战争

1894年朝鲜农民反封建和反外国侵略者的起义，又称东学党起义。1876年，日本强迫朝鲜签订不平等的《江华条约》，英、法、德、俄、意、奥亦援例签约。朝鲜变为半殖民地半封建的社会。

内政腐败，外患交迫，民不聊生，致使各地小规模的起义不断。甲午农民战争是朝鲜历史上规模最大的农民起义。

黑洞事件

普拉西战役之前，孟加拉纳瓦布的西瓦吉与英国殖民者展开了激烈斗争。1856年6月初，西瓦吉率军攻占英国在卡西姆巴扎的商馆，6月16日，又统率5万大军包围了加尔各答。6月20日英国人投降。这时英军将领霍尔威尔声称，西瓦吉的手下人把146名英国俘虏塞进一间黑房子里。第二天打开房时只有23个人还活着。英国殖民者提出强烈的抗议。这就是历史上著名的"黑洞事件"。它被英国殖民者用作煽动民族仇恨，发动新的侵略战争的借口。"黑洞事件"发生一年以后，英国发动普拉西战役，占领孟加拉，并以孟加拉为基地，向印度沿海和内陆渗透，印度逐渐沦为英国的殖民地。

印度民族起义

19世纪中叶，印度各阶层和英国殖民者之间的民族矛盾迅速激化。1857年年初，印度西北各省的农村中，传递着神秘的烤薄饼。2月，这种被看作起义信号的薄饼传到了德里城下。士兵中也开始传递同样象征的信号。5月10日，密拉特发生了以士兵为骨干的起义，起义者不久后进入古都德里，各地的起义迅速发展。起义波及北印度和中印度广大地区，中心是德里、坎普尔、勒克瑙等。从6月上旬到9月中旬，起义者进行了英勇的德里保卫战。9月中旬，在血战6天之后，德里陷落，印度民族起义转入相持阶段，游击战一直坚持到1859年。这次起义沉重地打击了英国的殖民统治，增强了印度人民的反英斗志，推动了印度民族独立运动的发展。

詹西女王

詹西女王拉克西米·芭伊是印度传奇式的民族女英雄。1857年印度民族大起义爆发后，詹西人民在女王芭伊的率领下，全体动员起来，投入战斗。她亲自率领起义军打死了英军在詹西的最高指挥官，占领了军火库，恢复了詹西土邦的独立。这引起英国殖民当局的极端仇视。英军再次进攻詹西，激烈的炮战持续了5天，英军虽蒙受惨重伤亡，但城内的起义军消耗更大，芭伊决定亲临战场，在守卫瓜寥尔城的战斗中，她一人同英军骑兵拼杀。敌人乱刀一齐向她砍来，一刀正中她的头部，但她仍然挥刀猛杀。又一刀砍在女王的胸口，就在落马的一刹那，她用尽全力把那个英国骑兵砍下马去。女王牺牲了，年仅23岁。

印度国大党

代表印度资产阶级和地主利益的民族改良主义政党，全称印度国民大会党。英国殖民官吏休谟于1885年12月28日在孟买所创，主要成员是地主、资本家、商人、高利贷者和资产阶级知识分子。成立之初，主张通过宪法的手段在印度实现立宪和代议政治，带有浓厚的改良主义色彩。19世纪末，随着大量的中小资产阶级及知识分子的加入，以提拉克为首形成激进派，主张印度独立。1905年10月，针对殖民当局分割孟加拉省的法令，掀起全国规模的抗议活动，并发展为抵制英货、提倡国货的运动。次年，在激进派坚持下，国大党第一次提出"自治、提倡国货、抵制英货、民族教育"四点纲领。1907年，温和派和激进派分裂。1916年，两派重新联合。国大党成立初期，揭露了英国官吏的专横残暴，要求自治、独立，唤醒了印度人民的民族意识。

苏拉巴蒂起义

印度尼西亚盛产香料，因而为欧洲殖民者所垂涎。从16世纪末开始，荷兰人便侵入印度尼西亚。他们疯狂的掠夺激起了印度尼西亚人民不断的反抗。17 世纪末，苏拉巴蒂领导的反荷起义爆发。苏拉巴蒂在勃艮安起事，随后占据了巴苏鲁安。他得到了当地农民的广泛支持，其辖区日益扩大。1706 年在与东印度公司的战役中，苏拉巴蒂受伤后不久去世。荷军重新占领了巴苏鲁安，起义军的势力被大大削弱。此后，苏拉巴蒂的子孙们坚持与荷兰殖民者斗争了几百年。

爪哇人民大起义

1825 年，蒂博尼哥罗在斯拉朗发动了武装起义。他号召人民共同消灭荷兰殖民者，数日内有近 6 万农民响应起义。起义军很快占领了日惹附近地区，并包围了马吉冷和荷军大本营日惹。起义军的节节胜利，大大鼓舞了爪哇广大地区的人民群众。抗荷斗争不仅波及日惹王国，而且蔓延到其他地区，几乎席卷了爪哇岛的中部和东部。在荷兰殖民者的残酷镇压下，人民大起义于 1830 年前后失败。蒂博尼哥罗领导的反荷起义歼灭了约 1.5 万名殖民军，给荷兰殖民者以沉重打击。

奥斯曼帝国的衰败

到 17 世纪中期，土耳其人建立的奥斯曼帝国还是幅员辽阔的军事封建国家。由于统治者只注重军事，帝国的经济逐渐衰落，人民生活日益穷困，统治集团却依然穷奢极欲，导致人民起义不断爆发。到 18 世纪后半期，帝国境内被压迫民族掀起了争取独立的斗争。统治阶级内部也出现了混乱，帝国面临土崩瓦解的局面。随着奥斯曼帝国的衰落，俄、奥、英、法等列强乘机对其侵略。从 17 世纪末到 18 世纪末，俄国夺取了土耳其许多领地。法、英等国则与土耳其签订了一系列不平等条约。19 世纪，奥斯曼帝国已经濒临瓦解。

越南勤王运动

19 世纪末 20 世纪初，越南人民反抗殖民者的斗争达到高潮。越南统治集团内部也分化出了主战派。1885 年，阮朝大臣尊室说在顺化发动起义，袭击殖民军。阮朝皇帝成宜帝也来到顺化，发出檄文，号召各地文绅"勤王"。1885—1896 年，各地爱国文绅和封建官吏纷纷响应，从北圻的兴安、清化，到中圻的广治、平定，勤王运动此起彼伏，持续不断。由于各地勤王起义分散孤立，最后都以失败告终，成宜帝也被流放到阿尔及利亚。

17—19 世纪的非洲

蒙巴萨反抗葡萄牙

16 世纪初，葡萄牙人用极其野蛮的手段征服了东非沿岸城市。1631 年，蒙巴萨苏丹带头起来反抗葡萄牙的残暴统治。他率领部队杀死了葡萄牙殖民行政长官。

奔巴岛和东非沿海其他城镇相继响应。经过反复斗争，1698 年，葡萄牙终于被赶出蒙巴萨，次年又从鲁伍马河以北完全撤出，龟缩于莫桑比克。葡萄牙从此在非洲一蹶不振。

黑奴贸易的兴盛

贩奴船上的残暴行径

欧洲殖民者在征服美洲的过程中，大批屠杀印第安人，致使美洲人口锐减。利欲熏心的贵族商人看到美洲劳动力的不足，便将非洲黑人运到美洲以牟取暴利。15 世纪 40 年代，葡萄牙殖民者开创了兜捕和贩卖黑人为奴的先例。到 16 世纪，兜捕和贩卖黑奴的规模越来越大。1502 年，第一批黑人被贩运到美洲圣多明各岛。1513 年，西班牙国王正式颁发执照允许贩卖黑人。从此，贩卖黑奴就成了由政府支持的"合法"行业了。16 世纪初到 18 世纪末是贩卖黑人的"兴盛"时期。

埃及阿里改革

埃及人民战胜法国侵略者后，1805 年，地主商人阿里夺取了政权。他在执政期间，实行了一系列改革措施，主要有：改革土地制度，发展工业，建立新军，改革文化教育。阿里的改革，促进了生产力的巨大发展及阿拉伯文化的繁荣，培养了一批接受西方资产阶级思想和科学技术的知识分子，加强了国家的统一，对埃及历史产生了重大影响。

埃土战争

阿里为了维护地主商人的利益，不断发动对外扩张战争。1831 年，埃及与奥斯曼发生冲突，埃及遂出兵叙利亚，占领大马士革等地，并向小亚细亚推进，直逼君士坦丁堡。后因沙俄出面干涉，双方签订停战条约。1839 年，第二次埃土战争爆发，土军渡过幼发拉底河，向叙利亚推进，打到了阿勒颇。6 月初，埃及军队展开反攻，并在尼西布战役中歼灭了土耳其军队的主力。7 月 4 日，土耳其海军投降。这时，英国等殖民国家出兵干涉，埃及屈服，并沦为欧洲列强的半殖民地。

利文斯顿在南非的探险

1840 年，利文斯顿受"伦敦传教协会"的派遣，到南非传教。他用了 33 年时间，先后 4 次深入南非，进行探险和考察。1854—1856 年，他横越南部非洲大陆，完成了从大西洋到印度洋的探险。在考察期间，他先后发表过《传教旅行》《赞比西河及其支流》等。利文斯顿的探险，揭开了"非洲心脏"的秘密，有助于世界对南非自然和社会状况的了解。

利比里亚独立

美国为了扩张势力，企图在废奴的旗号下，建立新的殖民地。1821 年，"美国殖民协会"在今蒙罗维亚建立美国黑人移民区。1824 年，这个新的殖民地被称为利比里亚。1841 年，黑人约瑟夫·罗伯茨开始领导黑人争取独立。1847 年 7 月，罗伯茨在蒙罗维亚召开人民大会，宣布利比里亚独立，并以美国宪法为蓝本制定了一部新宪法，规定利比里亚为共和国。罗伯茨当选为第一任总统。但是，美国拒绝承认利比里亚的独立，直到 1862 年，林肯政府才予以承认。

埃塞俄比亚西奥多改革

19 世纪上半叶，埃塞俄比亚处于分裂割据时代。出身于贵族家庭的卡萨逐渐统一了全国，并于 1855 年称帝，是为西奥多二世。西奥多二世上台后推行了旨在推动国家进步的改革。改革的主要内容有：削弱诸侯权力，加强中央集权；休养生息，发展经济；建立一支新式军队。西奥多二世的改革，触动了封建主的利益，一些封建诸侯发动叛乱。英国乘机于 1867 年进攻埃塞俄比亚，在马格达拉平顶山一战中，西奥多被困，自杀身亡。

阿拉比抗英

埃及资产阶级对伊斯梅尔的卖国政策和外国资本的经济侵略深感不满，资产阶级民族主义思潮兴起。"青年埃及协会"的领导者阿拉比于 1879 年将该协会与"祖国协会"联合，建立了祖国党。此后，阿拉比先后向政府请愿、示威，要求撤换内阁，实施宪法。1881 年，政府被迫解散内阁，重新组阁，任命阿拉比陆军大臣兼海军大臣。新内阁颁布宪法，又采取一系列措施大大削弱了英、法财政监督的权力。英、法侵略者立即以武力相威胁。1882 年英国重兵攻陷亚历山大港，之后占领开罗。阿拉比被放逐到锡兰，抗英斗争失败。

马赫迪反英大起义

1881 年，苏丹国王自称"马赫迪"（救世主），号召人民进行"圣战"，赶走外国侵略者，并于 12 月发动了武装起义。1883 年 11 月，起义军歼灭英国远征军 1 万多人。1885 年 1 月，攻克首都喀土穆，击毙殖民头子戈登。6 月，马赫迪病逝后，其弟子和助手阿卜杜拉继位。阿卜杜拉自称哈里发，把苏丹建立成独立的封建神权国家，定都恩图曼。起义领袖将没收的大地产据为私有，封建等级关系取代了起义时期的公产平均制度。1896 年，英、埃联军大举入侵苏丹。1898 年 9 月，恩图曼陷落。1899 年 11 月，阿卜杜拉战死，起义最后失败。这次起义是非洲近代史上最大的反殖武装起义，极大地鼓舞了非洲人民的反帝斗争。

马赫迪

马赫迪（1844—1885 年），苏丹马赫迪起义领袖，马赫迪国缔造者。生于栋古拉以南拉巴卜岛一个造船工人家庭。早年苦心修行，游历传教，熟谙人民疾苦。1881 年 6 月自称先知派来的救世主马赫迪，号召人民开展圣战，推翻埃及统治。同年 8 月发动起义，率义军歼灭埃及军队 120 余人。后转战西部山区，并派密使发动各地起义。他善于鼓动，精于谋略，攻城多用围困战法，野战多用伏击、奇袭等战术。1883 年 1 月攻占苏丹第二大城市欧拜伊德，11 月在希甘地区伏击英埃远征军，歼敌近万人。1885 年 1 月攻陷首都喀土穆，击毙殖民总督戈登。同年 6 月定都恩图曼，建立马赫迪国。不久病逝。

埃塞俄比亚抗意战争

1889 年 5 月，埃塞俄比亚同意大利签订了《乌查利条约》。其中第十七条规定埃塞俄比亚在与其他欧洲国家交往时，"可以"请求意大利协助。但意大利故意将"可以"改为"同意"，进而曲解为"必须"。1890 年，意大利据此宣布对埃塞俄比亚实行"保护"。1895 年又对埃塞俄比亚发动了大规模的侵略战争。这年 9 月，孟尼利克二世发表《告人民书》，表示要抗敌卫国。1896 年 3 月，埃塞俄比亚人民取得了阿杜瓦会战的胜利，意大利侵略军伤亡 1.1 万人，4000 人被俘。意大利被迫在 10 月缔结和约，承认埃塞俄比亚是独立的主权国家，并给予赔偿。埃塞俄比亚抗意卫国战争的胜利，是非洲军队第一次击败占优势的帝国主义军队。它保卫了民族独立和国家主权，鼓舞了非洲人民的反帝斗争。

英布战争

布尔人是荷兰在南非移民的后裔，19 世纪在南非建立了三个国家：德兰士瓦共和国、奥伦治自由邦和纳塔尔共和国。19 世纪末，英国为实现连接它在非洲南北的殖民地"二 C 计划"，以开普敦为据点，大肆向北推进。为争夺南非，英国殖民者与布尔人之间不断发生冲突。

1843 年英国吞并纳塔尔共和国后，企图吞并其他两个共和国。1897 年，两个共和国签订军事同盟条约，联合对付英国。双方加紧备战。1899 年 10 月 9 日，布尔人要求英国撤走集结在德兰士瓦边境的军队，将双方争端交第三者仲裁，遭到英国拒绝。10 月 11 日，布尔人向英军发起进攻，战争爆发。战争初期，布尔人取得一些胜利。攻入开普敦和纳塔尔。至 1900 年，英军继续派遣增援部队，战局有利于英军。同年 3 月，英军攻占布隆方丹，宣布兼并奥伦治。6 月以后相继攻占约翰内斯堡、比勒托利亚。9 月，宣布兼并德兰士瓦。布尔人转而进行游击战争，骚扰和打击英军。英军大规模增援。战争中双方损失惨重。经荷兰政府出面调停，双方于 1902 年 5 月签订了《韦雷尼京和约》，布尔人承认英国的统治权；德兰士瓦和奥伦治划归英国，英国赔偿布尔人 300 万英镑。1910 年两地并入南非联邦，成为英国的自治领。

南非重建

为了恢复金矿生产，英国政府与中国清政府于 1904 年签订《保工章程》，招募 6 万多名华工到德兰士瓦。1905 年，南非的黄金生产超过之前水平。在政治上，英国重提"联邦"方案。1908 年召开了开普、纳塔尔、德兰士瓦和奥兰治 4 个地区代表的国民会议，就"联邦"问题达成了协议。会议决定，联邦议会设在开普敦，行政首都设在比勒陀利亚，司法首都设在布隆方丹。1909 年，英国国会公布了南非法案。1910 年 5 月 31 日，南非联邦正式宣告成立。

17—19 世纪的文化艺术

弥尔顿

英国诗人、政论家、资产阶级革命活动家和革命文学的代表。出生在伦敦一个富裕的清教徒家庭，从小喜爱文学。1625 年入剑桥大学，并开始写诗，著有《圣诞清晨歌》、姐妹篇《快乐的人》和《沉思的人》、挽歌《黎西达斯》等。英国革命爆发后，站在革命的清教徒一边，发表了《论出版自由》《为英国人民声辩》《再为英国人民声辩》等政论文，鼓舞士气。因劳累过度双目失明，王朝复辟后一度被捕入狱，之后专心写诗。共写出 3 首长诗：《失乐园》《复乐园》和悲剧诗《力士参孙》。其中，《失乐园》是他的代表作，选用了《圣经》中魔鬼撒旦引诱亚当和夏娃偷吃禁果，被上帝逐出乐园的故事。在艺术手法上，他从多方面继承了古典史诗的传统，语言充满激情，富有政论性，多用比喻和多变的句法表现自由奔放的思想感情。尤其是充满叛逆精神的撒旦，给人留下了深刻的印象。弥尔顿的创作标志着文艺复兴传统风格向古典主义风格的过渡。

莫里哀

法国古典主义喜剧家。本名让－巴蒂斯特·波克兰，父亲是宫廷室内陈设商。他自幼喜爱戏剧，1643 年和朋友组成了剧团，亲自参加演出，并为此放弃了继承权。1650 年起任剧团负责人并开始喜剧创作。1659 年公演的《可笑的女才子》嘲讽了当时贵族矫揉造作的风气，也奠定了莫里哀喜剧家的地位。他的主要作品还有讽刺天主教会的《伪君子》，批判修道院妇女教育的《太太学堂》《丈夫学堂》《屈打成医》《吝啬鬼》（一译《悭吝人》）《乔治·唐丹》《唐·璜》《恨世者》《史嘉本的诡计》《无病呻吟》，舞蹈剧《布索那克先生》《醉心贵族的小市民》等。其中，《太太学堂》的演出标志着法国古典主义喜剧的诞生。莫里哀是法国现实主义喜剧的首创者，他对喜剧形式做了多方面的探索，主要讽刺对象是上层资产者和没落贵族，提出了各种严肃的社会问题，用喜剧的形式揭露封建制度、宗教与一切虚假的事物。在艺术手法上，他大胆吸收了很多民间艺术手法，语言自然，把生活中的矛盾和人物性格都表现得很透彻，法国人评价他是"无法模仿的莫里哀"。

古典主义

17世纪初产生于法国的一种文艺思潮，后在欧洲各国都产生很大影响，一直持续到18世纪初。法国古典主义在17世纪中叶形成，以笛卡儿的唯理主义为哲学基础，其主要特征是具有为君主专制王权服务的鲜明倾向，注重理性，模仿古代，重视格律。创作实践上以古希腊罗马文学为典范。布瓦洛的《诗艺》是古典主义理论的重要著作，集中阐述了许多古典主义原则性的创作理论，比如戏剧创作的"三一律"原则，即要求时间、地点、情节三者的单一，就是说一出戏只演一件事，剧情必须发生在同一地方，一昼夜之内。这其实是对亚里士多德的"三一律"的一种曲解。古典主义在欧洲流行了200多年，文学创作上的主要成就是高乃依和拉辛等人的悲剧。古典主义虽然范围狭窄，但对法国文学的影响十分深远。

笛 福

出生于伦敦。年轻时曾辗转欧洲各国经商。1692年破产，之后为谋生做过政府秘密情报员等。他在59岁时开始写小说，1719年处女作《鲁滨逊漂流记》（第一部）发表后大受欢迎。此后，陆续写了《鲁滨逊漂流记》续集和《辛格尔顿船长》等5部小说和多篇传记、游记。他的小说多采用流浪汉小说的结构形式，以普通人的现实生活为主要描写对象，反映了18世纪英国资本主义初期的繁荣和强烈的海外扩张意识。《鲁滨逊漂流记》正是这样有鲜明时代色彩的作品，写主人公鲁滨逊不安于父母给他安排的小康之家的生活，到海外去经商。一

笛福像

次去非洲进行奴隶贸易时遇到海难，流落到一个荒岛上。他以惊人的毅力顽强地用双手为自己创造了一个文明人所必须的生活条件，还驯化了一个土人星期五做自己的仆人。鲁滨逊的形象集中体现了上升时期资产阶级的创业精神，他也是欧洲文学史上第一个理想化的资产者形象。

莱 辛

德国剧作家、文艺理论家。出生在一个牧师家庭，读书时精通了希腊文、拉丁文、英文和法文，爱好文学和哲学。大学毕业后，成为德国第一个靠写作维持生活的职业作家。他的创作有寓言、抒情诗、戏剧、文学评论等多种体裁，戏剧方面的主要成就是悲剧作品，《萨拉·萨姆逊小姐》描写少女萨拉和密勒封的恋爱悲剧，第一次使普通市民阶层的青年男女成为悲剧的主人公，是德国第一部市民悲剧。《爱米丽雅·伽洛蒂》描写了文艺复兴时期，爱米丽雅的父亲为保护女儿的贞操将她杀死，表现了对封建专制主义的抗议。他在文学评论方面的著作有《拉奥孔》《汉堡剧评》和《文学书简》等，在一定程度上为德国文学的发展奠

定了基础，对后世影响很大。

歌　德

德国文学家。他出生于法兰克福一个富裕市民的家庭，曾先后在莱比锡大学和斯特拉斯堡大学学法律，但主要志趣在文学创作方面，是德国"狂飙突进"的中坚。1775 年应聘到魏玛公国做官，但一事无成。1786 年前往意大利，专心研究自然科学，从事绘画和文学创作。1788 年回到魏玛后任剧院监督，政治上倾向保守，艺术上追求和谐、宁静的古典美。1794 年与席勒交往后，开创了德国的"古典文学"。歌德的创作囊括诗歌、散文、小说、戏剧等诸多方面，主要作品有剧本《铁手骑士葛兹·冯·伯里欣根》《伊菲格尼亚在陶里斯》《托夸多·塔索》等，小说《少年维特之烦恼》，牧歌式叙事诗《赫尔曼和窦绿苔》，诗体哲理悲剧《浮士德》、长篇小说《亲和力》《威廉·迈斯特》（包括《学习时代》和《漫游时代》）、自传《诗与真》（四卷）和抒情诗集《东西合集》等。《少年维特之烦恼》是一部书信体小说，它描写青年维特和绿蒂之间的爱情悲剧，反映了当时青年人反对封建、追求个性解放和爱情自由的心声，使歌德享有世界性的声誉。

《浮士德》

歌德的诗体哲理悲剧，与《荷马史诗》、但丁的《神曲》齐名，是一部史诗性的巨著。这部诗剧的创作从 1770 年开始构思到 1831 年完成历经 60 年之久。取材于中世纪关于浮士德博士的传说。共两部，第一部共 25 场，不分幕，第二部分为 5 幕。全剧没有首尾连贯的情节，以浮士德的思想发展为线索。《天上序幕》是全剧的开端，写魔鬼靡菲斯特和上帝打赌，浮士德与魔鬼订下了契约：愿以灵魂为赌注使魔鬼满足他的一切要求。第一部主要写浮士德和甘泪卿的爱情以及由此引发的种种悲剧性纠葛。第二部写浮士德的政治活动，对政治生活失望后，接着写他和象征古典美的海伦的结合，并生有一子欧福良，欧福良向高处飞时，不幸陨落在父母脚下，海伦也在痛苦中隐去。对古典美的追求也以幻灭告终。这时，浮士德又产生了征服大海的雄心，在魔鬼的帮助下开始填海造田的工程。已是百岁老人的他把死灵们为他挖掘坟墓的声音，当成了群众在劳动，不由满意地说出了"你真美啊，请停留一下"！按照契约，他倒地死去，天使把他的灵魂引向了天堂。全剧的基本主题是人生理想以及怎样实现理想的问题。浮士德是一个文艺复兴时代的巨人形象，是新兴资产阶级知识分子的代表，他的一生反映了欧洲自文艺复兴到 19 世纪初期文化发展的历程。

彭　斯

苏格兰的民族诗人。出生在一个农民家庭，从小在田里劳动。除曾短期到苏格兰西北部游历外，长期在家乡务农，后曾为税务局职员，一生处在困顿状态。他自幼爱好诗歌，1786 年出版了第一部主要用苏格兰方言写的诗集，以淳朴清新的风格获得广泛好评。此后，他以民歌为本，写了大量抒情诗、讽刺诗等。代表作如《高原的玛丽》、《一朵红红的玫瑰》和《不管那一套》等。另外，长篇叙事诗《两只狗》《汤姆·奥桑特》和《快活的乞丐》等以轻松幽默的风格和对民间艺术的改编与提升，达到了新的艺术高度。彭斯的多数作品都充满对生活的热爱，表达了苏格兰农村青年的日常生活和诗人的民主思想，故在活泼酣畅中有一种对世俗的蔑视和嘲讽。

席　勒

德国诗人、剧作家。出生在一个军医家庭，少年时代受宗教教育，1773年被符腾堡公爵送入军事学校，毕业后当过军医、剧院作家等。1794年和歌德交往，共同创造了德国的古典文学。他从1776年起就在杂志上发表抒情诗，1782年上演的以反抗暴君为主旨的《强盗》是他的成名作，也是"狂飙突进"运动在戏剧方面的重要成果。此后，写有悲剧《斐哀斯柯》《阴谋与爱情》，诗体政治悲剧《唐·卡洛斯》，诗歌《欢乐颂》等。古典时期的主要作品有诗剧《华伦斯坦》三部曲、《玛丽亚·斯图亚特》《奥里昂的姑娘》《墨西拿的新娘》《威廉·退尔》等，以及大量诗歌。此外，他还著有《三十年战争史》《美育书简》《论朴素的诗与感伤的诗》等历史学和美学著述。席勒和歌德一起把德国古典文学推向高峰，为德国文学的发展做出了巨大贡献。

《阴谋与爱情》

席勒青年时期的戏剧代表作，1782年公演。剧本的主人公是一对热恋中的青年，斐迪南是某公国宰相的儿子，他爱上了音乐师的女儿露伊丝。宰相瓦尔特为了迫使他与公爵的情妇结婚，在秘书的策划下布置阴谋，使斐迪南误以为露伊丝不忠。斐迪南中计，给露伊丝服用了毒药，露伊丝临死前揭穿了真相。最后，一对情人牺牲，罪犯也被囚入狱中。该剧直接取材于现实，反映了强烈的反封建精神，表现了封建贵族和市民阶级之间尖锐的阶级矛盾，以及市民阶级的觉醒和打破阶级界限的愿望。同时，席勒把爱情悲剧和宫廷的政治阴谋联系在一起，更加强了剧本对封建统治的揭露力量，达到了德国市民悲剧前所未有的高度。剧本在艺术上的显著特色是人物性格的复杂性，如斐迪南虽看到了平民的高尚和纯洁，并且珍视他和露伊丝之间的真诚爱情，但也不能体会到露伊丝的苦衷和她与父亲间相依为命的感情，所以很容易就被人煽动起了妒忌心，并铸成大错。

奥斯汀

英国女小说家。出生在一个叫史蒂文顿的小乡镇，父亲是当地的牧师。她没有进过正规学校，在家由父母指导阅读了很多古典文学和流行小说。她终身未嫁，长期居住农村，生活圈子很狭窄。她共创作了6部小说，《傲慢与偏见》和《爱玛》是其代表作，其他作品还有《教导》《曼斯菲尔德山庄》《理智与情感》等。

她的作品基本都以乡镇中产阶级青年男女的爱情婚姻为主题，描写日常生活的风波和人物之间的喜剧性冲突，在轻松诙谐的氛围中表达她的婚姻观：为了财产和地位结婚是错误的，但完全不考虑财产也是愚蠢的。18 世纪 70 年代以后，英国充斥着庸俗无聊的"感伤小说"和"哥特小说"，奥斯汀的创作虽然反映的生活面不广，但扭转了当时小说创作的庸俗风气，在英国小说发展史上具有承上启下的作用。

奥斯汀

济 慈

英国诗人。生于伦敦，父母早逝。曾做过医生，同时又深爱诗歌，在创作中受诗人亨特和华兹华斯的影响。1817 年出版第一部诗集，受到人们的好评。后来形成了"天然接受力"的思想。1818 年写成叙事诗《伊萨贝拉》，他的思想从强调感官享受转而强调思想深度。1819 年济慈写出了传世之作：颂诗《夜莺》《希腊古瓮》《哀感》《心灵》和抒情诗《无情的美人》，十四行诗《灿烂的星，愿我能与你永在》等，成为济慈诗作的精华和英国诗歌中的不朽之作。同年又写作了抒情诗《莱米亚》等作品。济慈诗中有画，色彩感和立体感甚强。他是英国浪漫主义诗人中最有才气的诗人之一，他的诗对后世影响巨大，维多利亚时代的诗人丁尼生、布朗宁，以及唯美派诗人王尔德和 20 世纪的"意象派"诗人都受其影响。

哥特小说

18 世纪流行于英国的一种小说。它描写恐怖、暴力，以及对中世纪的向往。故事通常发生在一个哥特式的建筑，尤其是阴暗、荒凉的古堡之中。最早的一部哥特小说是 1764 年出版的贺拉斯·华尔浦尔的《奥特朗堡》，它对当时的浪漫主义文学运动起了推动作用，同时也影响了 19 世纪初期英国小说家瓦尔特·司各特的历史小说，因此在英国的文学史上占有重要的位置。其他流行的哥特小说有安娜·拉德克利夫的《尤道拂的神秘事迹》和马修·格雷戈里·刘易斯的《僧人》等。前者经常被作为典型的哥特小说，小说情节恐怖、阴森，富于神秘气氛。《僧人》也非常流行，它的作者获得了"僧人"刘易斯的绰号。《僧人》的特点在于恐怖和心理分析相结合，对后来的美国文学尤其是霍桑和爱伦·坡的创作产生了影响。同时，也影响了 20 世纪的超现实主义文学运动。

狂飙突进

18 世纪 70 年代在德国兴起的一次文学运动。"狂飙突进"这个名称来自作家克林格的同名剧本。主要参加者是市民阶层的青年作家，以赫尔德为旗手，向封建意识形态进行了猛烈的攻击。它的主要精神特征是：主张发挥人的主观能动性，实现个性解放；崇尚"天才"，倡导"返归自然"和德国民族风格；反对一切束缚人的僵化保守的教条，强调感情，有着浓郁的感伤色彩。狂飙突进作家的创作揭露性都比较强，尤其反映市民阶层和封建贵族的冲突。在戏剧和小说方面都有较大成就，歌德的剧本《铁手骑士葛兹·冯·伯里欣根》、书信体小说《少年维特之烦恼》，席勒的剧本《强盗》《阴谋与爱情》，华格纳的剧本《杀婴女人》等都是狂飙运动的代表作。20世纪80年代中叶后，狂飙运动逐渐消退，它对德国民族文学的形成起了极大的推动作用。

柯勒律治

英国诗人、评论家。他出生于牧师家庭，幼年上过基督教学校，熟读希腊罗马文学。19岁入剑桥大学攻读古文学。同时开始创作，之后创办过杂志。1798年和华兹华斯发表《抒情歌谣集》。他的诗歌数量不多，多以自然、逼真的现象和环境描写表现超自然的、神圣的和浪漫的内容，使读者阅读时感到真实可信，代表作有《古舟子咏》《忽必烈汗》《克里斯特贝尔》和《青春和暮年》等。另外，1817年出版的《文学传记》一书包括了他的文学评论的精华。他强调诗的形象思维，还认为诗对于诗人和读者来说，是一个不断变化的活动体。这些理论有浓郁的浪漫主义色彩，其中一些观点被看作新批评派的思想源泉。柯勒律治作为英国浪漫主义思潮的主要代表，在文学史上占有重要地位。

司汤达

法国小说家。原名马利－享利·贝尔。出生在一个律师家庭，他幼年丧母，受信仰启蒙思想的外祖父影响较大、少年时代在法国资产阶级革命的氛围中长大，崇敬拿破仑，并多次随拿破仑的大军征战欧洲。1814年波旁王朝复辟后侨居米兰，同意大利爱国主义者有来往，后被驱逐出境，回到巴黎。他的主要作品大部分是在1831年后写成的，有长篇小说《吕西安·娄凡》《巴马修道院》《红与黑》《阿尔芒斯》，中短篇小说集《意大利遗事》和一些游记、传记等。司汤达在美学论著《拉辛与莎士比亚》中提出艺术必须适应时代潮流，表现"人民的习惯和信仰的现实状况"。他的作品善于描写政治斗争和社会问题，在塑造人物时重视细腻的心理分析，深刻揭露了19世纪法国复辟时期复杂的阶级矛盾，是法国批判现实主义文学的先驱和奠基人。

《红与黑》

司汤达长篇小说的代表作，副题为"1830年历史纪实"。标题中的"红"象征着红色的军人服，"黑"象征着修道士的道袍。小说描写一个出身低微的外省青年于连，想凭着自己的聪明才智进入上流社会，在市长家做家庭教师时，赢得了纯朴的德·雷纳尔夫人的爱情，事发后被迫进入贝尚松神学院，不久受到院长举荐，成为德·拉莫尔侯爵的秘书，同时又得到了高傲的拉莫尔小姐的爱情。但他的飞黄腾达引起了其他贵族的不满，那些贵族欺骗德·雷纳尔夫人写下告发信。于连一怒之下当众打伤了德·雷纳尔夫人。公审时，他预言自己这个"反抗自己的卑贱命运的乡下人"必将受到严惩，果然，当天他就被送上了断头台。于连是复辟时代受压抑的小资产阶级青年的典型形象，他的反抗源于社会对他的压抑和个人向上爬的野心，因此在反抗中表现出妥协性和动摇性。小说通过对典型环境中的典型性格的塑造，深刻反映了 19 世纪 30 年代法国社会的现实情况。

格林兄弟

指雅各布·格林（1785—1863 年）和威廉·格林（1786—1859 年）兄弟，德国语言学家、童话收集家。他们出生在哈瑙一个官员家庭，都毕业于马尔堡大学，二人经历相似、兴趣相近，合作研究语言学，搜集和整理民间童话和传说，故在文学史上被称为"格林兄弟"。他们在文学上的主要贡献是二人合作搜集编写的民间童话故事集《儿童与家庭童话集》，该书奠定了民间童话中引人入胜的"格林体"叙述方式，对 19 世纪以来的世界儿童文学产生了深远的影响。其中的《青蛙王子》《忠实的约翰》《莴苣姑娘》《灰姑娘》《白雪公主》《小红帽》《玫瑰公主》等，以其丰富的想象、美丽的憧憬、善良的心灵和高尚的情操启迪了孩子们的心扉。之后，他们又出版了两卷集《德国传说》和《德国神话》。格林童话如今已被译成多国文字多次出版，成为世界儿童文学的珍宝。

拜　伦

英国浪漫主义诗人。他出生在一个没落贵族的家庭，10 岁就继承了家族的爵位和庄园，但父母的离异和自己的残疾，都带给他深刻的影响。1805 年进入剑桥大学学习，并开始写诗。1809 年发表的长篇讽刺诗《英格兰诗人和苏格兰评论》确立了他在诗坛上的地位。大学毕业后，拜伦成为贵族议院的世袭议员。他 1809 年游历了葡萄牙、西班牙和土耳其等多个国家，大大开拓了政治视野。旅行归途中，他创作了长篇叙事诗《恰尔德·哈洛尔德游记》的第一、第二章，这部作品以政治和社会问题为题材，表现出一种积极斗争，争取自由的精神。拜伦其他优秀作品还有浪漫主义组诗《东方叙事诗》（包括《异教徒》《阿比托斯的新娘》《海盗》《莱拉》《巴里西耶》和《科林斯的围攻》），长诗《锡隆的囚徒》《普罗米修斯》《路德派之歌》，诗剧《曼弗雷德》《该隐》，政治讽刺诗《〈制压破坏机器法案〉制定者颂》《青铜时代》，长篇叙事诗《唐璜》等。1824 年，拜伦在参与希腊人民的民族解放斗争时，因病去世。他的诗作充满斗争精神，并塑造了反抗社会的叛逆者"拜伦式英雄"的群像，在传播中也产生了超文本的影响。

《唐璜》

拜伦未完成的长篇叙事诗，是他最优秀的作品之一。唐璜本是西班牙中世纪民间传说中的一个人物，是一个到处追逐女性的纨绔子弟。在这部作品中，他成了一个普通的贵族青年，因爱情风波逃离故乡西班牙，在希腊岛上和强盗的女儿恋爱。后在君士坦丁堡的奴隶市场上被卖到苏丹的后宫，他又从这里逃走，参加了 1790 年俄军围攻伊斯迈尔城的战役，因作战有功，被俄女皇派作使节出使英国。长诗背景广阔，展现了 19 世纪初法国资产阶级革命时期欧洲社会政治的广阔图景，通过唐璜的经历，深刻暴露了封建专制的暴虐和伪善，对专制政治表现出坚决彻底的憎恶。

雪　莱

英国浪漫主义诗人。出生在英格兰一个乡村贵族的家庭，从小受到严格教育，1804 年进入伊顿公学，1810 年进入牛津大学就读，第二年因发表《无神论的必要性》被开除。此后参加了爱尔兰的民族解放运动等，1822 年不幸因海难去世。他在中学时期便开始创作，早期作品主要有《麦布女王》《致华兹华斯》《赞智力美》等，

送葬雪莱图
1822 年雪莱在第勒安海遇难，尸体被打捞上后火葬，旁边系白领巾的是他的好友拜伦。

1818 年定居意大利后，发表了长篇诗歌《阿多尼》《暴政的假面游行》，抒情诗《印度小夜曲》《给英格兰人民的歌》《西风颂》《致云雀》，诗剧《解放了的普罗米修斯》《希腊》等。这些作品以资产阶级民主主义和空想社会主义为武器，反对专制暴政，反对宗教迷信，鼓吹自由民主、平等博爱。他是时代先进潮流的代表，通过诗作向被压迫人民传递了革命的火种。

海　涅

德国诗人。他出生于犹太商人家庭，1819 年起先后到波恩等大学攻读法律，并获得博士学位。1816 年开始写诗，1827 年出版了诗歌总集《歌集》。他的诗歌富于浪漫主义色彩和民族气息，给诗人带来世界性声誉。同时，他还写了许多游记。1831 年海涅流亡巴黎，为德国写了大量通讯和政治评论，集为《法兰西状况》一书。《论德国宗教和政治的历史》和《论浪漫派》两本哲学著作是他介绍德国文化和宗教的论文汇集。他的第二部诗集是《新诗集》（1844 年），这本诗集标志着海涅由抒情诗人向政治诗人的转变；他的长篇政治抒情诗《德国，一个冬天的神话》也于 1844 年出版。这是他第一次回国旅行的结果，这部长诗是海涅诗歌创作的顶峰。晚年以口授形式创作了第三部诗集《罗曼采罗》，诗集仍洋溢着战斗的激情。

普希金

19 世纪俄罗斯伟大的民族诗人，俄国浪漫主义文学的主要代表和俄国批判现

实主义文学的奠基人。他出生在贵族地主家庭，自幼受到良好的家庭教育，1811年进入彼得堡皇村贵族子弟小学，卫国战争的爆发激起他很大的爱国热情。毕业后在外交部任职，之后因创作中的进步倾向几次被流放。1837年，年仅38岁的诗人死于一场有阴谋的决斗。普希金具有多方面的文学才华，作为诗人，他写了800多首抒情诗和几十篇叙事诗，运用了各种形式和韵律，如童话诗《渔夫和金鱼的故事》，政治抒情诗《自由颂》，长篇浪漫主义叙事诗《茨冈》，长篇现实主义叙事诗《叶甫盖尼·奥涅金》等。在小说方面，他的短篇小说《驿站长》开创了俄罗斯文学中描写"小人物"的传统，《别尔金小说集》成为俄国短篇小说的典范，长篇小说《上尉的女儿》、中篇小说《黑桃皇后》等也是名篇。他还留下几部诗剧和大量政论。

《叶甫盖尼·奥涅金》

　　普希金的长篇叙事诗，也是俄国第一部现实主义作品。全诗共8章，1823—1831年陆续写成。主人公奥涅金是一个贵族青年，染上了当时流行的忧郁症。为继承伯父的遗产，他来到乡下。认识了热情而有浪漫气质的青年地主连斯基，和地主拉林家的两个女儿达吉雅娜、奥尔加。达吉雅娜对奥涅金一见钟情，并主动表白爱意，却遭到拒绝。奥涅金转而追求连斯基的未婚妻——奥尔加，连斯基因此责怪奥涅金，二人发生口角，引起决斗，连斯基不幸身亡。奥涅金悔恨交集，出国远游。回国后，又见到了已是公爵夫人的达吉雅娜，向她求爱却被拒绝。长诗成功地塑造了俄国文学史上第一个"多余人"奥涅金的形象，达吉雅娜身上则体现了俄国人民道德纯洁、坚忍克制等特点，是俄国文学史上最动人的女性形象之一。

巴尔扎克

　　法国作家。父亲是一个白手起家的资产者，他出生后不久，就被寄养到附近的农村。从小学到中学，他一直寄住在学校，没有享受过家庭的温暖，童年生活的这种痛苦直接影响了他后来的生活和创作。1816年，巴尔扎克进入大学学习法律。毕业后，他不顾父母的反对，开始文学创作。早期作品销路不好，为了生活，他开始办实业，做过出版商，经营过印刷厂和铸字厂等，均以失败告终，并使他负债累累，但这大大丰富了他的生活经验。1828年起，他又回到文学创作上来，不久发表的小说《最后一个舒昂党人》，初步奠定了他在文学界的地位。此后，他把这部作品和计划要写的100多部小说命名为"人间喜剧"，并为之写了"前言"，阐述了他的现实主义创作方法和基本原则，从理论上为法国批判现实主义文学奠定了基础。巴尔扎克是一个充满激情的人，在创作中他也往往和人物融为一体。1850年，他因劳累过度而去世。巴尔扎克在艺术上取得的巨大成就，不但表现在小说的结构上匠心独运，多种多样，不拘一格，还表现在善于将集中概括与精确描摹相结合，以外形反映内心本质等手法来塑造人物，深刻揭示人性的善恶，还善于以精细入微、生动逼真的环境描写再现时代风貌。巴尔扎克是欧洲批判现实主义文学的奠基人和杰出代表。

《人间喜剧》

　　巴尔扎克作品集。包括巴尔扎克从 1829—1848 年陆续创作的 91 部小说。全书分为三部分：风俗研究、哲理研究和分析研究。风俗研究的内容最为丰富，包括"私人生活场景""外省生活场景""巴黎生活场景""政治生活场景""军队生活场景"和"乡村生活场景" 6 个门类。其中的名篇有《高老头》《欧也妮·葛朗台》《幽谷百合》《幻灭》《贝姨》《邦斯舅舅》《驴皮记》《交际花盛衰记》等。《人间喜剧》的艺术成就一方面在于巴尔扎克塑造了很多丰富生动的艺术形象，有的已经成为世界文学史上的典型性格，如葛朗台的吝啬、高老头的父爱等；另一方面，作者创造性地使用了"人物再现法"贯串于不同的作品，使之有整体感。这部作品以庞大的体系、丰富的内容、客观批判的态度，深刻反映出当时法国社会封建贵族的没落衰亡和资产阶级的罪恶发迹史，被称为"社会百科全书"。

《高老头》

　　《高老头》是巴尔扎克《人间喜剧·私人生活场景》中的一篇。小说以 1819年年底和 1820 年年初为时代背景，以伏盖公寓和鲍赛昂夫人的沙龙为舞台，用高老头和拉斯蒂涅两个人物基本平行又有所交叉的故事为主要情节，真实勾画出波旁王朝复辟时期法国社会的面貌。书中着重批判的是资本主义世界中人与人之间赤裸裸的金钱关系，高老头没有钱时，连女儿也失去了；而在鲍赛昂夫人看来，贵族的门第敌不过"20 万法郎利息的陪嫁"。这一切又形象地给初出茅庐的拉斯蒂涅上了人生课堂上重要的几节课，使他相信，在这样的社会里金钱就能买到一切。在其他几部作品中，他又不断出现，并且步步高升，而在道德上却日益堕落。这部作品在典型环境的塑造、结构的安排和心理描写方面，都达到了一定高度。

大仲马

　　法国 19 世纪积极浪漫主义作家。他出生于巴黎附近一个县城，父亲是法国大革命中的一位将军。他只上过几年小学，靠自学成才。由于父亲有黑人血统，他饱尝种族歧视之苦，也形成了反对不平、追求正义的叛逆性格。大仲马一生著述丰富，主要以小说和剧作著称。他的浪漫主义戏剧《亨利第三和他的宫廷》比雨果的《欧那尼》问世还早一年，完全破除了古典主义的"三一律"。他的小说多达百部，大都以真实的历史做背景，以主人公的奇遇为内容，情节曲折生动，出人意料，堪称历史惊险小说。异乎寻常的理想英雄，

大仲马

急剧发展的故事情节，紧张的打斗动作，清晰明朗的完整结构，生动有力的语言，灵活机智的对话等构成了大仲马小说的特色。最著名的是《三个火枪手》和《基督山伯爵》。他被别林斯基称为"一名天才的小说家"。

雨果

法国作家。出生在法国东部的贝桑松，幼年时曾随父亲行军到意大利等地，11 岁时随母亲返回巴黎。他支持法国大革命，在法国复辟王朝时期被迫流亡 19 年。1827 年发表诗剧《克伦威尔》，在序言中提出浪漫主义的文学，主张美丑对比等原则，从此成为法国浪漫主义文学运动的领袖。1830 年，剧本《欧那尼》上演成功，标志着浪漫主义对古典主义的胜利。他的小说主要有长篇小说《巴黎圣母院》《悲惨世界》《海上劳工》《笑面人》和《九三年》等，还著有《新颂歌集》《东方吟》《秋叶集》《心声集》《凶年集》《惩罚集》等，剧本还有历史剧《城堡里的公爵》《逍遥王》《昂杰罗》等。这些作品的基本主题是歌颂真善美，鞭挞黑暗、丑恶和残暴，充满丰富的想象力和巧妙的音乐性，具有优雅精美、雄伟朴实的艺术风格。雨果是法国浪漫主义文学运动的领袖，他长达 60 年的创作生涯，反映了 19 世纪法国重大历史进程和文学进程。

《巴黎圣母院》

雨果的长篇历史小说，发表于 1831 年。故事发生在 15 世纪，巴黎圣母院的副主教克洛德认为情欲是罪恶，但当他看到美丽的波希米亚女郎爱斯梅拉尔德时，长期被禁欲主义所压抑的情欲蠢蠢欲动，并不择手段想占有她。在情欲的支配下，他竟派养子加西莫多去劫持少女。加西莫多是教堂敲钟人，相貌奇丑，他也深爱着爱斯梅拉尔德。当他看到克洛德求爱不成就想陷害爱斯梅拉尔德时，将主教推下了高塔。最后，人们在绞刑架下发现了加西莫多和爱斯梅拉尔德紧紧抱在一起的尸体。小说反映了作家对封建统治的憎恨和对受压迫人民的同情，充分揭示了封建教会和王权的残暴本质，情节紧张，变幻莫测，戏剧性很强，充分利用了美丑、善恶的对比，具有浓郁的浪漫主义色彩。

《悲惨世界》

雨果最著名的长篇小说之一，发表于 1862 年。小说的创作历时 20 年，基本情节是作品主人公冉阿让的悲惨生活。他原是个贫农出身的工人，因为给快要饿死的家人偷了一块面包被判刑，并度过了 19 年牢狱生活。刑满后，受仁慈的主教感化，化名马德兰，重新做人，成了成功的企业家并被推选为市长。但因为暴露身份而再度被捕。为了救女工芳汀的女儿，冉阿让逃到巴黎，但一直遭到警探的追缉。小说通过几个小人物的命运，深刻揭示了"贫穷使男子潦倒，饥饿使妇女堕落，黑暗使儿童赢弱"的社会本质，实际上反映了整个 19 世纪前半期法国的社会政治生活。但他又把一切问题看作道德问题，体现了作家的资产阶级人道主义的思想，想把仁慈、博爱作为改造社会的良方。小说内容丰富，具有史诗般的风格。

乔治·桑

法国女小说家。生于巴黎，幼年丧父，由祖母抚养，18 岁时嫁给杜德望男爵，但她对婚姻并不满意，1831 年到巴黎，开始独立生活，从事文学创作。她的小说创作大致可分为 4 个阶段：第一阶段作品称为激情小说，代表作有《安蒂亚娜》《华伦蒂娜》等，描写爱情上不幸的女性不懈地追求独立与自由，充满了青春的热情与反抗的意志。第二阶段作品是空想社会主义小说，代表作有《木工小史》《康素爱萝》等，提出了资本主义社会中妇女的命运问题，攻击资本主义的财产制度和婚姻制度，进而提出空想社会主义的理想。第三阶段作品为田园小说，代表作有《魔沼》《弃儿弗朗索瓦》等，以抒情见长，善于描绘绮丽的自然风光，渲染农村的静谧气氛，具有浓郁的浪漫色彩。第四阶段作品为传奇小说，代表作为《金色树林的美男子》。乔治·桑是最早反映工人和农民生活的欧洲作家之一。

安徒生

丹麦童话作家。出身于一个贫穷的鞋匠家庭，幼年丧父，从小在店铺中当学徒，没有受过正规教育。1829 年进入哥本哈根大学学习，同时坚持文学创作。安徒生的创作包括童话、戏剧、游记散文、小说等多种体裁，但为他赢得世界性声誉的主要是他的童话故事。1835 年，安徒生发表了第一部童话集《讲给孩子们听的故事》，此后几乎每年发表一部集子，共写了 168 篇童话和故事，被译成 80 多种语言。安徒生的童话故事大多带有一定自传性，表现贫富悬殊的社会现实和穷苦人的悲惨生活，如《卖火柴的小女孩》《丑小鸭》《夜莺》等；有的则嘲笑、讽刺上层贵族的愚蠢无知，如《皇帝的新衣》《园丁和主人》等；有的则表现了对理性的看法，如《白雪公主》等。

勃朗宁夫人

英国诗人。她出身于富裕家庭，15 岁时从马上摔跌下来，伤了脊椎骨，长期卧床。静养期间博览群书，醉心于诗歌创作。她是一个很有天赋的女性，能阅读希腊文原版的《荷马史诗》和希伯来语的《圣经》，13 岁时就出版了第一部诗集，1838 年以诗集《天使及其他诗歌》成名。同时，她对当时的社会问题也给予了很大关注，1844 年发表的短诗《孩子们的哭声》，就愤怒抗议了资本家对儿童的摧残和剥削。1846 年，她不顾父亲的反对，和诗人罗伯特·勃朗宁私奔，并出走意大利，在佛罗伦萨居住了 15 年。她写给丈夫的爱情诗集《葡萄牙十四行诗集》，诗句精练，才华横溢，被认为是莎士比亚以来最优美的十四行诗。

爱伦·坡

美国诗人、小说家、批评家。出生在波士顿一个江湖艺人的家庭，父母早丧，被爱伦夫妇收养。在英国受小学教育，后进入弗吉尼亚大学肄业一年。曾参加美国陆军，被选送至西点军校。一年后，被军校开除，从此开始专业写作生活。1847 年妻子病故后精神日益失常。爱伦·坡的诗多写忧郁的情调，形象古怪奇特，主要诗集有《帖木儿》《诗集》等。他的小说大致可分为推理小说和恐怖小说两类，所写的故事大多发生在奇特的地方，刻意渲染恐怖神秘、朦胧凄恻的氛围，前者有《血色死亡的面具》《黑猫》《厄舍古厦的倒塌》等，后者包括《莫格街谋杀案》《莉盖亚》等。他的创作在死后才日益受到重视，被认为是推理小说的鼻祖。另外，他作品中的神秘恐怖等特点对现代派作家也有一定的启发。

果戈理

19 世纪俄国批判现实主义文学的代表和奠基人。他出生在大地主家庭，从小受到艺术熏陶，尤其喜爱乌克兰的民谣、传说和民间戏剧。父亲早逝后，到彼得堡谋生，做过小公务员，并结识了普希金等人。果戈理的一生创作甚丰：小说集《狄康卡近乡夜话》、长篇小说《死魂灵》、短篇小说集《彼得堡故事集》等，讽刺了贵族地主阶级，表达了对小人物悲惨生活的人道主义同情，形成了"含泪的微笑"这种独特的艺术风格。他的讽刺喜剧也有很高成就，著名的《钦差大臣》尖锐讽刺了俄国官僚社会的丑恶本质，对俄国戏剧的发展产生了重要影响。果戈理是俄国"自然派"文学的创始者，他的创作和普希金的创作相配合，共同奠定了俄国批判现实主义文学的基础，被誉为俄国文学史上的"双璧"。

缪 塞

法国浪漫主义诗人。他出生于知识分子家庭，从小受到古典主义文学熏陶，文学活动是从参加以雨果为首的进步浪漫主义团体"文社"开始的。他的诗歌作品主要是《夜歌》，反映了和乔治·桑感情破裂后的痛苦复杂的心情，真切动人。他的戏剧和小说尽管反映社会生活不够全面，但是真切抒发了个人情感，真实刻画了法国某些阶层的生活及心态，特别是在刻画"世纪病"方面颇具时代色彩。他的主要戏剧作品有《罗伦扎西欧》《反复无常的人》《巴尔贝林》等，爱情小说有《埃梅林》《弗烈特立克和贝尔纳莱特》等。自传体小说《世纪儿忏悔录》以其动人的爱情故事和细腻的心理描写而成为缪塞的代表作。他的小说在创建法国浪漫主义心理小说和为近代小说开辟道路上，起了一定作用。

别林斯基

俄国文学批评家、哲学家和政论家。1829 年他在莫斯科大学学习语文，组织进步学生成立文学团体，后被校方开除。1833 年开始为《望远镜》杂志撰稿，开始文学评论活动。别林斯基是俄国现实主义美学和文艺批评的奠基人，他创作丰富，对当时俄国文化艺术几乎所有领域中一切新现象都做出了反映。主要著作《亚历山大·普希金作品集》共 11 章，以对普希金创作的精辟分析为中心，系统论述了俄国文学从罗蒙诺索夫到普希金的发展过程，确认了普希金在俄国文学史上承前启后的重要地位。《1846年俄国文学一瞥》和《1847年俄国文学一瞥》等，论述以果戈理为代表的俄国自然派的形成过程，从理论上肯定并推动了批判现实主义文学的发展方向。他的文学批评把敏锐的洞察力和精确的艺术分析，以及政治激情和哲理思考融为一体，在俄国和世界文学批评史上有重要地位。

狄更斯

英国19世纪现实主义小说家。他出生于海军小职员家庭，11岁就承担起繁重的家务劳动，做过学徒、记者等。他只上过几年学，全靠刻苦自学和艰辛劳动成为知名作家。狄更斯一生共创作了14部长篇小说，许多中短篇小说和杂文、游记等。其中最著名的作品是描写劳资矛盾的长篇小说《艰难时世》和描写1789年法国革命的《双城记》。其他重要作品还有《奥列佛·特维斯特》（又译《雾都孤儿》）、《董贝父子》《大卫·科波菲尔》《荒凉山庄》和《远大前程》等。

狄更斯

他生活在英国由半封建社会向工业资本主义社会的过渡时期，其作品广泛而深刻地描写这时期社会生活的各个方面，宣扬以"仁爱"为核心的人道主义。艺术上以妙趣横生的幽默、细致入微的心理分析，以及现实主义描写与浪漫主义气氛的有机结合而著称。

赫尔岑

俄国作家、政论家、哲学家、革命活动家。他出生于莫斯科贵族家庭，早年积极宣传资产阶级启蒙思想和空想社会主义思想。19世纪40年代形成了唯物主义世界观，有哲学著作《科学上的一知半解》《自然研究通信》，继承了黑格尔的辩证法和费尔巴哈的唯物主义，并提出了对俄国文学史和世界艺术史的系统见解，论证了现实主义代替古典主义、浪漫主义的现实必然性，强调正面人物的塑造。他的文学创作贯串着反奴隶制的主题，在俄国现实主义文学发展上占有重要地位。早期创作具有浪漫主义精神，1840—1841年发表的中篇小说《一个青年人的札记》标志着转向现实主义。长篇小说《谁之罪》中贵族青年别里托夫形象丰富了俄国文学中"多余人"的画廊。列宁称他为"在俄国革命的准备时期起了伟大作用的作家"。

莱蒙托夫

俄国诗人。他出生于贵族家庭，3岁丧母，由外祖父母抚养大。1828年进入莫斯科贵族寄宿中学，同时开始写诗。1830年进入莫斯科大学，稍后进入军校。这期间写了一些长诗如《天使》《1831年6月11日》等大量抒情诗。毕业后在彼得堡骠骑兵团服役，1835 年发表了剧本《假面舞会》，描写了一个反抗上流社会的悲剧性人物。

1837 年，普希金遇难后，他创作长诗《诗人之死》，指出杀害诗人的是整个俄国上流社会。诗作轰动了整个俄国，他因此被流放到高加索。之后，他坚持斗争，创作了诗歌《一月一日》等。《当代英雄》是他最优秀的长篇小说，主人公毕巧林是继普希金的奥涅金之后又一个"多余人"的形象。1841 年，年轻的诗人在决斗中被害。他是普希金和涅克拉索夫之间的桥梁，在展示人物心理描写方面是俄国文学中的先驱。

鲍狄埃

法国巴黎公社诗人。他出生在巴黎，由于家境贫困，13 岁就辍学在父亲的木箱店当学徒。但他从小热爱诗歌，14 岁就出版了第一部诗集《年轻的女诗神》，歌颂了劳苦大众的革命斗争。在之后的 1830 年巴黎工人武装起义、普法战争等历次革命斗争中，鲍狄埃不但以诗歌热情地赞扬起义的英雄们，而且参加到实际的斗争中去。1871 年巴黎公社起义中，他被选为公社委员，创作了无产阶级的革命战歌《国际歌》。巴黎公社失败后，他在艰苦的流亡生活中，创作了长诗《美国工人告法国工人》。他的诗歌热情豪迈，充分表现了无产阶级的革命气概，被列宁称为"最伟大的用诗歌作为工具的宣传家"。

勃朗特姐妹

指英国 19 世纪的女小说家夏洛蒂·勃朗特（1816—1855 年）、艾米莉·勃朗特（1818—1848 年）和安妮·勃朗特（1820—1849 年）三姐妹。她们出生在约克郡一个乡村牧师的家庭，生活贫困，都上过生活条件恶劣的寄宿学校，均因肺结核早逝。夏洛蒂的代表作是《简·爱》，带有自传性质，写一个出身贫苦的家庭女教师简·爱，她单纯、倔强，勇于捍卫自己独立的人格，在平等基础上发展和罗切斯特的爱情。小说被后来的女性主义批评者看作是女性小说开始崛起的标志。艾米莉的代表作《呼啸山庄》近年来声誉日盛，主人公是弃儿希斯克利夫。他与主人女儿凯瑟琳产生了爱情，但受阻分开，后来他设计报了仇。全书贯串着一种强烈的反叛精神，结构巧妙，语言质朴有力。安妮的《艾格妮丝·格雷》和两个姐姐的代表作同年发表。勃朗特姐妹以其杰出的文学才华，在 19 世纪的英国小说史上形成了一座高峰，被称为"勃朗特峭壁"。

屠格涅夫

俄国作家。他出生在奥廖尔省一个贵族家庭，但自幼厌恶农奴制度。曾先后在莫斯科大学、彼得堡大学就读，毕业后到柏林进修，回国后和别林斯基成为至交。从 1847 年起为《现代人》杂志撰稿，出于自由主义和人道主义的立场反对农奴制。19 世纪 60 年代后长期居住巴黎。他在大学时代就开始创作，

1847—1852 年陆续写成的特写集《猎人笔记》是其成名作，主要表现农奴制下农民和地主的关系，在日常的平淡生活中表现出浓郁的诗意。他的主要作品有戏剧《贵族长的早餐》《村居一月》，长篇小说《罗亭》《贵族之家》《前夜》《父与子》《阿霞》《初恋》《处女地》等。屠格涅夫善于敏锐地把握时代特点，迅速反映俄国现实，对俄国文学中现实主义文学的发展有重大影响，也为俄罗斯语言规范化做出了贡献。

惠特曼

美国浪漫主义时期的诗人。他出身农家，曾做过教师、编辑。1838 年惠特曼主编《长岛人》，传播民主思想，与此同时开始诗歌创作，1855 年出版《草叶集》，收诗 383 首。以"草叶"命名诗集体现了诗人的民主思想，因为它赋予最普通的遭人践踏的小东西以崇高的地位与尊严。草叶也是包括诗人在内的具有强大生命力的美国"新人"形象，它象征独特的美国精神和性格。其中著名的诗歌有《船长啊，我的船长！》《自己之歌》等。这部诗集的自由体，豪迈奔放而又不失其音乐美感，在英语诗歌中独树一帜，从根本上动摇了传统格律诗几世纪以来的垄断地位，开了英诗自由体在 20 世纪迅猛发展的先河，并对中国"五四"运动以后的新诗创作产生了很大影响。

波德莱尔

波德莱尔

法国诗人。出生于巴黎，父亲是一个有启蒙思想的画家，培养了他对艺术的热爱，但在他 6 岁时就因病去世。母亲再婚后，他和继父关系恶劣，对资产阶级的传统观念和道德意识采取了挑战态度。成年后，他继承了生父遗产，过着和诗人、艺术家交游的浪漫放荡生活，曾到印度等地旅行。后来，因为母亲的经济限制，他开始创作，并翻译了不少爱伦·坡的作品，后者丰富怪诞的想象力和精辟的分析，使他受到很大启发。诗集《恶之花》奠定了他在法国文学史上的地位。这部诗集是法国象征主义的开山之作，描写了大城市的罪恶，展现了一个孤独、病态而悲怆的诗人追求光明幸福却感到幻灭的苦闷和忧郁。此外，他还有《巴黎的忧郁》和《人工天国》两部散文集和一些评论文章，作品虽然不多，但他在艺术方面的创新，如通感、象征等，对整个现代派都有所启发。

福楼拜

法国现实主义小说家。他出生在里昂的医生家庭，幼年在医院里度过。1840 年赴巴黎学习法律，后因病辍学。1846 年开始，在卢昂附近的克罗瓦赛别墅定居，过着简单的生活，直至去世。福楼拜的主要作品有《包法利夫人》《情感教育》《圣安东的诱惑》和《简单的心》等。基本主题是对资产阶级的揭露，他主张艺术应该真实地反映现实生活，同时作家要努力隐去个人的喜好，持"客观而无动于衷"的态度。在对人物的塑造和描写上，他十分注重遣词用句，形成了精雕细刻的艺术风格。他的主张和独特的艺术风格，影响和启迪了后来的作家，被推为现代小说的先行者。他最著名的代表作《包法利夫人》描写外省一个富裕农民的女儿爱玛，因不满于婚后平庸的生活而酿成的悲剧，成为当时一部"新的艺术法典"。

陀思妥耶夫斯基

俄国作家。出生于小贵族家庭，童年在莫斯科的乡间度过。1846 年发表第一部长篇小说《穷人》，受到高度评价。1848 年发表中篇小说《白夜》。1849年因参加反农奴制活动而被流放到西伯利亚，在此期间发表有长篇小说《被侮辱和被损害的》《罪与罚》《白痴》《群魔》《卡拉马佐夫兄弟》和中篇《地下室手记》等名著，为俄国文学留下一笔宝贵的遗产。他的创作很有特色，擅长通过人物病态心理的分析和人物意识的表述来塑造人物；他善于运用象征、梦幻、梦境、意识流等艺术手法，使作品具有紧张压抑、情节发展急促、悬念迭起、震撼人心的力量。他作品的开创性意义和他人难以企及的成就已为举世公认，现代派作家更将他奉为宗师。

《罪与罚》

陀思妥耶夫斯基的巅峰之作，1866 年发表，给作家带来世界声誉。作品描写19 世纪 60 年代彼得堡的世俗生活。文官马尔梅拉多夫被裁员，女儿索尼亚被逼为娼。大学生拉斯科尔尼科夫因家庭贫困而辍学，面对社会的不公和贫富悬殊，他认为，历史是由超人创造的，他们通过流血建立的秩序是常人必须遵守的。他决定改造社会，为民除害，以证明自己是超人。结果他杀了一个放高利贷的老婆子和她的妹妹后，却陷入极度的痛苦中，最后，他在笃信上帝的索尼亚的劝解下投案自首，在狱中皈依宗教，以忏悔的心情接受苦难，获得精神上的新生。作者揭露了俄国社会的不公和小市民的不幸遭遇，以高超的艺术手法刻画了主人公的内心世界和精神痛苦，但无法指出一条正确的道路。

龚古尔兄弟

法国作家、历史学家埃德蒙·德·龚古尔（1822—1896 年）和茹尔·德·龚古尔（1830—1870 年）。他们出身贵族家庭，双亲相继于 1834 年及 1848 年过世，遗留下一大笔财产，使兄弟俩衣食无忧，将一生志向都放在对艺术、文学的追求上。他们兄弟二人虽相差 8 岁，但行为举止极为相似，爱恶也一致，都终身未娶，甚至拥有同一个情妇。他们的文学创作主要是写于 19 世纪 60 年代的一些小说，如《勒内·莫普兰》《翟米尼·拉赛特》等。1870 年茹尔病逝后，埃德蒙又独力创作了《少女艾尔莎》等。他们的作品文笔细腻，强调反映病理和生理的因素，常被归入自然主义作家之列。埃德蒙去世前，将他们的藏书等拍卖，创立了龚古尔文学奖。1903 年，龚古尔文学奖第一次颁奖，此后每年颁发一次。100 年来，龚古尔奖始终是法国最权威的年度文学大奖之一，并因其对文学新思潮和新创作方法的鼓励，成为法国文学一个重要的风向标。但近年来其影响有所下降。

裴多菲

匈牙利革命诗人。他出生在平民家庭，少年时代曾度过一段流浪生活，熟悉劳动人民的悲惨处境。做过演员，当过兵。他的一生是和匈牙利人民抗击外国侵略者、争取政治自由的斗争联系在一起的。他从 1842 年开始发表作品，早期诗作采用民歌体，歌颂劳动人民。后期在革命斗争的间隙写了大量的抒情诗，如《民族之歌》《我的歌》《一个念头在烦恼着我》和《自由与爱情》等，另外还有《农村的大锤》《雅诺什勇士》（一译《勇敢的约翰》）和《使徒》等 8 首长篇叙事诗，塑造了一批英雄，形象地表现了匈牙利人民争取自由的斗争精神，具有充沛的浪漫主义激情和爱国热情，具有极大的鼓舞力量。1849 年 7 月，裴多菲在反抗俄奥联军的战争中不幸牺牲。

小仲马

法国作家。著名作家大仲马与一个裁缝女工的私生子，这种身份使他童年时代受尽讥笑，成年后决心通过文学改变社会道德。1848 年发表小说《茶花女》，随后他本人把它改编成戏剧，一举成名。作品通过出身贫困的交际花玛格丽特和税务官之子阿芒的爱情悲剧，揭露了资产阶级道德的虚伪，塑造了一个不甘堕落、心地善良的茶花女形象，忠实地再现了七月王朝时期的社会现实。《茶花女》是法国戏剧由浪漫主义向现实主义演变时期的优秀作品。其他的戏剧作品还有描写交际花的世态喜剧《半上流社会》、谴责富人始乱终弃的《私生子》、鼓励失足少女走上正道的《奥布雷夫人的见解》等。小仲马注重戏剧的道德效果，是法国现实主义戏剧的创始人，使戏剧摆脱了纯粹的幻想和激情，其创作实践和主张影响了整整一代人。

车尔尼雪夫斯基

俄国革命家、哲学家、作家和文学批评家。他出生于一个神父家庭，1846 年进入彼得堡大学语文历史系研究哲学、历史、经济学和文学。大学毕业后在中学教语文。1853 年后，到彼得堡为《祖国纪事》和《现代人》杂志撰稿。1855 年发表著名的学位论文《艺术对现实的审美关系》，提出了"美是生活"。之后他接编《现代人》杂志，使它成了传播革命思想的强大阵地。他也因此于 1862 年被沙皇政府逮捕，并判处终身流放。在流放中，他写出了长篇小说《怎么办》和《序幕》。《怎么办》通过拉赫美托夫集中表现了俄国民主主义革命家的形象，通过微拉的缝衣工场和她的四次梦境，宣传了空想社会主义思想。小说教育了一代青年和许多革命者。

凡尔纳

法国科幻小说和探险小说家。他出生在南特市一个法官家庭，1848 年到巴黎学习法律，毕业后不愿当律师，留在巴黎继续进行创作。他的作品共有 66 部小说和很多剧本，主要成就是总名为"在已知和未知的世界中奇异的漫游"的一系列科学幻想小说，这些作品从地球写到宇宙，包罗万象，想象丰富。其中最著名的是三部曲《格兰特船长的儿女》《海底两万里》和《神秘岛》。《八十天环游地球》《机器岛》和《气球上的五星期》等也是很受欢迎的作品。凡尔纳的作品把现实和幻想巧妙地结合起来，在科学的基础上大胆设想和预言未来，情节跌宕，引人入胜。

易卜生

挪威戏剧家、诗人。出生在一个小商人家庭，16 岁时就开始在一家药材店当学徒，工作之余，阅读了大量莎士比亚、拜伦等人的作品。1850 年到首都，结识了文艺界一些思想进步的朋友，并开始诗歌和戏剧创作。这时期在艺术上处于探索期，主要作品有《爱的喜剧》、历史剧《卡提利那》、诗剧《布兰德》等。1864—1885 年，长期居住在罗马、慕尼黑等地，创作的代表作有《社会支柱》《玩偶之家》《群鬼》《人民公敌》《青年同盟》等一系列社会问题剧，分别从社会政治问题和婚姻家庭问题入手，触及妇女解放等当时一些重要

易卜生

的社会问题。晚期作品有《野鸭》《罗斯默庄》《海上夫人》《建筑师》等，都着重人物心理发展的分析，具有神秘的象征主义风格。易卜生的创作把 19 世纪末的欧洲戏剧从形式主义拉回到现实主义的道路上来。

《玩偶之家》

易卜生社会问题剧的代表作之一。又译《娜拉》或《傀儡家庭》。女主人公娜拉为了给丈夫海尔茂治病，伪造父亲的签名向别人借钱。海尔茂发现原委后，担心因此影响自己的声誉和地位，对她大发脾气，甚至要剥夺她教育孩子的权利。当债主受到感化主动退回借据时，他马上又对妻子做出一副笑脸。但娜拉已经觉醒，意识到丈夫的自私和夫妻间的不平等，自己只不过是丈夫的一个玩偶，愤而出走。剧作通过娜拉觉醒的过程，深刻揭露了资产阶级社会的法律、宗教、道德、婚姻等的虚伪和不合理，提出了妇女解放的问题。虽然没有做出明确的回答，但娜拉出走的举动在当时妇女解放运动中发挥了积极的作用。在艺术上，剧本紧紧围绕"伪造签名"展开，矛盾冲突紧张集中，具有很强的感染力。

列夫·托尔斯泰

19世纪俄国的现实主义作家。他出生于贵族家庭，1840年入喀山大学，受到卢梭、孟德斯鸠等启蒙思想家影响。1847年退学回故乡，在自己领地上做改革农奴制的尝试。1851—1855年的军旅生活不仅使他看到上流社会的腐化，而且为以后在其巨著《战争与和平》中能够逼真地描绘战争场面打下基础。退伍后开始文学创作，成名作是自传体小说《童年》《少年》，这些作品反映了他对贵族生活持批判态度，主张"道德自我修养"，擅长心理分析。之后多次到欧洲考察，认为俄国应该在小农基础上建立自己的理想社会，贵族应走向"平民化"，这些思想鲜明地体现在其中篇小说《哥萨克》中。晚年，他思想发生转变，创作了《忏悔录》和中篇小说《伊凡·伊里奇之死》等多篇小说。托尔斯泰的创作被列宁称为反映俄国革命的一面镜子。

《战争与和平》

托尔斯泰长篇小说的代表作之一，创作于1863—1869年之间。它以1812年的卫国战争为中心，反映了1805—1820年的重大历史事件，着重写了俄奥联军和法军的几次重大战役及国内进行的卫国战争。小说以包尔康斯基、别竺豪夫、罗斯托夫和库拉金四个贵族家庭作为主线，在战争与和平的交替描写中，展现了广阔的社会生活画面，提出了许多社会、哲学和道德问题。小说以贵族为主要人物形象，重点写了以安德烈·包尔康斯基和彼尔·别竺豪夫为代表的先进贵族艰苦的思想探索，探讨了贵族的地位和出路问题。另外，小说还提出了新的历史观，赞扬人民群众的爱国精神和英雄气概，反映了人民战争的宏伟规模，具有史诗的艺术风格。

《安娜·卡列尼娜》

托尔斯泰第二部里程碑式的长篇小说，写于1875—1877年。作品由两条既平行又相互联系的线索构成：一条是安娜与卡列宁和渥伦斯基之间的爱情、家庭和婚姻纠葛；一条是列文和吉提的爱情生活及列文进行的庄园改革。安娜是一个上流社会的贵妇人，年轻漂亮，追求个性解放和爱情自由，而她的丈夫是一个性情冷漠的"官僚机器"。一次在车站上，她和年轻军官渥伦斯基邂逅。后者被她的美貌吸引，拼命追求。最终安娜堕入情网，毅然抛夫别子和渥伦斯基同居。但对儿子的思念和周围环境的压力使她陷入痛苦和不安中。在一次和渥伦斯基口角后，她感到再也无法在这虚伪的社会中生活下去，卧轨自杀。小说揭露了上流社会的丑恶与虚伪，同时也表达了作家复杂的道德探索和思想探索。

《复活》

托尔斯泰晚期创作的代表作，写于1899年，是作家长期思想和艺术探索的总结。作品主人公聂赫留朵夫公爵一次出席法庭陪审时，发现被诬告杀人并被错判的妓女正是他十年前诱骗过的农奴少女玛丝洛娃。他突然良心觉醒，到狱中探望玛丝洛娃并表示要与她结婚来赎罪，并竭力为她申冤。上诉失败后，又追随她到西伯利亚，一路照料。在流放途中，玛丝洛娃认识了政治犯西蒙松，后者高尚的感情唤回了她纯洁的天性，她宽恕了聂赫留朵夫。而聂赫留朵夫目睹了人间的种种不幸和罪恶后，也从《圣经》中找到了解脱，在精神上得到了复活。小说一方面充满了批判的激情，暴露了沙皇专制制度的黑暗；另一方面又宣扬"不以暴力抗恶"和"道德上的自我修养"等，表现了作者世界观中的矛盾性。

狄金森

美国女诗人，旧译狄更生。她出生在马萨诸塞州阿默斯特镇，祖上是当地望族。她自幼受到正统的宗教教育，从25岁开始弃绝了社交生活，几乎足不出户，在孤独中醉心于诗歌创作，留下了1700多首诗。她生前只有10首诗歌公开发表过，其他的都是在她死后由亲友整理出版的。她的诗歌多以自然、死亡和永生为题材，语言不事雕饰，质朴清新，有一种现代派作家追求的"粗糙美"，有时又有一种小儿学语般的幼稚。在韵律方面，她基本上采用四行一节、偶数行押韵的赞美诗体。但是这种简单的形式，她运用起来千变万化，实际上已经发展成一种具有松散格律的自由体。她的诗出版后，评价越来越高，已被认为是同惠特曼一样对美国诗歌发展具有里程碑性质的大诗人。《篱笆那边》《如果你能在秋季来到》等都是她的名篇。

马克·吐温

美国批判现实主义文学的奠基人，世界短篇小说大师。原名塞缪尔·朗荷恩·克莱门斯，"马克·吐温"在英语里是水手的术语，意思是水深12英尺，表示船只可以安全通过。他出生于密西西比河畔一个贫穷的乡村律师家庭，从小出外学徒，当过排字工人、水手等。他经历了美国从"自由"资本主义到帝国主义的发展过程，其思想和创作也表现为从轻快调笑到辛辣讽刺再到悲观厌世的发展阶段。他的早期创作，如短篇小说《竞选州长》《哥尔斯密的朋友再度出洋》等，以幽默、诙谐的笔法嘲笑美国"民主选举"的荒谬和"民主天堂"的本质。中期作品，如长篇小说《镀金时代》（与华纳合写）、《汤姆·索亚历险记》《哈克贝利·费恩历险记》等则以深沉、辛辣的笔调讽刺和揭露像瘟疫般盛行于美国的投机、拜金狂热，及暗无天日的社会现实与惨无人道的种族歧视。19世纪80年代发表了历史题材的小说《王子与贫儿》和《在亚瑟王朝廷里的康涅狄克州美国人》，以及揭露种族歧视的《傻瓜威尔逊》。19世纪末发表的作品如中篇小说《败坏了哈德莱堡的人》《神秘的陌生人》等，绝望神秘情绪有所增长。

《哈克贝里·费恩历险记》

发表于1884年，是长篇小说《汤姆·索亚历险记》的姊妹篇，也是马克·

吐温的代表作。小说描写哈克被道格拉斯寡妇收养后，对资产阶级家庭刻板单调的生活极不习惯，对学校的死板教育也感到厌烦，一心向往自由的生活。此时，他的酒鬼父亲突然归来，强行把他带到森林，过起了渔猎生活。但父亲常常发酒疯毒打他。哈克设计逃走，在一个小岛上遇到逃亡黑奴吉姆。二人结伴同行，乘木筏顺密西西比河而下，准备逃到不买卖黑奴的自由州去。一路上他们经常上岸，遇见过各种各样的人。最后，他们也没能到达目的地。吉姆的主人临终前给了他自由，他再也不需要逃亡了。

小说通过白人少年哈克和黑人吉姆之间建立起的真挚平等的友谊，表现了反对种族压迫的中心主题。小说运用第一人称来叙述，通过一个儿童的眼光来看世界，给人一种真实感和亲切感。这是一部现实主义的具体性和浪漫主义的抒情性相交融的优秀作品。

都 德

法国现实主义作家。生于一个破落的商人家庭，曾在小学里任监学。17岁到巴黎，开始文艺创作。1866年以短篇小说集《磨坊书简》成名，作者以故乡普罗旺斯的生活为题材，流露了深深的乡土之恋。之后，又发表了自传性小说《小东西》。1870年普法战争时，他应征入伍，后来曾以战争生活为题材创作了不少爱国主义的短篇。他一生共写了13部长篇小说、1个剧本和4个短篇小说集。长篇中较著名的除《小东西》外，还有讽刺资产阶级庸人的《达拉斯贡的戴达伦》和揭露资产阶级生活的《小弟弗罗蒙与长兄黎斯雷》。他的创作倾向于对资本主义现实进行批判，但由于视野不宽，批判力度大都不深。他往往以自己熟悉的小人物为描写对象，善于从生活中挖掘有独特意味的东西，风格平易幽默。因此，他的作品往往带有一种柔和的诗意和动人的魅力。

左 拉

法国自然主义作家。出生在巴黎，幼年丧父，依靠奖学金读完了中学。1862年进入阿谢特书局打工，同时开始发表作品。左拉的创作和世界观充满矛盾：一方面对现存的制度进行毁灭性的批判，另一方面又对资本主义社会抱有不切实际的幻想。他的创作从理论到实践都有其特色。

早期作品中短篇小说集《给妮侬的故事》、长篇小说《克洛德的忏悔》《一个女人的遗志》等，脱不开对浪漫主义作家的模仿，也显示了他对社会题材的浓厚兴趣和民主主义倾向。后来，他对现实主义和自然主义逐渐产生浓厚兴趣。在泰纳的环境决定论和克罗德·贝尔纳的遗传学说的影响下，形成了他的自然主义理论，在长篇小说《黛莱丝·拉甘》序言、《实验小说》《戏剧中的自然主义》《自然主义小说家》等文章中有比较详细的阐述：主张以科学实验方法写作，对人物进行生理学和解剖学的分析；作家在写作时应无动于衷地记录现实生活中的事实，不必掺杂主观感情。但在左拉身上，自然主义、现实主义两种倾向兼而有之。他受巴尔扎克《人间喜剧》的启示，历时 25 年创作了一部由 20 部长篇小说构成的巨著《卢贡－马卡尔家族》，反映了法国第二帝国时代社会各方面情况。其中的《小酒店》《娜娜》《金钱》《妇女乐园》都十分著名。他还写有长篇小说《黛莱丝·拉甘》《玛德莱娜·菲拉》，城市三部曲：《卢尔德》《罗马》《巴黎》，以及"四福音书"中的前三部：《繁殖》《劳动》《真理》，剧本《拉布丹家的继承人》、《爱的一页》、《狂风》等。1902 年 9 月 29 日，左拉因煤气中毒而逝世。左拉的创作真实地再现了 19 世纪后半期法国从资本主义向帝国主义过渡的社会场景，他的小说及自然主义理论深深影响了此后数十年间的法国文学。

哈　代

英国小说家、诗人。他出生在英国西南部一个小镇，父亲是石匠。他自幼在乡村长大，上学时才离开家乡。1862 年到伦敦学习建筑，同时从事文学、哲学等的研究。1867 年回到家乡做了几年建筑师后，致力于文学创作。他重要的作品有长篇小说《绿荫下》《远离尘嚣》《还乡》《德伯家的苔丝》《无名的裘德》和《卡斯特桥市长》等，这些作品反映了英国农村资本主义发展后引起的社会经济、政治和道德风俗等方面的变化，以及破产农民的悲惨命运，揭示了"维多利亚盛世"帷幕掩盖下的英国社会的深刻危机。哈代晚年把主要精力放在了诗歌创作上，共写了 918 首诗，有《时光的笑柄》《即事讽刺诗集》《幻象的瞬间》《人生小景》《冬话》等诗集，内容多是日常经验，探讨悲喜互糅的人生，诗节多变化的试验，写得巧妙而含义隽永，对现代主义诗歌有重要影响。他晚年创作的以欧洲联军对拿破仑的战争为题材的史诗剧《列王》可以视为他创作的一个艺术性总结。此外还有《威塞克斯故事集》《一群贵妇人》《人生的小讽刺》和《一个改变了的人》等中短篇故事集。

《德伯家的苔丝》

哈代长篇小说的代表作，发表于 1891 年。女主人公苔丝是一个家境贫苦的农村少女，她勤劳善良，纯洁美丽。在地主庄园帮工时，被少爷亚雷侮辱，产下一子。孩子病死后，她又到一家牛奶场当女工，和牧师的儿子克莱相爱。新婚之夜，她向丈夫坦白了往事，二人分居。克莱远走巴西，杳无音信。她为了家庭，在绝望中和亚雷同居。克莱突然归来后，她悔恨交集之下杀死亚雷，自己也被判绞刑。这部小说生动展示了英国农村经济解体以及个体农民走向贫困和破产的痛苦过程。其中，苔丝的形象丰满感人，她坚强、勤劳而富有反抗性，小说的副标题"一个纯洁的女人"，鲜明地表达了作者对苔丝的人道主义同情，认为她是社会的牺牲品，同时大胆

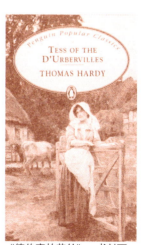

《德伯家的苔丝》一书封面

地对资产阶级的法律和道德进行挑战。

马拉美

　　法国诗人兼散文作家，法国象征主义运动领导人物。他出生在巴黎，早年便对学习语言，尤其是英语很有兴趣。他家境贫寒，曾在政府机关当临时雇员。后去英国学习，回国后长期任中学教师，同时进行创作。1880—1898 年，马拉美在罗马街的寓所成为美学的讨论中心，每周二晚上，法国年轻作家（如纪德、梵乐希、克洛代尔、普鲁斯特等人）和国外来的作家、画家聚集在此，接受象征主义新理论的启迪，以及马拉美对诗的意义和功能之特殊了解的影响。他认为诗的使命在于用不平常的艺术手法，揭示平凡事物背后的"绝对世界"。他的作品主要有诗集《徜徉集》和《诗与散文》等，《牧神的午后》《夏愁》等是其中的名篇。《牧神的午后》曾给作曲家德布希灵感，并于 1894 年谱出题名相同的音诗乐曲。马拉美的诗基本都是严谨的格律诗，特别注重遣词用字，往往能将表面看来毫不相关的形象配合在一起，造成深邃的意境。这一点对法国现代诗歌有深远影响。

勃兰兑斯

　　丹麦文学批评家，斯堪的纳维亚文学自然主义运动的领袖。出生于哥本哈根。曾在哥本哈根大学学习法律，后改攻美学和哲学。深受齐克果、米尔、圣伯夫以及泰纳等人作品的影响。在 1870 年的一次国外旅游中，他遇见了易卜生，易卜生鼓励他在斯堪的纳维亚半岛上进行一次"精神革命"。1871 年，大学毕业后的勃兰兑斯因发表《美学研究》等作品受到宗教界的攻击。1872—1875 年在哥本哈根大学发表了一系列演讲，后来辑成《19 世纪文学主流》一书。19 世纪 80 年代，他在欧洲大力介绍普希金等俄国作家，同时受尼采影响，发表了"贵族急进主义"的观点。第一次世界大战前后，他的主要著作有《歌德传》《伏尔泰传》等一系列名人传记。1902 年，勃兰兑斯成为哥本哈根大学的美学教授。他的后期作品包括那本引起争议的《虚构人物耶稣》，以及一部描写希腊的唯美作品《古希腊》。

霍　桑

　　美国小说家。他出生于马萨诸塞州萨勒姆镇一个没落世家。1825 年毕业于博多因学院，之后开始从事写作。曾两度在海关任职，1857 年后侨居意大利，1860 年回国专事创作。其代表作是以殖民时期新英格兰生活为背景的长篇小说《红字》，通过一个受不合理婚姻束缚的少妇海丝特·白兰因犯"通奸"罪被监禁、示众和长期隔离的故事，暴露了政教合一体制统治下殖民地社会的冷酷虚伪，探讨了有关罪恶和人性的道德、哲理问题。其他著名作品，有描写祖先谋财害命，其罪孽殃及子孙的长篇小说《带有七个尖角楼的房子》，讨论善恶问题的长篇小说《玉石雕像》，揭示人人都有隐秘罪恶的短篇小说《教长的黑纱》等。他擅长揭示人物内心冲突和心理描写，充满丰富想象，惯用象征手法，且潜心挖掘隐藏在事物后的深层意义，但往往带有浓厚的宗教气氛和神秘色彩。他称自己的作品是人的"心理罗曼史"。

魏尔伦

法国诗人。中学毕业后在巴黎市政府工作，业余时间写诗。早期和巴那斯派诗人来往甚密，但他的诗风一开始就和这一派的诗风大相径庭。1866 年发表第一部诗集《感伤集》，表现出不安情绪和富于暗示的音乐性等风格。1871 年开始和诗人兰波一起流浪比利时和英国，这段生活使他写出了《无言的浪漫曲》。魏尔伦常将自己内心的感受融入到自然的情景之中，很多作品都明朗轻快、清新自然、流畅舒缓。他将诗的音乐性与诗中脉动的情绪渗透糅合，错综往返，将诗的情、景、音完美地融合为一体。继波德莱尔之后，魏尔伦和兰波、马拉美一道将法国的诗歌艺术推向了一个高峰，魏尔伦以他那反叛而不失传统的诗风、哀伤又不悲痛的诗意为他在法国的诗坛赢得了崇高的声誉。

莫泊桑

法国作家。他出生在诺曼底破落贵族家庭，母亲颇有文学修养，对他影响很大。后到巴黎读法学，曾参加普法战争，退伍后，在福楼拜指导下开始创作。1880 年，因中篇小说《羊脂球》而一举成名。小说以普法战争为背景，描写一个妓女为解救同行的法国旅客而受到普鲁士军官的侮辱，谴责了体面的上层人物的自私和虚伪。之后，发表了《项链》《菲菲小姐》和《我的叔叔于勒》等 300 多篇短篇小说。他的小说侧重描摹人情世态，构思布局别具匠心，细节描写和故事结尾都有独到之处，因而获得了短篇小说巨匠的美称。另外，他以《一生》和《俊友》（一译《漂亮朋友》）为代表的长篇小说也有较高成就。《俊友》通过出身低微的杜洛瓦向上爬的历史，成功塑造了一个冒险家的形象，揭示了当时政界和新闻界的某些黑幕。

斯蒂文森

英国作家。出生在爱丁堡一个富裕家庭。1867 年进入爱丁堡大学攻读土木工程，不久改学法律，毕业后成为律师。他上大学期间就开始创作，因 1883 年出版的长篇小说《金银岛》而成名。小说描写少年吉姆一行去海上的荒岛寻找财宝，同海盗进行惊心动魄的搏斗的故事，这部小说开创了寻宝小说的先例。中篇小说《化身博士》是他另一部代表作，写杰基尔医生把自己身上的邪恶本能造出了一个名叫海德先生的化身，后来海德失控杀人，医生也自杀而死。这两部小说体现了他创作的主要特点：富有刺激的冒险，新奇的想象领域以及从抽象的意义上思考善与恶的问题。斯蒂文森是 19 世纪末新浪漫主义文学的代表，其他的作品还有《诱拐》《儿童乐园》等。

王尔德

爱尔兰作家、诗人。出生在都柏林，父亲是著名医生和爱尔兰科学院主席，母亲是女诗人。他1871年进入都柏林三一学院，1874年开始在牛津大学麦格达伦学院学习，受到新黑格尔派哲学等的影响，成为唯美主义的代表人物。他的早期作品有诗歌和童话，如童话故事《快乐王子》等。1891年发表的长篇小说《道林·格雷的画像》的序言中，系统地表达了他的唯美主义美学观点，提出艺术是一种撒谎，艺术家不应有倾向性和道德感等，这部作品也成为唯美主义的代表作。1891—1895年创作

王尔德

了《温德梅尔夫人的扇子》（一译《少奶奶的扇子》）、《无足轻重的女人》《理想丈夫》和《认真的重要》等讽刺喜剧和独幕剧《莎乐美》。王尔德作为唯美主义的代表人物，也是19世纪80年代美学运动的主力和颓废主义的先驱。

柯南道尔

英国小说家。出生于爱丁堡，做过医生，因在一系列侦探小说中塑造了私人侦探福尔摩斯的形象而闻名。自1887年出版第一部《血字的研究》起，共创作了68篇福尔摩斯探案的故事，收录在《福尔摩斯的冒险》（1891—1892年）、《福尔摩斯回忆录》（1892—1893年）等集子中。这些小说结构严谨，情节曲折，主人公福尔摩斯更成为家喻户晓的人物，他清瘦独特的外貌、个性化的知识结构、极强的逻辑推理能力、敏捷的反应、深入虎穴的冒险精神，都给人留下了深刻印象。另外，柯南道尔在小说中，还把犯罪与政治制度和道德观念联系起来，从多个侧面反映了英国社会中存在的问题，同时还融入众多的科学知识，提高了侦探小说的趣味性、知识性和社会性。

契诃夫

俄国作家、戏剧家。他生于塔甘罗格市小商人家庭，童年生活困苦。1879年考入莫斯科大学医学系，学习之余开始创作。19世纪80年代中叶前，他写下大量诙谐幽默的小说，如写大官僚飞扬跋扈和小人物的卑微可怜的《小公务员之死》，写见风使舵的小市民奴性心理的《变色龙》等。80年代后半期，契诃夫的创作进入成熟阶段，写出了《万卡》《苦恼》《套中人》等杰出的短篇小说，对于下层人民的穷苦悲哀寄予深切同情，讽刺了沙皇专制的卫道士。1890年，他到库页岛考察苦役犯和当地居民的生活状况，进一步加深了他对俄国专制制度的认识。此后不久写出震撼人心的中篇小说《第六病室》，揭露"萨哈林岛地狱"的真相。90年代，他在小说创作的同时开始戏剧创作，共写了5部多幕剧，最著名的是《樱桃园》。

欧·亨利

美国短篇小说家。出生于美国北卡罗来纳州格林斯波罗镇一个医师家庭。当过药房学徒、牧牛人、新闻记者、银行出纳员等，当银行出纳员时，因银行短缺了一笔现金，为避免审讯，离家流亡到中美的洪都拉斯。后被捕入狱，在监狱医务室任药剂师，这段生活为他以后的创作积累了丰富的素材。1901年提前获释后，迁居纽约，专门从事写作。 欧·亨利善于描写美国社会尤其是纽约百姓辛酸又充满温情的生活，形成了"含泪的微笑"的风格。他的作品构思新颖，语言诙谐，结局常常出人意料，富于生活情趣，被誉为"美国生活的幽默百科全书"。他的代表作有《爱的牺牲》《警察与赞美诗》《带家具出租的房间》《麦琪的礼物》《最后一片藤叶》等。

杰克·伦敦

美国作家。出生于加利福尼亚州的旧金山，家庭贫困，从小以出卖劳力为生。1896年考入加利福尼亚大学，后来辍学。阿拉斯加淘金是杰克·伦敦一生最有价值的经历，他开始以此为题材进行创作并获得成功。早期作品有描写淘金者生活的短篇小说集《北方故事》和揭露利己主义残忍性的长篇小说《海狼》等。这些作品表现了劳动者的悲惨生活，同时也体现了作者的进化论思想和尼采超人哲学的影响。自传体长篇小说《马丁·伊登》是他的代表作之一，描写一个出身低微的作家成名后理想幻灭而自杀的故事，批判了资产阶级的自私、虚伪和庸俗。后期主要作品有短篇小说《在甲板天篷下》《一块排骨》等，但他日益脱离社会生活，追求个人享受。1916年他在精神极度空虚中服毒自杀。

泰戈尔

泰戈尔

印度诗人、小说家、艺术家和社会活动家。他生于加尔各答市一个贵族家庭。家庭文化环境良好，他所受到的教育系统而正规，丰富而深切。8岁时写了第一首诗，以后经常写诗。1878年赴英学习，两年后回国，专门从事文学创作。1901年他创办学校，改造农村教育。1913年获得诺贝尔文学奖。1919年他放弃英政府封他的爵士称号，抗议阿姆利则惨案。去世前写下《文明的危机》，控诉英国的殖民统治。1941年他在加尔各答去世。泰戈尔一生创作了50多部诗集，12部中、长篇小说，100多篇短篇小说，20多个剧本，以及大量哲学、政治方面的论著。《吉檀迦利》是他的诗歌代表作。长篇小说《戈拉》被认为是"现代印度的《摩诃婆罗多》"。他的作品影响广泛，对印度文学做出巨大贡献。

叶 芝

爱尔兰诗人、剧作家。生于都柏林一个画师家庭，自小喜爱诗画艺术。19岁入都柏林艺术学校读书。不久放弃绘画，去伦敦专事诗歌创作，并结识萧伯纳、王尔德等文人。后参加爱尔兰民族自治运动。1896 年他结识贵夫人剧作家格雷戈里，她对叶芝的创作帮助很大，曾与叶芝等创办剧场和影院。叶芝和他友人的创作活动，史称"爱尔兰文艺复兴运动"。1921 年爱尔兰独立，叶芝出任参议员。1923 年，"由于他那些始终充满灵感的诗，它们通过高度的艺术形式代表了整个民族的精神"，获诺贝尔文学奖。1928 年他发表了他的巅峰之作《古堡》。晚年，叶芝创作上仍极其活跃。1939 年 1 月 28 日病逝于法国。叶芝的代表作有《驶向拜占廷》《丽达与天鹅》《古堡》《芦苇中的风》《绿盔》和《责任》等。

罗曼·罗兰

法国作家、音乐评论家。1866 年 1 月 29 日出生于法国。父亲是公证人，母亲爱好音乐。他从小受母亲影响，酷爱音乐。16 岁全家迁至巴黎。1886 年，他考入巴黎高师。期间罗兰接受影响了他一生的托尔斯泰艺术观和人道主义，立下"不创作，毋宁死"的誓言。高师毕业，去罗马念研究生，1895 年获博士学位。此后教书，并从事文艺创作。20 世纪初他为让世人"呼吸英雄的气息"，写了几部名人传记。1912 年他的《约翰·克利斯朵夫》问世，使他获 1915 年诺贝尔文学奖，为世界瞩目。第一次世界大战爆发，他发表反战言论。两次世界大战之间，他创作了多部小说，还发表过诗歌和文学评论等。第二次世界大战期间他坚持写作，反对侵略。1944 年 11 月在故乡逝世。罗兰是一个有广泛国际影响的作家，一个为争取人类自由、民主与光明而不屈斗争的战士。他的主要作品有《7 月 14 日》、《米开朗琪罗传》《贝多芬传》《托尔斯泰传》和《约翰·克利斯朵夫》等。

夏目漱石

日本近代文学家。1867 年 2 月 9 日生于江户城一个小吏家庭。两岁时被送给别人当养子。10 岁时又回到生父身边。中小学时代学习汉语，熟诵唐宋诗词，擅长写汉诗。1884 年在第一高等学校本科学习。1889 年在评论好友的作品《七草集》的文章中首次使用笔名漱石，这个名字来源于中国志人小说集《世说新语》。1890 年进东京帝国大学攻读英国文学。1900 年起在英国留学 3 年。回国后转到东京第一高等学校、东京大学任教，并开始业余创作，相继发表《我是猫》《哥儿》和《旅宿》等。1907 年辞去教职，进《朝日新闻》社当专业作家，发表了一系列作品。1916 年 12 月 9 日病故，年仅 49 岁。夏目漱石以他独特的写作风格和技巧拓宽了日本近代文学的表现领域，对日本后世文学产生巨大影响。

高尔基

苏联作家，社会主义现实主义文学的奠基人。他出身贫苦，幼年丧父，11 岁即为生计在社会上奔波，但仍在艰难的环境中刻苦自学文化知识，并积极投身社会实践，探求改造现实的途径。1892 年发表处女作《马卡尔·楚德拉》，登上文坛。

1906 年高尔基写成长篇小说《母亲》，标志着高尔基的创作达到了新的高峰。《母亲》塑造了世界文学史上第一批自觉为社会主义而斗争的无产阶级革命者的英雄形象，是社会主义现实主义文学的奠基作。1917 年俄国十月革命后，高尔基健康不佳。1921 年，他到国外疗养，1931 年回国之后，开始《克里姆·萨姆金的一生》的写作，但没有最后完成。1936 年，高尔基因病与世长辞。高尔基开创了无产阶级文学的新纪元，被列宁称为"无产阶级艺术的最杰出的代表"。他的主要著作还有自传体三部曲《童年》《在人间》《我的大学》等，以及众多文艺理论、文学评论和诗作。

普鲁斯特

法国意识流小说家。他生于巴黎，父亲是医生，母亲是犹太人，家境富有。他从小体弱多病，9 岁时得了哮喘病，这种病深刻地改变了他的一生。他从小酷爱文学，后他到巴黎大学学习文学，他旁听了柏格森的课，并接受了柏格森的"心理时间"的思想。1895 年获得文学学士学位。青年时代的他出入上流社会沙龙，成为上流社会的宠儿。而此时，他的哮喘病越来越严重，开始威胁到了他的生命。从 1897 年开始，他改变了生活习惯，白天休息，夜晚工作，最终发展到用极厚的毯子把自己的生活空间包裹起来。他一生的最后 10 多年时间，便是这样度过的。但就是在如此困难的情况下，他写出了传世之作《追忆似水年华》。1922 年逝世。普鲁斯特被誉为意识流小说的先驱，他对西方现代文学产生了重大影响。

毛　姆

英国小说家。1874 年出生于巴黎。10 岁时父母双亡，由在英国任牧师的叔父抚养。后在英国接受教育。1889 年他拒绝做神职人员而去了德国，接触到叔本华哲学，立刻与之产生共鸣。1896 年发表第一部小说《兰贝斯的丽莎》，开始创作生涯。1901—1905 年他在巴黎定居，开始写剧本。三年后伦敦公演了他的 4 部剧作，引起轰动。第一次世界大战时他成为英国谍报人员，战后周游世界，搜集素材编写故事。第二次世界大战时他被派往美国。50 年代他荣誉不断，先后获牛津大学名誉学位、女王授予的荣誉勋章，并当选英国皇家文学会副主席。1965 年逝世。他一生共写了长篇小说 20 部，短篇小说 100 多篇，剧本 20 个，此外还有游记、回忆录、文艺评论多种，其中著名长篇小说有《月亮和六便士》和《刀锋》。他的作品被译成多国文字，是 20 世纪上半叶最受欢迎的小说家之一。

茨威格

奥地利小说家。他生于维也纳一个富裕的犹太商人家庭。中学毕业后，在维也纳和柏林攻读哲学和文学。1903 年获博士学位。23 岁时他成为《新自由报》编辑，后去世界各地游历。1919 年后长期隐居，埋头创作。1923 年与高尔基建立了通信关系。1933 年法西斯上台，他移居英国。1938 年入英国籍，后离英赴美。1940 年到巴西，写下《象棋的故事》。1942 年 2 月 23 日他面对法西斯的猖獗势力，目睹"精神故乡欧洲"的沉沦而感到绝望，和妻子服毒自杀。茨威格的作品极为广泛，有大量的传记文学作品和剧本。他代表性作品有《看不见的收藏》《一个女人一生中的二十四小时》和《一个陌生女人的来信》等。他是一个和平主义者、人道主义者。他的作品匠心独具，充满人道主义精神，有着广泛的影响。

乔伊斯

爱尔兰现代小说家。他出生于爱尔兰都柏林一个天主教徒家庭，父亲是个穷公务员，生活困窘。父母希望把他培养成神父，但他在中学毕业前对宗教信仰产生怀疑。16 岁时他进入都柏林学院学习哲学与语言。大学期间，热爱文学，尤其是易卜生的原作。后决定献身文学，并"自愿流亡"，长期旅居国外。1904 年他的处女作短篇小说集《都柏林人》出版。1916 年他出版了《青年艺术家的肖像》。1920 年他接受庞德建议定居巴黎。第二次世界大战爆发后，他迁居苏黎世，并于1941 年 1 月 13 日病逝于此。他一生创作了四部作品，以爱尔兰为背景，而且都如迷宫一样，难于索解。他最有影响的作品是他用 8 年时间写的《尤利西斯》，这部书奠定了他在世界上伟大作家的地位，对后来的小说家产生了很大影响。

伍尔芙

英国意识流小说作家。她出身于一个文学世家，父亲是有名的学者和文学批评家，母亲也极富文学素养。她从小从父母那里得到极好的文学熏陶，却未上过正规学校。她阅读了父亲的大量藏书，自学了拉丁语和音乐。1907 年她移居伦敦文化区布卢姆斯伯里，使这里成为文学的中心，形成"布卢姆斯伯里团体"文艺圈，在英国现代文学史上产生相当大的影响。1917 年，她的《墙上的斑点》问世，她娴熟地使用意识流手法，标志着她风格与特色的形成。1925 年，她成熟的代表作《达洛卫夫人》发表。第二次世界大战爆发，伦敦遭到轰炸，她无法忍受这种恐惧，于 1941 年 3 月 28 日投水自尽。伍尔芙在小说与散文创作以及文学评论中都取得了重大的成就，而且她在女权运动中也做出了巨大的贡献。

卡夫卡

现代派文学大师。出生于布拉格一个犹太商人家庭。父亲有坚强的性格，对儿子一直使用家长制作风，造成他忧郁、悲观的性格。18 岁他入布拉格大学学文学，后迫于父命学法律，5 年后获法学博士学位。他从小对文学有浓厚的兴趣，大学时开始创作。1912 年进入创作旺盛期。毕业后他进入保险公司任职。1922 年因病辞职。他一生有三次恋爱，但都没有成功，这对他的心理产生很大压力。1923年迁往柏林，有了生活伴侣，但他次年去世，仅 41 岁。卡夫卡是现代主义小说的鼻祖，对 20 世纪文学产生了深远的影响。《变形记》是其短篇小说的代表作，他的《美国》《审判》和《城堡》被称为"孤独三部曲"。对他的研究已形成专门学科——"卡夫卡学"，他也成了与但丁、莎士比亚、歌德等人并列的文学巨人。

纪伯伦

阿拉伯小说家和散文家。他出生于一个美丽的山村，从小家庭生活贫困。在一场意外的官司之后，他的家更是变得一贫如洗。他的母亲带着他到美国波士顿最穷的华人区居住。15 岁回国学习。当他再次回到美国后，他的亲人在一年中相继去世，留下一大笔债务。为此他不得不整天卖画撰文。1906 年前后，纪伯伦相继发表了两个短篇小说集《草原新娘》和《叛逆的灵魂》。几年后，纪伯伦发表了中篇小说《折断的翅膀》，作品对母爱进行了热情的讴歌，在社会上和文坛上引起了强烈的反响。从 20 世纪 20 年代起，他的创作重心从小说转向散文诗，其中最为出名的是《先知》和《沙与沫》，《先知》还被称为"小圣经"。纪伯伦是 20 世纪阿拉伯文学的一座高峰，是阿拉伯现代文学的奠基者。

劳伦斯

英国诗人、小说家、散文家。1885 年 9 月 11 日出生于一个矿工家庭。父母感情不和，母亲便把全部的爱都给了他，这种畸形的爱造成他人格发展的失衡。1901 年他中学毕业后，当了三年的教师。21 岁入诺丁汉大学学习，也开始创作。毕业后继续教书。1910 年母亲去世他受到很大打击，后创作了《儿子和情人》。1912 年他与一教授夫人私奔到欧陆，开始了创作的重要时期。1914 年他们回国结婚。第二次世界大战爆发，虽深受战争苦难，但他仍然坚持创作。战后他们离开英国，在外漂泊 11 年。1926 年他们定居意大利，过起安稳的日子。1930 年 3 月 2 日病逝。劳伦斯主要写长篇小说，共有 10 部，最著名的有《儿子和情人》《虹》《恋爱中的女人》和《查太莱夫人的情人》。劳伦斯的小说语言优美，气势恢宏，有广泛的影响。

庞　德

美国诗人、评论家。1885 年生于美国的爱达华州。1908 年到伦敦，发起意象派运动，开创了美国现代派文学的先声。第一次世界大战后迁居巴黎。1924 年去意大利，在政治上开始向墨索里尼的国家社会主义靠拢。第二次世界大战期间公开支持法西斯主义。战后他被逮捕。海明威和弗罗斯特等名人为他奔走游说，医生又证明他精神失常，于是他被关进一家精神病医院，监禁 12 年。1958 年他重返意大利居住，直到 1972 年去世。庞德一生的著述丰富，主要作品有《面具》《反击》《献祭》《休·西尔文·毛伯莱》和《诗章》等。此外，他还写了不少文学评论方面的文章。他的诗歌遵循意象派的理论，用准确含蓄的意象来表达事物，文字简洁，富有流畅的音乐美。庞德是意象派运动主要发起人，对 20 世纪诗学和创作产生了深刻影响。

艾略特

英美诗人、剧作家和批评家。他生于美国，祖籍英国。其祖父创立华盛顿大学，其父是个商人，母亲是诗人。他家中一直保持英格兰传统。18 岁他入哈佛大学，四年后入巴黎大学学哲学和文学。1911 年他又回到哈佛学印度哲学和梵文。1914

艾略特

年入德国马尔堡大学。欧战爆发后，他入牛津大学，认识了美国意象派诗人庞德。1917年出版早年诗作，打开通向现代诗歌艺术的大门。1922年10月，他在自己主办的文学季刊《标准》的创刊号上发表《荒原》。1926年任牛津大学讲师。1927年入英国籍。1948年"由于他对当代诗歌做出的卓越贡献和所起的先锋作用"，获诺贝尔文学奖。1952年，任伦敦图书馆馆长。1965年逝世。艾略特的诗歌意向清晰、准确，语言口语化，富有韵味。他的创作深刻地改变了传统诗歌的艺术面貌，为现代派诗歌艺术生成与发展描摹了基本的艺术图景。

芥川龙之介

日本近代文学家。1892年3月1日生于东京，从小受到良好的文学熏陶。1913年入东京帝国大学英文系，吸收了西方文学的营养。大学时结识夏目漱石，成为夏目漱石的门生，后成为新思潮派的中坚作家。但他的生活是不幸的，他幼年时母亲疯了，他被舅父收养，他的初恋又失败了，这给他以沉重打击。1915年他带着凝重而灰暗的心理阴影走上了文坛。他的第一篇小说《罗生门》发表后未得到好评，而翌年发表的《鼻子》让他一举成名，说明他走到了近现代文学的前沿。1921年发表了他的杰作《竹林中》。他曾多次自杀未遂，1927年终于服毒自杀。芥川龙之介素有"鬼才"之誉。他一生留下了140余篇不重复别人也不重复自己的精短小说。他被认为是日本近代文学的终结，他的作品被译成多国文字。

福克纳

美国意识流小说家。他生于密西西比州。他小学成绩极为优秀，接连跳级。后因不喜欢学校教育而辍学，并开始尝试写作。24岁时，他的第一部诗集《春天的幻景》出版。第一次世界大战爆发，第一次他因体检不合格不能从军，等他参加了空军，还未上战场，战争就结束了。1925年，他去欧洲游历，在奥尔良和作家安德森交往，并创作了《士兵的报酬》。1929年他从欧洲归来后闭门创作。这一年他发表了《沙多里斯》，标志着他成为独具一格的作家。同时他发表《喧哗与骚动》，奠定了他经典作家的地位，并因此荣获诺贝尔文学奖。此外还完成《我弥留之际》，于次年出版。1962年他逝世于故乡。福克纳丰富了意识流小说创作，对20世纪文学产生了深远影响。

海明威

美国小说家。1899年7月21日生于乡村医生家庭，从小喜欢打猎、音乐和绘画，发展全面。中学毕业后从事写作。参加过第一次世界大战，受过重伤。后以记者身份参加西班牙内战和第二次世界大战。晚年患多种疾病，精神抑郁。1961年6月2日自杀身亡。他的主要著作有长篇小说《永别了，武器》《战地钟声》，中篇小说《老人与海》等。他的早期作品是美国"迷惘的一代"文学的代表。三四十年代的《丧钟为谁而鸣》塑造了摆脱了迷惘，英勇战斗的反法西斯战士。后期则有以桑提亚哥为代表的"可以把他消灭，但就是打不败他"的"硬汉性格"，这就是有名的《老人与海》。他那简约有力的电报式风格和对多种现代派手法的出色运用，引起了美国的"文学革命"，深刻影响了许多欧美作家。他获 1954 年度诺贝尔文学奖。

海明威

川端康成

日本作家。他生于日本大阪一个医生家庭。从 2 岁到 16 岁期间，他的父亲、母亲、祖父母和姐姐相继死去。16 岁的他成了孤儿，寄人篱下。1915 年他考上东京一高英文专业。1920 年他考入东京帝国大学英文系。两年后，他写了名篇《伊豆的舞女》。1924 年大学毕业，与好友创办了《文艺时代》，意在改变日本旧文学，此即日本文学史上"新感觉"派的诞生。此后他在文学道路上不断探索，营建出极具美感的文学世界。1935 年他最为杰出的代表作《雪国》，分章发表在杂志上。后他不断修改，直到 1947 年完全定稿。此后他又发表了《千羽鹤》《古都》《睡美人》等小说。其作品表现了对生命与美的感叹。1968 年获诺贝尔文学奖。四年后自杀。川端康成所取得的文学成就是巨大的，对后世影响深远。

博尔赫斯

拉美作家，出生于阿根廷布宜诺斯艾利斯。他 6 岁时就用英语写神话故事。1914 年随家人定居日内瓦。1919 年他迁往西班牙马德里，参加了诗歌界极端主义运动。1921 年回到故乡，开始诗歌创作，两年后发表他的第一部诗集《布宜诺斯艾利斯的激情》，后又出版了两部诗集。后来他决定写小说。1937 年，他成为布宜诺斯艾利斯市国立图书馆馆员，从此他基本上一直在图书馆工作，与书为伍成了他的一种生存方式和他创作的源泉。40 年代，他出版了自己最好的短篇小说集《小径分岔的花园》，先后获英国的"布克文学奖"和西班牙的"塞万提斯文学奖"。1955 年他双目失明。1986 年 6 月 14 日他病逝。博尔赫斯被称为"为作家写作的作家"，他的作品为拉美文学爆炸奏响了嘹亮的序曲，对欧美的现代派文学也产生了影响。

格里菲斯

电影艺术的开拓者。出生在美国南部的拉格兰基城。22 岁开始在一家剧团担任喜剧演员。他曾尝试当剧作家，但没有成功。1908 年他导演了自己的第一部电影《桃丽历险记》，从此开始了导演生涯，从 1908 年到 1913 年，他共执导了 450 部电影，这些电影题材十分广泛。他还尝试了各种摄影技巧，对电影艺术的发展产生了很大的影响。他的艺术修养是靠自学而来。40 岁时他拍摄了《一个国家的诞生》，在电影史上成为经典影片。格里菲斯是美国电影开创时期最重要的电影导演之一，他被誉为"好莱坞之父""美国电影之父""电影界的莎士比亚"等等。1948 年他孤零零死去时，几乎被人们遗忘了，而后来人们对他的评价越来越高，因为他对电影艺术的发展做出了巨大的贡献。

邓 肯

美国舞蹈家，现代舞蹈创始人。1878 年 5 月 27 日生于美国旧金山。父亲是诗人，母亲是家庭音乐教师。她 5 岁上学，家住海边，常去海滩玩。她说："我最初跳舞的观念就起源于大海的波浪。"从 1899 年起，她开始在欧洲各国巡回演出。1921 年，她在莫斯科大剧院举行的庆祝十月革命四周年会上，表演了舞蹈《国际歌》，受到热烈欢迎。她回国后遭到报纸的攻击，被剥夺了美国公民资格。后来她与俄罗斯著名诗人叶赛宁结为伴侣。叶赛宁自杀后，她去了法国。1926 年莫斯科法院将 30 万法郎的叶赛宁诗集稿费交给邓肯，她将这笔钱赠给了叶赛宁的亲人。1927 年 9 月 14 日邓肯在法国意外死亡，年仅 49 岁。邓肯曾经创办舞蹈学校，传播推广了她的舞蹈思想和舞蹈动作。她是美国现代舞蹈的奠基人，影响了世界舞蹈的发展进程。

毕加索

法国现代画派的主要代表。1881 年 10 月 25 日出生于西班牙一个美术教师家庭。他自小在父亲指导下画画，8 岁完成第一件油画作品。14 岁进巴塞罗那美术学校学习，颇有神童之风。16 岁进入马德里圣费南多美术学院就读。19 岁时他来到巴黎。20 岁时毕加索以蓝色调作画，开始蓝色时期。21 岁完成"蓝色自画像"。1904 年定居于巴黎，创作《洗衣船》，开始粉红色时期。24 岁以马戏团题材创作《卖艺人家》等。26 岁创作《亚维农的少女》。1937 年创作《格尔尼卡》。1944 年加入法国共产党。1950 年获列宁和平奖章。1973 年 4 月 8 日逝世。 毕加索是一位最富有创造性的艺术家，除去绘画以外，还涉及到雕塑、陶艺、书籍装帧等方面。他的作品约达 6 万件，仅油画就有 1 万件以上。他对 20 世纪的艺术家都产生过很大的影响。

德国浪漫派

德国浪漫派分为早期浪漫派和盛期浪漫派，或称后期浪漫派。早期浪漫派是欧洲第一个浪漫主义团体，其活动时间自 1797 年至 19 世纪初期，施莱格尔兄弟共同提倡并编辑《雅典娜神殿》，以此为中心形成了耶拿浪漫派。他们主要是作为启蒙运动的对立面兴起的，坚持整体观念，推崇艺术，他们的浪漫主义理论带有浓厚的主观唯心主义和宗教神秘主义色彩。德国浪漫派第二阶段大约自 1810 年至 1820 年，一般称为海德堡浪漫派，以荷尔德林为代表。他们比较重视创作和整理"国故"，并以民间文学的整理研究工作作为浪漫主义运动的主要标志之一。他们对德国中世纪文化遗产的发现和重新审视，改变了近代德国民族文学的导向。另外，荷尔德林、霍夫曼、格林兄弟等人的创作在德国浪漫主义文学中也占有重要地位。

德国古典文学

指 18 世纪末 19 世纪初歌德和席勒共同创造的文学。它是 18 世纪以来德国文学发展的一个顶峰。古典文学的主要艺术特征是肃穆恬静，清晰明朗，优雅庄重，和谐完美。它强调艺术的教育功能，认为艺术的最高价值就是培养教育人。德国古典文学不同于法国古典文学，虽都以古希腊文学为楷模，但歌德和席勒对希腊的向往，更主要是面向未来，是对人类未来的一种带有"英雄幻想"的憧憬，想通过艺术使人类达到完善与和谐。基于此，歌德发出了"世界文学的时代已经到来"的宣言。这期间，他们的主要作品有歌德的《威廉·迈斯特的学习时代》和《浮士德》（第一部），席勒的《华伦斯坦》和《威廉·退尔》等。

湖畔派

英国最早的一个浪漫主义诗歌团体，出现在 18 世纪末，以华兹华斯、柯勒律治和骚塞为代表。因他们曾在英国西北部的湖区隐居而得名。他们对资本主义文明及人与人之间的现金交易关系极为反感，向往中古时期的封建社会。他们的诗作或讴歌宗法式的农村生活和自然风景，或描写奇异神秘的故事和异国风光，一般都是远离社会斗争的题材。他们常常通过缅怀中古时代的"纯朴"来否定丑恶的城市文明。华兹华斯是"湖畔派"诗人中成就最高的，1798 年他和柯勒律治合著的《抒情歌谣集》出版。当《抒情歌谣集》两年后再版时，华兹华斯为诗集写了一篇序言，提出诗是"强烈感情的自然流露"，强调用民间语言写田园生活，写诗人的真实感受。这后来成了英国浪漫主义的宣言书。

侦探推理小说

西方通俗文学的一种体裁。侦探小说主要写具有惊人推理能力的人物，根据一系列的线索，解破犯罪疑案。它的结构、情节、人物，甚至环境都有一定的格局和程式，因此它也是一种程式文学。由于破案大多采取推理方式，故又称推理小说。侦探小说从 19 世纪中期开始发展。美国作家爱伦·坡被认为是西方侦探小说的鼻祖，代表作是《莫格街谋杀案》等。在英国，作家柯南道尔的《血字的研究》等一系列小说，塑造了福尔摩斯这一神探形象，也促进了侦探小说的勃兴。20 世纪 20 年代末期，美国出现了一种"反传统侦探小说"的侦探小说，这类小说描写艰苦的环境和打斗场面，在叙述故事和人物刻画上，与传统侦探小说不同。代表作家有哈美特等，代表作是哈美特的《血腥的收获》。

自然主义

文学艺术中的一种倾向。作为创作方法，它着重对现实生活的表面现象做记录式的写照，并企图以自然规律，特别是生物学规律解释人与人类社会。作为一个文学流派，它兴起于 19 世纪下半叶至 20 世纪初，在法国兴起，后波及欧洲一些国家，并影响到文化和艺术的许多部门。自然主义的哲学基础是实证主义哲学，创始人是孔德。法国自然主义运动高潮是在 19 世纪 50 至 60 年代涌起的。代表作是福楼拜的《包法利夫人》，1858 年泰纳在《历史与批评文集》中第一个规定了文学上的自然主义的含义。19 世纪 60 年代下半叶左拉发表了一系列作品，系统地阐述了自然主义的文学观点和基本特征，即描绘客观现实生活、实验的方法等。此后自然主义在欧洲其他国家又掀起高潮。

浪漫主义

浪漫主义一词来源于中世纪用各国方言写成的"浪漫传奇"，即中古欧洲盛行的骑士传奇、抒情诗等。作为创作方法，浪漫主义在反映客观现实时侧重从主观内心世界出发，抒发对理想世界的热烈追求，常用热情的语言、瑰丽的想象和夸张的手法塑造形象。作为一种文艺思潮，浪漫主义在 18 世纪后半期到 19 世纪上半叶盛行于欧洲多个国家。它是法国大革命和欧洲民主运动、民族解放运动高涨时的产物，反映了早期资产阶级对个性解放的要求。它的主要特征是抒发强烈的个人感情，歌颂大自然，诅咒城市文明，提倡回到自然。英国的雪莱和拜伦，法国的雨果和乔治·桑，以及俄国的普希金等都创作了优秀的浪漫主义作品。

颓废主义

或称颓废派，是 19 世纪下半叶欧洲资产阶级知识分子对社会表示不满而又无力反抗，所产生的苦闷彷徨情绪在文学艺术中的反映。它的思想基础是主观唯心主义、非理性主义。"颓废主义者"的名称最早用来称呼一群放浪的法国年轻诗人，1886 年魏尔伦创办《颓废者》杂志，主张"为艺术而艺术"，片面强调艺术的超功利性，特别从变态的人类情感及与死亡、恐怖有关的主题中发现灵感，否定文艺的社会作用。这种倾向后来在英国的唯美主义运动、表现主义、未来主义等各种现代主义流派中都有不同形式的表现。颓废主义是一种复杂矛盾的现象，它是资产阶级精神危机的产物，故不少作家都受其影响，如王尔德、勃洛克等。

唯美主义

19 世纪末流行于欧洲的一种现代主义文艺思潮。首倡者是法国浪漫主义诗人戈蒂耶，他提出"为艺术而艺术"的口号，声称艺术本身就是目的，标榜文艺脱离社会，提倡纯粹美，追求抽象的艺术效果。这种观点在王尔德等人的创作中得到全面体现，后来英国文艺理论家佩特使之系统化。唯美主义的兴起是对资本主义社会功利哲学、市侩习气和庸俗作风的反抗，其思想基础可以追溯到康德的美学思想。它追求艺术的形式美和表现技巧，在艺术上开创了各种美的领域，如怪诞、丑恶、颓废和乖戾等，从而扩大了艺术表现的范围和能力，是颓废主义文艺的一个重要组成部分。

现代历史

20 世纪初的世界

第二次工业革命

19 世纪最后 30 年到 20 世纪初，科学技术的进步和工业生产的高涨被称为近代历史上的第二次工业革命，世界由"蒸汽时代"进入了"电气时代"。在这一时期里，一些发达资本主义国家的工业总产值超过了农业总产值，工业重心由轻纺工业转为重工业，出现了电气、石油、化学等新兴工业部门。由于 19 世纪 70 年代以后发电机、电动机的相继发明，远距离输电技术出现，使电气工业迅速发展起来，电力在生产和生活中得到了广泛的应用。内燃机的出现及广泛应用，为汽车和飞机工业的发展提供了可能，也推动了石油

1888 年尼古拉斯·奥托发明的内燃机

美国在 1859 年成功地建成油井，俄国于 1897 年建成输油管道。石油成为主要能源，引起了内燃机革命。

工业的发展。化学工业是这一时期新出现的工业部门，从 19 世纪 80 年代起，人们开始从煤炭中提炼氨、苯和人造燃料等化学产品，塑料、绝缘物质、人造纤维、无烟火药也相继发明出来并投入生产和使用。原有的工业部门如冶金、造船、机器制造，以及交通运输和电信等部门的技术革新都在加速进行。

中产阶级的出现

第二次工业革命后社会上出现了一个新阶层——中间阶层。这个阶层同样也是现代大工业发展的产物。随着工业规模的扩大，现代企业需要越来越多的技术和管理人员，如工程师、经理、技师、大学教师、小商人、律师等，他们都属于中间阶层。在整个工业社会里，他们的地位和收入既不同于资本家，也不同于产业工人，而是居于两者之间。因此，他们被称为"中间阶级"或者"中产阶级"。

帝国主义的发展

垄断资本主义的经济实质就是帝国主义。垄断的产生，标志着资本主义进入了新的阶段——帝国主义阶段同自由资本主义不同，垄断资本主义最重要的政治和经济特点，是要攫取最大限度的垄断利润。因此，垄断必将导致资本输出的扩大和对海外销售市场及原料产地的控制，并因此引发资本主义国家之间的矛盾斗争。19 世纪末，掀起了主要资本主义国家之间瓜分殖民地的狂潮。

垄　断

垄断（或者称卖者垄断），英语为 monopoly，一般指唯一的卖者在一个或

多个市场，通过一个或多个阶段面对竞争性的消费者。

垄断是从资本主义的自由竞争中成长起来的。自由竞争引起生产集中，生产集中发展到一定程度必然走向垄断，是自由竞争的资本主义发展到垄断资本主义阶段的一般的、基本的规律。19世纪末20世纪初，垄断已成为资本主义全部经济生活的基础。

到19世纪晚期，主要资本主义国家的生产和资本已高度集中，出现了垄断组织。美国和德国尤其突出。垄断资本家通过兼并或联合的方式组成垄断组织，控制某一个或几个部门商品的生产、价格和市场，赚取高额利润。垄断组织的形式有卡特尔、辛迪加、托拉斯等。

人类飞天梦想的实现

1903年12月，莱特兄弟在美国北卡罗来纳州猫头鹰村附近进行了两次飞行测试。第一次由弟弟奥维尔·莱特试飞，飞行了12秒、36米；第二次是哥哥威尔伯·莱特，飞行了51秒、255.6米。这架飞机的造价不到1000美元，被兄弟俩命名为"飞行者I号"，机翼长约12米，重约340千克，引擎功率为12马力（约8826瓦），重仅77千克。

后来，莱特兄弟制造了第二架飞机——"飞行者II号"。两人在1904年用此飞机飞行了105次，但是并未受到应有的重视。1905年，他们又制成了"飞行者III号"——一架经过改装、很实用的样机。

1908年，莱特兄弟终于结束了公众的怀疑。威尔伯把一架飞机带到法国，进行了一系列有效的公开演示。与此同时，奥维尔也返回美国，做了类似的公开表演，不幸的是，1908年9月17日他驾驶的飞机坠毁，这是他俩遇到过的唯一一次严重事故。他们成功的飞行已经说服了美国政府签署一项合同来为美国国防部提供飞机。1909年，联邦预算款项里就包括为发展军事航空而提供的拨款。

第一次摩洛哥危机

1905年，德法两个帝国主义国家为争夺摩洛哥而发生了战争危机。1904年《英法协约》签订，英国和法国在有关埃及和摩洛哥问题上达成默契，法国对摩洛哥的支配权得到了英国的认可。1905年，德国政府宣布，不承认法国对摩洛哥的占领，要求召开国际会议，重新审议英法两国关于摩洛哥的协定。法国拒绝了德国的要求，并派军舰到丹吉尔港示威。国际形势顿时紧张，出现了第一次摩洛哥危机。1906年1月至4月，西方列强举行解决摩洛哥危机的国际会议。在出席会议的14个国家中，只有奥匈帝国支持德国，其余各国包括英、美、俄等国在内，都站在法国一边。德国在国际上陷于孤立境地。

波斯尼亚危机

20世纪初，波斯尼亚－黑塞哥维那虽由奥匈帝国占领，但根据1878年的柏林条约，其仍是土耳其领土。1908 年，土耳其爆发革命，奥匈帝国趁机兼并波斯尼亚－黑塞哥维那，遭到与波黑同民族的塞尔维亚国的武力抵抗。俄国想在此次战争中捞点儿好处，就向奥匈提出抗议，并支持塞尔维亚。1908 年 11 月，奥匈帝国向塞尔维亚国边境集结军队，对俄国构成威胁。12 月，德国也发表声明公开支持奥匈帝国。沙皇俄国迫于压力，加之没有得到英、法的支持，只好对德、奥让步。

墨西哥资产阶级革命爆发

1910 年 11 月，墨西哥农民领袖萨帕塔比利亚在莫雷洛斯州和奇瓦瓦州举行起义。墨西哥资产阶级革命爆发了。1911 年 5 月，比亚农民军占领胡亚雷斯城。萨帕塔农民军占领了库实特拉。革命运动很快席卷全国。1914 年 4 月，美国进行武装干涉，遭到革命军队的坚决反击。1916 年底，起义者召开制宪会议，次年 2 月 5 日通过新宪法。

第二次摩洛哥危机

1911 年 4 月初，摩洛哥首都非斯爆发反对苏丹和殖民主义的人民起义后，法国以恢复秩序和保护法国侨民为借口派兵占领非斯。德国向法国提出警告，并派炮舰驶入阿加迪尔港示威。7 月 15 日，德国正式向法国提出割让全部法属刚果的要求，法国政府拖延不决，双方武装对峙，关系极为紧张，故称"第二次摩洛哥危机"。在双方僵持不下之际，英国采取了坚决支持法国的立场，表示如果德法两国交火，英国一定参战。11 月，法德两国达成了协议。德国承认法国对摩洛哥大部分领土的保护权，作为交换条件，它取得了法属刚果的价值不大

法国漫画中的摩洛哥成了一只被欧洲列强向四面八方拽得惊恐无比的兔子。

的部分。但这并没有缓解帝国主义之间的矛盾，第二次摩洛哥危机使英德对立更加深化，使英法之间的协约关系更加巩固。之后，协约国集团与以德国为核心的同盟国集团都紧锣密鼓地进行战争准备，最终导致第一次世界大战的爆发。

意土战争

1911 年 9 月 28 日，在第二次摩洛哥危机最紧张的时刻，意大利突然向土耳其发出最后通牒，要求土耳其割让的黎波里和昔兰尼加。遭到拒绝后，意大利便对土耳其开战。意大利很快占领的黎波里的沿海地带，但接下来的进攻遭到了当地人的坚决抵抗。战争一直延续到 1912 年才结束。1912 年 10 月 18 日，土耳其和意大利正式签署了《意土和约》，土耳其被迫将的黎波里和昔兰尼加

割让给意大利。这一地区成了意大利的一个新殖民地——利比亚。

巴尔干战争

1912—1913 年巴尔干同盟反对土耳其统治的民族解放战争，是第一次世界大战爆发之前所发生的一系列局部战争之一。巴尔干半岛和地中海的战略地位极为重要。前者扼欧、亚、非三大洲的交通要道，后者则是连接欧、亚、非三大洲最便捷的海上通道。巴尔干四国同盟中的门的内哥罗首先向土耳其奥斯曼帝国宣战，四国同盟的其他三国——塞尔维亚、保加利亚和希腊也相继宣战。四国军队很快击溃了土耳其军队。巴尔干地区各民族都获得了独立，但巴尔干地区的紧张局势并未削减。由于同盟内部在分割领土问题上发生分歧，又导致第二次巴尔干战争的爆发。

"泰坦尼克号"沉没

船体底部特别的双层设计，再加上彼此分隔的 16 个水密舱，使得"泰坦尼克号"在当时被认为是永不沉没的。1912 年 4 月 14 日的午夜，正在纽芬兰外海冰山出没地区以全速前进的"泰坦尼克号"，右舷突然撞上了一座冰山。船上的 2224 名乘客中有 1513 位丧生，在 15 日凌晨 4 点左右，其余 700 多名幸存者被"喀尔帕西亚号"邮轮救起。

"护理学之母"南丁格尔

1908 年 3 月 16 日，一位双目失明的 87 岁老妇人，被英国王室授予伦敦城自由奖，这是英国历史上国王第一次把这种荣誉授予一位女性。这位老妇人就是弗洛伦斯·南丁格尔（1820—1910 年）。就是她，开创了近代护理学专业。

南丁格尔终身未嫁，她把一切都献给了护理学事业。南丁格尔著有《医院管理须知》《护理须知》等专业书籍。后来她还发起组织国际红十字会。1907 年，国际红十字会决定设立南丁格尔奖章，这是国际护士的最高荣誉。世人为表示对她的崇敬与景仰，把她的生日 5 月 12 日定为国际护士日。

世界语

世界语是由波兰眼科医生柴门霍夫博士于 1887 年在印欧语系的基础上创立的一种国际辅助语，旨在消除国际交往的语言障碍。后人根据柴门霍夫公布这种语言方案时所用笔名"Doktoro Esperanto"（意为希望者博士）称这种语言为"Esperanto"。20 世纪初，当世界语刚传入中国时，有人曾把它音译为"爱斯不难读"语，也有叫"万国新语"的。后来有人借用日本人的意译名称"世界语"，并一直沿用至今。

柴门霍夫

世界语的创始人柴门霍夫于 1859 年诞生在波兰一个犹太人的家里，他的故乡是波兰东部的一个小城镇——比亚里斯托克，在这里居住着犹太人、日耳曼人、波兰人、俄罗斯人。当时帝俄统治着波兰，经常屠杀犹太人，并且制造民族纠纷和仇恨。幼年的柴门霍夫见到这种情况非常痛心，他立志要创造一种平等中立的语言，以增进各民族的互相了解和友谊，进而消除他们彼此之间的隔膜和仇恨。1887 年，他成功创立了一种国际辅助语——世界语。

1914 年，柴门霍夫病逝于第一次世界大战的波兰战区，年仅 58 岁，他的一生虽然是短暂的，但他对人类的贡献却是巨大的，值得人们永远纪念。

资本主义国家体制的完善

工人运动的温和化

20 世纪初期的现代大工业不仅需要大量的资本投入，同时也需要大量的劳动力，这就造就了一支强大的产业工人大军。他们通过工会来争取自己的经济权益，还建立了代表工人利益的政党组织。经济条件得到逐步改善的工人，更倾向于通过劳资谈判和选举政治来实现自己的意志。不过，这时的工人阶级中，也存在着日益扩大的内部分歧。工人中开始出现激进与温和这两种力量。在现代工业越发达的国家和地区，工人运动温和化的趋势就越明显。

普选权的确立

在资产阶级完善政治体制的同时，社会普通阶层也在为实现自己的政治利益而奋斗着，争取公民选举权已经成为人们追求的目标。面对工人阶级和中产阶级的强烈要求，资产阶级不得不开放普选权。19 世纪 70 年代以前，只有法国、德国、瑞士等国规定了成年男子的普选权，到 20 世纪初，普选权已经在欧美各国普遍确立起来。

两院制

所谓两院制，简单地说就是把议会分成两个部分，由它们共同行使议会的权力。两院制的理论基础是分权思想在议会内部的延伸。按照分权制约的思想，一切掌握权力的人都容易滥用权力，因此，要防止滥用权力，保障人民的自由，就必须以权力制约权力。为防止议会的专横和滥权，也须要组成两个议院，彼此相互制约。另外，两院制的支持者还认为，两院通过按照不同的选举原则产生议员，可以保障更广泛的代表性，以有利于代表不同地域、民族、职业、阶层的利益；法案由两个议院共同审议，也可以防止立法工作的草率从事；从议行关系的角度考虑，议会内部两院的互相牵制，也可以减少立法机关与行政机关的冲突。

采用两院制的国家有美国、意大利、英国、法国、荷兰等。

各个国家对"两院"的称呼也不相同，如英国议会的两院叫"贵族院"和"平民院"，通常又叫作"上院"和"下院"；美国国会、日本国会叫"参议院"和

"众议院"；法国叫"参议院"和"国民议会"；荷兰叫"第一院"和"第二院"；瑞士叫"联邦院"和"国民院"，等等。

社会保障制度的诞生

19世纪末20世纪初，欧美国家的社会领域也发生了较大的变化。这种变化首先是从德国开始产生的。由于工业化的快速发展，德国工人贫困化和生产劳动条件恶化的情况非常严重，因此要求改善工人条件的呼声特别强烈。针对这种情况，德国政府从1881年到1889年连续颁布了三项关于对工人实施社会保障的立法，这也是欧美资本主义国家最早的关于社会保险的立法，成为欧洲各国的榜样。

现代公用事业的发展

1914年前，欧美各国已经普遍建立了新型的公用事业网，包括公共设施、自来水、煤气、电力供应、商场、职业介绍所、博物馆、公园等。同时，不少国家还对各类学校给予直接财政支持。

议会代议制的普遍确立

19世纪末20世纪初，英国经过几次议会改革，最先建立了现代的代议制度。此后，无论是在实行共和政体的美国、法国，还是实行君主立宪制的英国、低地国家（指荷兰、比利时、卢森堡等），以及斯堪的纳维亚国家，议会（或国会）都已成为其国内政治的重要的基础。

现代政党制度的兴起和建立

政党体系是除政府体系和议会制度外支撑现代资产阶级政治的另一根支柱。它直接反映资产阶级各派别、集团的政治利益，也直接决定议会和政府的组成。19世纪60年代以后，在英国，保守党和自由党逐渐建立起全国性的组织系统，而美国在内战后也最终形成了共和党与民主党两党轮流执政的局面。这样，英美首先确立了一种两党制的现代政党体系。

美国金元外交

金元外交是美国塔夫脱总统提出的鼓励和支持银行家扩大海外投资，以实现向外扩张的外交政策。西奥多·罗斯福的"大棒政策"遭到世界各国，特别是拉丁美洲人民的反对，塔夫脱于是鼓吹积极的经济扩张政策。塔夫脱提出"用金元代替枪弹"，他们主张运用外交政策推动和保护美国银行家的海外投资，特别是对拉丁美洲加勒比海地区和中国扩大投资，在这些地区排挤和取代其他帝国主义国家。事实上，金元并没有完全取代枪弹，而只是枪弹的补充。二者常常交替使用或同时使用。在这种政策的鼓励下，美国资本大量投入加勒比海地区各国。金元外交实际上是一种资本渗透，通过对外投资来夺取更多的海外市场和殖民特权。

第一次世界大战的爆发

萨拉热窝事件

　　1914 年 6 月 28 日，奥匈帝国在其吞并不久的波斯尼亚邻近塞尔维亚的边境地区进行军事演习，以塞尔维亚为假想敌人。6 月 28 日是塞尔维亚和波斯尼亚联军在 1389 年被土耳其军队打败的日子，是塞尔维亚人民的国耻日。奥匈帝国演习选定在这一天是具有挑衅意味的。奥匈皇储斐迪南大公亲自检阅了这次演习，演习结束后，斐迪南大公返回萨拉热窝市区时，被塞尔维亚青年普林西普击中毙命。这就是著名的萨拉热窝事件。德、奥匈帝国立即以此作为发动战争的借口，挑起了第一次世界大战，这一事件遂成为第一次世界大战的导火线。

描绘斐迪南夫妇被刺场面的图画

第一次世界大战

　　第一次世界大战是一场主要发生在欧洲但波及到全世界的世界大战。当时世界上大多数国家都卷入了这场战争。

　　战争过程主要是同盟国和协约国之间的战斗。德意志帝国和奥匈帝国是同盟国，英国、法国、意大利、俄罗斯帝国和塞尔维亚是协约国。在 1914 年至 1918 年间，亚洲、欧洲和美洲的很多其他国家都加入了协约国。战场主要在欧洲。值得注意的是意大利虽是同盟国，但是后来英国、法国及俄国与意大利签订密约，承诺给予意大利某些土地，意大利也加入了协约国对抗同盟国。

　　这场战争是欧洲历史上破坏性最强的战争之一。大约有 6500 万人参战，1000万人失去了生命，2000 万人受伤。

　　战争的导火索是 1914 年 6 月的萨拉热窝事件，战线主要分为东线（俄国对德奥作战），西线（英法比对德作战）和南线（又称巴尔干战线，塞尔维亚对奥匈帝国作战）。其中西线最惨烈，著名的战役有马恩河战役、凡尔登战役和索姆河战役。

坦　　克

　　坦克是一种具有强大直射火力、高度越野机动性和坚固防护力的履带式装甲战斗车辆。

　　第一次世界大战开始后，由于作战双方各自建立了由壕沟、铁丝网、机枪火力点等组成的防御阵地，战争进入了僵持状态。为了打破这种僵局，英国战地记者温斯顿提出制造一种有装甲、带武器的越野战车，得到了海军大臣丘吉尔的支持。他们组织人员将一辆美国拖拉机焊上厚钢板，装上炮塔，建成了世界上第一辆坦克。它的样子很像西亚地区的运水车，英国军方就称它为 tank，意为水车，这就是坦克译名的由来。这种坦克被称为马克Ⅰ型坦克，重 26 吨，105 马力，需要 8 人驾驶，最高时速 4 英里，左右两侧各装备了一门炮，配备了 6 挺机枪。

1916 年 9 月 15 日，英国首次在战场上投入了 18 辆坦克参战。这 18 辆坦克闯过地雷区，压倒铁丝网，跨过壕沟，德国的机枪扫射对它毫无作用。英国步兵很快跟上，突破了德军防线，显示了巨大的威力。

坦克的出现，标志着陆军机械化新时代的来临，从此陆战发生了革命性的变化。

远程大炮

在第一次世界大战时，双方进行了多次炮战。除了以密集火炮群外，为了进行攻坚战，德军研制了火炮中的巨无霸——远程大炮，其中最有名的是"大伯莎巨炮"和"巴黎大炮"。

1914 年 8 月，德军入侵比利时，但在比利时列日要塞受阻。列日要塞由 12 座炮台组成，每座炮台都建在地下，共 400 门大炮。德军决定动用"大伯莎巨炮"。"大伯莎巨炮"重 62 吨，炮身长 9 米，炮弹重 520 千克。巨炮一发接一发地向列日要塞炮台发射炮弹，将整座要塞彻底摧毁。

"巴黎大炮"炮身长 35 米，重 750 吨，射程 120 千米。德军用它轰击巴黎，炸毁了很多建筑，引起了巴黎市民的恐慌。

"第一次世界大战"前，为了对付法国的马奇诺防线，德国制造了"多拉大炮"，但没有派上用场。多拉大炮身长 43 米、宽 7 米、高 12 米、重 1350 吨。苏德战争时，"多拉大炮"向苏联的塞瓦斯托波尔发射了 48 枚巨型炮弹，炸毁了一个地下火药库，致使该市最终被德军攻占。

"第二次世界大战"后，随着火箭和导弹的发明，远程大炮逐渐退出战场。

第一次马恩河战役

1914 年 8 月，德军同法、英军队在法国边境展开激战，双方共投入 350 万大军。法军和英军被迫南撤。9 月 3 日，德军越过马恩河。5 日，法军主力经过重新部署，在马恩河一带 200 公里战线上开始反击德军，至 9 日迫使贸然南进的德国第 1、第 2 集团军撤退到马恩河以北至凡尔登一线。马恩河战役使德军包抄法军的计划失败，德国在西线速决战略破产，总参谋长毛奇被德皇威廉二世撤职，改由法金汉担任。

塞尔维亚抗击奥匈帝国

第一次世界大战期间，塞尔维亚军民于 1914—1916 年为抗击同盟国军队入侵而进行的国土保卫战。奥军企图以优势兵力一举歼灭塞军，迫使塞尔维亚投降，遏制斯拉夫人的民族解放运动。塞军虽在兵力和装备上居劣势，但多数是参加过巴尔干战争的老兵，且为保卫祖国而战，士气高昂。

塞军总司令 R. 普特尼克计划坚守奥塞边界的多瑙河、萨瓦河和德里纳河，主力集结在瓦列沃以东，待机反击。8 月 12 日，O. 波蒂雷克率奥第 2、第 5、第 6 集团军 20 万人入侵塞尔维亚，第 2 集团军迅速占领沙巴茨，第 5 集团军于 15 日推进到亚达尔河岸。16—23 日，普特尼克指挥塞军及其盟军黑山军约 30 万人发起反攻，将奥军赶出国境。9 月 8—16 日，奥军第二次入侵塞尔维亚，占领德里纳河和萨瓦河上的桥头堡。11 月 5 日，奥军发动第三次进攻，15 日攻占瓦列沃。29 日，塞军放弃首都贝尔格莱德，主力撤至瓦列沃以东 32 公里处。12 月 3 日，塞军发起反击，收复贝尔格莱德，9 日迫使奥军撤退，15 日再次将奥军赶出国境。在 1914 年的作战中，奥军伤亡 22.7 万人，塞军伤亡 17 万人。1915 年秋，德军马肯森元帅率奥、德、保联军 60 万人，从东面和北面向塞军发起全面进攻。塞军 20 万人分兵五路迎击。10 月 9 日，贝尔格莱德陷落。23 日，保军攻占韦莱斯，切断南部铁路线，阻击从萨洛尼卡北上的英法援军。11 月中旬，塞军被迫撤至阿尔巴尼亚山区，后由协约国舰队运往科孚岛和比塞大休整。此战，塞军伤亡 10 万余人，被俘 16 万人，余部 15 万人被运往萨洛尼卡战场继续与同盟国军队作战。塞尔维亚和黑山人民组织游击队，坚持开展游击战争。1916 年 11 月，塞军在协约国军队支援下，收复包括莫纳斯提尔（今比托拉）在内的部分国土。

塞尔维亚抗战牵制了同盟国军队的兵力，有力地支援了协约国军队在其他战场的作战行动。

德军的毒气战

1915 年 4 月 22 日，德军在西线战场首次使用毒瓦斯。在比利时依普尔运河战线上的德军顺着风向施放毒瓦斯，这次毒气进攻是在 6 千米长的战线上进行的。顷刻间，身处最前列的法国士兵就看见浓烈的黄烟从德军的战场上升腾而起，并缓慢地向法军阵地转移。烟雾在法军阵地上造成毁灭性的后果。许多士兵当场丧生，部分士兵虽然逃离雾区，但他们所吸入的毒气几分钟后也使他们面部乌黑，咳血而死。

无限制潜艇战

早在 1915 年 5 月，德国曾承诺限制潜艇活动，允诺军事行动仅限于交战国。1916 年，德国潜艇共击沉了近 300 艘英国商船，给英国海上运输带来一定困难。日德兰海战之后，德国更感到有必要扩大潜艇战争。从 1917 年 2 月 4 日起，德国开始实行"无限制潜艇战"。凡是在英吉利海峡行驶的一切船只，均遭到德国潜艇的袭击。德国的潜艇战虽然取得了重大战果，但也促使协约国迅速创造出一些防御及反击潜艇的办法，使德国企图迫使英国求和的愿望落空。

凡尔登战役

凡尔登是法国北部著名的战略要塞。1916 年初，德军制订了一项旨在攻陷凡尔登的计划，目的是在那里吸引法国全部兵力，然后加以歼灭，"使法国把血流尽"，迫使其投降。2 月 21 日开始，德军出动 27 万兵力向凡尔登进攻，并很快突破了法军的防线，几乎完成对凡尔登的包围，凡尔登的法军与外界仅有一条狭窄的公路相通。在危急时刻，法军司令部火速增援凡尔登，法军的局势得以稳定。此后，德、法军队展开了拼死博杀，最终以德军的失败而告终，时间是 12 月 18 日。在凡尔登战役中，德军共投入了 46 个师，法军则有 66 个师先后参加了战斗。双方伤亡人数多达 70 多万，因此被称为"凡尔登绞肉机"。

索姆河战役

1916 年 6 月 24 日至 30 日，英法联军向索姆河附近的德国海军阵地发射了 150 万发炮弹。7 月 1 日早晨，索姆河战役打响。英法联军向德军阵地发起猛攻，德军竭力死守，战斗十分激烈。英军士兵到当天傍晚竟然死伤 6 万多人。法军也因德军的顽强抵抗而进展不大。到 7 月 14 日，英军纵深推进不超过 3 英里，法军不超过 6 英里。此后交战双方转入相持状态。9 月 15 日，英军首次使用了新式武器——坦克，这是世界最早的坦克，英军出动了总共 49 辆坦克中的 10 辆。坦克冲过铁丝网和战壕，无可阻挡，德军机枪的子弹不能发挥威力。德军面对这一庞然大物，不知所措，纷纷临阵脱逃。英军在这一天攻占了纵深 5 公里的德军阵地。索姆河战役打到 1916 年 11 月，英法联军从德军手中夺回了 180 平方公里的土地。英军损失 42 万人，法军损失 20 多万人，德军损失 65 万人，双方损失超过 120 万人，是第一次世界大战中损失人数最多的一次。

日德兰海战

1916 年 5 月 30 日 22 时许，英海军司令约翰·杰立克率领 24 艘战列舰、3 艘战列巡洋舰离开因沃内斯，同时，前锋司令彼得率领 4 艘战列舰、6 艘战斗巡洋舰离开罗西恩。而德舰队前锋司令余伯率领 5 艘战斗巡洋舰从基尔出发，沿着日德兰海滨向西北驶去。这时，英国前锋司令彼得率领的舰队从西北向东南行进。31 日下午，双方舰队相遇，立即展开了大规模的战斗。日德兰海战是整个大战期间规模最大的一次海上争斗。这次海战，英国出动了各种舰只 151 艘，德国出动了 101 艘。结果，德国的 1 艘大舰和 10 艘小舰被击沉，损失 2500 余人，英国被击沉 3 艘大舰、11 艘小舰，损失 6000 余人。虽然英国舰队的损失比德国的大，但因英国海军仍拥有数量上的优势，因而依然保持着海上的控制权。

康布雷坦克战

康布雷坦克战是第一次世界大战期间，英军在法国北部的康布雷地区发动的首次有坦克参战的战斗。

1917 年冬，英军趁德军东调之机，决定在法国北部发起一次战役，突破德军阵线。总参谋部的富勒上校坚决主张用大批坦克来突破德军防线，得到英军参谋部的同意。

11 月 20 日早晨 6 时，为了不让德军察觉到地面坦克出动时的隆隆声，英军出动了大批飞机在前线上空嗡嗡盘旋。20 分钟后，381 辆坦克同时发动，向德军阵地猛冲过去。坦克凭借厚厚的装甲和履带，把带刺铁丝等障碍物碾平了。在德军挖掘的用来阻止坦克前进的宽十几米的堑壕前，坦克将携带着用链条缚紧的长长柴捆投到堑壕里，作为临时的便桥。坦克借助着便桥越过堑壕，继续向敌人阵地冲去。

在坦克的突然进攻面前，德军陷入混乱之中，不是被坦克打死打伤，就是投降逃跑。这天，英军深入德军阵地 6 千米，俘虏德军 7500 名。如果没有坦克的冲锋，根本无法取得这次胜利。

康布雷坦克战在战争史上具有划时代的意义，它标志着陆战装甲时代的来临。

美国对德宣战

1917 年 4 月 2 日，威尔逊在两院的联席会上发表演说，号召美国加入欧洲战场。4 月 6 日美国对德宣战，12 月 7 日对奥匈帝国宣战。宣战前几个月中，美德关系已日益恶化。在德国 1 月 31 日宣布再次实行"无限制潜艇战"以后，美国商船"豪森图尼克"号于 2 月 3 日在西西里海域被击沉。美国在当天对德国的行为予以谴责，并宣布与德断交。2 月 26 日，美国驱逐德国驻美大使，并召回本国驻德大使。3 月 12 日，美国非武装商船"艾尔奎因"号被击沉，美国宣布武装所有商船。在美国船只连续被击沉之后，美国议院以绝大多数票通过威尔逊总统提出的对德宣战议案。6 月 27 日，由潘兴将军率领的第一批美军到达德国。

《布列斯特和约》

1917 年 11 月 8 日，即彼得格勒起义胜利的第二天，苏维埃政权就通过了和平法令，向一切交战国建议立即开始和平谈判。1917 年 12 月 22 日，苏俄与德奥集团的和平谈判在布列斯特－里托夫斯克正式举行。苏俄建议双方缔结不割地不赔款的民主和约。而德国却提出非常苛刻的掠夺性条件。布尔什维克党经过辩论后，最后通过投票同意列宁的忍辱签订和约的建议。

1918 年 3 月 3 日，双方签订了《布列斯特和约》。1918 年德国爆发十二月革命，推翻了威廉二世政权。1918 年 11 月 13 日，苏俄政府宣布废除布列

各国代表在和约上签字

斯特和约。

分赃的巴黎和会

1918 年，历时 4 年的第一次世界大战结束后，英、法、美对战后世界秩序各有安排。1919 年初，协约国（27 国）代表团共 1000 多人带着各自的要求齐集巴黎，1 月 18 日，名为缔和实为分赃的巴黎和会在凡尔赛宫的镜厅正式开幕。

经过半年的讨价还价，三巨头终于就和约内容勉强达成了协议。《凡尔赛和约》于 1919 年 6 月 28 日下午 3 时签署，法国、英国及日本都获得了各自最希望获得的领土补偿、殖民地和大笔战争赔款。英国维持了海上霸主地位，法国重新雄霸欧洲大陆。和约表明了巴黎和会是一个分赃会议。和会无视中国的合理要求，中国代表拒绝在和约上签字。巴黎和会成为中国"五四"运动的导火线。

国际联盟

国际联盟（简称国联）是第一次世界大战的产物，是第一个立誓共同防御侵略、以非暴力方式解决争端的世界范围内的国际组织，在世界历史上具有突出的地位。

在第一次世界大战期间，美国的一些资产阶级和平团体积极主张建立一个调解国际纠纷的机构。美国总统威尔逊非常赞成这个主张，并将此纳入他的"十四点原则"，力主建立国际联盟这样一个组织。

1919 年 1 月 18 日，巴黎和会召开以后，威尔逊坚持首先讨论建立国际联盟的问题，并主张把《国联盟约》列为《对德和约》的必要组成部分。但是，在英法两国的操纵下，巴黎和会决定设立一个国联盟约起草委员会。

《国联盟约》经过 26 次修改之后，于 1919 年 4 月 28 日在巴黎和会上通过。1920 年 1 月 10 日，国际联盟正式宣告成立。凡是在大战中对德奥集团宣战的国家和新成立的国家都是国际联盟的创始会员国。这样，国联共有 44 个会员国，后来逐渐增加到 63 个国家。总部设在日内瓦。中国于 1920 年 6 月 29 日加入国际联盟。

国际联盟的宗旨是减少武器数目、平息国际纠纷及维持民众的生活水平。但是，国联不能有效阻止法西斯的侵略行为，第二次世界大战后，国联被联合国取代。

第一次世界大战后的资本主义世界

美国限制移民

美国是依靠移民组成的国家，但随着西进运动的终结，劳工和劳工组织把新移民看成是缩小国内劳工市场和妨碍劳工组织发展的因素，因此要求限制移民入境。20 世纪初的 15 年，平均每年有 100 万移民入境。从 1917 年开始，美国开始限制移民入境人数，但每年仍有 1000 多万移民涌入。从 1921 年 5 月开始，美国将移民数限制为 1910 年在美国新出生的外来人口的 3%。这一措施使移民数有所减少，然而仍不能令当局感到满意。

海军军备竞赛

第一次世界大战结束后，随着德国海军的败亡，美国和日本都将对方视为争夺远东和太平洋地区霸权的主要障碍，开始疯狂扩建海军，而英国为了保持本国海军的优势地位，也拨巨款扩充海军。列强之间的海军军备竞赛愈演愈烈。到1921年，美国已经成为世界第一海军强国。

凡尔赛－华盛顿体系

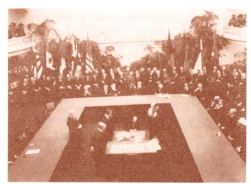

参加华盛顿会议的各国代表在《五国海军条约》上签字

这是第一次世界大战后帝国主义战胜国建立的统治秩序。1919—1920年，巴黎和会的召开与《凡尔赛和约》的签订，暂时调整了帝国主义在西方的关系，建立了战后帝国主义在欧洲等地的统治秩序，即构成了凡尔赛体系。1921—1922年的华盛顿会议是巴黎和会的继续，会上签订了《四国条约》《五国海军条约》和《九国公约》等条约，确定了战后帝国主义在远东和太平洋地区的统治秩序，又构成了华盛顿体系。这样，战后帝国主义重新瓜分世界的"凡尔赛－华盛顿体系"形成了。1939年德国突袭波兰，接着英、法对德宣战，第二次世界大战全面爆发，"凡尔赛－华盛顿体系"彻底崩溃了。

米骚动

第一次世界大战结束后，日本经济在保持繁荣的同时出现了通货膨胀，物价指数迅速上升，工人工资下降。日本农业在封建的寄生地主制下生产停滞，米少价高。加上日本政府出兵西伯利亚，急需大批军粮，大量的粮食外调和不法商人囤积居奇，使得米价飞速上涨。1918年的日本米价4倍于战前。人民不堪重负。7月23日富山县鱼津町（今米津市）渔民的妻女拒绝将大米装运出县。运动迅速席卷各大中城市、农村和矿山。群众结队捣毁米店，要求降低米价，救济贫民，在许多城镇发生了群众与军警的正面冲突。寺内正毅内阁在调动军警和军队镇压的同时，对部分地区予以救济，到9月17日骚乱基本平息。抢米风潮和骚乱共持续57天，骚乱地点多达311处，全国有70万人参加了骚动。这一骚动使寺内正毅内阁倒台，推动了日本工农运动和民主运动的发展。

魏玛共和国

1919年2月6日，德国国民议会在魏玛开幕，选举艾伯特为总统。7月31日，国民议会通过《魏玛宪法》，正式宣告废除封建帝制，成立共和国，史称魏玛共和国。它是德国历史上第一个共和制时期。按照《魏玛宪法》的规定，资产阶级在德国政治生活中的作用被提高，但容克地主的势力和影响依然存在。魏玛共和国成立后，于 1919 年 6 月签订了《凡尔赛和约》，承认战败国地位。之后为打破孤立局面，先后与美国和苏联签订条约，改善国际地位。1924—1929 年是魏玛共和国稳定发展时期，德国经济获得迅速发展，并于 1926 年 9 月加入国际联盟，恢复了欧洲强国地位。1929 年世界经济大危机爆发后，德国经济陷入崩溃边缘，失业人数增加，国内矛盾激化，纳粹运动兴起。1932 年 7 月，纳粹党在国会选举中成为第一大党。1933 年 1 月，希特勒被任命为总理。希特勒上台后，于 2 月 1 日解散国会，3 月 23 日操纵国会通过授权法，成为独裁者，魏玛共和国宣告解体。

李卜克内西和卢森堡

李卜克内西和卢森堡均为德国共产党的领袖。1918 年 11 月德国爆发革命后，李卜克内西和卢森堡的非凡威望与感召力引起了德国反动派的极大恐惧和嫉恨。

1919 年 1 月在德国共产党领导下，柏林工人举行反政府总罢工和武装起义，但被镇压。政府宣布共产党员不受法律保护，逮捕了一批德共领导人。为了躲过敌人的搜捕，李卜克内西和卢森堡被迫转入地下。1 月 15 日，"自卫民团"突然闯入威尔默尔村，在地下室逮捕了来不及转移的两位领袖。随后他们被带到骑兵近卫师司令部，简单讯问几句后被逐个押往德阿比特监狱。首先被押走的是李卜克内西。刚走到门口，他就遭到枪托猛击，押送途中被令下车步行，然后即饮弹身亡，遗体被当作"无名尸"送至某警察分局。卢森堡被带出来时也遭到了同样的打击，立即失去知觉，随后几人把她架上汽车并枪杀了她，几天之后人们才在兰德维尔运河发现了她的遗体。为了掩盖事实的真相，反动分子谣传李卜克内西是企图逃跑时被击毙的，卢森堡则是被愤怒的人群私刑处死的。

共产国际

共产国际，亦称"第三国际。"全世界共产党和共产主义组织的国际联合组织。第一次世界大战爆发后，第二国际陷于破产，列宁为团结各国的革命左派，建立共产国际进行了一系列工作。1919 年 3 月 2 日于莫斯科召开有 30 个国家的工人政党和组织代表参加的国际共义主义代表大会，通过了《告全世界无产者》的宣言，《共产国际行动纲领》和《关于资产阶级民主和无产阶级专政的提纲》，宣告共产国际成立。其任务是宣传马克思主义，团结各国工人阶级专政，消灭剥削制度而斗争。总部设在莫斯科。凡参加共产国际的各国共产党都是它的支部。以后随着国际共产主义运动的发展，原有组织形式不能适应新形势的要求，经各国共产党一致同意，于 1943 年 6 月正式解散。

阿姆利则惨案

1919年，印度农村饿殍遍地，景象十分悲惨。

第一次世界大战后，印度人民掀起反对英国殖民统治的斗争高潮，英国殖民者决定采取恐怖手段。1919年3月初，旁遮普邦阿姆利则市人民开展反英斗争，抗议《罗拉特法案》。4月10日，英殖民当局在阿姆利则城逮捕了两位著名民族运动活动家。当日，该市群游行示威，与军警发生冲突。愤怒的群众捣毁了英国银行，占领了火车站、电报局、电话局，切断了该城与外地的联系。英殖民当局开进阿姆利则，实行戒严，禁止一切集会。13日，大批锡克教徒在贾连瓦拉·巴格广场举行集会活动。英国殖民当局军队包围广场出口，向群众开枪扫射，当场打死370余人，打伤1200余人。惨案发生后，英国殖民当局封锁消息达4个月之久。阿姆利则惨案激起印度各地更大规模的反英浪潮。

匈牙利苏维埃共和国的成立

1918年10月29日，匈牙利人民在布达佩斯举行罢工游行，要求停止战争。罢工斗争迅速发展成武装起义，推翻了哈布斯堡王朝。同年11月，新成立的卡罗利政府与协约国签署停战协定，宣布成立共和国。1919年2月，协约国要求匈牙利后撤驻军，卡罗利下台，将政权交给了匈牙利社会民主党。3月21日，社会民主党与共产党协议合并，宣告成立匈牙利苏维埃共和国。

爱尔兰自治

第一次世界大战后，英国本土和自治领之间的矛盾日益加剧。战后初期，爱尔兰争取独立的斗争重新高涨。爱尔兰共和派曾于1916年在都柏林举行起义，但遭到英国政府的镇压。1919年1月21日，共和派在都柏林集会，宣布成立独立的爱尔兰共和国，接着各郡、市纷纷建立地方行政机关和法院。都柏林政府组织爱尔兰共和军和受英国控制的警察部队展开了游击战。1921年，双方开始谈判，英国承认爱尔兰南部26郡自治。1923年，爱尔兰被国际联盟接纳为会员国。

《色佛尔条约》

色佛尔条约是第一次世界大战后协约国和土耳其苏丹政府于1920年8月10日在巴黎附近的色佛尔签订的条约。条约规定：土耳其承认汉志和亚美尼独立；伊拉克、巴勒斯坦成为英国的委任统治地；土耳其在欧洲的领土除了伊斯坦布尔及其郊区以外，全部割让给希腊；在亚洲的领土，沿叙利亚边境的一个广阔的地带让给法国；摩苏尔石油产地割让给英国；黑海海峡宣告开放，不论何国的军舰与商船都能通过；领事裁判权继续有效；土耳其军队不得超过 5 万人；协约国有权对土耳其的财政进行监督。条约不仅使土耳其帝国的领土消减了 4/5，而且完成了对土耳其本土的瓜分，把土耳其推到了亡国的境地，激起了土耳其人民的反帝怒潮。土耳其人民在凯末尔的领导下，打败了希腊，取得了民族解放的胜利，终于在 1923 年废除了该条约。

鲁尔危机

德国在 1921 年交付首次战争赔款后，即提出延期支付下一年赔款的要求。法国对德国拖延支付赔款十分恼火。1923 年 1 月 11 日，法国联合比利时出兵 10 万开进德国西部重要工业中心鲁尔地区。1 月 12 日，德国外交部照会法、比两国政府，指责占领鲁尔是最严重的侵害德国主权的战争行为。在多方国际压力下，法、比不得不在 1924 年 11 月从鲁尔撤军。鲁尔危机的解决表明，法国开始丧失在欧洲大陆的优势地位。

道威斯计划

道威斯计划是第一次世界大战后协约国提出的德国赔款计划，由以美国银行家道威斯为首的委员会提出。1923 年 12 月，由美国芝加哥银行家道威斯率领比、法、意、英、美 5 国代表组成的国际专家委员会赴德调查，研究德国赔款问题。1924 年草成计划，8 月由伦敦会议通过，第二年开始实施。计划没有确定德国赔款总数，只规定 1924—1925 年的赔款数额为 10 亿金马克，以后逐年增加，到 1928—1929 年为 25 亿金马克，德国以主要财政收入（关税、间接税、铁路收入和工业税收）作为赔款的担保，计划还提出为稳定德国币制，协约国先给德国贷款 8 亿金马克，美国负担其中的 55%。道威斯计划为外国资本，特别是美国资本流入德国扫清了道路，促使德国工业迅速恢复和发展，加速了德国军国主义复活。1928 年，该计划因德国借口财政濒于破产而被停止执行，后被"杨格计划"所取代。

啤酒馆运动

1923 年 1 月，法国、比利时借口德国未按期支付赔款出兵占领鲁尔，德国出现严重混乱局面。纳粹党乘机策划发动暴乱，阴谋用武力夺取政权。11 月 8 日，在军国主义分子、原德军总监鲁登道夫等人的支持下，希特勒率领武装党徒占据慕尼黑市贝格布劳凯勒啤酒店，劫持在那里集会的州政府首脑，宣布巴伐利亚政府和魏玛共和国已被推翻，成立临时全国政府。次日，希特勒和鲁登道夫·赫斯率领 2000 余名武装政变分子举行游行，准备占领慕尼黑并以此为基地在全国建立纳粹党政权。此时纳粹党力量有限，没有得到垄断资本的全力支持，也没有得到国防军的支持，集会成员遭到警察枪击，16 人丧生，希特勒和鲁登道夫等人被捕并被判刑，政变遂告失败。此后，纳粹党转而致力于用合法方式夺取政权。

洛桑会议

1925 年 10 月 5 日，英、法、德、意等 7 国的代表在瑞士的小城洛桑举行了讨论安全保证问题的会议，签署了《洛桑公约》。该公约规定：德、法、比互相保证，使德比、德法边界不受侵犯；《凡尔赛和约》关于莱茵非军事区的规定应得到遵守；德法和德比互不侵犯，和平解决争端；英国和意大利作为保证国，承担援助被侵略国的义务。从国际关系的角度看，公约的签订对于稳定欧洲的局势起了积极作用。

洛迦诺会议

1925 年 10 月 5 日到 16 日，欧洲的一些资本主义国家在瑞士的洛迦诺举行会议，讨论调整相互关系问题。参加这次会议的有英国外交大臣奥斯丁·张伯伦、法国外长白里安、德国总理路德和外长斯特莱斯曼，以及比利时外交大臣、波兰外长、捷克斯洛伐克外长和意大利驻国际联盟代表等。会议签订了《洛迦诺公约》。公约内容包括：德、比、英、法、意相互保证维护《凡尔赛和约》所规定的德法和德比边界现状；德国分别同比、法、波、捷签订仲裁条约，相约凡外交上所不能解决的争端应提交仲裁法庭和国际法院裁决；法国同波、捷分别签订了防备德国进攻的相互保证条约。《洛迦诺公约》签订后，德国的国际政治地位提高，不久参加了国际联盟，并取得了国联行政院常任理事的席位。

杨格计划

1929 年，德国声称财政濒于崩溃，无力执行《道威斯计划》。同年 2 月 11 日，英、法、比、意、日、美、德等 7 国代表组成的以美国代表杨格为主席的专家委员会在巴黎召开会议，重新审议德国赔款问题。杨格起草了报告书，称"杨格计划"。主要内容有：德国赔款总额为 1139.5 亿马克，在 58 年内偿清，分两期支付。取消赔偿各国对德国经济与财政的一切形式的监督。德国每年应付数额中，1/3 无条件必付，其余可缓期 2 年，年息 5.5%。1930 年，各国在瑞士成立国际清算银行，管理有关德国赔偿的金融业务。杨格计划的实施，减少了德国的赔款负担，扩大了外国资本对德国经济的渗透。1931 年，德国声明因经济恶化无力偿还。1932 年洛桑会议决定德国偿还 30 亿马克为最后赔偿，但德国并未偿还，杨格计划遂告结束。

世界裁军大会

第一次世界大战后，各帝国主义国家为限制对手的军备，掩盖自己扩军备战的事实，纷纷提出裁军口号。国际联盟盟约亦规定会员国应将军备减少到最低限度。根据国联决定成立的国际裁军会议筹备委员会，于 1926 年 5 月在日内瓦举行会议。会上，帝国主义斗争激烈，经过 6 次会议才于 1930 年通过裁军方案最后报告书。1932 年 2 月 2 日，裁军会议在日内瓦正式开幕，共有包括非国联成员国美国、苏联在内的 60 余国参加。会上各大国都提出自己的方案，力图加强自己，削弱对方的军事实力。至 1933 年 6 月，会议接受英国提出的《麦克唐纳计划》作为未来裁军协定的基础。会议进行期间，德、日已走上法西斯道路。1933 年 10 月，德国退出裁军会议。1934 年 6 月，裁军会议在未取得任何实质性成果的情况下宣告结束。

西班牙内战

1936 年 7 月，佛朗哥等西班牙反动势力在西属摩洛哥等地发动叛乱，企图推翻共和国，建立法西斯专政，遭到共和国政府的坚决镇压。7 月底，德意法西斯公开进行武装干涉，向叛军提供大量武器装备，同时出动 20 万军队直接参加作战，西班牙内战演变为民族革命战争。1936 年 11 月到 1937 年 3 月，法西斯军队向首都马德里发动三次进攻，广大军民英勇抗战，取得保卫战的胜利。1937 年年中，法西斯军队把进攻重点转向北方，在北方陷落后转而进攻东部，1938 年春突破阿拉贡防线，进至地中海。1939 年 2 月，东部加泰罗尼亚等地区落入敌手，英、法承认佛朗哥政权，至此，共和国力量受到严重削弱。3 月 28 日，马德里陷落。3 月 30 日，法西斯军队占领共和国全境，西班牙民族革命战争失败。

臭氧层的发现

臭氧化学式为 O_3，无色气体，有特殊臭味。距地表 10—50 千米间的高空大气层，是臭氧集中的层次，称臭氧层，其浓度最大部分位于 20—25 千米的高度，仅占同高度空气体积的十万分之一。臭氧层于 1921 年被人类发现。臭氧层的存在，有效地阻止了几乎全都短于 290 纳米的太阳辐射到达地球表面，否则这种紫外辐射会损害并杀伤大多数生物。空气污染造成的臭氧层破坏，已引起人类社会的高度重视。因此，保护臭氧层已成为地球环境保护的一项重要任务。

乔伊斯与《尤利西斯》

《尤利西斯》是 20 世纪 20 年代出现的一部争议较多的小说。当人们读过此书和该作者的另一些作品后，才逐渐理解了这部小说的意义。它是一部严肃的作品，主要探讨的是应该怎样生活和价值标准等重大问题。《尤利西斯》由此而被公认为是现代派小说的巨著。小说的作者是"意识流派"的代表作家，爱尔兰的乔伊斯。乔伊斯取《尤利西斯》为名，意在表明本书是记录现代人的史诗。因他在作品中成功地运用了意识流的表现手法，《尤利西斯》成为"意识流派"的代表作。

炸药的发明

世界上最早的炸药出现在中国，大约在唐代，中国已发明火药（黑色炸药），宋朝时，黑色炸药已经用于战争，它必须用明火点燃，爆炸力也不大。

1831 年，英国人比克福德发明了安全导火索，使炸药的应用条件得到了极大改善。黄色炸药威力较大，它是由瑞典化学家、工程师和实业家诺贝尔发明的。

1846 年，意大利人索布雷罗合成硝化甘油，制成了液体炸药。这种液体炸药，爆炸力强，但使用时极不安全。1859 年，诺贝尔父子俩又对硝化甘油进行研究，最后用"温热法"对硝化甘油进行了较为妥善的处置。

1865 年，诺贝尔发明了雷汞雷管，与比克福德发明的安全导火索并用，成了硝化甘油炸药等高级炸药的引爆手段。经过反复研究，不断改进，诺贝尔终于研制出了运输安全、性能可靠的黄色炸药——硅藻土炸药。随后又开发成功一种威力更大的同类型炸药——爆炸胶。10 年后，他又研制出了第一批硝化甘油无烟火药弹道炸药。

此后，各个国家的科学家们研制出了一代代更高级的炸药，炸药的用途也越来越广。

电视发明者贝尔德

1929 年 1 月 26 日，当英国人第一次看到电视图像时，无不兴高采烈，奔走相告。在他们中间的电视发明者贝尔德（1888—1946 年），更是激动得流下了热泪。

贝尔德出生在英国。1923 年的一天，一个朋友告诉他："既然马可尼能够远距离发射和接收无线电波，那么发射图像也应该是可能的。"这使他受到很大启发。贝尔德决心要完成"用电传送图像"的任务。他将自己仅有的一点儿财产卖掉，收集了大量资料，并把所有时间都投入到研制电视机上。最后，完成了电视机的设计工作。

经过长时间的艰苦奋斗和无数次失败之后，贝尔德终于用电信号将人的形象搬上了屏幕。1928 年，贝尔德用短波从伦敦向纽约传送了图像，实现了人类历史上第一次使图像越过大西洋的梦想。1929 年，英国广播公司允许贝尔德公司开展公共电视广播业务。20 世纪 30 年代以后，贝尔德又转向了彩色电视的研究，并有所成就。

物理学革命

20 世纪初，科学技术取得了巨大进展，物理学家爱因斯坦于 1905 年和 1915 年先后提出了狭义相对论和广义相对论，论证了时间和空间的统一性，确立了崭新的时空观。1925 年左右，德国人海森堡和奥地利人薛定谔在前人研究的基础上，创建了量子力学这门学科。它和相对论相结合，形成了原子核物理学。以量子论和相对论为基础的物理学革命，促进了一批新技术的飞速发展，并且改变了人类的生产与生活方式。

爱因斯坦

阿尔伯特·爱因斯坦（1879—1955 年），美国物理学家、思想家及哲学家，犹太人，现代物理学的开创者和奠基人，相对论——"质能关系"的提出者，"决定论量子力学诠释"的捍卫者（振动的粒子）。1999 年 12 月 26 日，爱因斯坦被美国《时代周刊》评选为"世纪伟人"。

相对论

相对论是关于时空和引力的基本理论，主要由阿尔伯特·爱因斯坦创立，分为狭义相对论（特殊相对论）和广义相对论（一般相对论）。相对论的基本假设是相对性原理，即物理定律与参照系的选择无关。狭义相对论和广义相对论的区别是，前者讨论的是匀速直线运动的参照系（惯性参照系）之间的物理定律，后者则推广到具有加速度的参照系中（非惯性系），并在等效原理的假设下，广泛应用于引力场中。相对论和量子力学是现代物理学的两大基本支柱。经典物理学基础的经典力学，不适用于高速运动的物体和微观领域。相对论解决了高速运动问题；量子力学解决了微观亚原子条件下的问题。相对论颠覆了人类对宇宙和自然的"常识性"观念，提出了"时间和空间的相对性""四维时空""弯曲空间"等全新的概念。狭义相对论提出于 1905 年，广义相对论提出于 1915 年。

维　纳

诺伯特·维纳（1894—1964 年）是美国数学家，控制论的创始人。维纳 1894 年 11 月 26 日生于密苏里州的哥伦比亚，1964 年 3 月 18 日卒于斯德哥尔摩。

维纳的父亲是语言学家，有很高的数学天赋。他出生于俄国，智力早熟，13 岁就会好几种语言；他朝气蓬勃，富于冒险精神，18 岁那年独自一人漂洋过海，移居美国；他刻苦自学，凭掌握 40 多种语言的才能，成为哈佛大学斯拉夫语教授。这位才华横溢、不畏艰难而又性情急躁的人决心要使儿子在学术上超人一等。

维纳认为他父亲是天生的学者，集德国人的思想、犹太人的智慧和美国人的精神于一身。从童年到青年，维纳一直在父亲的熏陶下生活，并逐步成长为一个学者。

控制论

自从 1948 年诺伯特·维纳发表了著名的《控制论——关于在动物和机器中控制和通信的科学》一书以来，控制论的思想和方法已经渗透到了几乎所有的自然科学和社会科学领域。维纳把控制论看作是一门研究机器、生命社会中控制和通信的一般规律的科学，更具体地说，是研究动态系统在变化的环境条件下如何保持平衡状态或稳定状态的科学。他特意创造"cybernetics"这个英语新词来命名这门科学。"控制论"一词最初来源于希腊文"mberuhhtz"，原意为"操舵术"，就是掌舵的方法和技术，在柏拉图的著作中，经常用它来表示管理人的艺术。

板块构造说

板块构造说是 20 世纪 60 年代兴起的当代地球科学中最有影响的全球构造学

说。它认为地球的岩石圈分裂成为若干巨大的板块，岩石圈板块塑性软流圈发生大规模水平运动；板块与板块之间或相互分离，或相互汇聚，或相互平移，引起了地震、火山和构造运动。板块构造说包括了大陆漂移、海底扩张、转换断层、大陆碰撞等概念，为解释全球地质作用提供了颇有成效的框架。

魏格纳

魏格纳是德国气象学家、地球物理学家、天文学家，大陆漂移说的创始人。1880 年 11 月 1 日生于柏林，1930 年 11 月在格陵兰考察冰原时遇难。

魏格纳去世 30 年后，板块构造学说席卷全球，人们终于承认了大陆漂移学说的正确性。人们至今还纪念魏格纳的原因，不是他生前冷遇与死后热闹，而是他毕生寻求真理、正视事实、勇于探索和不惜献身的科学精神。

人口论

马尔萨斯人口论是马尔萨斯于 1798 年所创立的关于人口增加与食物增加速度相对比的一种人口理论，其主要论点和结论为：生活资料按算术级数增加，而人口是按几何级数增长的，因此生活资料的增加赶不上人口的增长是自然的、永恒的规律，只有通过饥饿、繁重的劳动、限制结婚以及战争等手段来消灭社会"下层"，才能削弱这个规律的作用。把资本主义制度所造成的一切问题和灾难归结为人口过剩的结果。

剩余价值说

正如劳动价值论一样，剩余价值学说严格地说也并不完全是马克思主义经济学的独创。在马克思主义经济学产生以前，就已经由资产阶级古典经济学家在事实上发现并揭示出它的来源了。亚当·斯密更是非常清楚地把剩余价值（即他所说的"利润"）的起源归结为由工人的劳动添加在劳动对象上面的价值中，减去"维持劳动"（实际上是劳动力）所需的那部分价值以后所剩下来的价值。

巴斯德

法国人巴斯德（1822—1895 年）是 19 世纪最伟大的化学家、生物学家和医生。他最先探明了微生物发酵和微生物致病的原因，并找到了降伏令人生畏的狂犬病的办法。

1848 年，通过研究酒石酸晶体，巴斯德发现分子的光学异构体，从而第一个在化学界提出分子不对称性理论，开创了立体化学研究的途径。1857 年，他研究了发酵过程，证明发酵是微生物活动的结果；同时发明了预防酒变酸的加热消毒法，这种方法被命名为"巴氏消毒法"。1881 年，巴斯德弄清了蚕病的致病菌，找到了预防方法。他还用减毒的炭疽病菌与鸡霍乱病菌使绵羊和鸡成功获得免疫，这一成果每年可以使数以十万计的家畜、家禽免于死亡。

巴斯德因为找到了医治狂犬病的方法而更加名扬欧洲和世界。他的狂犬病疫苗的研究成果当时被誉为"科学纪录中最杰出的一页"。俄国沙皇因他征服了狂犬病而奖赏了他，并为他建造了一幢房子，这就是现在的巴斯德研究院实验室。

对于他在生命科学方面无与伦比的理论和实践，法国人民评价说："巴斯德一人的发现，足以抵偿 1870 年法国付给德国的 50 亿法郎战争赔款。"

基因学说

摩尔根（1866—1945 年）和他的学生们利用果蝇做了大量的潜心研究。1926 年，他的巨著《基因论》出版，从而建立了著名的基因学说。他还绘制了著名的果蝇基因位置图，首次完成了当时最新的基因概念的描述，即基因以直线形式排列，它决定着一个特定的性状，而且能发生突变并随着染色体同源节段的互换而交换，它不仅是决定性状的功能单位，而且是一个突变单位和交换单位。至此，人们对基因概念的理解更加具体和丰富了。

青霉素的问世

弗莱明

青霉素是抗生素的一种，是从青霉菌培养液中提制的药物，是第一种能够治疗人类疾病的抗生素。青霉素是由英国细菌学家弗莱明发现的。1928 年的一天，弗莱明在他的一间简陋的实验室里研究导致人体发热的葡萄球菌。由于盖子没有盖好，他发觉培养细菌用的琼脂上附了一层青霉菌——这是从楼上的一位研究青霉菌的学者的窗口飘落进来的。使弗莱明感到惊讶的是，在青霉菌的近旁，葡萄球菌忽然不见了。这个偶然的发现深深吸引了他，他设法进行多次试验，证明青霉素可以在几小时内将葡萄球菌全部杀死。弗莱明据此发明了葡萄球菌的克星——青霉素。

1929 年，弗莱明发表了学术论文，报告了他的发现，但当时未引起重视，而且青霉素的提纯问题也还没有解决。

1935 年，英国牛津大学生物化学家钱恩和物理学家弗罗里对弗莱明的发现大感兴趣。钱恩负责青霉菌的培养和青霉素的分离、提纯和强化，使其抗菌力提高了几千倍，弗罗里负责对动物观察试验。至此，青霉素的功效得到了证明。

第二次世界大战促使青霉素大量生产。1943 年，已有足够的青霉素治疗伤兵；1950 年的青霉素产量可满足全世界需求。青霉素的发现与研究成功，是医学史上的一项奇迹。青霉素从临床应用开始，至今已发展到第四代。

经典力学

经典力学的基本定律是牛顿运动定律或与牛顿定律有关且等价的其他力学原

理，它是 20 世纪以前的力学，有两个基本假定：其一是假定时间和空间是绝对的，长度和时间间隔的测量与观测者的运动无关，物质间相互作用的传递是瞬时到达的；其二是一切可观测的物理量在原则上可以无限精确地加以测定。20 世纪以来，由于物理学的发展，经典力学的局限性暴露出来。如第一个假定，实际上只适用于与光速相比低速运动的情况。在高速运动情况下，时间和长度不能再认为与观测者的运动无关。第二个假定只适用于宏观物体。在微观系统中，所有物理量在原则上不可能同时被精确测定。因此经典力学的定律一般只是宏观物体低速运动时的近似定律。

居里夫人

玛丽·居里，原名玛丽·斯可罗多夫斯卡（1867—1934 年），出生于波兰，因当时波兰被占领，转入法国国籍。世界著名物理学家、化学家。研究放射性现象，发现镭和钋两种天然放射性元素，被人称为"镭的母亲"，一生两度获诺贝尔奖（第一次获得诺贝尔物理学奖，第二次获得诺贝尔生物和化学奖）。在研究镭的过程中，她和她的丈夫用了 3 年 9 个月的时间才从成吨的矿渣中提炼出了 0.1 克镭。作为杰出的科学家，居里夫人有一般科学家所没有的社会影响。作为成功女性的先驱，她的事迹与精神激励了很多人。

卓别林

查尔斯·斯宾塞·卓别林，1889 年 4 月 16 日出生于英国伦敦。1913 年在美国和加拿大巡回演出，并留在美国发展。卓别林在启斯东公司工作一年，演出 35 部影片。1915 年又为埃山奈公司编导 16 部影片，一生共演影片 80 部，以《淘金记》《摩登时代》《大独裁者》尤为著名。因为在电影艺术方面的巨大成就，他受到全世界人民的爱戴。他不是军人，却获得法国荣誉军团勋章；没进过高校，却接受了牛津大学学位；贫民出身，却被英国皇家封为爵士；离开好莱坞，却捧取了奥斯卡金像奖。卓别林于 1977 年 12 月 25 日在瑞士洛桑家中逝世，终年 88 岁。查理·卓别林是世界上最伟大的电影艺术家之一，为电影事业的发展做出过不可磨灭的贡献。

奥斯卡金像奖

奥斯卡奖是由美国电影艺术与科学学院颁发的美国最高的电影荣誉奖，也是当今全世界范围内影响最大、历史最长的电影奖之一。

1929 年 1 月，美国电影艺术与科学学院为了"促进电影艺术与科学以及发展人类文化"，决定设立一个"学院奖"（奥斯卡奖的正式名称）。这年 5 月 16 日首次受奖典礼在好莱坞的罗斯福饭店举行，共颁发了 15 尊金像。

青铜镀金像是一位手握长剑、屹立在一盘电影胶片上的健美勇士的形象，开始没有名称。直到 1931 年，当一个新来的学院女秘书看到这尊铜像，惊呼使她想起了叔叔奥斯卡时，一位记者立即将她的话报道出去。从此，"奥斯卡金像"便成了这个人像的名称。奥斯卡金像奖由此正式得名。

除1930年、1933年外，奥斯卡金像奖自第一届以来都是每年举行一次。按规定，对上一年度的影片和演职员在每年3月左右进行评奖。奥斯卡颁奖仪式是美国好莱坞的一个盛大活动。

弗洛伊德

西格蒙德·弗洛伊德（1856—1939年），犹太人，奥地利精神病医生及精神分析学家。精神分析学派的创始人。1873年进入维也纳大学，1881年获医学博士学位。他深信神经症可以通过心理治疗而奏效。他曾用催眠治病，后创始用精神分析疗法。他认为被压抑的欲望绝大部分是属于性的，性的扰乱是精神病的根本原因。1897年，他对自己进行了艰苦的自我分析，提出了恋母情结，即仇父恋母的情绪倾向。弗洛伊德的"性"是广义的，他以为身体上的敏感部分都属于性觉区。著有《性学三论》《梦的释义》《图腾与禁忌》《日常生活的心理病理学》《精神分析引论》《精神分析引论新编》等。

《梦的解析》

弗洛伊德的著作《梦的解析》是有关精神分析最重要的研究著作。他在书中详尽阐述了其关于梦的独创性概念，认为梦是"认识潜意识的重要途径"——潜意识的来源、发生的原因及其运作的方法。这一理论对当时的社会和艺术界产生了广泛的影响。

俄国十月革命及苏联成立

列宁主义

列宁主义是帝国主义时代和无产阶级时代的马克思主义，是无产阶级革命的理论和策略，特别是无产阶级专政的理论和策略。列宁丰富和发展了马克思主义，特别是创立了帝国主义是资本主义的最高和最后阶段的学说，揭示了帝国主义的基本特征及其发展规律，做出了社会主义能够首先在少数甚至单独在一个资本主义国家内获得胜利的科学论断。

血腥的尼古拉

"血腥的尼古拉"是俄国最后一个沙皇（1894—1917年执政）尼古拉二世（1868—1918年）的绰号，这个绰号是与他的双手沾满了国内外人民的鲜血相联系的。

他胸襟狭窄，顽固不化，又极端残忍。他在1905年1月9日以"工人想摧毁冬宫、杀害沙皇"为借口,下令向彼得堡请愿的工人群众开枪,当场被子弹打死、马刀砍死和军马踩死的有1000多人,受伤者在2000人以上,其中包括许多妇女和儿童。彼得堡街头洒满了工人的鲜血。这就是世界著名的"流血的星期日"。

苏维埃

俄文译音,意为会议或代表会议。1905—1907年第一次俄国革命中产生工人苏维埃,列宁称之为革命政权的萌芽。十月革命后,苏维埃成为苏联政权机关的组织形式,其他国家也曾把它们革命政权称为苏维埃政权。

《四月提纲》

1917年4月16日,列宁经过长期流放以后,回到彼得格勒。第二天,他在布尔什维克的会议上做了《论无产阶级在这次革命中的任务》的报告,即《四月提纲》。提纲指出,目前俄国革命的特点是从资产阶级民主革命过渡到无产阶级社会主义革命。政权在第一阶段落到了资产阶级手中,在第二阶段应该转到无产阶级和贫苦农民手中。《四月提纲》为布尔什维克党明确规定了从资产阶级民主革命过渡到社会主义革命的路线,指明了革命发展的前途。

第一个社会主义国家的诞生

第一次世界大战给俄国人民带来深重的灾难,饥寒交迫的人们再也无法忍受,反战情绪日益高涨,在列宁的领导下,俄国人民取得了十月革命的胜利,建立了世界上第一个苏维埃社会主义国家,改变了世界历史的格局和进程。

十月革命期间,布尔什维克与政府军之间的街头战。

十月革命

1917年11月7日,随着"阿芙乐尔"号的一声炮响,攻打冬宫这座沙皇专制统治的堡垒的战斗开始了,十月革命爆发。

攻占冬宫是一场非常艰苦的战斗。从11月7日清晨起,守卫冬宫的2000多人,用成垛的木头排成坚固的街垒,街垒里布置着机枪巢,堵住了冬宫的全部出入口。但攻打冬宫战役的指挥官安东诺夫不惧危难,亲自率领起义部队,冲进广场,冲向宫门。经过激战,起义部队终于攻占了冬宫。

11月8日晚上9点钟,苏维埃代表大会第二次会议在斯莫尔尼宫开幕。代表大会通过了列宁起草的《和平法令》和《土地法令》,发表了《告工人、士兵和农民书》,庄严宣告俄国一切政权归苏维埃。列宁当选为苏维埃政府——人民委员会主席。斯大林、安东诺夫等被选为人民委员。十月革命取得了胜利,人类历史上第一个工农政府诞生了。

苏维埃国内战争

1918—1920 年苏维埃俄国与外国武装干涉者和国内反革命武装所进行的战争。1918 年初，英、法、美、日等协约国军队入侵苏俄，占据了大片领土。国内反动势力在帝国主义者的支持下纷纷叛乱。德国军队占领了乌克兰、白俄罗斯和波罗的海沿岸。苏维埃共和国四面受敌，3/4 的领土为反革命所控制。苏维埃政权实行战时共产主义政策，创立红军，提出了"一切为了前线，一切为了共和国"的口号，同敌人展开了英勇的斗争。到 1918 年底，东线红军把敌人打回了乌拉尔地区，南线红军赢得了察里津保卫战的胜利。从 1919 年初到 1920 年底，协约国又先后组织三次大规模武装干涉，均被红军打败。至 1920 年底，反苏武装的基本力量已被歼灭。苏维埃国内战争的胜利，保卫了十月革命的成果，巩固了世界上第一个无产阶级政权。

苏联成立

1917 年 11 月 15 日，苏维埃政府公布了《俄国各族人民权利宣言》，宣布承认民族自决权，并主张各民族在平等、自主的基础上建立真诚的、巩固的联盟。1922 年，建立一个多民族统一的苏维埃国家条件成熟，各苏维埃共和国的共产党都提出了关于国家的联合问题。12 月 30 日，苏维埃社会主义共和国联盟（由俄罗斯联邦、乌克兰、白俄罗斯及南高加索联邦等 4 个苏维埃社会主义共和国联合组成）第一次代表大会通过了苏联成立宣言和成立条约，宣布根据自愿和平等的原则成立统一的联盟国家。苏共二大宪法规定，联盟有统一的国家政权、军队、法律和国民经济体系，有统一的国籍，各加盟共和国又有自己的国家政权机关、宪法，有自由退出联盟的权利。到 1956 年止，苏联共有 15 个加盟共和国。

苏俄新经济政策

战时共产主义政策使苏俄出现严重的政治、经济危机。1921 年 3 月，俄共（布）第十次代表大会未做任何修改，通过了列宁起草的《关于以实物税代替余粮收集制》的决议，即新经济政策。新经济政策的内容是在无产阶级专政的国家掌握国民经济命脉的前提下，利用商品、货币、价值规律等"资本主义经济范畴"和市场机制，建立正常的城乡之间的经济联系。

新经济政策实行粮食税，极大地调动了农民的生产积极性，工农联盟得到加强，苏维埃政权更加巩固。到 1925 年，苏俄的国民经济已基本恢复。新经济政策是列宁领导的布尔什维克党对社会主义建设模式的一种成功的探索。

苏联农业全盘集体化运动

1929—1933 年，苏联大规模开展的将个体小农私有经济转变为社会主义大集体经济的运动。为适应社会主义工业化发展的要求，1928年11月，联共（布）中央全会决定加快农业集体化步伐。到1937年，93%的农户参加了集体农庄。农业集体化消灭了富农阶级，为农业机械化、现代化开辟了道路，但其中出现的强迫命令现象，也造成了不良影响和后果。

肃反运动

1934年12月1日，联共（布）著名领导人基洛夫在斯莫尔尼宫被枪杀。前反对派领导人季诺维也夫、加米涅夫等16人被控策划恐怖行动而遭逮捕，并于1936年8月被处决。同时，全国掀起了一场"揭发和铲除人民敌人"的运动，内务部对成年男子和知识分子妇女进行审查，清洗、镇压的规模迅速扩大。不少党和国家的重要领导人，党中央政治局成员、军长、师长，一些有名的科学家、文学艺术家以及难以计数的群众，遭到逮捕、枪决。1936—1939年遭到逮捕和判刑的政治犯就近500万人。肃反运动给苏联的经济建设、国防建设和政治生活带来了严重的消极影响，民主和法制遭到严重破坏，国际共产主义运动也受到影响。

1939年初，肃反运动结束，斯大林公开承认在肃反时犯了严重错误。

朱可夫

朱可夫，苏联元帅，卓越的军事战略家。1896年生于卢加省斯特列尔科夫村一个贫苦家庭。他功勋卓著，先后获得列宁勋章6枚、十月革命勋章1枚、红旗勋章3枚、一级苏沃洛夫勋章2枚，"胜利"最高勋章2枚，以及奖章和外国勋章多枚，并4次荣获"苏联英雄"称号。

1915年应征加入俄国军队，参加第一次世界大战，获乔治十字勋章2枚。

1918年参加红军，次年加入俄共（布）。国内战争和外国武装干涉时期，历任骑兵排长、连长，参加平息白卫军的叛乱。内战结束后，曾入骑兵指挥人员进修班和红军高级首长进修班深造，并先后任骑兵团长、旅长、师长、军长，骑兵监助理，驻西班牙、驻华军事顾问和军区副司令员等职。

1939年夏调任外蒙古（今蒙古国）苏军第1集团军集群司令，指挥苏蒙军在诺门坎地区粉碎了日军的武装进犯。

1940年6月任基辅特别军区司令，晋升为大将。1941年1月至7月，任副国防人民委员兼总参谋长。1953年3月任苏联国防部第一副部长。1955年2月任苏联国防部部长。

1974年在莫斯科逝世。

亚非拉民族革命运动

阿富汗的独立

阿富汗在15世纪以前是欧洲、中东对印度和远东贸易与文化交流的中心。

15 世纪末欧洲至印度的海路开辟后，阿富汗变得闭塞。1747 年，阿富汗人民赶走外国侵略者，建立起独立且一度强盛的阿富汗王国。19 世纪后，阿富汗成为英国和沙俄角逐的场所。1838—1842 年英国发动第一次侵阿战争失败；1878 年，英第二次侵阿并与阿签订《甘达马克条约》，阿丧失外交权。1885 年沙俄强占阿领地"彭迪"绿洲。1893 年阿国王阿卜杜尔·拉赫曼和英国签订阿富汗和英属印度间的"杜兰线"新国界协定。1895 年英俄缔结协定，私分帕米尔地区，并将瓦汗地区划为英俄缓冲地区。1919 年，阿富汗人民打败英国的第三次入侵后获得独立，并定 8 月 19 日为阿富汗独立日。

墨西哥资产阶级革命

1876 年，由美国支持的反动军人迪亚斯（1830—1915 年）发动政变，攫取了总统职位。1876—1911 年，他一直是掌握全权的独裁统治者。他的反动政策引起了墨西哥中下阶层人士的反对。1910 年，代表资产阶级和自由派地主利益的马德罗（1873—1913）被推为总统候选人。他提出"保护民族工业""反对独裁""建立宪政国家"等口号，竟被投入监狱。马德罗越狱后，号召人民起义，推翻迪亚斯政权，把土地分给农民。马德罗的号召得到了南北两支农民武装的支持。在北部，维亚领导的农民武装击败了政府军，并同马德罗会合。在南部，由萨帕塔领导的农民武装也占领了大片地区，并向首都墨西哥城进军。1911 年 5 月，在南北两支农民军的夹击和首都人民反对浪潮的压力下，迪亚斯被迫下台，逃往欧洲。

马德罗上台后，并未兑现他解决农民土地问题的诺言，还下令解散农民武装。帝国主义和国内反动势力利用人民的不满情绪，支持反动军官韦尔塔发动政变，韦尔塔捕杀了马德罗，自任为总统。但这次政变再次激起人民的愤怒，南北两支农民武装又开始同新的反动政权作战。代表资产阶级和自由派地主利益的卡兰沙（1859—1920 年）也组织了护宪军投入战斗。1913 年夏，维亚的农民武装同卡兰沙的军队一起同韦尔塔作战。1914 年 4 月，美国总统伍德罗·威尔逊借口要"教训拉丁美洲人民选举好人"，派军舰侵犯墨西哥湾。墨西哥工人武装、农民武装和护宪军联合起来，于是年 7 月推翻了韦尔塔的反动统治，卡兰沙夺取了政权。11 月，美国干涉军被迫撤走。

为了巩固政权，卡兰沙实行了一些社会改革，于 1915 年颁布了土地法令，1916 年召开了立宪会议，1917 年 2 月完成新宪法的制定。1917 年墨西哥宪法第 27 条规定土地、森林、河流和矿藏归国家所有，国家有权收回外国人攫取的土地和矿场。还规定限制教会权力，废除大地产制，发展小土地所有制。第 123 条规定工人有结社权、罢工权，实行 8 小时工作制，每周工作 6 天，禁止使用童工。这是一部资产阶级民主主义的宪法。

埃及独立运动

1918 年 11 月，埃及民族资产阶级的代表柴鲁尔等要求英国殖民当局撤回保护权，给埃及以完全独立，遭到拒绝。柴鲁尔等人欲组织"代表团"去英国谈判，又遭到拒绝。1919年3月8日，殖民当局逮捕了柴鲁尔等4人并将其流放，引起埃及人民反英浪潮。斗争从3月9日开罗高校学生罢课起，发展到全国工人罢工、商人罢市、群众示威游行，直至武装起义。英国殖民当局被迫释放柴鲁尔等人，同时派重兵镇压起义。4月中旬，起义失败。1921年12月，英国殖民当局又逮捕了柴鲁尔，激起人民进一步反抗，城市罢工和农民武装斗争重新高涨。1922年2月28日，英国政府被迫发表声明，宣布放弃对埃及的保护，承认埃及独立，但仍保留了对埃及的一些特权以及对英埃苏丹的统治。

阿根廷"血腥的一周"

1918年11月，阿根廷首都布宜诺斯艾利斯英国瓦塞纳冶金厂2500名工人罢工，要求实行8小时工作制，改善劳动条件和增加20%的工资。1919年1月7日，罢工工人集会，警察向该厂罢工工人开枪，工人纠察队同警察发生武装冲突，4名工人死亡，30人受伤。9日，20余万工人走上街头，警察又打死20名工人，各工会组织立即宣布总罢工。工人武装同警察展开了激烈的街垒战，夺取士兵武器，占领兵工厂，捣毁军火库，起义工人几乎控制了整个城市。1月15日，军队以恢复秩序为名开进首都，会同警察镇压罢工工人。在一周内，工人被杀害2000余人，受伤4000余人，上万人被捕。史称"血腥的一周"。为控制事态的发展，政府出面同工人谈判。工会同意结束总罢工，政府同意释放全部被关押的工人，并答应瓦塞纳冶金厂工人的要求。这次斗争是阿根廷劳工运动史上规模空前、最为激烈的一次行动，充分显示了阿根廷劳工团结战斗的精神和力量，同时也暴露了阿根廷政府的资产阶级本性。

朝鲜"三一"人民起义

高宗被害事件，激起了朝鲜人民的愤怒。1919年3月，以孙秉熙为首的民族主义者33人，聚集在汉城签署了《独立宣言书》。日本宪兵警察将他们全部逮捕入狱。与此同时，30万群众在汉城举行了声势浩大的游行示威。全国各地纷纷响应，起义人民捣毁殖民统治机构，袭击日本公司，拒纳租税，还用木棒、斧头等工具同日本军警搏斗。日本殖民当局调动大批军警，采用野蛮的屠杀手段，把朝鲜人民的反抗斗争淹没在血泊之中。到1919年七八月间，起义被镇压下去。

"圣雄"甘地

莫汉达斯·卡尔姆昌德·甘地，印度民族独立运动领导人，国大党领袖。他在印度被尊称为"圣雄"。他是一位苦行僧式的人物，上身赤裸，皮肤黝黑，总是随身携带着一架木制纺纱机，他一有空就纺纱。他有非凡的智慧、超人的胆识和坚强的意志。他曾留学英国，回国后，领导印度国大党。他创造了一种独特的争取印度民族独立解放的方式，即"非暴力不合作运动"。这对印度民族独立起到了重要作用，经过长期斗争，印度人民终于获得了独立。在成立制宪会议上，甘地被称为"向导和哲学家""印度自由的灯塔"。英国驻印度总督蒙巴顿则称他为"印度自由的建筑师"。1948 年他在印度的教派纠纷中，被极端分子刺杀。

印度"非暴力不合作运动"

甘地一生为印度摆脱英国的殖民统治而奔走，他徒步旅行全国，到处发表反对殖民统治的讲话。在他的推动下，国大党曾多次在印度掀起群众性的非暴力不合作运动。甘地以绝食作为非暴力斗争的武器。他一生绝食 15 次，有几次濒临死亡。甘地以自我牺牲的精神感召群众参加斗争，在印度享有很高的威望。1947 年 8 月，印度宣告独立。1948 年 1 月 30 日，甘地被刺杀。甘地为争取印度独立献出了自己的一生，他被尊为"国父"，他的生日被视为印度民族的节日，他的逝世日被宣布为"殉难者纪念日"。

土耳其凯末尔革命

1919 年 5 月，土耳其成立了以凯末尔为首的安纳托利亚和隆美利亚护权协会，通过了坚持民族独立和领土完整的广泛政治纲领。1920 年 1 月，通过了《国民公约》，宣布土耳其享有主权独立和领土完整，废除治外法权。1920 年 4 月，凯末尔在安卡拉召开土耳其大国民议会，成立国民政府。1921 年建立土耳其国民军。

哈里发运动

第一次世界大战刚刚结束，英国背弃诺言，伙同其他帝国主义国家准备瓜分土耳其，引起印度的反抗。1918 年，印度成立以塞特·考塔尼为主席、阿里兄弟为首席发言人的基拉法特委员会。印度掀起反对瓜分土耳其、保卫哈里发的浪潮。1919 年，甘地当选为全印基拉法特委员会主席。次年，甘地与基拉法特运动领导人共同发起非暴力不合作运动。国大党也支持这一运动，决定将基拉法特运动的要求作为不合作运动的一部分。1921 年 8 月，1 万名莫普拉人在马拉尔海岸建立哈里发王国，但很快失败，3000 人被打死。同年 12 月，英国殖民当局逮捕了在加尔各答的基拉法特运动和国大党领袖。随着不合作运动的低落，哈里发运动也渐趋衰落。1924 年，土耳其废除哈里发制，印度哈里发运动自行停止。

尼加拉瓜桑地诺的游击战争

尼加拉瓜是中美洲的一个小国。1921—1926 年，尼加拉瓜爆发了自由党和保守党之间的内战。在美军出兵支持保守党的情况下，自由党向美军缴械，但自由党中的桑地诺将军拒绝缴械。1927 年，桑地诺带领部队转战山区，与美军展开了游击战。桑地诺采用"分散队伍，夜间出击，利用障碍，伏击敌人"的手法，成功地摆脱了美军的围剿，有效地打击了敌人。1934年1月，尼加拉瓜总统以停战谈判为名，邀请桑地诺赴宴。在返回的路上，桑地诺遭到预先埋伏的国民警卫队的杀害，游击队的力量遭到了彻底的毁灭。

巴西瓦加斯改革运动

1929年，世界性的经济危机使巴西经济受到了沉重的打击，社会矛盾随之激化。1930年10月，代表地主资产阶级利益的瓦加斯通过发动军事政变当上了总统。在瓦加斯执政期间，巴西实行了一系列发展民族经济的政策，主要有：保护关税，扶植民族工业，限制外国资本；国家大力兴办主导工业和基础工业。由于实施了这些措施，到第二次世界大战结束时，巴西已经建立起了能够基本满足本国需要的轻工业，有了一定规模的基础设施，并开始兴建金属、化学等新工业。

智利人民阵线的成立

1929年，世界经济危机爆发时，智利政局动荡不安。20世纪30年代后，当局政府加强了与西方法西斯势力的联系。面对法西斯的威胁，智利共产党、社会党、激进党和劳工联盟等组成人民阵线，并推举激进党人塞尔达为人民阵线的候选人。1938年，塞尔达当选为智利总统，智利组成了西半球第一个人民阵线政府。人民阵线政府成立后，宣布要改善劳动者的物质状况，大力发展民族工业，以及对农业进行援助等。人民群众的政治地位得到了改善。1941年，塞尔达因健康原因被迫辞职，人民阵线解体。

埃塞俄比亚抗意民族战争

埃塞俄比亚有着十分重要的战略地位，意大利为掠夺新的殖民地，建立地中海霸权，策划对埃塞俄比亚的侵略，挑起边境冲突。1935年10月，意大利侵入埃塞俄比亚，国联宣布意大利为侵略者，进行经济和财政制裁，但未对意大利急需的石油实行禁运。战争爆发后，海尔·塞拉西一世即颁布总动员令，号召人民抵御入侵，并亲临前线指挥。埃军利用山地条件，顽强抗击意军。但因力量悬殊，埃军总体上处于劣势。4月初，北线意军击溃埃军，5月5日意军进入首都，5月9日南北两线意军会合。同日，墨索里尼宣布吞并埃塞俄比亚。埃塞俄比亚人民坚持斗争，广泛开展游击战争，迫使意军固守在一些大城市及其周围地区。1941年年底，在塞拉西一世的率领下，埃塞俄比亚人民把入侵者全部赶出本国领土。

世界经济危机

柯立芝繁荣

20世纪20年代前期，美国出现了经济繁荣，工业生产保持世界首位，并大大超过战前水平。由于这一繁荣阶段基本上处于柯立芝总统时期，故称柯立芝繁荣。柯立芝繁荣是垄断资产阶级大发战争横财的自然结局，但是这种繁荣是短暂的，背后潜伏着危机。劳动人民相对贫困、某些经济领域的不景气以及资产阶级政府对资本家盲目生产的放任都表明了繁荣的脆弱。1929年爆发的经济危机宣告了柯立芝繁荣的结束。另外，柯立芝繁荣还是美国推行金元外交的依托。

英国"红色星期五"

1925年，英国煤炭工业受德国煤炭工业竞争的影响发生危机。6月，煤矿主决定降低矿工工资，取消最低工资限额，延长工作时间，并以同盟歇业相威胁。这个决定遭到英国工人阶级的坚决反对。7月31日（星期五），煤矿、运输、铁路工人的"三角同盟"举行罢工。保守党政府被迫做出让步，于当天宣布向矿主提供一笔9个月的补助金，使他们可以照发工人的工资，一触即发的劳资冲突暂时得以延缓。这是英国工人取得的一次重大胜利，显示了团结的力量。7月31日被称为"红色星期五"。这是1926年总罢工的序曲。

20世纪30年代世界经济大危机

1929年开始，资本主义世界爆发了世界经济危机，这次危机是资本主义历史上破坏力最大、持续最久的一次"生产过剩"危机。

1929年10月24日，美国纽约交易所股票价格的暴跌，宣告了世界经济危机的到来，随后，危机蔓延到整个资本主义世界。危机期间，工业生产减少了30%，整个资本主义国家生产倒退20多年。

危机造成了资本主义国家国内和国际矛盾的尖锐化，促进了法西斯专政的产生，间接引发了第二次世界大战的爆发。

在20世纪30年代的资本主义经济危机中，一位失业的英国人独自示威，抗议大萧条。

纽约股市"黑色星期四"

美国20世纪20年代的经济繁荣中孕育着潜在的危机，终于酿成了1929年10月的股市狂跌。1929年10月24日（星期四），纽约股票市场开始崩溃，这一天出售股票近 1300 万股。开盘后价格就猛跌。灾难性的市场崩溃形势已经势不可当。这一天有数千经纪人和数十万小投机者破产，因此被人们称为"黑色星期四"。股票市场的崩溃迅即引起银行危机，并扩大成全面的经济危机。

《威斯敏斯特法》

第一次世界大战为英帝国内务自治领提高国际地位提供了可能。1926 年，帝国会议最后通过了以英国枢密大臣贝尔福为首的帝国内部关系委员会起草的报告，为自治领的地位及其同英国的关系确定了一系列具有宪法意义的指导原则。这一报告所确定的原则，构成了 1931 年英国议会制定的威斯敏斯特法的基础。

罗斯福新政

1932 年，罗斯福就任美国总统，他在就职演说中说："这个伟大的国家将会坚持下去——它将会复兴，将会繁荣昌盛。"在这样的信念下，罗斯福开始实行他的"新政"，从他就任到 1941 年美国参战的 9 年，也被称为"新政时期"。罗斯福的新政主要采用英国经济学家凯恩斯的经济理论。其主旨就是要由国家来干预经济生活，实行有调节的资本主义。新政的实施使经济得到了复苏，改善了人民的生活，维护了资本主义的民主制度。

国会纵火案

在 1932 年的德国大选中，因纳粹党未获压倒多数，定于 1933 年 3 月 5 日举行新的选举。2 月 27 日晚，纳粹分子焚烧国会，并诬陷是共产党人所为。次日即宣布取消魏玛共和国宪法规定的保障人民的人身、新闻、集会、结社、言论出版的自由，并下令逮捕季米特洛夫等共产党人。1933 年 9 月 21 日，法西斯在莱比锡对其审讯。季米特洛夫面对法西斯的非法审讯，变法庭为讲坛，义正词严地揭露纳粹分子的反动本质和血腥罪行，勇敢地捍卫了共产党人的立场。在世界无产阶级和反法西斯力量的声援下，莱比锡法庭被迫宣布季米特洛夫无罪。国会纵火案的目的在于转移舆论，打击共产党人和反法西斯的民主革命力量。纳粹党尽管在 3 月 5 日的选举中仍未获压倒多数，但希特勒在 3 月 23 日操纵国会通过《授权法》授予希特勒充分的行动自由，从而开始了希特勒的独裁统治。

盖世太保

纳粹德国秘密警察，盖世太保是德语"国家秘密警察"的缩写、Gestapo 的音译。盖世太保由党卫队控制。它在成立之初是一个秘密警察组织，后加入大量党卫队人员，一起实施"最终解决方案"，屠杀无辜。随着纳粹政权的需要，盖世太保发展成为无所不在、无所不为的恐怖统治机构。纳粹通过盖世太保来实现对德国及被占领国家的控制。

第三帝国

在 1932 年 7 月的国会选举中，纳粹党成为第一大党。在容克地主、垄断资本家的支持下，1933 年 1 月 30 日，希特勒上台执政，建立号称"千年太平"的帝国。以后纳粹统治下的德国被称为第三帝国。1934 年 8 月 2 日，兴登堡逝世。希特勒按政府通过的《德国元首法》，自任国家元首，独揽大权，成为独裁者。1945 年 5 月 8 日，德最高统帅部签署《无条件投降书》，第三帝国覆灭。

法西斯党

法西斯的原文来自拉丁"束棒"一词，指古代罗马执政官表示权威的标志棒。后来，法西斯一词被转用为独裁统治代名词。

1919 年，墨索里尼在米兰建立"战斗法西斯"组织。1921 年正式成为法西斯党。由于党员身着黑色制服，故又称黑衫党。法西斯党代表垄断资产阶级利益，专事破坏和暗杀等恐怖活动。同年 10 月 15 日，墨索里尼率法西斯党党徒在那不勒斯集合誓师，然后进军罗马，取得政权，实行恐怖独裁统治，建立法西斯总体国家。后与德国、日本法西斯相勾结，参加第二次世界大战。1943 年，战败后瓦解。

纳粹党

纳粹是德语"民族的"和"社会主义"缩写的音译，纳粹党即"民族社会主义德国工人党"，是德国的法西斯政党，其前身是 1919 年成立的德意志工人党。1920 年进行改组，1921 年希特勒成为党魁。该党宣扬大日耳曼主义，要求扩张领土，重新瓜分殖民地，建立一个庞大的德意志帝国，攻击马克思主义和民主主义。1923 年，发动啤酒店暴动，失败后被查禁。1925 年，重新活动。1933 年夺取了政权，在全国实行反革命恐怖统治，镇压共产党和一切进步人士，疯狂虐杀犹太人，对外疯狂侵略，挑起第二次世界大战。1945 年德国投降，盟国管制委员会宣布纳粹党为非法组织。

1933 年 11 月，德国纳粹党徒招摇过市，拉拢选票，法西斯势力山雨欲来。

美国废除禁酒令

1933 年 12 月 5 日，美国嗜酒者大肆庆祝禁酒令的废除。这次饮酒合法化离上次合法饮酒规定的颁布相隔 14 年之久。就在当天的 17 时 32 分 30 秒，犹他州批准废除禁酒令，成为 36 个州中最后一个通过这项法令的州。美国总统罗斯福呼吁全国人民仍要适量饮酒，以防止再出现1920年导致禁酒令的"不当运动"。

第五纵队的由来

"第五纵队"一词出现在第二次世界大战前夕。1936至1939年间，西班牙内战时期，弗朗西斯科·佛朗哥将军领导叛军与西班牙共和国军队发生冲突，佛朗哥手下将领摩拉派遣4支纵队进攻首都马德里。他说他拥有的4支纵队包围着西班牙首都马德里，另有一支纵队潜伏在马德里城里做内应。原来，城中有些秘密地支持叛军和佛朗哥的分子，他们在城中暗中与城外的叛军里应外合，最后帮助叛军攻克马德里。因此，摩拉便把这群破坏分子比喻为协助他的"第五纵队"。此后，"第五纵队"成为内奸或内线的代名词。

第二次世界大战

第二次世界大战

第二次世界大战（1939—1945年）是一场规模空前的战争，给全世界人民带来了空前的巨大灾难。据统计，全球60％的国家、4/5的人口卷入战争，战火遍及亚洲、非洲、欧洲、美洲、大洋洲，以及太平洋、印度洋、大西洋、北冰洋等，大战造成约6000万人死亡，物资损失超过4万亿美元。但最终，正义战胜邪恶，横扫一时的德、日、意法西斯国家被彻底打败，人类文明得以拯救，世界重新恢复了和平。从此，世界历史进入一个新阶段。

美国中立法

1935年8月，美国国会通过"中立法"，由罗斯福总统签署生效。中立法规定对交战国双方禁运军火，后又扩大到西班牙内战双方。这时的中立法是绥靖政策的变种。1939年9月21日国会对中立法做出重大修改，取消向交战国禁运军火的限制，但需"现款自运"，售与哪些国家，则授权总统决定。此后，美国向英、法出售武器。1941年3月为《租借法案》所代替。

德国闪击波兰

德国闪击波兰是第二次世界大战时纳粹德国突袭波兰的战争，导致第二次世界大战全面爆发。

1939年9月1日凌晨，德国58个师、2800辆坦克、2000架飞机和6000门大炮，从北、西、西南三面对波兰发起突然袭击。德国空军对波兰的机场、战略中心和通信指挥机构实施了猛烈轰炸。500多架波兰飞机在地面被炸毁，无数火炮、汽车及其他辎重来不及撤退即被摧毁，交通枢纽和指挥中心遭到破坏，波兰军队陷入混乱之中。德军以装甲部队和摩托化部队为先锋，很快从几个主要地段突破了波军防线。苏联也趁火打劫，从东面入侵波兰。9月3日英法两国相继对德宣战，第二次世界大战全面爆发。但英法军队却在坚固的"马其诺防线"后面无所作为，坐视波兰的灭亡。

16日，波兰政府和波军统帅部逃往罗马尼亚。9月17日，德军包围华沙。9月28日，华沙守军投降。10月2日，波兰最后一个城市格丁尼亚停止抵抗，波兰灭亡。

德国闪击波兰使德军"闪击战"的威力第一次呈现在世人面前，显示了坦克兵团在空军的配合下的巨大威力。

1939年10月，德军攻陷波兰，图为希特勒正在检阅通过华沙街道的军队。

奇怪战争

第二次世界大战期间，德波战争结束后，德国一面做出和平姿态，一面扩充军备，将主力调往西线，伺机进攻西欧国家。英、法两国实行消极防御战略，静守马奇诺防线。1940年2月，美国试图进行和平斡旋，为德国所拒绝。1939年9月到1940年4月，英、法与德国之间没有发生过真正的战事，史称"奇怪战争"。

绥靖政策

绥靖政策亦称"安抚政策"。"绥靖"一词原意为安抚平定。绥靖政策指帝国主义姑息纵容侵略者，以牺牲弱小国家的利益和主权，甚至牺牲本国人民的利益而谋求和平，与侵略者妥协、退让的政策。20世纪30年代，德、意、日法西斯疯狂的侵略威胁和侵犯了英、法、美的既得利益和霸权地位，但英、法、美为了维持现状，苟安一时，大力推行绥靖政策，其主要代表人物是英国首相张伯伦和法国总理达拉第。他们企图以牺牲别国利益为代价，取得与德、意的妥协，并把"侵略祸水"引向苏联，自己坐收渔人之利。1938年的《慕尼黑协定》是这项政策最突出的体现。绥靖政策助长了法西斯的侵略气焰，第二次世界大战爆发后，绥靖政策破产。

苏台德危机

苏台德危机指1938年法西斯德国侵占捷克斯洛伐克西北边疆苏台德地区的事件。苏台德区与德国接壤，居住有300多万的日耳曼人。1933年10月，根据纳粹党指示，以汉莱因为首的苏台德日耳曼人党成立，它实际为希特勒在苏台德的"第五纵队"。德国吞并奥地利后，希特勒立即指示汉莱因，要他提出捷政府无法接受的要求，以便挑起事端，为侵捷制造借口。1938年4月，汉莱因提出苏台德区完全"自治"的要求。遭到捷政府拒绝后，同年5月，希特勒向德捷边界集结军队，以发动战争相要挟。5月20日，捷政府为捍卫国家独立，在人民群众支持下，实行局部动员，40万后备军应征入伍，准备抗击德国入侵。德、捷边境形势骤然紧张，出现了"五月危机"。英、法权衡当时的利弊，向德提出警告。苏联表示坚决支持捷克斯洛伐克。

希特勒看到国际局势对其不利，不得不暂时退却。5月26日，希特勒命令汉莱因恢复同捷政府的谈判，还声称德对捷没有任何侵略意图。"五月危机"暂时缓和，但希特勒却签发关于"绿色方案"的新指令，并决定最迟在1938年10月1日将"绿色方案"付诸实行。1938年9月，《慕尼黑协定》签订，英、法出卖捷克。10月初，德夺取苏台德区。第二次世界大战结束后，该区归还捷克斯洛伐克，境内的日耳曼人遣返德国。

慕尼黑会议

1938年9月，英国首相张伯伦、法国总理达拉第、德国法西斯头子希特勒和意大利总理墨索里尼在德国慕尼黑签订了《关于捷克斯洛伐克割让苏台德领土给德国的协定》。协定规定，捷将苏台德地区和同奥接壤的南部地区割让给德国，割让区内的军事设施、工矿企业、交通工具等无偿交付德国。

1938年9月英、法、德、意在慕尼黑举行会议，签订阴谋瓜分捷克斯洛伐克的《慕尼黑协定》，图为希特勒（左二）与张伯伦（左一）在一起。

1939年8月，德国出兵侵占了捷克斯洛伐克的全部领土，后又挑起第二次世界大战。此后，人们把为了自私目的而牺牲他国利益、纵容侵略的行为叫作"慕尼黑阴谋"。

《苏德互不侵犯条约》

法西斯德国对外侵略的目标是"先西后东"。所以发动大战前，德国在外交上积极争取苏联的中立，以避免陷于两线作战的局面，提出与苏联签订互不侵犯条约。苏联为粉碎英、法、美推动德国进攻苏联的阴谋，推迟苏德战争的爆发，以便赢得时间准备战争，便同意德国的要求。

1939年8月23日，德国外长里宾特洛甫到莫斯科签订了《苏德互不侵犯条约》。1941年6月22日，法西斯德国撕毁条约，发动了侵苏战争。

古德里安

海因里希·冯·古德里安，德国陆军一级上将，纳粹德国装甲兵之父，德国"闪击战"创始人。他在军事上取得了辉煌的成就，创造了震惊世界的战绩。后来，由于与希特勒意见不同而被免职。德军在苏联惨败后，他出任装甲兵总监，后又出任德军陆军参谋总长。因再次与希特勒发生意见分歧，被迫离职。1945 年 5 月10 日他在慕尼黑家中被美军俘虏，1954 年死于心脏病，终年 68 岁。

闪电战

闪电战是第二次世界大战中德军经常使用的一种战术，它充分利用飞机、坦克的快捷优势，以突然袭击方式制敌取胜。它往往是先用飞机猛烈轰炸敌方主要的战略设施和通信中心，把敌人的飞机炸毁在机场，取得制空权，并使敌人的指挥系统瘫痪。在进攻苏联时，德军的闪电战最终遭到失败。

狼群战

狼群战是指使用集群潜艇对海上运输队进行攻击的战法，是第二次世界大战时期德国潜艇部队实施的主要战法。在第二次世界大战期间，"狼群战术"与古德里安的"闪电战"并称为纳粹德国军队的海陆两大"法宝"。

德国潜艇司令邓尼兹在打猎时看到成群野狼袭击猎物后受到启发，提出了"狼群战术"，平时，德国潜艇通常每群由 10 艘左右的潜艇组成，艇间保持 10—20海里的距离，垂直部署于运输线附近。如果有一艘潜艇发现敌舰船，立即发出信号，周围其他潜艇收到信号后迅速赶来，占据攻击战位，发射鱼雷，进行集群攻击，消灭敌人后迅速分散撤离。在 1942 年一年内，德国潜艇共击沉商船 1160 艘，总吨位达 630 万吨，而自己的损失率却不到 7%。德国潜艇最高攻击纪录是在两天内击沉盟国 38 艘商船。在第二次世界大战期间，德国潜艇部队共击沉盟军运输船、商船 2828 艘，总吨位达 1468 万吨，击沉击伤盟军军舰 115 艘，几乎给英国带来了灭顶之灾。后来盟军建立了以航母为核心的立体护航与反潜网，才粉碎了德军的"狼群战术"。

麦克阿瑟

美国军事家，美国陆军五星上将。1880 年麦克阿瑟出生于军人世家，毕业于美国陆军军官学校（西点军校）。麦克阿瑟为人们所熟知，主要是基于他在第二次世界大战期间所创造的战绩。第二次世界大战中，麦克阿瑟任西南太平洋战区总司令，指挥部队进行了 56 次两栖登陆；在太平洋战场重创日本海军，夺回太平洋战场的主动权。第二次世界大战后，代表盟军成功占领日本，1950 年以"联合国军"总司令的名义指挥侵略朝鲜的战争，最终失败。1964 年，麦克阿瑟逝世。

蒙哥马利

英国军事家，英国陆军元帅。1887 年，蒙哥马利出生于牧师家庭。作为一名军人，蒙哥马利在第二次世界大战期间取得了最为辉煌的战绩，因此被世人所熟知。1942 年，蒙哥马利在北非战场成功地指挥了阿拉曼战役，击溃了有"沙漠之狐"称号的隆美尔的军队，彻底扭转了北非战场局势，赢得"沙漠之鼠"的称谓，从而一举成名。阿拉曼战役后，蒙哥马利又指挥和参加了突尼斯战役，以及西西里和意大利本土登陆战役。1944年6月，蒙哥马利成功地指挥了诺曼底登陆，为他的戎马生涯又添了光辉一页。蒙哥马利军事生涯50年，赢得了无数荣誉和尊敬。他在1958年退休后，于1960年和1961年两次应邀访问中国。

隆美尔

隆美尔是德国装甲兵的战将，在第二次世界大战中是一位声名显赫的风云人物。隆美尔1910年中学毕业后从军，入但泽皇家军官候补学校学习。第一次世界大战期间任连长，先后获得三枚十字勋章。第一次世界大战后，因著有《步兵进攻》一书而引起希特勒的重视。1938年调任希特勒大本营，任卫队长。

第二次世界大战爆发后，隆美尔作为德国最高统帅部的指挥官之一，受到希特勒的器重。1941年2月，希特勒任命隆美尔为"德国非洲军"军长，前往北非援救一败涂地的意大利军队。在到达北非的黎波里前线后，隆美尔立即进行了一次侦察飞行，得出了"最好的防御就是进攻"的结论。于是他改变"固守防线"的命令，指挥他的装甲部队冒着沙漠风暴勇猛穿插，全速前进。英军猝不及防，节节败退。德军直逼亚历山大和苏伊士。隆美尔因此名声大振，赢得了"沙漠之狐"的美名。

马奇诺防线

第二次世界大战爆发前，法国为防备德国进攻，从1928年开始到1936年，用了八九年的时间，在从瑞士到比利时之间的东部国境线上修筑起了一道防御阵地体系。因为这道防线是在当时的陆军部长马奇诺的倡导下修建的，所以被称为"马奇诺防线"。1940年，德国军队经阿登山区，绕过马奇诺防线攻入法国，被法国认为是固若金汤的马奇诺防线彻底失去了作用。

东方战线

苏联乘德军入侵波兰之际，开始向西扩张领土以保证本土的安全。从1939年9月到1940年8月，先是占领了波兰大部分领土，随后又割占了芬兰一些土地，接着把波罗的海沿岸的立陶宛、拉脱维亚和爱沙尼亚三国并入苏联；同时，还侵吞了罗马尼亚的一部分领土。这样，苏联把西部边界向西推进了二三百公里，建立了一条从波罗的海到黑海的"东方战线"。后来的事实证明，"东方战线"在抵御德国入侵方面的作用是有限的，而且大大损害了苏联在世界上的形象。

苏芬战争

自1938年春起，苏联为保证列宁格勒的安全，多次向芬兰提出交换领土，并要求租借汉科半岛。芬兰坚守中立立场，只同意进行小的边界调整，两国谈判破裂。1939 年 11 月 28 日，苏联宣布废除《苏芬互不侵犯条约》。11 月 30 日，苏芬战争爆发。1940 年 2 月，苏军突破芬兰的主要防线曼纳海姆防线，取得军事上的重大胜利。1940 年 3 月，两国在莫斯科签订和约。依和约，卡累利阿地峡、拉多加湖西岸和北岸以东领土和若干岛屿划归苏联，汉科半岛租给苏联作为海军基地，为期 30 年。苏联共获得 4 万多平方千米的土地。

敦刻尔克大撤退

1940 年 5 月，德国占领卢森堡、荷兰、比利时，5 月 14 日，

查尔斯·坎德尔用油画生动再现了盟军在敦刻尔克撤退的一幕。

德军主力在空军和摩托化部队的掩护下突破法军防线，向西挺进，26 日，夺取加来，直逼英吉利海峡，把法国北部和比利时境内的英、法、比军队同法军中央的部队拦腰切断，把北部的 40 万英法联军压缩包围在敦刻尔克沿海很小的三角地带。5 月 27 日起，英法联军开始了"敦刻尔克大撤退"。

"敦刻尔克大撤退"是英法等政府执行绥靖政策，对战争准备不足的结果。这以后，法国已无险可守，6 月 22 日，法军无条件投降。但是，"敦刻尔克大撤退"是一次有计划的撤退，为英法两国保存了军事力量。

不列颠空战

不列颠空战是第二次世界大战中英国抵抗德国空军的大规模空战。

法国投降后，纳粹德国多次诱使英国投降，但均遭到了英国政府的拒绝。1940 年 7 月 10 日，德国空军开始对英国进行大规模的空袭，企图夺取英吉利海峡上空的制空权。

起初，德军轰炸的主要目标是英军的军舰、海军基地、机场和雷达站。9 月 7 日，德国空军又开始轰炸伦敦等城市，企图摧毁英国人的抵抗意志。但英国人民在丘吉尔的领导下，奋起抵抗。9 月 15 日，不列颠空战达到了高潮。德国空军的战斗机倾巢出动，英国空军与德军展开了殊死搏斗。英国空军大获全胜，这一天被定为"不列颠之日"。10 月初，德国空军转入夜袭，不列颠空战接近尾声。后来由于希特勒将注意力转向苏联，"海狮计划"被无限期推迟。

不列颠空战是第二次世界大战中规模最大、时间最长的空战，是德军在第二次世界大战中第一次失败。

戴高乐

戴高乐毕业于圣西尔军校和巴黎陆军大学，参加过第一次世界大战，凡尔登战役中受伤被俘，直至停战获释。

第二次世界大战开始时为上校，先后指挥第 5 集团军坦克部队和坦克第 4 师在阿尔萨斯和索姆河地区作战，屡建战功。巴黎沦陷后离法赴英，1940 年 6 月 18 日通过伦敦广播电台发表演说，号召法国人民继续战斗。继而发动"自由法国"运动，着手组建"自由法国"武装力量。1943—1944 年先后作为法兰西民族解放委员会主席和法兰西共和国临时政府首脑，领导"自由法国"武装力量转战近东、非洲。1944 年 8 月，戴高乐领导下的勒克莱尔师首批进入抵达巴黎市政府大厦，巴黎解放。戴高乐为反法西斯战争的胜利做出了很大贡献。

1945 年 11 月，戴高乐当选法国临时政府总理，不久辞职，后又领导"法兰西人民联盟"。1959 任法兰西第五共和国总统，执政期间奉行独立自主的外交政策。

"自由法国"运动

1940 年 6 月 17 日，法国战败，贝当政府向德国请求停战。当天，法国国防部副部长戴高乐将军流亡英国。6 月 18 日晚，他在伦敦通过英国广播电台发表演讲，号召法国人民在他领导下继续抗战，开创了"自由法国"运动。英国随即承认了该组织，并予以财政援助。不久，一些法属殖民地也宣布加入"自由法国"，共同抗德。1942 年 7 月，"自由法国"改名为"战斗法国"，并加强与国内抵抗运动的联系。

戴高乐领导的"自由法国"运动是法国人民反对法西斯德国侵略的一支主力军，为法国的光复和反法西斯战争的胜利做出了重大贡献。

维希政府

1940 年 6 月 22 日，贝当政府与法西斯德国签订《贡比涅停战协定》。根据协定，法国被划为两部分，北部 2/3 地区由德国直接占领，东南部由贝当政府统治。7 月 1 日，贝当政府迁到维希。7 月 11 日，贝当胁迫国民议会授权制定新宪法，宣布成立法兰西国家，取代第三共和国，他本人任国家元首。维希政府对内实行法西斯化，镇压爱国运动，对外卖国求荣，充当法西斯德国的走狗。1941 年，维希政府曾派军队参加德国侵苏战争。1942 年 11 月，将统治区拱手交由德军占领。1944 年 8 月，维希政府在盟军和法国抵抗运动的打击下解体。其主要人物在 1945 年均被捕受审。

纳粹党徽上的"卐"字图案

20 世纪 20 年代，德国纳粹党即国家社会党出现，由于"国家"和"社会党"的德文字头均为"S"，两个"S"斜交而成"卐"字形。纳粹头目希特勒认为"卐"字象征"争取雅利安人胜利的斗争的使命"，因而于 1920 年用作纳粹党党徽。

德国"海狮计划"

法国沦陷后，希特勒向英国发动了和平攻势，英国坚决拒绝了希特勒的引诱。希特勒在和平攻势失败后，于 1940 年 7 月 16 日发出"关于准备在英国登陆作战"的第 16 号指令，代号为"海狮计划"。

不列颠之战

法国投降后，西欧只剩下在战争初期遭受重创的英国在顽强地抵抗，英国的丘吉尔政府拒绝了德国议和的阴谋，选择了"不惜一切代价去争取胜利"的道路。

1940 年 7 月 16 日，德国开始实施"海狮计划"，但是，英国人民并没有被德军吓倒，他们广泛动员起来，有的被编入正规的军事组织，有的参加对空监视工作，协助防空部队和飞行员作战。英国皇家空军也由单纯的防御逐渐转入有限的进攻，多次轰炸柏林和德军的舰船。据统计，从 1940 年 7 月到 10 月底近三个月的时间中，德军损失飞机 1733 架，英国皇家空军损失战斗机 915 架。英国军民的奋勇抵抗，使法西斯德国第一次遭到失败，希特勒只好下令无限期推迟"海狮计划"。

德意日轴心国集团形成

1940 年 9 月 27 日，德、意、日三国在柏林签订了酝酿已久的军事同盟条约。德国期望通过条约促使日本与英、美的矛盾进一步尖锐，在东方和太平洋上牵制英、美的力量。意大利则企图依仗德、日的实力，称霸地中海、北非和东非。日本想巩固已经攫取的权益和进一步侵占苏联的东部以及夺取太平洋上的霸权。1940 年的军事同盟条约，使德、意、日三国最终形成了法西斯侵略轴心国集团。

大东亚共荣圈

大东亚共荣圈是日本帝国在第二次世界大战中提出的邦联制战略构想与政治号召。

1938 年 11 月，日本政府发表建立《大东亚新秩序》的宣言，欲树立"中日满三国相互提携，建立政治、经济、文化等方面互助连环的关系"，提出此基本政策构想的为日本首相近卫文麿发表的"近卫声明"，大东亚共荣圈以建立日本东亚与东南亚"共存共荣的新秩序"为目标。

东条英机

东条英机（1884—1948 年），第二次世界大战日本法西斯主犯之一。日本陆军大将，日本统制派军官，是日本军国主义的代表人物。是侵略亚洲、侵略中国的头号战争罪犯。在第二次世界大战期间任日本陆军大将和第四十任内阁首相（1941—1944 年），战后被定为甲级战犯。在其出任日本陆军大臣和内阁总理期间，发动太平洋战争，日本军队策动攻击美国夏威夷珍珠港，疯狂侵略、践踏亚洲10多个国家和地区，造成数以千万计的生灵涂炭。

北非战争

北非战争是第二次世界大战期间，意德与英美双方为争夺重要战略地区和目标，争夺北非、近东和地中海的控制权，争夺殖民地而实施的军事行动。从1940年到1943年，战局分6个阶段。1943年5月13日，德意军投降，战局的最后一个战役遂告结束。这一战役使法西斯集团各国在地中海战区的战略形势急转直下。

巴巴罗萨计划

巴巴罗萨计划指的是纳粹德国闪击苏联的军事行动作战计划。"巴巴罗萨"是红胡子的意思，这是普鲁士国王腓特烈二世的绰号。

巴巴罗萨计划的战略意图是集中大量兵力，从多个方向实施迅猛突击，向苏联发动闪电战，消灭西部苏军主力，然后再向苏联腹地挺进，攻占莫斯科、列宁格勒、基辅、顿巴斯，前进到阿尔汉格尔斯克、伏尔加河、阿斯特拉罕一线。德军用空军摧毁苏联乌拉尔工业区，最终迅速击败苏联，于1941年入冬前结束战争。

执行巴巴罗萨计划的德军分为三支，分别是：北方集团军群，总司令莱布元帅，进攻列宁格勒；中央集团军群，总司令勃克元帅，进攻莫斯科；南方集团军群，总司令龙德施泰特元帅，进攻基辅。总兵力为305万，火炮47000门，飞机4900架，坦克3500辆。

由于苏联领导人对形势判断错误，缺乏应对敌人突然袭击的准备，在战争初期苏联损失极其惨重。德军歼灭苏军主力380余万人，深入苏联800—1200千米纵深，北部围困了列宁格勒，中部兵临莫斯科，南部占领了基辅。

莫斯科战役

1941年6月，德国撕毁《苏德互不侵犯条约》，不宣而战，对苏联发动了规模空前的突然袭击。

德军和它的附庸国共出动190个师、3700辆坦克、4900多架飞机、4700多门大炮、193艘舰艇，在2000多公里的战线上，向苏联发起进攻，企图在三个月征服苏联。苏联人民奋起抵抗，开展了伟大的卫国战争。德军分三路进攻苏联，10月开始围攻莫斯科。苏联军民在最高统帅斯大林的指挥下，开始了莫斯科保卫战。12月6日，苏联军民从莫斯科南北两侧开始反攻，迅速攻破德军防线，到1942年1月，苏军把敌人赶离莫斯科100—250公里，解放了1.1万多个居民点，收复了克林、加里宁等许多城市，取得了莫斯科保卫战的伟大胜利。苏联以重大代价换来了胜利，为彻底打败法西斯德国和结束第二次世界大战做出重大贡献。

《大西洋宪章》

1941 年 8 月 9 日至 13 日，英国首相丘吉尔和美国总统罗斯福在大西洋纽芬兰的阿金夏湾的一艘军舰上举行了会议。8 月 14 日，双方发表了《罗斯福丘吉尔联合宣言》，即《大西洋宪章》。

《大西洋宪章》的发表对于动员和鼓舞全世界人民、加强反法西斯同盟、打败德意日法西斯，起了积极的推动作用。

丘吉尔

丘吉尔（1874—1965 年），保守党领袖，历任贸易、内政、海军、军需、陆军、空军、殖民、财政等大臣，1940—1945 年、1951—1955 年两度担任英国首相。著有《第二次世界大战回忆录》《英语民族史略》等书。曾获 1953 年诺贝尔文学奖。

偷袭珍珠港

1941 年 12 月 7 日星期日，美国在太平洋最大的海军基地珍珠港上一派祥和的假日气氛。7 时 55 分，突然基地上空出现一群日军飞机，扔下炸弹后返航；8 时 54 分，第二批日机飞临珍珠港上空，再次进行狂轰滥炸；9 时 40 分全部离去。在日军空袭时，美军因毫无准备而仓促进行

珍珠港的偷袭成功，使日本在此后的半年里将整个太平洋抓在手里。

反击，结果损失惨重。美国对日军的偷袭之所以毫无准备，是因为对日军的偷袭估计不足。另外，为了麻痹美国，日本将双方的谈判一直持续到开战时刻。日本政府在偷袭之后两小时，才对美宣战。

12 月 8 日，美国总统罗斯福向国会两院发表了战争咨文："1941 年 12 月 7 日——必须永远记住这个耻辱的日子！"接着，美国国会通过决议，对日宣战。同日，英国对日宣战，9 日，中国对日宣战，随后戴高乐的"自由法国"、澳大利亚、新西兰等 20 多个国家也对日宣战，太平洋战争爆发。

太平洋战争

1941 年 12 月 7 日，日军偷袭美军珍珠港基地得手，太平洋战争爆发。此后，日军在太平洋上一度占据优势。1942 年 6 月，在中途岛海战中，日方损失惨重，美军开始局部反攻。在经过长期的争夺战后，美军登上了所罗门群岛的瓜达尔卡纳尔岛。1943 年 4 月，美军击毙了日军海军主帅山本五十六，同年 11 月，在尼米兹和麦克阿瑟的指挥下大举反攻。1945 年 3 月至 6 月，美军攻占硫磺岛和冲绳，

迫近日本本土。8月苏联对日宣战，出兵中国东北，与此同时，中国人民展开了全面反攻。8月6日和9日，美国在日本的广岛和长崎各投一颗原子弹。由于势竭力穷，8月15日，日本宣布投降，投降仪式于9月2日在美军军舰"密苏里"号上举行。反法西斯各国取得太平洋战争的最后胜利。

"蛙跳"战术

"蛙跳"战术最早诞生于第二次世界大战后期的太平洋战场。

1943年，太平洋战争陷入了拉锯状态：以美国为首的盟军开始反攻，日军坚守岛屿负隅顽抗。当时双方在太平洋上展开了逐岛争夺，战争异常惨烈。面对严阵以待、以逸待劳而且在"武士道"精神刺激下拼死顽抗的日军，美军伤亡惨重。为了加快战争进程，美军将领麦克阿瑟和尼米兹决定放弃一线平推的传统做法，改为跳跃前进，越岛进攻。此后，美军利用海军优势，避开日军防守严密的战略要点，转而进攻战略纵深中地位重要但守备空虚的岛屿，以此切断前线岛屿的军需补给线，最终轻易地将其攻克。因为军队前进不是按部就班，而是像蛙跳一样，所以这种战术被称为"蛙跳"战术。

第二次世界大战时的"蛙跳"战术是以海军为"助跳器"。第二次世界大战后，随着空中运输能力的增强，"蛙跳"战术逐渐成为美军空降作战的主要理论。1983年，美军摒弃抢滩上陆的传统战法，直接依靠空降兵越过格林纳达军队的防御阵地抢占了机场，迅速解除了格军的武装。

《二十六国华盛顿共同宣言》

太平洋战争爆发后不久，1942年1月1日，苏联、中国、美国、英国、澳大利亚、比利时、加拿大、哥斯达黎加、古巴、捷克斯洛伐克、多米尼加、萨尔瓦多、希腊、危地马拉、海地、洪都拉斯、印度、卢森堡、荷兰、新西兰、尼加拉瓜、挪威、巴拿马、波兰、南非联邦、南斯拉夫26国代表在美国总统罗斯福的主持下，在华盛顿签署了《联合国家共同宣言》，即《二十六国华盛顿宣言》。

《联合国家共同宣言》的发表，标志着世界反法西斯统一战线的形成。此后，统一战线不断扩大，到战争结束时共有52个国家在《共同宣言》上签字。

珊瑚海海战

发生在中途岛海战之前的一次著名海战，也是世界战争史上航空母舰间的第一次交锋。1942年5月7日至8日，日本与美英舰队在西南太平洋的珊瑚海交锋，目标是争夺具有重要战略地位的莫尔兹比港。在此次战役中，双方舰艇只是在对方视距以外相互对峙，战斗由航空母舰上的舰载飞机进行。在这次海战中，日本不仅实力损失大于美国（日本损失105架飞机，美国损失81架），关键的是它未能占领莫尔兹比港，是日本自发动太平洋战争以来的第一次受挫；美国则取得了初步的胜利，对美军士气起了巨大的鼓舞作用。

中途岛战役

中途岛位于珍珠港西北约 1852 千米处，为珍珠港的重要屏障和前哨。1942 年 5 月，日本决定占领该岛作为前进基地。为此，日军调集 200 余艘舰只、700 架舰载飞机，由山本亲自指挥作战。

然而，处于劣势的美国太平洋舰队破译了日本的无线电密码，对敌行动了如指掌。6 月 4 日凌晨，日本主力舰队飞机向中途岛发起攻击，因美军早有准备，未取得预期效果，陷入了既须再次轰炸中途岛，又要攻击美舰的处境。10 时左右，美 100 余架舰载飞机，分批连续攻击日舰，日军 3 艘航空母舰中弹，当即相继沉没。傍晚时，日军又一艘航空母舰被击

中途岛海战的失利使日本将战争的主动权拱手相让。

沉。这次战役美国海军以少胜多，日本损失惨重。至此，日本丧失了海上制空权，无力在太平洋战场上作战。中途岛战役是太平洋战争的转折性战役。

瓜岛战役

太平洋战争期间，美日军队于 1942 年 8 月—1943 年 2 月争夺瓜达尔卡纳尔岛（简称瓜岛）而进行的战役。

瓜岛是澳大利亚的门户，并且临近日本，地理位置非常重要。日军在中途岛惨败后，将进攻重点转向南太平洋，计划把瓜岛建成进攻南太平洋的基地，以重新夺回战略主动权。1942 年 6 月，日军占领瓜岛，并且开始在岛上修建机场。

8 月 7 日清晨，美军舰队接近瓜岛，对瓜岛发起了惊天动地的轰炸和炮击。日军的许多重要目标被摧毁，残余日军退入岛上的丛林。轰炸炮击停止后，美军在岛上登陆，占领机场。

获悉美军在瓜岛登陆后，日军多次增兵瓜岛与美军激战，但均遭惨败，美军逐渐掌握制空权和制海权。10 月 15 日，瓜岛日军增至 2.2 万人，再次向美军发起进攻，结果又遭失败。从此，瓜岛日军被迫转入防御，但补给困难，疾病流行。次年 2 月，日军秘密撤退。

瓜岛大战的同时，日美舰队还在附近海域进行了 6 次大规模海战。日本联合舰队损失过半，飞机损失 900 余架，首次遭到惨败。

瓜岛战役后，日军遭到进一步削弱，由战略进攻转为战略防御，美军则由战略防御转为战略进攻。

斯大林格勒战役

1942 年春，德军决定再次对苏联发动进攻，企图一举攻占南方重镇斯大林格勒，夺取高加索油田，北上包抄莫斯科。7 月 17 日，德军攻入顿河大河湾地区，逼近斯大林格勒，战役开始。经过近两个月的激战，德军突破苏军的外围和近郊防御，于 9 月 13 日攻入市区，苏军与德军展开了激烈的市区争夺战。

11 月 19 日至 20 日，苏联调集 110 万兵力和大批飞机、坦克、大炮，从南北两翼发动反攻，迅即突破敌军防御，将 30 万德军包围并挫败敌军解围计划。1943 年 1 月 10 日，苏军开始总攻，至 2 月 2 日，被围德军全部被歼。此役双方投入大量兵力，是第二次世界大战中规模最大的战役之一。德军力量受到严重削弱，损失 150 万人，被迫转入战略防御。此役是苏德战场和第二次世界大战的转折点。

斯大林

斯大林（1879—1953 年）出生于俄国南高加索梯弗里斯（1936 年改名和比利斯）州哥里城的一个鞋匠家庭。原名约瑟夫·朱加施维里。他 15 岁参加革命，在第比利斯东正教神学院读书时，因宣传推翻沙皇政府的思想被学校开除，随后参加了马克思主义运动，成为俄国社会民主工党（布尔什维克）党员。

1912 年斯大林在列宁的指示下创办《真理报》，并为苏共的政治活动筹集资金。

1924 年列宁去世后，斯大林联合季诺维也夫和加米涅夫一起与托洛茨基斗争，他在俄共（布）第十三次代表大会上当选为党的总书记，并获得最高领导权。

斯大林于 1953 年 3 月 5 日因脑溢血去世，享年 73 岁。

斯大林格勒战役中的巷战

斯大林格勒位于苏联南部的伏尔加河西岸，现名伏尔加格勒。1942 年，德军与苏军在这里展开了一场激战。

斯大林格勒战役中的巷战

1942 年 7 月，德军逼近斯大林格勒城下，并不断突破苏军防线。13 日，市区争夺战全面展开，德第 6 集团军组成两个突击团向市区中部和南部进攻。守城部队顽强抵抗，实施猛烈反击。14—15 日，德军对苏第 62 集团实施强攻，双方在马马耶夫岗等城郊进行激烈的街巷战斗。

苏军坚决保卫斯大林格勒，在每一条街道、每一幢房屋与敌人反复争夺，使德军每前进一步都付出极大代价。德军始终未能完全占领这座城市。

11 月 19 日，英勇的苏军开始反攻，并组成了对德军的包围圈。战斗持续到1943 年 2 月，德军 33 万人全部被歼。

斯大林格勒保卫战是苏德战争和第二次世界大战的转折点，从此，德军再也无力进行大规模战略进攻，被迫转入战略防御。

阿拉曼战役

1942 年 10 月 23 日，蒙哥马利指挥第 8 集团军（包括英、澳、新、印军），在北非亚历山大港以西的阿拉曼战线上，对德、意军发动大反击。英军巧妙地进行战役伪装，使敌军对其主要突击方向和战役发起时间做了错误判断。进攻发动后，敌司令部一片混乱，隆美尔的副手施登姆将军心脏病突发猝死。希特勒得信后，忙令因病住院的隆美尔于 26 日仓促飞返北非。英军截断了德军的补给。隆美尔为避免全军覆灭，15 天中迅速西撤 1100 公里至突尼斯。此役共毙伤德、意军 2 万余人，俘 3 万余人；英军死伤 1.3 万人。英军步兵、大炮、坦克密切协同突破对方防线，可惜未对退却之敌组织果敢的追击。此役扭转了整个北非战局，盟军从此开始掌握战略主动权。

北非登陆战役

北非登陆是第二次世界大战期间，美英联军在法国维希傀儡政府控制的法属阿尔及利亚和摩洛哥进行的登陆作战。

1942 年，美英为了击败北非的德意军队，决定在北非摩洛哥的卡萨布兰卡和阿尔及利亚的奥兰、阿尔及尔实施一次登陆作战。登陆部队共 10.7 万人，由 16艘航空母舰、7 艘战列舰、9 艘巡洋舰以及大批驱逐舰、扫雷舰和各式登陆舰艇共 650 艘组成。美陆军中将艾森豪威尔任总指挥，英海军上将坎宁安任海军总司令。参战舰艇编为东部、中部和西部三个特混舰队。登陆地区由法国维希傀儡政府军队驻守，约有总兵力 20 万人，飞机 500 架。

11 月 8 日，东部和中部登陆舰队突击登陆，占领阿尔及尔，10 日占领奥兰。11 日，西部登陆舰队占领卡萨布兰卡。在登陆过程中，除个别地点战斗较激烈外，法军没有组织有力抗击，部分法军军官甚至配合美英军队的登陆行动。

北非登陆作战是军事史上第一次实施大规模"由艇到岸"的渡海登陆战役，为以后的西西里岛登陆和诺曼底登陆提供了宝贵的经验。

塞班岛战役

塞班岛战役是第二次世界大战期间，美军在太平洋上的塞班岛进行的一次登陆战。

塞班岛是马里亚纳群岛的主要岛屿，战略地位十分重要。1943年6月11日，美军4.6万人在470多艘舰艇和2000架飞机的掩护下，对塞班岛发起了进攻。美军先用空军和海军的强大火力摧毁岛上大部地面工事。15日，美军在塞班岛西岸查兰干诺地区登陆，占领登陆场。日军多次发起小规模反击，但均被击退。17日夜，日军再次发起反攻，曾一度攻入美军阵地，但由于缺乏后续梯队而被击退。

巩固了登陆场后，美援军源源不断地赶来。6月19—20日，美国海军在马里亚纳海战中重创日军，夺取了制空权和制海权，守岛日军陷于孤立。26日，美军攻占塞班岛中部的制高点塔波乔山，随即向北发展。7月9日，美军占领全岛。此战日军损失航母3艘、伤亡4万人，被俘3000人，守将南云忠一和斋藤义次自杀。

美军夺取塞班岛，突破了日本的内防御圈，为夺取马里亚纳群岛的其他岛屿创造了有利条件。

邮票战

第二次世界大战中，德国法西斯为了向全世界炫耀自己的强大，特地印制了一批有希特勒头像的邮票发往世界各地。英国情报部门瞅准这一机会，印制了一批"换头邮票"，故意把原邮票上的希特勒换成德国党卫军头子希姆莱的头像，造成希姆莱想取代希特勒的假象。这些邮票流传到德国后，引起了希特勒对希姆莱的不信任，希姆莱则有口难辩。

美国情报部门在印制反法西斯邮票方面也不含糊。希特勒下令所有的德国邮票上都印上他的侧面头像，美国战略情报局（中央情报局前身）特制了一种12芬尼面值的邮票，把希特勒像画成了骷髅，上面的德意志帝国也被换成了毁灭的帝国。这种邮票一般贴在宣传信件上寄往德国。

德国还印制了大量明信片寄往世界各地，以此扩大法西斯政权的影响。苏联针对德国的这一做法，特仿制印刷了大量德国明信片。明信片正面与德国明信片的图案相同，背面却印着反法西斯的图案和口号。这种明信片给生活在法西斯统治区的人们以很大的鼓舞。后来，这种明信片上的邮票就被称为"阴阳票"。

库尔斯克战役

1943年7月5日，德军集中两个集团军群从南北两个方向向苏军发起进攻。苏军统帅部派出朱可夫和华西列夫斯基为大本营代表，指挥两个方面军抵抗德军。7月12日，双方在库尔斯克附近的普罗霍夫卡地域进行了第二次世界大战中最大的一次坦克会战。此后，苏军集中了6个方面军的强大兵力，对德军实施进攻。8月下旬，战役结束。

第聂伯河战役

第聂伯河战役是第二次世界大战期间，苏军于 1943 年 8 月至 12 月在第聂伯河左岸乌克兰和白俄罗斯进行的进攻性战役。

库尔斯克战役后，德军利用中间地带的河流，加紧构筑"东方壁垒"防线，企图进行持久防御。经过充分准备，苏军中央方面军、沃罗涅日方面军、草原方面军、西南方面军和南方方面军（白俄罗斯方面军、乌克兰第 1、第 2、第 3、第 4 方面军），共 260 万人向德军防线发起了猛攻。各路苏军攻破德军的防御阵地，强渡河流，夺取了很多登陆场，解放了乌克兰很多重要城市。

1943 年 10 月，乌克兰第 1 方面军两次发动解放基辅的战役，但均未成功。后来在柳捷日登陆场进行突击，终于在 11 月 6 日解放基辅，建立了一个正面 500 千米、纵深 150 千米的战略登陆场。乌克兰第 2、第 3 方面军在第聂伯河上建立了一个正面达 450 千米的第三个战略登陆场。乌克兰第 4 方面军封锁了克里米亚半岛的德军。

在第聂伯河战役中，苏军重创德军，夺取了 25 个战略登陆场，为解放白俄罗斯、右岸乌克兰和克里米亚半岛创造了条件。

西西里岛登陆战役

西西里岛登陆战役是第二次世界大战期间，美英军队在意大利西西里岛进行的一次大规模登陆作战。

西西里岛是地中海最大的岛屿，是意大利的南部屏障，战略地位十分重要。为了保障盟军地中海航线的畅通，并迫使意大利投降，美英盟军决定于 1943 年 7—8 月在西西里岛进行了一次大规模登陆作战。

1943 年夏，盟军在北非沿海港口结集了 47 万人，作战飞机 4000 架，各种战舰和辅助船只约 3200 艘。1943 年 7 月 9 日，盟军在西西里岛强行登陆。德意军队猝不及防，防线很快被突破。登陆后的第三天，英军占领了西西里岛的东南部。7 月 22 日，美军攻克了西西里岛首府巴勒摩。8 月 17 日，盟军占领重镇墨西拿，随后占领全岛。至此，西西里岛登陆战以盟军获胜告终。

西西里岛战役是盟军在欧洲战场上进行的一次重要战役。战役的胜利为盟军获得了进攻意大利本土的跳板，加深了墨索里尼政权的危机，并最终为迫使意大利投降创造了条件。

开罗会议

1943 年 11 月 22 日至 26 日，中、美、英三国政府首脑在开罗举行了国际会议。参加会议的有美国总统罗斯福、英国首相丘吉尔、中国国民党政府主席蒋介石。会议讨论制定联合对日本作战计划和解决远东问题的方案，签署了《开罗宣言》。

德黑兰会议

1943 年反法西斯国家开始转入反攻，为早日结束战争，1943 年 11 月 28 至

12 月 1 日，苏、美、英三国政府首脑在伊朗首都德黑兰举行国际会议。苏联人民委员会主席斯大林、美国总统罗斯福和英国首相丘吉尔参加了这次会议。会议着重研究第二战场开辟的问题，决定美、英军队将于 1944 年 5 月在西欧登陆。关于战后波兰的边界问题，会议同意波兰的国土应向西移，即将德国东部的一些地区并入波兰。对于战后德国，同意由盟军分区占领。

会议秘密签订了《苏美英三国德黑兰总协定》。会后发表了《关于伊朗的宣言》和《德黑兰宣言》。《德黑兰宣言》宣布三国在上述方面达成完全的协议。德黑兰会议是反法西斯同盟团结和壮大的重要标志，是反法西斯同盟国取得战争胜利的重要因素。

克里米亚战役

第二次世界大战期间，苏军于 1944 年 4 月至 5 月进行的解放克里米亚半岛的战役。

1944 年 4 月 8 日，乌克兰第 4 方面军在司令员托尔布欣大将的率领下，从克里米亚半岛北部向南推进，打响了解放克里米亚半岛的战役。11 日，苏军攻占铁路枢纽占克伊，德军及其仆从军罗马尼亚军队从克里米亚半岛北部撤到南部和从刻赤半岛东部撤到西部。不久，苏军攻占刻赤。

随后，苏军在整个克里米亚半岛追歼四处逃窜的德军。15 日，苏军推进到塞瓦斯托波尔。经过充分准备，苏军在 5 月 5 日从北面向塞瓦斯托波尔发起进攻。7 日，主力从东面和东南发起进攻。9 日，苏军解放塞瓦斯托波尔。12 日，苏军肃清了德军，解放了整个克里米亚半岛。

在克里米亚战役中，苏军陆军与黑海舰队、亚速海区舰队、游击队密切配合，协同作战，取得了辉煌战果。克里米亚半岛的解放，改善了黑海舰队的驻扎条件，为解放巴尔干半岛和东南欧创造了有利条件。

诺曼底登陆

第二次世界大战进行到 1944 年，随着苏联军队的胜利，英美联军决定在西线开辟第二战场。

1944 年 6 月 6 日（又称"D 日"），人类战争史上规模最大的两栖登陆战开始了。美国第 4 师首先于凌晨开始登陆，紧接着，英国第 2 集团军也开始登陆……与此同时，大批伞兵在德军的后方空降。

规模宏大的盟军诺曼底登陆场面

德军将领们连忙调兵抵抗，并请求希特勒调两个精锐的坦克师增援诺曼底，可希特勒正在睡觉，没有人敢打扰。希特勒醒来时，已是下午 3 时，盟军登陆部队早已深入陆地好几公里，大批坦克、火炮和后续部队也源源不断地登陆。

到 7 月 5 日，盟军登陆部队已超过 100 万。希特勒精心策划的"大西洋壁垒"被一举突破。德军从此陷入苏联和英、美联军的东西夹击之中。

法国光复

法国光复指的是第二次世界大战时，盟军在诺曼底登陆后，收复巴黎、光复法国的战斗。

1940 年 6 月，纳粹德国占领法国后，戴高乐和法国共产党先后发表宣言，号召人民起来抗击德国侵略者。法国人民在法共的领导下开展了广泛的游击战争。

1944 年 6 月，盟军在法国诺曼底登陆，德军节节败退。法共领导的内地军游击战争日益发展成为全民武装起义。8 月 10 日，法国铁路工人举行总罢工，使巴黎与外地的交通陷于瘫痪。19 日，巴黎解放委员会领导巴黎人民举行武装起义。数万名内地军和 1.2 万名民警队官兵也参加起义。8 月 24 日，起义者浴血奋战，几乎全歼了巴黎城内的 2 万德军。24 日晚，盟军开进巴黎，与起义军共同消灭德军残余据点。1944 年 8 月 25 日，戴高乐的法军第二装甲师进入巴黎。法国勒克莱尔将军奉盟军总司令艾森豪威尔之命，在巴黎接受德军投降，巴黎宣告解放。1944 年 8 月 30 日，戴高乐宣布法国临时政府在巴黎成立，法国光复。

阿纳姆空降战役

阿纳姆空降战役又称"市场－花园"战役，是第二次世界大战中盟军于 1944 年 9 月在荷兰艾恩德霍芬至阿纳姆地域实施的进攻战役。

盟军在诺曼底登陆后，决定在荷兰方向展开一轮新的攻势，代号为"市场－花园"，计划采用空降"蛙跳"战术，占领该地区，然后进攻德国的鲁尔区。

1944 年 9 月 17 日战役开始，盟军出动了 5500 多架运输机、2596 架滑翔机、8000 多架战斗机和轰炸机，在阿纳姆空降了 3.5 万人、火炮 568 门、车辆 1927 辆、物资 5230 吨。

起初，战事进展比较顺利。但英第一空降师遭到了德军装甲兵和步兵猛烈反击，被迫转入防御。它的后续梯队波兰伞兵第一旅也遭到了德军大量杀伤。由于援军未能即时赶到，英军第一空降师在伤亡 2000 多人的被迫撤退，大约有 6000 人被俘。

阿纳姆空降战役是第二次世界大战中规模最大的空降战役，虽然没有达到目的，但为盟军以后进攻莱茵河地区创造了条件。

莱特湾海战

莱特湾海战是太平洋战争期间，于 1944 年 10 月美、日海军在菲律宾莱特湾附近海域进行的规模空前的大海战。

1944 年 10 月 20 日，美军在麦克阿瑟的指挥下在菲律宾中部莱特岛登陆。日本海军在小泽治三郎率领下向菲律宾附近海域集结，准备进行反击。美军兵力有：

航空母舰 25 艘（载 1350 架飞机），战列舰 12 艘，巡洋舰 20 艘，驱逐舰 130 艘和护卫舰 11 艘。日军兵力有航空母舰 4 艘、战列舰 9 艘、巡洋舰 21 艘、驱逐舰 35 艘、潜艇 17 艘和飞机 716 架。

10 月 23 日，美军 2 艘潜艇击沉了日军"爱宕"号和"摩耶"号重巡洋舰，战斗正式打响。25 日，战斗进入高潮。双方在莱特湾展开了海上大混战。交战中，日军首次使用"神风"特攻机攻击美军军舰，击沉 1 艘护航航空母舰，重创 4 艘。但结果是日本海军损失航空母舰 4 艘、其他战舰 27 艘、损失飞机 500 架，遭到毁灭性打击。

莱特湾之战后，日本海军遭到毁灭性打击，莱特湾大海战是世界海战史上最大的一次海战。

艾森豪威尔

德怀特·戴维·艾森豪威尔（1890—1969 年），美国第 34 任总统，陆军五星上将。

第二次世界大战期间，艾森豪威尔的非凡军事才能得以充分施展。先后担任驻欧洲美军司令、北非战场盟军司令、北非和地中海盟军司令，直到欧洲盟国最高司令，领导欧洲战场作战。他善于把多国的庞大武装力量合为一体，协同作战。

艾森豪威尔

1944 年 12 月，艾森豪威尔因指挥诺曼底登陆作战有功，被授予陆军五星上将军衔。战后任美驻德占领军司令，美国陆军参谋长。1950 年调任北大西洋公约组织欧洲盟军统帅。

1952 年，艾森豪威尔当选美国第 34 任总统，并于 1956 年连任。任内奉行军备竞赛和"冷战"政策。1953 年被迫签订《朝鲜停战协定》。1957 年提出控制中东、近东的侵略扩张计划，即"艾森豪威尔主义"，著作有《远征欧陆》《受命变革》。

血胆老将巴顿

小乔治·史密斯·巴顿（1885—1945 年），美国陆军四星上将。1904 年进入西点军校。1917 年随美国远征军赴法参战，11 月组建美军第一个装甲旅。1942 年任第一装甲军军长，11 月作为北非远征军西部特遣部队司令，率部参加北非登陆战役，占领法属摩洛哥。后负责组建美国第 7 集团军，于 1943 年指挥美第 7 集团军参加西西里岛登陆战役。1944 年 1 月在英国就任美国第 3 集团军司令，7 月赴法国诺曼底，突入布列塔尼半岛和法国中部。尔后协同盟军其他部队在法莱斯战役中重创德军，并追击洛林方向逃敌。阿登战役中，奉命率部驰援被围困在巴斯托涅的美军，击退德军进攻。1945 年率军突破齐格菲防线，强渡莱茵河，突入德国腹地，占领捷克斯洛伐克西部，进抵捷奥边境。

巴顿作战勇猛顽强，指挥果断，富于进攻精神，善于发挥装甲兵优势，实施快速机动和远距离奔袭，有"热血铁胆""血胆老将"之称。

铁 托

约瑟普·布罗兹·铁托于 1892 年 5 月出生在克罗地亚。1913 年，铁托应征入伍。在第一次世界大战中，他曾因反战而受处分。

1941 年 4 月，德、意法西斯以 23 个师的兵力迅速占领了南斯拉夫，6 月 27 日，南共中央成立了南斯拉夫人民游击司令部，铁托任总司令，发动了全国规模的七月起义，并在塞尔维亚西部山区以乌日策为中心，建立了第一个解放区。12 月，铁托创建第一支正规军——第一无产阶级旅。他领导这支队伍在没有外援的情况下，独立抗战多年，先后粉碎了法西斯的多次进攻。在苏捷斯卡战役中，铁托成为第二次世界大战期间唯一在战场上负伤的总司令。1943 年 11 月，铁托被授予元帅称号。一年后，铁托的队伍与苏联红军配合，解放了贝尔格莱德。1945 年 11 月 29 日，南斯拉夫联邦人民共和国宣告成立，铁托任联邦政府主席、最高统帅。

1961 年 9 月，在铁托的参与发动下，第一次不结盟国家首脑会议在贝尔格莱德召开，有 59 个国家授予他 98 枚勋章，以赞誉他的和平主义。

马歇尔

乔治·卡特立特·马歇尔，美国陆军五星上将。1939—1951 年，马歇尔历任美国陆军参谋长、陆军航空队参谋长、联合参谋部成员、驻中国大使、国务卿、国防部长等职，对美国在第二次世界大战中的战略决策及战后内外政策有重大影响。马歇尔在第二次世界大战中提出了"首先打败德国"的战略决策，积极主张对德作战；马歇尔在第二次世界大战后提出了"马歇尔计划"，即援助"欧洲复兴方案"。马歇尔计划的实施，促进了西欧各国经济的恢复和发展。1950 年在国防部长任内发动侵略朝鲜的战争。1959 年，马歇尔病逝。马歇尔一生虽然未担任重要的战场指挥官，却被称为 20 世纪的战略家和军事家。

马歇尔计划

第二次世界大战后，西欧各资本主义国家因为战争的破坏，经济上濒于崩溃，政治上动荡不定。它们希望美国能够在经济上帮助西方恢复元气，而此时的美国也开始拟订一项计划，给困顿不堪的西欧经济输血，以实现控制欧洲并遏制苏联的战略目标。在这一背景下，当时的美国国务卿马歇尔首先提出一个援欧计划，即为"马歇尔计划"。

马歇尔计划是战后美国对外经济技术援助最成功的计划，它为北大西洋公约组织和欧洲经济共同体的建立奠定了基础，对西欧的联合和经济的恢复起了促进作用，使西欧国家的国民生产总值增长了 25%。同时，也大大刺激了美国国内的经济生产，缓和了美国即将发生的经济危机。

杜鲁门主义

1947 年 3 月 12 日，杜鲁门总统在致国会的关于援助希腊和土耳其的咨文中，提出了以"遏制共产主义"作为国家政治意识形态和对外政策指导思想，这个咨文被称为"杜鲁门主义"。

1947 年 5 月 22 日，杜鲁门正式签署《援助希、土法案》。1947—1950 年，美国援助希、土两国 659 亿美元，重新武装和改编希腊政府军队。1949 年，在美军军官指挥下，希腊政府军队扑灭了希腊革命。

杜鲁门主义是美国对外政策的重大转折点。当时它与马歇尔计划共同构成美国对外政策的基础，标志着美苏两国由战时的盟国变为战后的敌国，标志着美国政府第一次公开宣布将"冷战"作为国策。在此后 25 年内，杜鲁门主义一直支配着美国的对外政策。

华沙起义

1944 年 7 月，苏联军队向华沙方向开进。在伦敦的波兰流亡政府为了在苏军到达之前解放华沙，命令波兰国民军于 8 月 1 日发动武装起义。8 月 1 日下午 5 时，起义爆发。4 万多国民军分头袭击德军。由于组织不善，加上德军装备优良，波兰国民军损失惨重。8 月 2 日，华沙人民也投入战斗。德军从外省调来援军予以镇压。此时，苏军停止向华沙方向进攻，对起义部队坐视不救。10 月初，华沙起义被德军镇压。整个起义历时 63 天，15000 名波兰国民军牺牲，20 万华沙人民被德军杀害。

雅尔塔会议

1945 年 2 月 4 日到 11 日，苏、美、英政府首脑在苏联克里米亚半岛雅尔塔举行国际会议。参加会议的有苏联人民委员会主席斯大林、美国总统罗斯福、英国首相丘吉尔。会议主要内容为：制订最后击败德国迫其无条投降的计划；对战后德国实行分区占领、惩办战犯、消除纳粹主义的影响、建立赔偿委员会处理德国赔偿问题；决定战后波兰的领土将从德国获得补偿，建立基础广泛的波

战后主宰世界格局的三巨头：(左起)丘吉尔、罗斯福、斯大林，在雅尔塔会议上留下了这张难得的照片。

兰政府。1945 年 2 月 11 日，三国秘密签订《雅尔塔协定》，苏联同意在欧洲战争结束后对日作战，条件是维持外蒙的现状和苏联重新取得日俄战争中丧失的权利。会议决定于 1945 年 4 月 25 日在美国的旧金山召开联国国际组织会议，以便成立联合国。雅尔塔会议是第二次世界大战期间一次重要的国际会议，其

一系列决定有利于维护世界和平。但有一些是背着中国人民做出的有损中国主权的条款，是大国主义和强权政治的表现。

波茨坦会议

1945 年 7 月 17 日到 8 月 2 日，苏、美、英三国政府首脑在柏林郊外的波茨坦举行国际会议。参加者有苏联人民委员会主席斯大林、美国总统杜鲁门、英国首相丘吉尔。会议确定占领德国的政治原则是非军国主义化、民主化和肃清纳粹主义，逮捕并审判战犯；处理德国的经济原则是消灭德国作战潜力，禁止军事生产，发展和平经济；苏美英向德国所提赔偿要求，将以德国境内的物资来满足；划定波兰的国界。会议达成了对意、罗、保、匈、芬政策的协议。会议还签署了《波茨坦会议议定书》等文件。波茨坦会议对战后国际关系格局的发展有重大影响。

原子弹摧毁广岛和长崎

1945 年 7 月 27 日至 8 月 1 日，盟军飞机在日本城市上空散发 150 万张传单和 300 万张 《波茨坦公告》，警告日本将受到猛烈的空中轰炸，但日本政府并无接受《波茨坦公告》之意，于是美国政府决定对日本使用原子弹。1945 年 8 月 6 日 8 时 15 分，美国在广岛投下第一颗原子弹。广岛当时人口为 34. 3 万人，当日死亡 78150 人，负伤、失踪者为 51408 人。全市建筑物总数是 76327 幢，全毁的有 4800 幢，半毁的有 22178 幢。8 月 8 日，苏联对日本宣战。8 月 9 日，苏联百万红军向盘踞在中国东北的日本关东军发起了全线总攻。这天上午 11 时 30 分，美国在长崎投下第二颗原子弹。长崎当时人口约为 27 万，当日死亡者为 23753 人，伤者为 43020 人。

山本五十六

日本海军上将，元帅，日本军国主义代表人物。1884 年，山本出生于封建武士家庭，自幼深受武士道精神熏陶，早年接受军事训练。作为第二次世界大战期间日本军国主义的代表人物，山本曾从事驻外工作和出国考察，主张加强海军航空兵建设，强调发展航空母舰和舰载飞机。在战略思想上，山本主张突然袭击、先发制人，强调"以航空母舰为基地的进攻战"。以此思想为指导，山本组织策划了两次偷袭行动。第一次，1941 年 12 月 8 日偷袭珍珠港，制造了举世震惊的"珍珠港事件"，使日本在早期的太平洋战场上取得了主动权，也为山本赢得了极大的荣誉。第二次突袭中途岛，山本却在中途岛海战中大败，使日本海军遭受重创。1943 年，山本的座机被美空军击落，山本摔死，后来被追授元帅称号。

日本投降仪式

1945 年 9 月 2 日上午，在日本东京湾，美国战列舰"密苏里"号迎来了一个庄严的时刻。9 时许，日本新任外相重光葵和日本参谋总长梅津美治郎代表日本政府在投降书上签字。随后，接受投降的同盟国代表盟军最高统帅麦克阿瑟上将、美国尼米兹海军上将、中国徐永昌将军、英国福莱塞海军上将、苏联杰列维亚科中将，以及澳大利亚、加拿大、法国、荷兰、新西兰等国的代表依次签字。

至此，日本帝国主义历时 15 年的侵略战争以彻底失败而告终。第二次世界大战也以全世界人民的伟大胜利而结束。

第二次世界大战后的时局

人类历史上的三次能源革命

蒸汽机的发明吹响了第一次能源革命的号角。有了蒸汽机，人们用煤炭做燃料来开动机器。此后不久，科学家又发明了以石油产品为燃料的内燃机。19 世纪 70 年代，科学家先后发明了具有实用价值的电动机和发电机。19 世纪 80 年代，建成了中心电站，并从技术上解决了电能的远距离传输问题，完成了人类历史上的第二次能源革命。第三次能源革命是原子能的应用。原子核裂变时能释放出巨大的能量。1942 年，科学家费米等人建成了世界上第一座利用核裂变能量的装置——原子反应堆。

纽伦堡大审判

1945 年 11 月 20 日上午，庄严肃穆的欧洲国际军事法庭在德国纽伦堡法院的正义宫开庭。大厅正面竖立着苏、美、英、法四国国旗，旗前设审判官席。受到起诉的德国首要战犯共 24 名，其中被告鲍曼未缉拿归案，被告莱伊在狱中畏罪自杀，被告克虏伯获准暂不出庭受审，故实际出庭者共 21 人。法庭起诉

战后的纽伦堡审判

书列举了 24 名被告的主要罪状。纽伦堡欧洲国际军事法庭从 1945 年 11 月至 1946 年 3 月进行了错综复杂、旷日持久的审案工作，这是一场艰苦的、面对面的舌战，法庭成为同德国法西斯战犯最后较量的战场，四国检察官分别对被告们做出详尽的指控。法庭共公开审判 403 次，多次传讯每一名被告。在审讯过程中，法庭的做法充分体现了公正、人道、民主的精神，从而更显示了法律的尊严。

纽伦堡审判是一次公正的、经得起历史考验的审判。它是反法西斯斗争的又一重大胜利，巩固了第二次世界大战的成果。同时，也揭开了国际法史上新的一页。

东京审判

1945年12月26日，随着日本的投降，盟国授权麦克阿瑟将军颁布《特别通告》和"远东国际军事法庭宪章"，并决定在东京设立法庭审判日本战争罪犯。1946年2月18日，麦克阿瑟任命澳大利亚昆士兰州高等法院院长韦勃爵士为首席法官，以及分别来自中国、苏联、美国、英国、法国、荷兰、菲律宾、加拿大、新西兰、印度10国的10名法官；同时任命了首席检察官和其他30名检察官。1948年11月4日至12日，远东国际军事法庭宣读了数十万字的判决书，判处东条英机等7人绞刑；判处荒木贞夫等16人无期徒刑；判处东乡茂德有期徒刑20年，重光葵有期徒刑7年。

整个东京审判共开庭818次，举行内部会议131次。419位证人出庭，771位证人提出供述书和宣誓口供。法庭受理证据4336份，英文审判记录48412页，审判历时两年半，耗资750万美元。这是20世纪世界历史上规模最大、时间最长的国际大审判，规模超过纽伦堡审判。到此为止，对第二次世界大战罪犯的审理基本结束，两次审判基本上对发动第二次世界大战的负责人进行了处理，伸张了正义。

欧洲联盟

第二次世界大战后，欧洲国家基于经济、政治等诸多方面的考虑，开始走上联合的道路。1946年，英国首相丘吉尔号召建立"欧洲合众国"。1950年，法国外长舒曼提出实现欧洲国家统一的思想。1951年，法国、联邦德国、意大利、比利时、卢森堡和荷兰6国外长签署《欧洲煤钢联营条约》。

1957年，六国又签订《罗马条约》，建立了欧洲经济共同体、欧洲原子能共同体。60年代，这三个共同体合并为"欧洲共同体"。后来，英国、爱尔兰、丹麦、希腊、西班牙和葡萄牙等国先后加入，欧共体扩大到15国。

1991年12月9日至10日，欧共体首脑会议在荷兰的马斯特里赫特召开，最后签署了经济货币联盟条约、政治联盟条约等，总称欧洲联盟条约。

《欧共体政治联盟条约》规定：西欧联盟隶属欧洲政治联盟，是欧洲政治联盟的防务机构，负责制定欧洲的防务政策，并与北约保持一定联系。实行共同外交和安全政策的具体领域将由欧共体12国首脑会议或外长会议一致确定，具体实施措施将通过特定多数表决制决定。

1991年马斯特里赫特会议的召开是欧洲一体化进程中具有里程碑意义的事件，标志着一个联合欧洲12个国家、涵盖三四亿人口的联盟从此诞生。

不结盟运动

不结盟运动萌发于冷战年代。1956年，南斯拉夫总统铁托、埃及总统纳赛尔和印度总理尼赫鲁举行会谈，针对当时东西方两大军事集团对抗严重殃及广大中小国家的情况，提出了不结盟的主张。1961 年 9 月，在南斯拉夫、埃及、印度和印度尼西亚等国的倡议下，第一次不结盟国家首脑会议在南斯拉夫首都贝尔格莱德举行，25 个国家出席了会议，不结盟运动正式形成。

不结盟运动奉行独立、自主和非集团的宗旨和原则；支持各国人民维护民族独立、捍卫国家主权以及发展民族经济和民族文化的斗争；坚持反对帝国主义、新老殖民主义、种族文化和一切形式的外来统治和霸权主义；呼吁发展中国家加强团结；主张国际关系民主化和建立国际政治、经济新秩序。

凯恩斯主义

凯恩斯主义是资本主义世界经济危机的直接产物，是适应国家垄断资本主义的需要而产生的。以前占统治地位的经济学说，把完全竞争和充分就业假设作为既定的前提，但资本主义世界经济危机证明这两种假设都是不符合现实的。凯恩斯提出，资本主义自发作用不能保证资源使用达到充分就业水平，因而国家有必要采取干预经济的一系列政策，这样就可以使资本主义解决"失业"，仍是"理想的社会"。垄断资本为国家干预经济、生活的政策提供了理论基础。

凯恩斯

1936 年，凯恩斯发表《就业、利息和货币通论》，用"边际消费倾向递减规律""资本边际效率递减规律"和"流动偏好规律"说明资本主义通常存在有效需求不足的问题。他主张由国家实行旨在刺激总需求的宏观财政政策和货币政策，以达到充分就业，缓解经济危机。凯恩斯的理论得到广泛传播和应用。20 世纪五六十年代，在对凯恩斯理论长期化、动态化的过程中，形成了解释、补充和发展凯恩斯理论的两大派别：以 P. 萨缪尔森为代表的新古典综合学派和以罗宾逊为代表的新剑桥学派。他们都在不同程度上发展了凯恩斯理论。在 20 世纪六七十年代以前，凯恩斯主义在西方经济学界长期占据统治地位。

20 世纪 70 年代以后，西方出现滞胀，凯恩斯主义的原有理论难以进行解释和提出相应政策，并受到货币主义、供给学派、理性预期学派、新自由主义等的严重抨击。

世界银行

世界银行是根据 1944 年美国布雷顿森林会议上通过的《国际复兴开发银行协定》成立的。它是联合国下属的一个专门机构，是为经济发展提供融资的主要国际金融机构。世界银行是世界上最大的政府间金融机构之一，总部设在华盛顿。

目前世界银行将利用其资金、高素质的人才和广泛的知识基础，把帮助发展中国家走上稳定、持续、平衡发展之路作为其贷款政策的目标。

未来学

未来学是研究未来的综合学科，又称未来预测、未来研究。它通过定量、定时、定性和其他科学方法，探讨现代工业和科学技术的发展对人类社会的影响，预测按人类需要所做选择实现的可能性。狭义的未来学着重研究现代工农业和科学技术发展的综合成果，探讨未来社会的发展前景；广义未来学指关于地球和人类未来的一般理论。"未来学"一词，是德国学者 O . 弗莱希泰姆在 1943 年首先提出和使用的。20 世纪 50 年代后迅速发展。

世界贸易组织

世界贸易组织的前身是关税与贸易总协定。

关贸总协定是关税和贸易政策的国际性多边协定，1947 年由美国等 23 个国家在日内瓦制定，宗旨是减少关税和贸易障碍，取消歧视待遇，充分利用世界资源，促进各国生产，扩大国际交换，创造就业机会。

1993 年 12 月 15 日，乌拉圭回合谈判结束后，各国部长在 1994 年 4 月发表《马拉喀什宣言》，正式同意乌拉圭回合谈判重要成果——建立世界贸易组织取代关贸总协定，促进世界经济的发展并带来世界范围内的贸易、投资、就业及收入的更大增长。

国际货币基金组织

国际货币基金组织是世界上最重要的经贸金融组织。1945 年 12 月 27 日成立，1947 年 11 月 15 日成为联合国的专门机构。宗旨是：稳定国际汇兑，消除妨碍世界贸易的外汇管制，在货币问题上促进国际合作，并通过提供短期贷款，解决成员国国际收支不平衡时的资金需要。最高权力机构为理事会，由各成员国组成，每年开会一次，各国投票权由所缴的基金份额多少决定。执行董事会处理日常业务，由 22 名执行董事组成。其中出资最多的美、英、法、意、日和沙特阿拉伯 6 国各 1 人，其余 16 名按地区选举产生。总部设在美国华盛顿，负责人为总裁。中国是该组织的创始国之一。1980 年 4 月中国恢复在该组织的代表权，并参加历届会议。

欧元的启动

欧元是欧洲 12 国的基本货币单位。这 12 个会员国分别是：爱尔兰、奥地利、比利时、德国、法国、芬兰、荷兰、卢森堡、葡萄牙、西班牙、希腊、意大利。

1999 年 1 月 1 日，欧元正式启动。具体而言，从这一天起欧元开始在银行记账、结算、支票等非现金交易中使用。自 2002 年 1 月 1 日起，欧元现钞开始在市场上流通。到 2002 年 6 月 30 日，各成员国旧货币失效，取而代之的欧元全面流通。欧元的诞生是第二次世界大战后国际金融界出现的最重要的事件之一。

石油危机

石油危机为世界经济或各国经济因石油价格的变化而产生的经济危机。迄今为止，被公认的三次石油危机，分别发生在 1973 年、1979 年和 1990 年。

第二次世界大战后，石油在世界能源消费结构中的地位日趋重要，西方工业国对亚非拉石油的依赖日益严重。为了满足迅速增长的市场需求，国际石油卡特尔加紧控制和掠夺亚非拉的石油资源，引起了亚非拉产油国的强烈不满和反抗。

20 世纪 50 年代初期，沙特阿拉伯、科威特、伊拉克等国也为实现利润对半分成的税收法与石油公司展开斗争，并获得胜利。伊朗由于提出实现利润对半分成的要求遭到英国石油公司的拒绝，便效法墨西哥，开展了石油国有化运动。亚非拉产油国通过与石油垄断资本的长期较量，逐步认识到国际石油卡特尔之所以能够长期垄断产油国的石油勘探、生产、提炼和销售，并控制油价，在于它是一个联合的国际性组织，它的背后有几乎整个西方帝国主义做靠山。显然，要摆脱国际石油公司的控制，必须摆脱自发的、分散的、孤军作战的不利状况，只有组织起来进行联合，才能保障产油国的利益。

冷 战

"冷战"指西方资本主义集团对社会主义国家进行的封锁等非武装的对抗行为，后来逐渐发展成为苏联、美国两个超级大国的争霸。

第二次世界大战结束后不久，以美国为首的西方政治集团，竭力想颠覆新生的社会主义国家。他们不仅通过战争，即所谓"热战"，还依靠除军事对抗形式之外的一切形式反对社会主义的活动，其表现为组建军事集团、进行军备竞赛、在国外建立军事基地、干涉他国内政、扶植代理人进行局部战争等。"冷战"成为特定历史条件下的一种状态，与"热战"一词相对应。

冷战这个词起源于 1947 年 4 月 16 日伯纳德·巴鲁克在南卡罗纳奇伦比亚的一次演说。此外，1946 年丘吉尔访问美国，在这次访问中他发表了著名的"铁幕"演说："从波罗的海边的什切青到亚得里亚海边的里维斯特，一幅横跨欧洲大陆的铁幕已经拉下。"由此间接表示冷战的开始。

到 20 世纪 90 年代苏联解体、东欧剧变之后，国际社会几乎一致认为冷战时期已基本结束。

朝鲜三八线

三八线是位于朝鲜半岛上北纬 38°附近的一条军事分界线。第二次世界大战末期，盟国协议以朝鲜国土上北纬 38°线作为苏、美两国对日军事行动和受降范围的暂时分界线，北部为苏军受降区，南部为美军受降区。日本投降后就成为南朝鲜和朝鲜民主主义人民共和国的临时分界线，称作"三八线"。

三八线以北为朝鲜民主主义人民共和国，以南为大韩民国。三八线总长度248 公里，宽度大约 4 公里。

仁川登陆

仁川登陆是在朝鲜战争期间，美军在朝鲜半岛的仁川进行的一次登陆作战。

朝鲜战争爆发后，北朝鲜军队势如破竹，解放了朝鲜半岛90%的领土，南朝鲜军队和美军固守在釜山一隅。为了扭转被动的战争局势，联合国军总司令麦克阿瑟决定在率大军在仁川进行登陆。仁川位于朝鲜半岛东西方向最狭窄的"蜂腰部位"，战略地位非常重要。

在登陆前，美军不断发出假信息，诱使北朝鲜军队

1950年9月15日，美军和南朝鲜军在朝鲜西海岸仁川登陆。

南下，致使仁川等地防守空虚。1950年9月15日夜，麦克阿瑟率领230艘舰船、4.5万人驶抵仁川港外。凌晨两点，麦克阿瑟下达了进攻命令，军舰上的大炮猛轰仁川港外的月尾岛，将北朝鲜守军全部消灭。随后，美军战斗机又对以仁川为中心半径的40千米以内的目标进行轰炸，阻止北朝鲜军增援。随后美军开始登陆，很快占领了仁川，并开始向汉城推进，切断北朝鲜军的补给线。北朝鲜军被迫北撤。

北约建立

北大西洋公约组织是根据1949年4月4日美国、英国、法国、荷兰、比利时、卢森堡、加拿大、丹麦、挪威、冰岛、葡萄牙、意大利在华盛顿签订的《北大西洋公约》而成立的。之后，土耳其、希腊、西德相继加入。它是为了对抗苏联在军事上和意识形态上的扩张而建立的。

华约建立

华约全称为华沙条约组织。1955年5月14日，苏联、捷克斯洛伐克、保加利亚、匈牙利、民主德国、波兰、罗马尼亚、阿尔巴尼亚8国针对美、英、法决定吸收联邦德国加入北约一事，在华沙签订了《友好互助合作条约》，同年6月条约生效时正式成立了军事政治同盟——华沙条约组织（简称华约），总部设在莫斯科。

条约规定："如果在欧洲发生了任何国家或国家集团对一个或几个缔约国的武装进攻，每一缔约国应……个别地或通过同其他缔约国的协议，以一切它认为必要的方式，包括使用武装部队，立即对遭受这种进攻的某一个国家或几个国家给予援助。"

1991 年 7 月 1 日，华沙条约缔约国政治磋商委员会在布拉格举行会议，与会各国领导人签署了关于华沙条约停止生效的议定书和会议公报，华沙条约组织正式解体。

第一颗人造地球卫星

1957 年 10 月 4 日，苏联发射了世界第一颗人造地球卫星，标志着人类的航天技术已进入一个崭新的时期。

这颗人造卫星，其主要仪器设备是化学能电池无线电发报机。人造地球卫星是靠具有巨大推进力的巨型多极火箭送上太空的。苏联第一颗人造地球卫星发射成功，揭开了人类向太空进军的序幕，大大激发了世界各国研制和发射卫星的热情。

人类首次进入太空

苏联宇宙飞船"东方 1 号"升空，标志着一个旅行的新纪元从此开始。苏联宇航员加加林是世界上第一个乘坐宇宙飞船进入太空的人，加加林在宇宙舱里绕地球飞行了 108 分钟，然后在 7000 米的高空从宇宙飞船上弹出降落。

东欧剧变

随着苏联的解体，自 20 世纪 80 年代中后期开始，东欧各国的共产党相继失去执政党的地位，国体和政体也发生了变化。各国重新选择了资本主义，走上了"回归"路。这就是通常所说的"东欧剧变"。东欧剧变来势迅猛，历时很短，引起了全世界的震惊。

东欧剧变从波兰和匈牙利两国开始。随后，民主德国、捷克斯洛伐克、保加利亚相继发生剧变，成为继波兰和匈牙利之后的第二轮冲击波。

1989 年 12 月 17 日，罗马尼亚蒂米什瓦拉市因驱逐特凯什·拉斯洛神父而引发流血事件，局势立刻紧张起来。12 月 25 日，齐奥塞斯库夫妇被处决，匆匆成立的救国阵线委员会接管了政权，改罗马尼亚社会主义共和国为罗马尼亚，保留共和制，实行多党制。罗马尼亚事变是东欧剧变中最激烈也最出人意料的一次事变。此后，南斯拉夫和阿尔巴尼亚也卷入了剧变的旋涡。

东欧剧变是东欧社会主义事业的失败，使世界社会主义、共产主义运动陷入低潮。另外，就世界范围来说，它改变了以雅尔塔体系为基础的世界格局，对以后的世界局势产生了重大影响。

阿波罗载人登月

1969 年 7 月 16 日早晨 9 点 32 分，美国阿波罗号宇宙飞船连同它的 36 层楼房高的土星 5 号火箭，在肯尼迪角的 39A 综合发射台发射升空。在飞船上的是民航机长尼尔·阿姆斯特朗和两个空军军官小埃德温·奥尔德林上校和迈克尔·科林斯中校。第三天下午，他们进入了绕行月球的轨道，美国东部时间 7 月 20 日下午 4 点 17 分 42 秒在月球着陆。之后，他们对仪器进行全方位的检查，检查了三个小时之后，他们穿上了价值 30 万美元的特制太空衣，降低了登月舱内的压力，开始踏上月球表面。

阿姆斯特朗竖起了一面 3 英尺长 5 英尺宽的美国国旗，它是用铁丝缚在旗杆上的。他们还存放了一个盛有 76 国领导人拍来的电报的容器和一块不锈钢的饰板，上面标着："来自行星地球的人于公元 1969 年 7 月第一次在这里踏上月球。我们是代表全人类和平来到这里的。"

他们收集了大约 50 磅石块供科学研究之用，并测量太空衣外面的气温。他们还摆出一长条金属箔来收集太阳粒子，架起测震仪来记录月球震动，并架起反射镜把结果送给地球上的望远镜。在半夜里他们回到"鹰"舱。在月球上停留了 21 小时 37 分钟之后，他们返回了地球。

阿波罗的成功登月，在人类文明史上具有划时代的意义，它首次将人类文明带入了地外空间，显示了人类文明的伟大成就，开辟了人类的空间时代。

计算机的发明

1946 年 2 月 14 日，ENIAC（The Electronic Numerical Integrator And Computer）在费城面世。ENIAC 代表了计算机发展史上的里程碑，它通过不同部分之间的重新接线编程，拥有并行计算能力。ENIAC 是第一台普通用途计算机。

ENIAC 是由美国政府和宾夕法尼亚大学合作开发研制的，美国物理学家莫奇利任总设计师。这个世界上第一台电子管计算机，用了 18000 个电子管，1500 多个继电器，耗电 150 千瓦，占地达 170 平方米，重 30 吨，运算速度每秒钟 5000 次。

尼克松

1913 年 1 月 9 日，尼克松生于美国加利福尼亚州洛杉矶附近的约巴林达镇。1934 年获惠特尔学院学士学位。后进杜克大学专修法学，1937 年获法学士学位。1937—1942 年在加利福尼亚州惠特尔当律师。1938 年 6 月加入共和党。1940 年，尼克松与特尔玛·凯瑟琳·罗恩结婚，有两个女儿。1942 年至 1946 年在海军服役，升为海军少校，复员后曾两次入选参议院。

1946 年，尼克松当选为美国众议院共和党议员，开始步入政界。1950 年当选为美国联邦参议员。1952 年，他作为艾森豪威尔的竞选伙伴，当选为美国副总统，任副总统 4 年。1956 年他再度当选为美国副总统。1960 年尼克松竞选总统，以微弱票差被约翰·肯尼迪击败，1962 年竞选加利福尼亚州州长时落败后暂时离开国家权力中枢。1964 年再度竞选总统失败。竞选失败后，尼克松先后在洛杉矶和纽约从事律师工作。

1968 年尼克松重返政坛，在当年的美国大选中，他击败民主党人汉弗莱和独立竞选人华莱士，当选为美国第 37 任总统。1972 年 1 月连任。执政后，尼克松对内的目标是抑制通货膨胀，重振美国经济。对外提出尼克松主义。

尼克松于 1972 年 2 月首次访问中国，打开了两国关系的大门，成为访问中国的第一位美国总统。访华期间，中美两国政府发表了著名的《上海公报》。尼克松为打开中美关系大门并为改善和发展中美两国关系做出了重要贡献。1973 年，越南战争结束。同年，苏联领导人回访美国，双方宣告冷战结束。1974 年 8 月 8 日，尼克松因"水门事件"辞职，成为美国有史以来第一个自动辞职的总统。

尼克松在发表演讲

1994 年 4 月 18 日傍晚，尼克松在新泽西家中突患中风，当即被送往康奈尔中心急救。21 日下午起，他陷入"深度昏迷状态"，22 日在纽约康奈尔医疗中心逝世，享年 81 岁。

尼克松 1962 年写了《六次危机》一书，记叙他自己的生活经历。退出政坛后，他在隐居式生活中大量读书，尤其偏爱政治家的著作。读书之余以笔耕为乐，于 70 年代末和 80 年代先后出版了《尼克松回忆录》《真正的战争》《领袖们》《不再有越战》《1999：不战而胜》《超越和平》等。

法兰西第四共和国

法国在第二次世界大战后建立的资产阶级共和国。1945 年法国光复后，围绕政体问题，各派政治力量展开激烈斗争。1946 年 10 月制宪议会通过新宪法，宣告第四共和国正式建立。该宪法确立两院议会制，并对共和国总统的权力做了严格的限制。

第四共和国建立初期由共产党、社会党、人民共和党组成联合政府，随着国际冷战的发展，共产党于 1947 年 5 月被逐出政府。此后，该政府受到以共产党为首的左翼和以法兰西人民联盟为首的右翼的两面夹击，只能依靠第三势力的松散支持。

《布鲁塞尔条约》

第二次世界大战后成立的第一个西欧军事联盟组织。由英国发起，法国、荷兰、比利时和卢森堡等国参加。1947 年 12 月，在苏、美、英、法四国外长会议未能就德国问题达成协议之后，英国主张西欧联合加强防务，以对付苏联。在美国支持下，1948 年 3 月 5 日，英开始同法、比、荷、卢等国举行谈判。3 月 17 日，五国外长在布鲁塞尔签订为期 50 年的《布鲁塞尔条约》，1948 年 8 月 25 日生效。

非洲独立运动

第二次世界大战结束后，非洲各国人民反对殖民统治、争取民族独立的斗争蓬勃发展并取得重大胜利。20 世纪 50 年代末，非洲独立国家从第二次世界大战前的 3 个增至 9 个。在六七十年代，非洲的独立运动如日中天，各国的民族解放运动团结合作，互相支持，使绝大多数非洲殖民地先后获得了独立。

非洲国家的独立为非洲地区的发展和振兴创造了条件，同时壮大了发展中国家的力量，给殖民主义、帝国主义和霸权主义以沉重打击。现在，非洲国家在世界政治舞台上发挥着日益重要的作用，成为推动世界和平与发展的一支不可忽视的力量。

日内瓦会议

1954 年 4 月 26 日至 7 月 21 日，苏、美、英、法、中国外交会议在瑞士日内瓦国联大厦举行。会议主要讨论如何和平解决朝鲜问题和关于恢复印度支那和平问题。

7 月 21 日，与会各国签署了《越南停止敌对行动的协定》《老挝停止敌对行动的协定》《柬埔寨停止敌对行动的协定》，会议最后发表了《日内瓦会议最后宣言》。

万隆会议

万隆会议是 1955 年 4 月 18 日至 24 日在印度尼西亚万隆召开的反对殖民主义、推动亚非各国民族独立的会议，又称第一次亚非会议。由缅甸、锡兰（今斯里兰卡）、印度、印度尼西亚和巴基斯坦 5 国发起，邀请阿富汗、中国、柬埔寨、老挝、泰国、埃及、菲律宾、尼泊尔、伊朗、约旦、伊拉克、黎巴嫩、土耳其、也门、沙特阿拉伯、越南民主共和国、埃塞俄比亚、苏丹、利比亚、利比里亚、黄金海岸（今加纳）、叙利亚、日本、越南等国家和地区参加。中国总理周恩来率代表团参加。会议广泛讨论了民族主权和反对殖民主义、保卫世界和平及与各国经济文化合作等问题。会议期间，某些原殖民主义和帝国主义国家利用一些国家制造纷争和矛盾，并对中国发出诋毁性言论，企图分裂会议。周恩来提出"求同存异"方针。

在中国和大多数与会国努力下，会议一致通过了包括经济合作、文化合作、人权、附属地人民问题和关于促进

万隆会议会址

会议由缅甸、锡兰（今斯里兰卡）、印度、印度尼西亚、巴基斯坦联合发起。参加会议的有中国等亚非 29 个国家。会议讨论了国际形势和有关亚非国家人民共同利害关系问题。

世界和平和合作宣言等部分的《亚非会议最后公报》，确定了指导国际关系的10项原则。这10项原则是和平共处五项原则的引申和发展。会议号召亚非各国团结一致、和平相处、友好合作、共同反对帝国主义与殖民主义，被称为万隆精神。

古巴导弹危机

古巴导弹危机，又称加勒比海导弹危机，是1962年"冷战"时期在美国、苏联与古巴之间爆发的一场极其严重的政治、军事对抗。事件爆发的原因是苏联在古巴部署导弹。这个事件被看作是"冷战"的顶峰和转折点。在世界史上，人类从未如此近地站在一场核战争的边缘。

肯尼迪总统遇刺

1963年11月22日，美国总统约翰·肯尼迪在美国南部的得克萨斯州达拉斯市遇刺身亡。据美国通讯社报道，肯尼迪是被行刺者用步枪击中头部死去的。这天中午，他乘飞机到达达拉斯进行访问。接着，他乘汽车从机场去达拉斯市区，准备在那里发表一篇演说。肯尼迪夫妇和得克萨斯州州长康纳利夫妇同乘一辆敞篷汽车，从欢迎的人群中间缓缓驶过。当车队驶经一座大楼的时候，从大楼5层楼上的一个窗户里射出三发子弹，其中一发击中了肯尼迪的太阳穴。半小时后，肯尼迪就在医院里死去。同车的州长康纳利也被击中两枪，受了重伤。

柏林危机

柏林危机共有三次，第一次发生于1948年，又称柏林封锁，是冷战开始后最早发生的一次危机，其导火线为1948年6月24日苏联阻塞铁路和到柏林西部的通道。1949年5月11日，苏联宣布解除封锁，停止行动之后，危机缓和。第二次发生于1958年，苏联发出最后通牒，要求英美法6个月内撤出西柏林驻军，后来以苏联让步完结。第三次发生于1961年，苏联重新提出西柏林撤军要求，事件以苏联在东柏林筑起柏林围墙作结，美苏关系以苏联冻结柏林问题而得以缓和。"柏林危机"是战后美苏之间出现的第一次"冷战"高潮，是"冷战"加剧的重要表现。

赫鲁晓夫经济改革

赫鲁晓夫在执政期间，对苏联经济进行了改革和调整。在农业方面的改革措施有：第一，改善计划体制。1955年以前，国家给农庄、农场下达的生产计划指标多达280项，从1955年起，改为只下达农产品收购指标一项，农庄有权自行安排生产。第二，改变农产品采购制度。苏联从20世纪30年代起实行农产品义务交售制，农庄每年要向国家义务交售一定数量的农产品，其价格低于成本。1958年，苏联政府取消义务交售制，实行国家统一的收购制和统一的采购价格，并规定采购价格应高于农产品的生产成本。从1952—1964年，农产品采购价格平均提高了 2.54 倍。其中谷物提高了 7.48 倍，畜产品提高了 15.09 倍，经济作物提高了 58%。第三，解散机器拖拉机站，使集体农庄拥有农业机器。

匈牙利事件

匈牙利事件发生于 1956 年 10 月 23 日至 11 月 4 日。1956 年 2 月，苏共二十大对斯大林全面否定之后，东欧各国共产党出现了持不同政见者。在匈牙利，民族历史的爱国主义狂热，使这种动荡局面进一步恶化。

苏联为了平息匈牙利的动荡不安，将斯大林的忠实追随者、不受匈牙利人欢迎的匈牙利共党领导马加什·拉科西拉下台，却进一步强化匈牙利人对民主化的要求。农业歉收和燃料短欠使局面越来越严重，广大人民对苏军撤出匈牙利的要求也越来越强烈。

戴高乐主义

戴高乐主义是 20 世纪 50 年代末至 60 年代末，法国总统戴高乐制定的法国独立自主外交政策的基本构想和指导原则。戴高乐主义就其本质而言可称为法兰西民族主义，它包括三方面的思想：民族主义思想、集权主义思想和独立自主思想。

法国五月风暴

戴高乐任法兰西第五共和国总统后，推行了一系列内政外交政策，使法国经济发展，国际地位获得提高。但独立发展核力量耗资巨大，遭到左翼和右翼的反对，总统的独断专行引起人们的不满，政府反对罢工的立法导致工人的反抗，削减小农户的政策也激起农民的抗争。由于经济情况不好，失业人数多达 50 万，青年学生面临着毕业即失业的威胁。1968 年，各种社会矛盾日益尖锐，以青年学生为前导，法国掀起了五月风暴。

布拉格之春

布拉格之春，是 1968 年 1 月 5 日开始的、捷克斯洛伐克国内的一场政治民主化运动。1968 年 4 月，捷共中央召开全会，通过了《行动纲领》，宣布"将进行试验"，"创立一个新的、适合捷克斯洛伐克情况的、富有人情味的社会主义模式"。在政治方面，主张党政分开，不能用党的机构代

1968 年春天，温和派领导人杜布切克（左一）推行一系列改革措施，受到人民的欢迎。这一改革运动曾被西方报刊称为"布拉格之春"。

替国家机构、经济领导机构和社会组织；坚持和发扬社会主义民主，保证集会、结社、迁徙、言论和新闻自由；主张以民族阵线为基础，实行社会主义的多元化政治体制。在民族问题上，主张建立捷克和斯洛伐克两个民族的联邦制国家。在经济方面，纲领提出实行有计划的市场经济。其主要内容是：第一，改革计划体制。主张国家主要职能应是制定长远发展战略，确定重大比例关系，并对特别重要的部门规定指令性指标。此外，一切经济活动都应利用税收、价格、利润等经济手段，通过市场机制进行调节。第二，规定工商企业和农业合作社都有独立自主权，包括自聘自选领导人、自主经营、自由竞争、自愿联合等。第三，成立工厂委员会，该委员会有权决定厂长的任免、利润的分配和职工的福利待遇等。第四，取消外贸垄断，企业有权独立进行外贸活动，国家只根据市场情况采取相应的调节措施。第五，改革价格政策，缩小固定价格范围，逐步向自由价格过渡。在对外政策方面，主张在进一步发展同苏联的"联盟和合作"的同时，加强同一切国家的互利关系。

《四月行动纲领》把经济和政治体制改革结合起来，受到了广大人民的欢迎。各界群众举行各种集会讨论国家生活中的各方面问题，出现了"布拉格之春"的民主、开放局面。但不久，捷克斯洛伐克的政治经济改革，由于苏军侵占而未能全面付诸实施，便夭折了。

"七七宪章"运动

"七七宪章"运动因 1977 年 1 月 1 日发表的《七七宪章声明》而得名。它是各种信仰、各种宗教和各种职业的人们自由的、非正式的社会团体，其宗旨是维护"人权"和公民自由，有组织有计划地开展反共反政府活动。它的组织者和发言人主要有哈韦尔博士、帕托奇卡教授和哈耶克教授等。

水门事件

在 1972 年的美国总统大选中，为了取得民主党内部竞选策略的情报，1972 年 6 月 17 日，以美国共和党尼克松竞选班子的首席安全问题顾问詹姆斯·麦科德为首的 5 人闯入位于华盛顿水门大厦的民主党全国委员会办公室，在安装窃听器并偷拍有关文件时，当场被捕。

事件发生后，尼克松曾一度竭力掩盖开脱，但在随后对这一案件的继续调查中，尼克松政府里的许多人被陆续揭发出来，并直接涉及到尼克松本人，从而引发了严重的宪法危机。

1974 年 8 月 8 日晚上，尼克松不得不向全国发表电视演说，宣布辞去总统职务。

苏联解体

1991 年 12 月 25 日，苏联最高苏维埃主席团主席戈尔巴乔夫宣布辞职的事件，为立国 69 年的苏联画上句号。在 1991 年年底，俄罗斯总统叶利钦同白俄罗斯及乌克兰的总统在白俄罗斯的首府明斯克签约，成立独立国家联合体，通过建立一个类似英联邦的架构来取代苏联。除波罗的海三国和格鲁吉亚外，其他苏联加盟国纷纷响应，离开苏联，苏联在此时已经名存实亡。1991年12月25日，戈尔巴乔夫宣布辞职，将国家权力移交给俄罗斯总统。第二天，苏联最高苏维埃通过最后一项决议，宣布苏联停止存在。从此，苏联正式解体。1991年12月25日19时32分，红旗从克里姆林宫上降落。

苏联解体、独联体诞生，图为独联体各国领导人1991年在哈萨克斯坦共和国首都阿拉木图举行会晤。

南南合作

因为世界上的发展中国家绝大部分都处于南半球和北半球的南部分。于是从1960年开始，这些国家之间为摆脱发达国家的控制，发展民族经济，开展专门的经济合作，即南南合作。如：中国与拉丁美洲的合作（发展中国家与发展中国家之间的合作）。

南南合作是广大发展中国家基于共同的历史遭遇和独立后面临的共同任务而开展的相互之间的合作。1955年召开的万隆会议确定了南南合作"磋商"的原则，促进了原料生产国和输出国组织的建立，提出了在发展中国家间实施资金和技术合作，因此被认为是南南合作的开端。

七十七国集团

七十七国集团是发展中国家在维护自己经济权益的斗争中逐渐形成和发展起来的。第二次世界大战后，亚非拉广大发展中国家虽然获得了政治上的独立，但在经济上并没有获得真正的独立，依然受国际经济旧秩序的影响。1963年，第18届联合国大会讨论召开贸易和发展会议时，73个亚、非、拉国家，以及南斯拉夫、新西兰共同提出一个联合宣言，形成"七十五国集团"。后来肯尼亚、韩国、越南加入，新西兰宣布退出。1964年6月15日，在日内瓦召开的第一届联合国贸易和发展会议上，发达国家和发展中国家在一些重大问题上产生尖锐分歧。77个发展中国家和地区联合起来，再次发表了《七十七国联合宣言》，要求建立新的、公正的国际经济秩序，并以此组成一个集团参加联合国贸易和发展会议的谈判，因而该集团被称为七十七国集团。虽然后来成员国逐渐增加，但集团名称仍保持不变。

德国统一

1990年10月3日0点，德意志民主共和国与德意志联邦共和国正式实现统一，组成统一、独立、主权的德意志联邦共和国。定都柏林。宪法沿用原联邦德国的《基本法》。国旗和国歌亦均沿用原联邦德国的国旗和国歌。10月3日定为德国统一日，即国庆日。R．魏茨泽克为统一德国的第一任联邦总统。科尔为统一德国的第一任联邦总理。1990年12月2日举行第一届全德联邦议院选举，基督教民主联盟－基督教社会联盟、社会民主党、自由民主党进入联邦议院。基督教民主联盟－基督教社会联盟和自由民主党继续联合执政，联邦总理仍由科尔担任。

德国统一的实现，是欧洲历史的重要转折，它不但对于德意志民族的发展，而且对欧洲联合进程和整个欧洲形势都具有重要意义，在世界政治和经济中也是一件有重要影响的事件。

南斯拉夫解体

南斯拉夫解体首先是由经济危机引起的。20世纪80年代，南斯拉夫的市场看上去很繁荣，但繁荣背后隐藏着危机，如通货膨胀，最高时曾达2400％，各种罢工事件不断；政治权力过分下放，中央政府几乎只剩下外交和国防的权力。1980年铁托逝世后，南斯拉夫联邦政府实行了国家元首集体轮流的做法，无法形成一个坚强有力的领导核心。铁托经济政策的失误在于没有按照经济规律办事，没有建立国内的统一市场，而是各个共和国均衡发展。工人与管理层之间、各共和国之间、中央与地方之间、企业之间都是以各种协议形成"自治"。这种关系不是市场的、有机的，而是人为的、行政的，因此，离心力大于向心力。在民主化的浪潮中，知识界以为只要采取西方的政治制度，南斯拉夫的一切问题就会迎刃而解。1990年，南斯拉夫通过《政治结社法》实行多党制。1991年，从斯洛文尼亚开始，一个接一个的共和国宣布独立。内战随即全面爆发。

和平的隐忧

1973年世界经济危机

第二次世界大战后严重的一次经济危机。1973年11月，经济危机首先从英国开始，美、日、法等国相继卷入。于1975年下半年渡过最低点，经济转而回升。其主要表现是：工业生产普遍持续大幅度下降，整个资本主义世界工业生产下降8.1％；大批企业破产，股票行情大跌，美、日、西德等10国两年内资本超过百万美元的公司破产12万家以上，股票价格下跌总额达5000亿美元；失业人数剧增，创战后最高纪录，所有资本主义国家总失业人数1975年月平均为1448万，美国1975年5月失业率为9.2％；物价上涨，国际贸易和国际收入逆差严重，发达资本主义国家国际贸易入超达203亿美元，国际收支逆差为392亿美元。危机过后，各国经济没有出现全面高涨，而是进入滞胀时期，经济发展速度减慢相对停滞，通货膨胀和物价上涨严重，失业率居高不下。

英阿马岛战争

英阿马岛战争是第二次世界大战后南大西洋首次爆发的一场规模较大的海上冲突。1982 年 4 月 2 日，战争正式爆发。4 月 2 日，阿军在马岛登陆，岛上英军投降，3 日，阿军占领南乔治亚岛。英国迅速做出反应，4 月 5 日组成特混舰队开往南大西洋；25 日攻占南乔治亚岛；29 日，舰队主力抵达马岛水域。4 月 30 日，英军开始对马岛实施海、空封锁；5 月 2 日，英核动力攻击潜艇用鱼雷击沉阿贝尔格拉诺将军号巡洋舰；5 月 4 日，阿机以空舰导弹击沉英谢菲尔德号驱逐舰；5 月 21 日，英军在圣卡洛斯港登陆，阿军进行抗登陆。由于阿三军抗登陆作战不够协调有力，空军飞机损失严重，主要武器供应困难。6 月 14 日，英军攻占马岛首府斯坦利港，守岛阿军投降。

伊朗门事件

1985 年 6 月，美国环球航空公司飞机上的人质从大马士革回到美国，这件事使美国意识到，实际上是伊朗在背后牵线的结果。当时，美国同伊朗中断关系 6 年，时任美国总统安全顾问的麦克法兰及其助手与伊朗代表进行了极为隐秘的会谈，会谈中由以色列担保，本着一飞机军用物资交换一名人质的原则，分别于 1985 年 9 月、1986 年 7 月和 11 月释放了三名人质。

1986 年 5 月，麦克法兰秘访伊朗，伊朗官员不仅同麦克法兰进行接触，并且向美国提出一系列条件，美国只答应第一条即提供巴列维国王购买并已付款的飞机和坦克配件及其他武器。因要求未得到满足，伊朗议长拉夫桑贾尼于 11 月 4 日突然公开了麦克法兰访问伊朗的秘闻，立即引起国内外巨大的震惊。

洛克比空难

泛美航空 103 航班是泛美航空飞往法兰克福—伦敦—纽约—底特律的航线。1988 年 12 月 21 日，它成为恐怖袭击目标，飞机在苏格兰边境小镇洛克比上空爆炸，270 人罹难。

这次炸弹袭击被视为一次对美国象征的袭击，是史无前例的最严重的恐怖活动。此次事件亦重挫泛美航空的营运，该公司在空难发生的三年之后宣告破产。

美军突袭巴拿马

1989 年 12 月 20 日，美军将隶属于美军"南方司令部"的 1.3 万名驻军分为五路，同时向巴拿马城及其周围目标发起突然袭击。至傍晚，美军又得到本土第 82 空降师、第 5 步兵师的部队约数千人的增援，总兵力达到 2.4 万人，大大超过

1万多人的巴拿马国防军。

战争换不来宁静的巴尔干

巴尔干地区是欧洲东南门户，历来是兵家必争之地。它位于欧亚两洲的接壤处，是欧洲的下腹部，扼黑海、地中海的咽喉，战略位置十分重要。同时，巴尔干及地中海地区有丰富的煤、铁、石油和棉花等资源，各国垄断资本都在这里加紧渗透，使该地区成了列强争夺的焦点。另外，这里民族成分复杂，宗教多样，自古以来，就是欧洲的火药桶。

巴尔干地区长期是各大国觊觎的对象，多次遭到大国的统治。14世纪下半期，奥斯曼帝国入侵巴尔干；19世纪中期，奥匈帝国也开始将巴尔干的西北部地区纳入自己的统治之下；俄国自从15世纪以来一直打着解放"斯拉夫人"的旗号在巴尔干地区争夺势力范围。

近100年来，巴尔干前后发生了7次大战争：1912—1913年塞尔维亚、黑山、希腊和保加利亚结盟，针对奥斯曼土耳其的战争；1913年塞尔维亚、黑山、希腊和罗马尼亚一起反对保加利亚的战争；第一次世界大战；1919—1923年的希腊和土耳其之间的战争；第二次世界大战；第二次世界大战后的希腊内战和波黑战争。

中东战争

第一次中东战争：1948年5月15日，以色列同阿拉伯国家发生了大规模的战争，史称第一次中东战争。

第二次中东战争：英法两国联合以色列，于1956年10月29日出动大批军队向埃及发动了突然袭击。第二次中东战争爆发。第二次中东战争又称苏伊士运河战争。

第三次中东战争：1967年6月5日凌晨7时45分，以色列几乎出动了全部空军，对埃及、叙利亚和伊拉克的所有机场进行了闪电式的突然袭击。空袭半小时后，以色列的地面部队也发起了进攻，阿拉伯国家奋起反抗。10日战争结束。这就是历史上的第三次中东战争，也称"六五"战争或"六天战争"。

第四次中东战争：1973年10月6日，埃及、叙利亚为收复在第三次中东战争中失去的土地，经过周密的准备之后，对以色列发动了突然袭击，第四次中东战争爆发。这次战争，在历史上又被称为"十月战争"。

两伊战争

两伊战争是发生在伊朗和伊拉克之间的一场长达8年的边境战争。

1980年9月22日晨，伊拉克调集大量飞机对包括伊朗首都德黑兰在内的15座城市和空军基地进行空袭，并出动地面部队5个师及2个旅、1200余辆坦克，向伊朗进攻。从1982年3月起，伊朗军队转入反攻。1982年6月29日，两国边界又恢复战前状态。1982年7月13日，伊朗集中10万军队，向伊拉克南部巴士拉地区发动猛烈进攻。经过多次拉锯战，至 9 月底伊朗军队控制了伊拉克境内面积约 200 多平方公里的狭长地带。从 10 月开始，伊朗 5 万军队深入伊拉克境内，对巴格达造成威胁。

伊拉克军队前后组织 7 次反击，将伊朗军队阻挡在边界一带。1983 年 2 月以后，伊拉克基本守住了防线。至 1984 年 3 月底，伊朗的攻势基本停止。从 1984 年 4 月开始的 4 年多时间里，双方在边境地区互有攻守，战争转入长期消耗战。至 1988 年 7 月，伊朗所占伊拉克领土几乎全部丧失。伊朗于 1988 年 7 月 18 日宣布接受联合国停火决议。

两伊战争前后历时 7 年又 11 个月，是 20 世纪最长的战争之一。战争使交战双方两败俱伤。两国军费开支近 2000 亿美元，经济损失达 5400 亿美元，双方的综合国力因此受到很大的削弱。

"沙漠风暴"

1991 年的 1 月 17 日凌晨 2 时 40 分，停泊在海湾地区的美国军舰向伊拉克防空阵地、雷达基地发射了百余枚"战斧"式巡航导弹。以美国为首的多国部队开始实施"沙漠风暴"行动，海湾战争爆发。海湾战争也加速了苏联的解体和两极格局的终结，客观上有利于多极化趋势的发展。海湾战争后，苏联最终解体，为两极格局画上了句号。美国在海湾战争中大获全胜，成为冷战后唯一的超级大国，但这并没改变世界基本力量的对比，相反，加速世界向多极化发展。

"沙漠军刀"行动

自从 1990 年 8 月 2 日伊拉克 10 万大军以闪电战的方式入侵科威特以来，以美国为首的多国部队已经完成了阻止伊军继续南下的"沙漠盾牌"行动和"沙漠风暴"大空袭行动，使伊军遭受了惨重损失。1991 年 2 月 24 日凌晨 4 时，代号为"沙漠军刀"的地面进攻开始了，由来自 11 个国家的 53 万大军，从 4 个主攻方向分 6 路切入伊军防线。这是第二次世界大战结束以来规模最大的地面军事行动。

"沙漠军刀"行动实施了 20 世纪 80 年代美军提出的"空地一体战"的战术思想，以装甲部队和担负侦察、攻击、运输的直升机协同作战，气势磅礴地压向侵科伊军。

"沙漠军刀"行动是海湾战争中的最后一次军事行动，这次行动，迫使萨达姆全面接受了美国的条件，在人类战争史上有一定影响。

科索沃战争

科索沃战争是由科索沃危机引发的，而科索沃危机则根源于南斯拉夫联邦的解体。1999 年 2 月 6 日，塞尔维亚和科索沃阿族代表在巴黎附近的朗布依埃举行和平谈判，谈判的基础是美国特使希尔草拟的方案。该方案的主要内容是：尊重南联盟的领土完整，科索沃享有高度自治，南联盟军队撤出科索沃，"科索沃解放军"解除武装，按当地居民人口比例组成新的警察部队维持治安，北约向科索沃派遣多国部队保障协议实施。这个方案对双方来说都难以接受，阿族坚持要最终走向独立，并且不愿解除武装，南联盟则不同意科索沃获得自治共和国的地位，亦反对北约部队进驻科索沃。

北约依靠其强大的空中军事力量，对南联盟境内的军用、民用目标进行了轰炸。

但是，主持谈判的北约表示，这个方案的80%内容不许改变，必须接受，否则将受到惩罚，对南联盟而言将遭到北约的军事打击。在谈判陷入僵局后曾一度休会，3月15日复会，阿族代表于18日签署了协议，但塞尔维亚方面仍然拒绝签字。3月19日，北约向南联盟发出最后通牒，3月24日，北约发动了对南联盟的空中打击，科索沃战争爆发。

"9·11"事件

2001年9月11日上午10点29分（美国当地时间），纽约市世贸中心双塔摩天大楼被恐怖分子劫机撞毁，共有2823人遇难，另外还有105人失踪，直接经济损失高达1000亿美元，间接经济损失难以估算。这就是人们谈之色变的"9·11"事件。这一事件直接导致美国华尔街股市休市一周，欧洲和拉美股市、亚洲股市都遭受巨大冲击。

"9·11"事件是进入21世纪以来在国际安全领域发生的最重大的事件。这是一起典型的恐怖主义行为。恐怖和反恐怖是进入21世纪以后的新型战争。这种战争辨不清敌人，找不准战场，因此给国际安全领域带来了一连串新问题。

"9·11"事件也是世界历史的一个转折点。此后，非传统安全问题日益突出，世界安全形势更为复杂多变。

由于这些方面的影响，世界主要国家都将重新调整自己的安全战略，国际关系也会出现新的变化。

美伊战争

伊拉克战争又称美伊战争，共有4国参与作战。伊拉克战争之前，联合国一直没有通过美国开战的决议，然而美国绕开联合国直接发动战争。

2003年3月20日，以美国和英国为主的联合部队正式宣布对伊拉克开战。澳大利亚和波兰的军队也参与了此次联合军事行动。军事行动是在美国总统乔治·W.布什对伊拉克总统萨达姆·侯赛因所发出的要求他和他的儿子在48小时内离开伊拉克的最后通牒到期后开始的。